NÉERLANDAIS
DÉBUTANT

NÉERLANDAIS DÉBUTANT

Nouvelle édition

par
Dorien Kouÿzer
Professeur à l'Institut néerlandais

et
Laurent Philippe Réguer
*Maître de conférences
à l'Université Paris III Sorbonne Nouvelle*

avec la collaboration de
Philippe Noble,
*Maître de conférences
en langue et littérature néerlandaises*

Le Livre de Poche

La collection « Les Langues Modernes » n'a aucun lien avec l'A.P.L.V. et les ouvrages qu'elle publie sont sous sa seule responsabilité.

© Librairie Générale Française 1991, 2003 et 2007 pour la présente édition.

ISBN : 978-2-253-08431-0 — 1ʳᵉ nouvelle édition revue et corrigée L.G.F.

(ISBN 2-253-08098-5 — 1ʳᵉ publication L.G.F.)

SOMMAIRE

ANNEXES :

PRÉSENTATION

Cet ouvrage s'adresse à ceux qui, du fait de leurs relations avec les pays néerlandophones ou par simple intérêt, souhaitent parvenir à la pratique aisée d'un néerlandais moderne et courant.

En 90 leçons, il évoque les principaux aspects de la vie quotidienne : la ville, les achats, les vacances, la recherche d'un emploi, l'ouverture d'un compte bancaire, la visite d'un musée, etc.

Marij et Bram sont les acteurs de petits scénarios qui se développent selon un ordre progressif et cohérent et dont les dialogues permettent une acquisition mesurée de la langue et des structures grammaticales essentielles. Les exercices qui accompagnent chaque leçon, et dont les corrigés se trouvent en fin de volume, facilitent l'acquisition de ces structures.

Plan de l'ouvrage

– Leçons 1 à 10 : éléments de base (prononciation et éléments grammaticaux de base).
– Leçons 11 à 59 : situations pratiques.
– Leçons 61 à 79 : textes essentiellement centrés sur la civilisation.
– Leçons 81 à 89 : choix de textes (presse néerlandaise et belge, quelques textes sur la langue).
– Leçons 20, 30, 40, 50, 60, 70, 80, 90 : leçons de révision ou de synthèse appelées « repetitie » et « memento ». C'est ici que seront testées vos connaissances lexicales et grammaticales.

En annexes :
- La liste alphabétique des principales expressions idiomatiques de cette méthode.
- L'index thématique.
- L'index grammatical.
- La liste des substantifs au pluriel irrégulier.
- La liste des conjugaisons de tous les verbes rencontrés dans cette méthode.
- Le lexique : plus de 1800 mots du vocabulaire courant rencontrés dans cette méthode et regroupés par ordre alphabétique. Le choix du vocabulaire a été réalisé en tenant compte du « niveau seuil » (= *drempelniveau*) élaboré par une commission linguistique du Conseil de l'Europe (*cf.* la bibliographie).
- Les corrigés des exercices.

• Les leçons 1 à 10 sont conçues pour des débutants qui devront en respecter l'ordre. Les premiers chapitres sur la prononciation et l'orthographe réclament toute leur attention. Les lecteurs possédant déjà quelques bases dans la langue peuvent étudier ces leçons plus rapidement.

• Les leçons 11 à 89 sont conçues de la même façon :

• **une première page** avec le texte néerlandais et quelques remarques sur ce même texte. Les mots nouveaux de la leçon sont signalés par un astérisque (*) ; le lecteur est invité à consulter **le lexique alphabétique en fin de manuel** afin de mieux mémoriser ces nouveaux mots ;

• **une deuxième page** (à droite) avec la traduction française du texte et l'explication du vocabulaire complémentaire ;

• **une troisième page** avec les remarques grammaticales nécessaires à la compréhension du texte ; les exemples tirés du texte seront imprimés **en gras** ;

• **une quatrième page** (à droite) où sont proposés quatre ou cinq exercices portant sur le vocabulaire et les structures grammaticales de la leçon. Les corrigés de ces exercices se trouvent en fin de volume.

	Région de langue néerlandaise
	Région de langue française en Belgique
	Région bilingue (français-néerlandais)
	Région de langue allemande avec minorité de langue française protégée
	Région de langue française avec minorité de langue allemande protégée
	Langues parlées : néerlandais et frison

GRONINGUE
(GRONINGEN)
Leeuwarden
Groningue
(Groningen)
FRISE
(FRIESLAND)
Assen
DRENTHE
HOLLANDE-
SEPTENTRIONALE
(NOORD-
HOLLAND)
FLEVOLAND
Zwolle
Haarlem
Lelystad
OVERIJSSEL
AMSTERDAM
La Haye
(Den Haag)
Utrecht
GUELDRE
(GELDERLAND)
UTRECHT
Arnhem
HOLLANDE-
MÉRIDIONALE
(ZUID-HOLLAND)

mer du Nord

Bois-le-Duc
(s-Hertogenbosch)
Middelbourg
(Middelburg)
BRABANT-SEPTENTRIONAL
(NOORD-BRABANT)
ZÉLANDE
(ZEELAND)
Anvers
(Antwerpen)
LIMBOURG
(LIMBURG)
Bruges
(Brugge)
FLANDRE-
ORIENTALE
(OOST-VLAANDEREN)
ANVERS
(ANTWERPEN)
LIMBOURG
(LIMBURG)
ALLEMAGNE
FLANDRE-
OCCIDENTALE
(WEST-VLAANDEREN)
Gand
(Gent)
BRABANT FLAMAND
(VLAAMS-BRABANT)
Hasselt
Maastricht
BRUXELLES
(Brussel)
Louvain
(Leuven)
Wavre
BRABANT WALLON
Liège
HAINAUT
Namur
LIÈGE
Mons
NAMUR
FRANCE
LUXEMBOURG
Arlon
LUXEMBOURG

	Capitale
	Chef-lieu de province
	Limite d'État
	Limite de province

0 _____ 50 km

Méthode de travail

Il est conseillé d'écouter plusieurs fois le texte néerlandais enregistré en se reportant pour les dix premières leçons à la liste des mots nouveaux et aux remarques sur la prononciation. Pour les leçons 11 à 89, nous vous conseillons de vous reporter au lexique alphabétique ou au texte traduit de la page de droite.

Maintenant vous pouvez lire le texte vous-même **à voix haute**.

Plus tard, vous lirez le texte mentalement en vous aidant des explications grammaticales de la troisième page de la leçon.

Écoutez à nouveau, si possible sans regarder le texte de la leçon. Vérifiez que vous avez acquis le vocabulaire de la leçon en essayant de traduire le texte français en néerlandais. Quand vous pensez avoir acquis assez de vocabulaire, ainsi que la grammaire de la leçon, vous pouvez passer aux exercices de la dernière page, sans oublier d'utiliser le support sonore pour les exercices précédés du pictogramme. Cette phase de votre travail est essentielle, car c'est ici que commence votre pratique véritablement active du néerlandais.

En respectant cette discipline, vous aurez, une fois arrivé au terme du livre, suffisamment de connaissances pour lire par vous-même un article de journal à l'aide d'un dictionnaire.

En nu aan het werk! (Et maintenant, au travail !)

La langue néerlandaise

La langue néerlandaise est une des langues officielles de la Communauté économique européenne. Elle est parlée par quinze millions de Néerlandais et six millions de Belges, soit plus de vingt et un millions d'Européens, plus que toute la population des cinq pays scandinaves réunis ! La néerlandophonie occupe une position centrale à l'embouchure de trois grands fleuves : l'Escaut, la Meuse et le Rhin. Elle possède des frontières communes avec le monde latin et avec le monde germanique, tandis que sa vocation maritime la met en contact constant avec le monde anglo-saxon.

Langue germanique, à mi-chemin entre l'anglais et l'allemand, le néerlandais est une langue standard issue de plusieurs dialectes thiois, les dialectes germaniques parlés le long de la mer du Nord. La langue néerlandaise se développa en effet à partir du flamand puis se répandit à l'est en s'enrichissant d'éléments brabançons et s'épanouit au XVIIe siècle en Hollande.

Bibliographie

Grammaire

G. GEERTS e.a. : *Algemene Nederlandse Spraakkunst*, Wolters-Noordhoff, Groningue, 1984, Wolters, Louvain, 1984.

*A.M. FONTEIN et A. PESCHER-TER MEER : *Nederlandse Grammatica voor Anderstaligen*, Nederlands Centrum Buitenlanders, Utrecht, 1985.

G. SONCK : *Grammatica Nederlands*, De Boeck-Wesmael, Bruxelles, 1993.

*G. VANNES : *Grammaire de base du néerlandais parlé et écrit*, A. De Boeck, Bruxelles, 1985.

---

* Les ouvrages marqués d'un astérisque sont vivement conseillés.

Dictionnaires

Dictionnaire classique Érasme : Dictionnaire bilingue, De Standaard, Anvers, 1984.

ROBERT & VAN DALE : Dictionnaire bilingue : français-néerlandais et néerlandais-français, Robert, Paris et Van Dale, Utrecht/Anvers, 1988.

P. de Kleijn et E. Nieuwborg : *Basiswoordenboek*, Wolters, Louvain, 1983.

Ouvrages sur l'histoire, la langue et la culture néerlandaises

B.C. DONALDSON : *Dutch. A linguistic history of Holland and Belgium*, Martinus Nijhoff, Leyde, 1983.

Septentrion. Revue de culture néerlandaise. Adresse de la rédaction :
Stichting "Ons Erfdeel"
Murissonstraat 260
B-8530 Rekkem (Belgique)

Méthodes néerlandaises pour autodidactes étrangers

HELP! 1

A.M. FONTEIN, P. DE KLEIJN, A. PESCHER-TER MEER, L. ZIJLMAS
Een cursus Nederlands voor anderstaligen
Nederlands Centrum Buitenlanders Utrecht
ISBN 90 5517 078 X

CODE NEDERLANDS 1

Folkert KUIKEN, Alice VAN KALSBEEK
Meulenhoff Educatief Amsterdam
ISBN 90 280 6051 0
Avec CD-rom

La prononciation

En néerlandais, beaucoup plus souvent qu'en français, les sons se forment vers le fond de la cavité buccale. De ce fait, ils diffèrent généralement de leurs équivalents français. En outre, certains sons du néerlandais n'ont aucun équivalent dans notre langue.

Nous allons étudier successivement les voyelles, les diphtongues et les consonnes. On distingue en néerlandais voyelles longues et voyelles brèves ; cette distinction est fondamentale dans la prononciation.

Signe phonétique	Exemple	Graphie	Équivalent français approximatif

Voyelles brèves

[a]	tak, man, bal, wat	a	sac
[ɔ]	op, om, bot, los	o	botte
[ɛ]	pen, les, net, ver	e	dette
[ɪ]	ik, is, kind, stil	i	entre « i » et « è »
[œ]	bus, dun, put, stuk	u	bœuf
[u]	boek, doe, moe, soep	oe	soupe
[ə]	de, me, je, ze	e	le, ce, se

Voyelles longues

[ɑ]	maan, straat, ja, tafel	aa/a	pâte
[e]	week, been, lepel, zee	ee/e	blé (mais plus long)
[o]	boom, poot, lopen, zo	oo/o	beau (idem)
[i]	niet, fiets, wie, liter	ie/i	vivre
[y]	uur, duren, nu, u	uu/u	sûr
[ø]	neus, leuk, reus	eu	heureux

Remarque :
Devant un r, les voyelles [ɑ], [e], [i], [o], [u], [y], [ø] s'allongent plus nettement.

Signe phonétique	Exemple	Graphie	Équivalent français approximatif

Diphtongues

Ce sont deux voyelles prononcées en une seule émission de voix. Comparez en français : « lui » – on ne prononce pas (lu-i) mais (lui).

[ɛj]	ijs, dijk, reis, trein	ei/ij	soleil
[aɔ]	paus, blauw	au/auw	« a » accentué,
	koud, vrouw	ou/ouw	suivi d'un « o »
[œj]	suiker, huis, uit, lui	ui	œil
[eu]	eeuw, sneeuw, geeuw	eeuw	« é » long puis « ou » bref
[ɪu]	nieuw, kieuw	ieuw	« i » long puis « ou » bref
[ɑj]	baai, saai	Aai	bâiller
[oj]	mooi, ooi, dooien	ooi	« o » long puis « i » bref
[uj]	oei, foei, boei	oei	houille

Consonnes

Consonnes sans équivalent en français

[x]	gaan, lachen, school	g/ch	« r » guttural : J.S. Bach
[h]	hoog, hand, Holland	h	« h » fortement expiré
[ŋ]	ding, jongen, klank	ng/nk	« g » s'entend peu
[w]	water, wie, wat, welk	w	cf. Remarque.

Remarque :

Le [w] est est un son formé en plaçant la lèvre inférieure contre les incisives supérieures.

Consonnes à prononciation différente du français

[j]	jaar, jas, jij, jullie	j	« y » dans payer
[ʃ]	meisje, jasje, sjoerd	sj	« ch » dans cheval

Consonnes identiques au français

Les consonnes [b], [c], [d], [f], [k], [l], [m], [n], [p], [s], [t], [v] se prononcent et s'écrivent comme en français.

Remarques :

1. La consonne « r » peut avoir plusieurs prononciations. Selon les régions et les milieux sociaux, le « r » peut être grasseyé (à la française), roulé ou prononcé avec la partie postérieure de la langue (« r » anglais ou américain). Cette dernière prononciation, fréquente aux Pays-Bas, s'applique notamment au « r » qui suit une voyelle, comme par exemple dans : door, sport, vier, waar.

2. La consonne « v » se prononce souvent [f] aux Pays-Bas, notamment au début d'un mot.

3. À la fin du mot, les consonnes sonores [b] et [d] s'assourdissent et se prononcent respectivement [p] et [t] : web, bed, goed.

4. « sch » se prononce [s] à la fin d'un mot dans le suffixe -isch : elektrisch.

5. L'accent tonique.

   En néerlandais, la première syllabe du mot porte généralement l'accent tonique : tafel, Frankrijk, jongen, leven, Holland, Nederlands.

   Dans les mots composés, il peut y avoir plusieurs syllabes accentuées : waterfles, werkstudent (la première syllabe étant plus fortement accentuée que la deuxième). Certains mots composés sont accentués sur la dernière syllabe : c'est le cas des noms de ville en -dam : Amsterdam.

   Dans les premières leçons, nous attirons votre attention sur les syllabes accentuées en soulignant celles-ci dans la transcription phonétique des mots composés.

   EXCEPTIONS :

   Les préfixes be-, ge-, er-, her-, ont- et ver- ne prennent jamais l'accent tonique : betalen, geloven, vergeten, herhalen.

   Certains suffixes sont d'autre part toujours accentués : -aan, -ant, -ent, -eel, -es, -ier, -in, -ij. Par exemple : fabrikant, student, portier, winkelier, vriendin, bakkerij.

   Pour les mots en -isch, l'accent tonique précède le suffixe : historisch.

   Il en va de même pour les mots terminés par les suffixes en -ig et en -lijk, sauf si la voyelle précédente est un « e » atone.

EXERCICES

(Oefeningen)

A. Prononcez :

1. man	**5.** werk	**9.** bol
2. naam	**6.** lanen	**10.** zool
3. mand	**7.** kip	**11.** weg
4. klap	**8.** niet	**12.** flessen

B. Prononcez le nom des villes :

1. Den Haag	**6.** Nijmegen	**11.** Antwerpen
2. Utrecht	**7.** Maastricht	**12.** Mechelen
3. Amsterdam	**8.** Groningen	**13.** Brugge
4. Alkmaar	**9.** Haarlem	**14.** Rijsel
5. Middelburg	**10.** Leeuwarden	(français : Lille)

C. Prononcez les verbes suivants :

1. maken	**6.** aandoen
2. beloven	**7.** uitzetten
3. vergeten	**8.** ontkomen
4. pakken	**9.** huilen
5. nemen	**10.** blijven

L'orthographe

Le point essentiel de l'orthographe néerlandaise concerne la notation des voyelles. Celle-ci obéit à des règles simples, mais strictes.

Elle est déterminée principalement par la division des mots en syllabes, et la prononciation des voyelles.

Enfin la nature d'une voyelle peut entraîner certaines modifications dans l'orthographe d'un mot.

Le découpage d'un mot en syllabes se fait de la façon suivante :

a) Lorsque, dans un mot, on a une séquence voyelle + consonne + voyelle, la coupure se place entre la première voyelle et la consonne : ta-ken, ge-lo-ven, spe-len, stu-de-ren.

b) Lorsque, dans un mot, une consonne est redoublée, la coupure se place entre les deux consonnes : tak-ken, lek-ker, man-nen.

c) D'une manière générale, la coupure se place entre deux consonnes successives, quelles qu'elles soient : man-den, plaat-sen, woor-den, kaar-ten.

N.B. : Le groupe **-ch-** [x] est considéré comme une seule consonne : wach-ten, mach-tig.

d) Dans les mots composés (très fréquents), la coupure se situe d'abord entre les divers composants : hand-schoen, zak-doek.

Ces composants peuvent à leur tour se subdiviser en syllabes : (Ne-der)-land, (Am-ster)-dam.

Exercice : divisez en syllabes les mots suivants : manen, kerken, potten, Zweden, werkstudent, boekwinkel, Rotterdam.

On distingue deux sortes de syllabes : les syllabes fermées et les syllabes ouvertes.

a) Une syllabe fermée se termine par une consonne : woor-den : la première syllabe (**woor-**) est fermée.

b) Une syllabe ouverte se termine par une voyelle : spe-len : la première syllabe (**spe-**) est ouverte.

La prononciation des voyelles :

On distingue entre **voyelles longues** (ou **claires**) et **voyelles brèves** (ou **graves**).

a) L'orthographe d'une voyelle longue dépend de la syllabe où elle se trouve :

	SYLLABE OUVERTE	SYLLABE FERMÉE
	une lettre simple	une lettre double
[e]	be-nen	been
[y]	mu-ren	muur
[a]	sla-pen	slaap
[o]	lo-pen	loop

b) L'orthographe d'une voyelle brève est toujours une lettre simple :

[a] m**a**nnen, m**a**n, **a**ppel   [ε] fl**e**s [ı] v**i**s, v**i**ssen

[œ] p**u**t, p**u**tten   [ɔ] r**o**t, p**o**tten

N.B. : On notera que ces voyelles se trouvent toujours en syllabe fermée.

Remarques

a) La graphie **ee** représentant le son [e] (é long) est maintenue dans une syllabe ouverte en fin de mot pour éviter la confusion avec le e muet [ə] :

[e] : z**ee**, v**ee** ; [ə] : beloft**e**

b) Les voyelles **ie**, **oe**, **eu** et les diphtongues conservent la même orthographe en syllabe ouverte ou fermée : d**ie**r, d**ie**ren ; b**oe**k, b**oe**-ken ; d**eu**r, d**eu**-ren.

c) Distinguez bien l'orthographe
- **i** du i grave [ɪ] : **i**k, v**i**s
- et **ie** du i clair [i] : v**ie**s, v**ie**r, p**ie**r.

Modifications d'orthographe

En néerlandais, on est souvent amené à ajouter **-en** au radical d'un mot (pluriel de nombreux noms, formes verbales, etc.). Cette addition modifie le découpage en syllabes du mot et peut entraîner pour cette raison plusieurs modifications d'orthographe :

a) La voyelle brève (ou grave) se trouvant toujours en syllabe fermée (*cf.* p. 21-22), il faudra redoubler la consonne qui la suit : kat + en → ka**t-t**en, *chat, chats* ; man + en → ma**n-n**en, *homme, hommes* ; zeg + en → ze**g-g**en, *dis, disons*.

b) La voyelle longue (claire), notée par deux lettres en syllabe fermée, peut se retrouver en syllabe ouverte ; elle sera alors notée par une seule lettre : steel + en → ste-len, *tige, tiges* ; boom + en → bo-men, *arbre, arbres*.

N.B.: Ces modifications orthographiques sont fondamentales en néerlandais. Nous vous y renverrons souvent.

Remarques sur l'orthographe des consonnes

a) L'addition de **-en** (*cf.* ci-dessus) peut entraîner aussi des modifications de l'orthographe de certaines consonnes ; c'est le cas notamment de **f** et de **s** :
- Entre deux voyelles, f devient **v** et se prononce [v] : schrijf + en → schrij**v**en, *écris, écrivons*.
- Entre deux voyelles, s devient **z** et se prononce [z] : huis + en → hui**z**en, *maison, maisons*.

b) À la différence d'autres langues, on ne trouve en néerlandais jamais de consonne double à la fin d'un mot.
Ces différentes règles sont résumées dans le tableau synoptique situé page suivante.

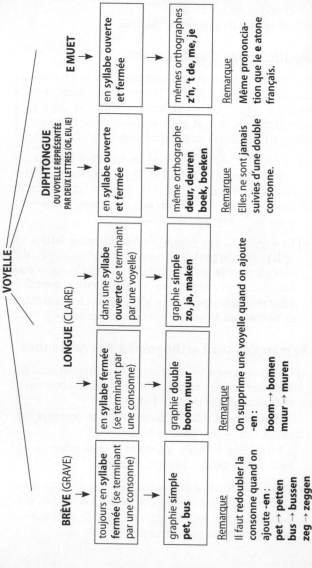

VOYELLE

BRÈVE (GRAVE)

toujours en syllabe fermée (se terminant par une consonne)

graphie simple
pet, bus

Remarque
Il faut redoubler la consonne quand on ajoute -en :
pet → petten
bus → bussen
zeg → zeggen

LONGUE (CLAIRE)

en syllabe fermée (se terminant par une consonne)

graphie double
boom, muur

Remarque
On supprime une voyelle quand on ajoute -en :
boom → bomen
muur → muren

dans une syllabe ouverte (se terminant par une voyelle)

graphie simple
zo, ja, maken

DIPHTONGUE
OU VOYELLE REPRÉSENTÉE PAR DEUX LETTRES (OE, EU, IE)

en syllabe ouverte et fermée

même orthographe
deur, deuren
boek, boeken

Remarque
Elles ne sont jamais suivies d'une double consonne.

E MUET

en syllabe ouverte et fermée

mêmes orthographes
z'n, 't de, me, je

Remarque
Même prononciation que le e atone français.

EXERCICES

(Oefeningen)

•• **Mettez les substantifs suivants au pluriel en ajoutant -en, suivant le modèle :**

raam, *fenêtre* → ramen, *des fenêtres ;*
boom, *arbre* → bomen, *des arbres*

muur, *mur*
straat, *rue*
kaart, *carte*
school, *école*

man, *homme*
klas, *classe*
wolk, *nuage*
mens, *être humain*
kast, *armoire*
bos, *bois*
boekenrek, *étagère à livres*
bank, *banc*
lamp, *lampe*
schrift, *cahier*
lerares, *femme professeur*

huis, *maison*
reis, *voyage*
roos, *rose*
druif, *raisin*
brief, *lettre*

3 LES

Bram

⠿ **1.** Bram is* een naam*.
   bram ɪs ən nɑm

2. Het* is een voornaam*.
   hɛt ɪs ən <u>vo</u>rnɑm

3. Het is de voornaam van* een man*.
   hɛt ɪs də <u>vo</u>rnɑm van ən mɑn

4. Bram heet* officieel Abraham.
   bram het ɔfis<u>je</u>l <u>a</u>braham

5. Zijn* achternaam* is Hermans.
   zɛjn <u>ax</u>tərnɑm ɪs <u>he</u>rmans

6. Zijn* vader* heet Guus Hermans.
   zɛjn <u>va</u>dər het xys <u>he</u>rmans

7. Bram Hermans werkt* in* een museum.
   bram <u>he</u>rmans wɛrkt ɪn ən mys<u>e</u>œm

Prononciation

| **Attention :** Distinguez bien dans votre prononciation les voyelles longues (**aa** en milieu de syllabe ou **a** quand la syllabe se termine par cette lettre) des voyelles brèves (**a** en milieu de syllabe).

4. Le **h** de **heet** est expiré en néerlandais. Il s'entend mieux que le **h** français.

5. Le **ch** de **achter** se prononce toujours [x].

7. Le **eu** de **museum** est exceptionnellement prononcé [e] puis [œ]. C'est le cas pour chaque mot emprunté au latin se terminant par **eum**.

Remarque

Heten *(s'appeler)* se construit sans pronom réfléchi (s' dans « il s'appelle »).

Bram

1. Bram est un nom.

2. C'est un prénom.

3. C'est le prénom d'un homme.

4. Bram s'appelle officiellement Abraham.

5. Son nom de famille est Hermans.

6. Son père s'appelle Guus Hermans.

7. Bram Hermans travaille dans un musée.

Les mots nouveaux

1. is (zijn), est (être) — **de naam**, le nom

2. het, ce/cela/c' — **de voornaam**, le prénom — (**voor**, devant)

3. van, de — **de man**, l'homme (masc.)

4. heet (heten), s'appelle (s'appeler)

5. zijn, son/sa — **de achternaam**, le nom de famille — (**achter**, derrière)

6. de vader, le père

7. werkt (werken), travaille (travailler) — **in**, dans — **het museum**, le musée

● **L'article**

L'article défini **de [də]** est employé devant les noms féminins et masculins ; ex. : **de man**.

L'article indéfini n'a qu'une seule forme : **een [ən]**, *un/une* ; ex. : (ligne 1) **een naam**.

● **Le verbe**

1. Le verbe à la troisième personne du singulier se forme à partir du radical. Le radical de **werken**, c'est-à-dire le verbe sans la terminaison **-en**, est **werk**. On y ajoute un **t** :

    werk + t → werkt (voir ligne 7).

    Quand le radical se termine par un **t** on n'ajoute pas un deuxième **t** ; ex. : **heten → heet** (voir ligne 4).

Remarque : il faut doubler le **e** dans le verbe conjugué au singulier quand on a une voyelle longue ou claire dans une syllabe fermée ; ex. : **he-ten → heet**.

2. L'auxiliaire **zijn**, *être*, est un verbe irrégulier. La troisième personne du singulier est **is**, *est* (voir ligne 1).

● **L'adjectif possessif**

L'adjectif possessif de la troisième personne du masculin singulier ne s'accorde pas en genre avec le nom qu'il précède comme en français (ex. : *son* vélo, *sa* bicyclette), mais se rapporte au possesseur.

Dans le cas où le possesseur est un homme ou un nom masculin on emploiera **zijn**.

Ligne 6 : on dit : **zijn vader** parce qu'il s'agit du père de Bram (un homme). Le genre du mot *père* ne joue aucun rôle !

(Oefeningen)

A. Complétez en vous référant au texte :
1. De achternaam van Bram is ......
2. De officiele voornaam van Bram is ......
3. De vader van Bram heet ......
4. Bram werkt in ......

⟦••⟧ **B. Mettez les verbes suivants à la 3e personne du singulier :**
1. heten
2. werken
3. zijn

C. Traduisez :
1. Son prénom est Abraham.
2. Il travaille dans un musée.
3. Le nom de famille de Bram et **(en)** de son père est Hermans.

D. Complétez par une préposition (van, in) :
1. Hermans is de achternaam ... Bram en Guus.
2. Guus is de vader ... Bram.
3. Hij werkt ... een museum.

⟦••⟧ **E. Prononcez :**
1. naam — man — vader
2. zijn — hij
3. hij werkt
4. het — heet
5. de achternaam

Het museum

1. Het museum van Bram is in de Kalverstraat*.
het myseœm van bram ıs ın də kalvərstrɑt

2. Het is in het centrum* van Amsterdam.
het ıs ın het sentrœm van amstərdam

3. In het museum is ook* een restaurant*.
ın het myseœm ıs ok ən restorɑnt

4. Bram eet* niet* in het restaurant.
bram et nit ın het restorɑnt

5. Hij* eet thuis*.
hɛj et tœjs

6. Zijn adres* is: Singel 9.
zɛjn ɑdrɛs ıs sıŋəl nexə

7. Het is ook in Amsterdam.
het ıs ok ın amstərdam

Prononciation

4. Le **ie** de **niet** se prononce [i] .

5. Le **ij** de **hij** se prononce [ɛj]. Attention ! faites bien entendre le **h**.

5. Le **ui** de **thuis** se prononce [œj].

6. Le **ng** de **Singel** ne représente qu'un seul son : [ŋ]. On n'entend jamais de **g** distinct dans ce son.

Le musée

1. Le musée de Bram est dans la Kalverstraat.
2. Il est dans le centre d'Amsterdam.
3. Il y a aussi un restaurant dans le musée.
4. Bram ne mange pas au restaurant.
5. Il mange chez lui.
6. Son adresse est : Singel 9.
7. C'est aussi à Amsterdam.

Vocabulaire

• **Mots nouveaux**
1. **Kalverstraat**, (litt.) « rue des veaux » (**de straat**, la rue)
2. **het centrum**, le centre
3. **ook**, aussi — **het restaurant**, le restaurant
4. **eet (eten)**, mange(r) — **niet**, ne pas
5. **hij,** il — **thuis**, chez soi, à la maison (**het huis**, la maison)
6. **het adres**, l'adresse

Remarque

Dans une adresse, le numéro suit toujours le nom de la rue :
Vincent Van Goghstraat, 2.

● **Le pronom personnel**

La troisième personne du masculin singulier est **hij**, *il* :

Hij eet thuis. (5.)

Le pronom **het** correspond au français *c'/ce/cela/ceci* :

Het is ook in Amsterdam. (7.)

● **L'article**

Il existe en néerlandais un troisième genre : le neutre, dont l'article défini est **het**.

Il existe donc deux catégories de noms en néerlandais : les noms masculins et féminins précédés de l'article **de** et les noms neutres précédés de **het**. Il est préférable de retenir chaque nom avec son article.

Avec **de** : **de straat, de naam.**

Avec **het** : **het museum, het adres.**

Nous appellerons désormais les noms précédés de **de** les **de-woorden** (**het woord**, *le mot*) et les noms précédés de **het** les **het-woorden**.

● **La négation**

Pour former une phrase négative, on utilise le mot **niet**, *ne pas*.

Niet ne se place jamais devant le verbe conjugué :

Bram eet niet in het restaurant. (4.)

Si la phrase comporte un groupe introduit par une préposition (ex. : **in**), la négation **niet** se placera devant ce groupe :

De Kalverstraat is niet in Utrecht.
La Kalverstraat n'est pas à Utrecht.

Bram werkt niet in het restaurant.
Bram ne travaille pas au restaurant.

(Oefeningen)

A. Complétez en vous référant au texte :

1. Het museum is in de Kalver ......
2. Bram eet ...... in het restaurant.
3. Zijn ...... is: Singel 9.

B. Complétez par l'article défini voulu :

1. Bram is ... voornaam van een man.
2. Bram eet niet in ... museum.
3. ... Kalverstraat is een straat in Amsterdam.
4. ... adres van Bram is: Singel 9.

C. Mettez les phrases suivantes à la forme négative en utilisant niet :

1. Guus werkt in het restaurant.
2. Het restaurant is van de vader van Guus.
3. Antwerpen *(Anvers)* is in Nederland.
4. Bram eet in een café.

D. Traduisez :

1. L'homme mange chez lui.
2. Le musée de Bram est dans la Kalverstraat.
3. Le père mange aussi dans le centre d'Amsterdam.
4. Bram ne travaille pas au restaurant.

De baan van Bram

1. Bram is twintig* en hij woont* in Amsterdam.
   bram ıs <u>twın</u>təx ɛn hɛj wont ın amstər<u>dam</u>

2. Amsterdam is een stad*.
   amstər<u>dam</u> ıs ən stat

3. Amsterdam ligt* in Nederland*.
   amstər<u>dam</u> lıxt ın <u>ne</u>dərlant

4. Het is de hoofdstad* van Nederland.
   hɛt ıs də <u>hof</u>tstat van <u>ne</u>dərlant

5. Bram is Nederlander*.
   bram ıs <u>ne</u>dərlandər

6. Hij werkt in het Amsterdams historisch museum.
   hɛj wɛrkt ın hɛt <u>am</u>stərdams hıs<u>to</u>ris my<u>se</u>œm

7. Hij heeft* een baan* en hij studeert* economie.
   hɛj heft ən bɑn ɛn hɛj sty<u>dert</u> ekono<u>mi</u>

8. Bram is student* en hij werkt ook.
   bram ıs sty<u>dɛnt</u> ɛn hɛj wɛrkt ok.

9. Hij is dus werkstudent*.
   hɛj ıs dœs <u>wɛrk</u>sty<u>dɛnt</u>

Prononciation

1. Dans **Amsterdam**, l'accent tonique porte sur la dernière syllabe, [-<u>dam</u>].

1. 2. Le **i** de la terminaison **-ig** [əx] dans **twintig** [twıntəx] et le **ee** de **een** sont toujours atones.

4. Le **d** de **stad** se prononce [t]. C'est toujours le cas quand un **d** se trouve en fin de mot.

6. Le suffixe **-isch** de **historisch** [hıstoris] se prononce [is]. Cette prononciation est commune à tous les adverbes ou adjectifs terminés par ce suffixe. Ils sont nombreux.
   Dans ces mots, l'accent tonique porte sur la syllabe précédant le suffixe **-isch** [hıs<u>to</u>ris].

L'emploi de Bram

1. Bram a vingt ans et il habite à Amsterdam.
2. Amsterdam est une ville.
3. Amsterdam se trouve aux Pays-Bas.
4. C'est la capitale des Pays-Bas.
5. Bram est néerlandais.
6. Il travaille au musée historique d'Amsterdam.
7. Il a un emploi et il fait des études d'économie.
8. Bram est étudiant et, de plus, il travaille
   (litt., « il travaille aussi »).
9. C'est donc un étudiant salarié.

Vocabulaire

• **Mots nouveaux**
1. **twintig**, vingt — **woont (wonen)**, habite(r)
2. **de stad**, la ville
3. **ligt (liggen)**, se trouve(r) — **Nederland**, les Pays-Bas (**het land**, le pays)
4. **de hoofdstad**, la capitale
5. **de Nederlander**, le Néerlandais
7. **heeft (hebben)**, a (avoir) — **de baan**, l'emploi — **studeert (studeren)**, fait (faire) des études
8. **de student**, l'étudiant
9. **de werkstudent**, l'étudiant salarié

Remarques

- Les mots **hoofdstad** (ligne 4) et **werkstudent** (ligne 9) sont des mots composés. Ils sont donc formés à partir de deux mots existant indépendamment dans la langue :

  het hoofd, *la tête* + **de stad**, *la ville* → **de hoofdstad**, *la capitale*.

  Le premier mot complète ou précise le sens du second. Très nombreux et très courants en néerlandais, ces mots permettent souvent d'exprimer la même chose qu'un groupe nominal en français :

  een werkstudent, *un étudiant qui travaille, un étudiant salarié*.

  Le genre du mot composé est donné par le second mot.

- Le mot **Nederland** *(les Pays-Bas)* est du singulier en néerlandais. En outre, il s'emploie sans article.

- Remarquez l'emploi du verbe **zijn** *(être)* dans l'expression de l'âge :

  Bram is twintig (1.), *Bram a vingt ans*, litt. : « Bram est vingt. »

GRAMMAIRE

Le verbe

1. Wonen

La 3ᵉ personne du singulier de **wonen** est **woont** (1.) : radical + **t** = **woon** + **t** → **woont**.

L'infinitif s'écrit avec un seul **o** parce que la voyelle longue se trouve à la fin d'une syllabe ouverte, tandis que dans le radical **woon** elle se trouve dans une syllabe fermée et doit donc être doublée (*cf.* leçon 2).

2. L'auxiliaire **hebben** *(avoir)* est irrégulier. La 3ᵉ personne du singulier est **heeft** (7.).

3. La voyelle **i** [ɪ] du radical **lig-** du verbe **liggen** (3.) est brève. Cette voyelle brève doit toujours se trouver en syllabe fermée. C'est pourquoi on écrit l'infinitif **liggen** avec deux **g**.

(Oefeningen)

A. Complétez :
1. Bram ...... twintig.
2. Bram woont ...... Amsterdam.
3. Amsterdam is ...... hoofdstad ...... Nederland.
4. Hij woont ...... werkt in Amsterdam.
5. Hij heeft ...... baan.

B. Complétez en mettant les verbes à la forme voulue :
1. Amsterdam **(zijn)** de hoofdstad van Nederland.
2. Bram **(zijn)** werkstudent.
3. Hij **(wonen)** in Amsterdam.
4. Hij **(werken)** in een museum.
5. Hij **(hebben)** een baan.
6. Hij **(studeren)** economie.

C. Complétez par l'article défini voulu :
1. Amsterdam is ... hoofdstad van Nederland.
2. ... man is twintig.
3. Hij werkt in ... museum.
4. ... student werkt ook.

D. Traduisez :
1. Bram travaille à Amsterdam.
2. C'est un homme de vingt ans.
3. Il habite à Amsterdam.
4. Il a un emploi dans un musée.
5. C'est un étudiant salarié.

De zus van Bram

 1. Annemarie Hermans is een meisje*.
anəm_a_ri hɛrmans ɪs ən m_ɛ_jʃə

2. Het is het zusje^ van Bram.
ət ɪs ət z_oe_ʃə van bram

3. Ze* woont nog* thuis bij haar* vader en moeder* in Hoorn.
zə wont nɔx thœjs bɛj har v_a_dər ɛn m_u_dər ɪn horn

4. Ze studeert nog niet. Ze gaat* nog naar* school*.
zə styd_ee_rt nɔx nit   zə xat nɔx nar sxol

5. Monique Hermans-De Wit is een vrouw*.
mon_i_k h_ɛ_rmans də wɪt ɪs ən vraɔ

6. Het is de moeder van Bram en Annemarie.
ət ɪs də m_u_dər van bram ɛn anəm_a_ri

7. Ze is nog jong*: pas* drieënveertig*.
zə ɪs nɔx jɔŋ pas driən_ve_rtəx

8. Haar man* Guus is al* vijfenvijftig,
har man xys ɪs al vɛjfən_vɛ_jftəx

9. maar* Monique vindt* haar man niet oud*.
mar mon_i_k vɪnt har man nit aɔt

Prononciation

2. 6. Aux Pays-Bas, le mot **het** se prononce toujours **'t**, [ət]. En Belgique, **het** se prononce la plupart du temps [hɛt].

4. Le **ch** de **school** représente le son guttural [x]. Le **sch** se prononce donc [sx], sauf dans le suffixe **-isch** [is]. *Cf.* leçon 1.

7. Pensez à bien articuler le **ng** [ŋ] dans **jong** et **jongen**. **Drieënveertig** se prononce comme les trois mots : **drie en veertig**. Attention à la terminaison **-ig**, prononcée [əx].

9. *Attention !* le **d** final de **oud** se prononce [t].

La sœur de Bram

1. Annemarie Hermans est une fille.
2. C'est la sœur de Bram.
3. Elle habite encore à la maison, chez son père et sa mère, à Hoorn.
4. Elle ne fait pas encore d'études. Elle va encore à l'école.
5. Monique Hermans-De Wit est une femme.
6. C'est la mère de Bram et d'Annemarie.
7. Elle est encore jeune : [elle a] seulement quarante-trois ans.
8. Son mari, Guus, a déjà cinquante-cinq ans,
9. mais elle ne trouve pas [que] son mari [soit] vieux.

⠗ Mots nouveaux

1. **het meisje**, la (petite) fille
2. **het zusje**, la (petite) sœur — (**de zus**, la sœur)
3. **ze**, elle – **nog**, encore — **haar**, son/sa (à elle) — **de moeder**, la mère
4. **gaat (gaan)**, va (aller) — **naar**, à, vers — **de school**, l'école
5. **de vrouw**, la femme
7. **jong**, jeune — **pas**, seulement, ne … que
8. **de man**, le mari, l'homme — **al**, déjà
9. **vindt (vinden)**, trouve(r) — **oud**, âgé, vieux

⠗ Vocabulaire complémentaire

de broer, le frère
de jongen, le garçon
de zoon, le fils
de dochter, la fille
de ouders, les parents.

• Le pronom personnel

Le pronom personnel féminin de la 3ᵉ personne est **ze**.

Annemarie, de dochter, de zus → **ze**, *elle.*

Comparez : **Bram, de zoon, de broer** → **hij**, *il.*

• L'adjectif possessif

L'adjectif possessif employé quand le possesseur est une femme ou un nom féminin est **haar**.

Bram is de broer van Annemarie → **Het is haar broer.**

Comparez : **Annemarie is de zus van Bram** → **Het is zijn zus.**

• Le verbe

1. Les verbes dont le radical se termine en **d** prennent le **t** de la conjugaison comme les autres verbes. Cependant on n'entend qu'un seul son [t].

   vinden *(trouver)* : radical + **t** = **vind** + **t** → **hij/ze vindt** [vɪnt] (10.).

2. L'infinitif **gaan** *(aller)* ne se termine pas par **-en**, cependant on le conjugue normalement : **gaan** → **hij/ze gaat** (4.).

• La négation

1. *Rappel :* **niet** *(ne pas)* ne se place jamais devant le verbe conjugué (*cf.* leçon 4).

2. Si la phrase comporte un groupe de mots introduits par une préposition, la négation se place devant ce groupe :

   Annemarie woont niet in Amsterdam.

3. Dans une phrase simple, comme **Monique vindt haar man niet oud** (9.), le mot **niet** se place devant l'adjectif.

   Annemarie vindt haar vader niet jong.
   Annemarie ne trouve pas que son père soit jeune.

• Le nom

En règle générale, on obtient le diminutif en ajoutant **-je** au nom : **zus** → **zusje.** Les diminutifs sont tous du genre neutre ; ils prennent l'article **het** : **de zus** → **het zusje**

L'emploi du diminutif est très courant en néerlandais, notamment aux Pays-Bas.

EXERCICES

(Oefeningen)

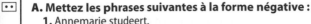

A. Mettez les phrases suivantes à la forme négative :
1. Annemarie studeert.
2. Bram woont in Hoorn.
3. De vader van Annemarie en Bram is jong.
4. Ze gaat naar de universiteit.
5. Annemarie vindt haar vader oud.

B. Complétez par un adjectif possessif :
1. Monique is de vrouw van Guus. Het is … vrouw.
2. Annemarie is de dochter van Monique. Het is … dochter.
3. Bram is de broer van Annemarie. Het is … broer.
4. Het huis is van Bram. Het is … huis.
5. Jan is de man van Annie. Het is … man.

C. Cochez la bonne réponse :
1. Annemarie woont ☐ in Amsterdam bij haar broer.
   ☐ in Hoorn bij haar ouders.
2. Monique is ☐ de moeder van Guus Hermans.
   ☐ de vrouw van Guus Hermans.
3. De zus van Bram is ☐ nog jong.
   ☐ al oud.
4. Bram gaat ☐ al naar de universiteit.
   ☐ nog niet naar de universiteit.

D. Prononcez :
1. De vrouw en de dochter.
2. Haar broer is nog jong.
3. Het is zijn vader.
4. Ze gaat naar Hoorn.
5. Hij gaat naar Utrecht.

De zus van Bram • La sœur de Bram

41

Marij Van Leeuwen

1. De vriendin* van Bram heet Marij Van Leeuwen.
   də vrindın van bram het marεj van lewən

2. Marij woont niet in de hoofdstad maar in Steenwijk.
   marεj wont nit ın də hoftstat mar ın stenwεjk

3. Ze werkt in de winkel* van haar moeder.
   zə wεrkt ın də wıŋkəl van har mudər

4. Mevrouw* Van Leeuwen heeft een supermarkt*.
   məvraͻ van lewən heft ən sypərmarkt

5. Ze woont met haar dochter bij de winkel.
   zə wont mεt har doxtər bεj də wıŋkəl

6. Marij is tweeëntwintig* jaar.
   marεj ıs tweεntwıntəx jar

7. Ze vindt* haar werk* niet leuk*
   zə vınt har wεrk nit løk

8. en ze zoekt* nu* een baan in Amsterdam bij haar vriend* Bram.
   εn zə zukt ny ən ban ın amstərdam bεj har vrint bram

9. Bram schrijft* Marij niet graag*, maar zij* Bram wel*!
   bram sxrεjft marεj nit xrax mar zεj bram wεl

10. Hij belt* altijd*.
   hεj bεlt altεjt

Prononciation

1. Dans le mot **vriendin**, l'accent tonique porte sur le **-in** final [vrindın].

3. Le **n** devant un **k** se prononce comme **ng : winkel**, [wıŋkəl].

- **Remarque générale**
  Ne craignez pas de prolonger
  – les voyelles longues dans **heet** (1.), **woont** (2.), **heeft** (4.), **graag** (9.),
  – les voyelles composées dans **Marij** (1.), **Leeuwen** (1.) **mevrouw** (4.).

Marij Van Leeuwen

1. L'amie de Bram s'appelle Marij Van Leeuwen.
2. Marij n'habite pas [dans] la capitale mais [à] Steenwijk.
3. Elle travaille dans le magasin de sa mère.
4. Mme Van Leeuwen a un supermarché.
5. Elle habite avec sa fille près du magasin.
6. Marij a vingt-deux ans.
7. Elle n'aime pas son travail
8. et elle cherche maintenant un emploi à Amsterdam auprès de son ami Bram.
9. Bram n'aime pas écrire à Marij, mais, en revanche, elle écrit volontiers à Bram (litt., « mais elle, à Bram, si ! »).
10. Il téléphone toujours.

Mots nouveaux

1. **de vriendin**, l'amie
3. **de winkel**, le magasin
4. **mevrouw**, madame — **de supermarkt**, le supermarché, la supérette
6. **tweeëntwintig**, vingt-deux
7. **het werk**, le travail — **leuk**, agréable
8. **zoekt (zoeken)**, cherche(r) — **nu**, maintenant — **de vriend**, l'ami.
9. **schrijft (schrijven)**, écrit (écrire) — **graag**, volontiers — **wel**, en revanche
10. **belt (bellen)**, appelle (appeler) au téléphone — **altijd**, toujours

Vocabulaire complémentaire

meneer, monsieur
het kind, l'enfant
de mens, l'homme (l'être humain)

43

Remarque

- Le mot **mevrouw** *(madame)* s'emploie en fait pour toutes les femmes ayant atteint l'âge de dix-huit ans, mariées ou non.
- Dans l'indication de l'âge (6.), on est libre d'employer ou non le mot **jaar**, *an, année*.
- Notez le tréma (¨) dans **tweeëntwintig**. Comme en français, il s'emploie pour séparer deux sons. Ici, la voyelle longue **ee** [e] du **e** bref [ɛ] qui suit.
- En néerlandais, *écrire à quelqu'un* peut s'exprimer sans préposition : **bram schrijft Marij**, *Bram écrit à Marij*.
- Dans la conjugaison de **schrijven**, le **v** du radical devient **f** aux personnes du singulier (9.), conformément aux règles d'orthographe (*cf.* leçon 2).

GRAMMAIRE

● **Le pronom personnel : forme accentuée**

Cette forme s'emploie pour mettre en valeur la personne considérée. Comparez en français : *je/moi*.

À la 3ᵉ personne du singulier, le pronom personnel féminin a pour forme accentuée **zij**, prononcé [zɛj].

Bram schrijft Marij niet graag, maar zij Bram wel. (9.)

Cette forme accentuée sert ici à marquer l'opposition avec Bram.

L'adverbe **wel** renforce cette opposition :

Hij werkt niet, zij wel !
Il ne travaille pas, elle, si ! (Elle, en revanche, travaille).

● **La négation**

La négation **niet** se place devant l'adverbe :

Bram schrijft Marij niet graag. (9.)

● **Les noms de mesure**

Certains noms restent invariables au pluriel quand ils sont précédés d'un nombre. C'est le cas des noms désignant des unités de mesure (**kilometer, liter**, etc.) et de deux unités de temps : **uur** *(heure)* et **jaar** *(an)*.

Marij is tweeëntwintig jaar. (6.)

(Oefeningen)

A. Voici plusieurs prénoms masculins ou féminins :
(**man**) Bram, Roel, Jan, Henk, Joost, Ruud, Harrie, Bart, Frank ; (**vrouw**) Marij, Saskia, Annie, Mieke, Laura, Els, Joke, Ria. D'après cette liste, complétez les phrases suivantes par l'adjectif possessif qui convient :

1. Roel werkt in de winkel van … moeder.
2. Saskia woont bij … vader.
3. Bart schrijft … broer.
4. De moeder woont bij … kind.
5. Joke vindt … werk leuk.

B. Complétez les phrases en choisissant parmi les mots suivants : maar, bij, ook, en, graag
1. Marij woont in Steenwijk … Bram woont in Amsterdam.
2. Annie heeft een moeder … een vader.
3. Henk woont in Steenwijk … een vriendin.
4. Marij woont … in Steenwijk.
5. Bram werkt … in het museum.

C. D'après le texte des leçons 3, 4, 5 et 7, faites correspondre les phrases de a) aux phrases de b) :

a) **1.** Marij werkt in de winkel

b) **1.** en hij heeft een baan in het museum.

2. Bram studeert economie

2. en Marij en mevrouw Van Leeuwen ook.

3. Mevrouw Van Leeuwen woont in Steenwijk

3. maar ze vindt haar baan niet leuk.

4. Bram heeft telefoon

4. en ze heeft een winkel.

Telefoongesprek

[M. = Marij – B. = Bram]

1. Bram belt Marij.
   bram bɛlt marɛj
2. Haar telefoonnummer* is: 05210-32320. Tring... Tring...
   har teləfonœmər ɪs nœl vɛjf twe en nœl dri twe dri twe nœl
3. **M.** — Ja*, u* spreekt* met Marij Van Leeuwen.
   ja y sprekt mɛt marɛj van lewən
4. Met wie* spreek ik?
   mɛt wi sprek ɪk
5. **B.** — Hoy* Marij, met Bram! Hoe gaat het met je*?
   hoj marɛj mɛt bram hu xat ət mɛt jə
6. **M.** — Goed*. En met jou*?
   xut ɛn mɛt jaɔ
7. **B.** — Prima*! Je hebt* vandaag* veel* werk, hè?
   prima jə hɛpt vandax vel wɛrk hɛ
8. **M.** — Ja, ik heb het druk*.
   ja ɪk hɛp ət drœk
9. Ik kan* nu niet met je praten*.
   ɪk kan ny nit mɛt jə pratə
10. Kun* je morgen* om twaalf* uur weer* bellen?
    kœn jə mɔrxən ɔm twalf yr wer bɛlə

Prononciation

5. Attention au **g** néerlandais ! Il est un peu plus guttural (prononcé au fond de la gorge) que le **r** parisien : **gaat**, [xat].
9. Dans le suffixe **-en** de l'infinitif, la voyelle **e** est atone : [ə]. En général, le **n** final d'un infinitif ou d'un nom au pluriel ne se prononce pas : **praten**, [pratə].

Conversation téléphonique

1. Bram appelle Marij.
2. Son numéro de téléphone est le 05210-32320. Dring, dring !
3. **M.** — Allô, oui, Marij Van Leeuwen à l'appareil.
4. Qui est-ce ? (litt., « avec qui parlé-je ? »)
5. **B.** — Salut Marij ! C'est Bram ! Comment vas-tu ?
6. **M.** — Bien et toi ?
7. **B.** — Très bien ! Tu as beaucoup de travail aujourd'hui, n'est-ce pas ?
8. **M.** — Oui. Je suis très occupée.
9. Je ne peux pas te parler maintenant.
10. Peux-tu rappeler demain à midi ?

Mots nouveaux

2. **het telefoonnummer**, le numéro de téléphone
3. **ja**, oui — **u**, vous (forme de politesse) — **spreekt (spreken)**, parle(r)
4. **wie**, qui
5. **hoy**, salut
6. **goed**, bien, bon
7. **prima**, très bien — **vandaag**, aujourd'hui — **veel**, beaucoup
9. **kan (kunnen)**, peux (pouvoir) — **praten**, parler, bavarder
10. **morgen**, demain — **twaalf**, douze — **weer**, de nouveau

Vocabulaire complémentaire

0 (**nul**) — 1 (**één**) — 2 (**twee**) — 3 (**drie**) — 4 (**vier**) — 5 (**vijf**) — 6 (**zes**) — 7 (**zeven**) — 8 (**acht**) — 9 (**negen**) — 10 (**tien**), 11 (**elf**)

GRAMMAIRE

• L'interrogatif

L'interrogatif **wie** *(qui)* s'emploie uniquement pour désigner des personnes :

Met wie spreek ik? (4.)

Remarque : dans une phrase interrogative, le sujet se place après le verbe.

• Le pronom personnel

La 1re personne du singulier est **ik**, *je* : **Met wie spreek ik?**

La 2e personne du singulier a deux formes.

- Forme de politesse : **u**, *vous* (3.) ; cette forme s'utilise aussi au pluriel.
- Forme familière : **je**, *tu*.

Hoe gaat het met je? (5.) **Goed. En met jou?** (6.)

Dans la phrase (6) **jou** est une forme accentuée du pronom **je**. Ce n'est pas la seule. Nous y reviendrons.

• Le verbe

1. Le présent, 1re et 2e personnes du singulier :

- 1re personne : la forme verbale est identique au radical du verbe. Rappel : on trouve le radical d'un verbe en enlevant le suffixe **-en** de l'infinitif, et en appliquant les règles d'orthographe (*cf.* leçon 2) :

  Met wie spreek ik? (sprek(en) → spreek).

- 2e personne : radical verbal + **t**. Ceci est vrai aussi bien de la forme familière que de la forme de politesse :

U spreekt met Marij Van Leeuwen (3.) **Je hebt vandaag veel werk, hè?** (7.)

Attention ! Si le sujet **je** est placé après le verbe conjugué (par exemple dans une interrogation), le verbe ne prend pas de **t.**

Kun je morgen weer bellen? (10.)

2. Le verbe à l'infinitif dans une phrase indépendante (infinitif complément) se place à la fin de la phrase :

ik kan nu niet met je praten.
Je ne peux pas te ***parler*** *maintenant.* (9.)

3. Le verbe **kunnen** est un verbe irrégulier. Voir le tableau de conjugaison page ci-contre :

pers.	VERBES RÉGULIERS		VERBES IRRÉGULIERS		
	vinden	**gaan**	**zijn**	**hebben**	**kunnen**
1. ik	vind	ga	ben	heb	kan
2. je	vindt	gaat	bent	hebt	kunt
	(vind je)	(ga je)	(ben je)	(heb je)	(kun je)
2. u	vindt	gaat	bent/is	hebt/heeft	kunt/kan
3. hij	vindt	gaat	is	heeft	kan
3. ze	vindt	gaat	is	heeft	kan

EXERCICES

(Oefeningen)

A. Répondez aux questions suivantes sur le texte :
1. Met wie spreekt Marij?
2. Hoe gaat het met Bram?
3. Heeft Marij vandaag veel werk?
4. Hoe laat (*à quelle heure*) kan Bram Marij morgen bellen?

B. Mettez les phrases suivantes à la forme interrogative d'après le modèle : Je spreekt Nederlands. → Spreek je Nederlands?
1. Je spreekt met mijn vader.
2. U vindt haar werk leuk.
3. Je bent Nederlander.
4. Je kunt om negen uur bellen.

C. Complétez en mettant les verbes à la forme voulue :
1. Het **(gaan)** goed met Marij.
2. Je **(bellen)** je moeder.
3. Ik **(kunnen)** nu niet met je praten.
4. **(spreken)** je goed Nederlands?

D. Reconstituez les mots composés :
1. werk- 2. telefoon- 3. hoofd- 4. supermarkt— student — gesprek — stad

In de winkel

•• 1. **Marij** — Goedendag meneer. Kan ik u helpen*?
   xudəndax məner kan ık y hɛlpə

2. **Klant** — Ja, ik wil* graag een kilo* tomaten*.
   ja ık wıl xrax ən kilo tomatə

3. **M.** — Alstublieft*. Anders* nog iets*?
   alstyblift andərs nɔx its

4. **K.** — Een kilo aardappels* en vijfhonderd* gram* sperziebonen*.
   ən kilo ardapəls ɛn vɛjfhɔndərt xram spɛrzibonə

5. **M.** — Ik heb geen* verse sperziebonen, meneer.
   ık hɛp xen spɛrzibonə mənər

6. **K.** — Dan* neem* ik maar een blik*.
   dan nem ık mar ən blık

7. Waar* kan ik de blikken vinden?
   war kan ık də blıkə vındə

8. **M.** — Daar*, bij de koffie* en de thee*.
   dar bɛj də kɔfi ɛn də te

9. **K.** — Sorry*, ik zie* de blikken niet*.
   sɔri ık zi də blıkə nit

10. **M.** — Ik pak* wel een blik sperziebonen voor* u, meneer.
   ık pak wɛl ən blık spɛrzibonə vor y mənər

11. **K.** — Dank u wel*, mevrouw.
   daŋk y wɛl məvraɔ

Prononciation

2. **Attention !** quand le **g** et le **r** se suivent, il faut bien faire la distinction entre les deux sons, en formant le **g** [x] dans la gorge et en roulant le **r** [r] en avant de la bouche.

Au magasin

[M. = Marij – C. = Client]

1. M. — Bonjour, monsieur. Puis-je vous aider ?
2. C. — Oui, je voudrais un kilo de tomates.
3. M. — Voilà. Et avec ça ?
4. C. — Un kilo de pommes de terre et cinq cents grammes de haricots verts frais.
5. M. — Je n'ai plus de haricots verts frais, monsieur.
6. C. — Alors je prends une boîte.
7. Où puis-je trouver les boîtes de conserve ?
8. M. — Là-bas, près du café et du thé.
9. C. — Excusez-moi, je ne vois pas les boîtes de conserve.
10. M. — Je vais vous chercher une boîte de haricots verts, monsieur.
11. C. — Merci, madame.

Mots nouveaux

1. **helpen**, aider, servir
2. **wil (willen)**, veux (vouloir) — **de kilo**, le kilo — **de tomaat**, la tomate
3. **alstublieft**, s'il vous plaît (ou « voilà », quand on offre) — **anders**, autre(ment), sinon — **iets**, quelque chose
4. **de aardappel**, la pomme de terre — **de gram**, le gramme — **de sperzieboon**, le haricot vert (**de boon**, le haricot)
5. **geen**, ne pas
6. **dan**, alors — **neem (nemen)**, prends (prendre) — **het blik**, la boîte de conserve
7. **waar**, où
8. **daar**, là(-bas) — **de koffie**, le café — **de thee**, le thé
9. **sorry**, pardon, excusez-moi — **zie (zien)**, vois (voir)
10. **pak (pakken)**, saisis (saisir, prendre) — **voor**, pour
11. **dank u wel**, merci (bien) (quand on vouvoie)

GRAMMAIRE

● **L'article**

1. L'article indéfini n'existe pas au pluriel :

   Ik heb bonen. *J'ai des haricots.*

2. Là où le français emploie l'article partitif *(du/de la/des)*, le néerlandais ne met rien : **Hij drinkt melk.** *Il boit du lait.*

● **La négation**

1. La négation **geen**

   L'emploi du mot **geen** au lieu de **niet** devant un nom s'impose quand ce nom n'est pas précédé par un article défini. On place le mot **geen** devant :

   – les noms au singulier qui indiquent une quantité indénombrable :

   Heeft u water*? Nee, ik heb geen water.
   Avez-vous de l'eau ? Non, je n'ai pas d'eau.

   – les noms au singulier précédés de **een** :
   Ik zie geen winkel. *Je ne vois pas de magasin.*

   – les noms au pluriel qui ne sont pas précédés par un article :
   Ik heb geen blikken. *Je n'ai pas de boîtes.*

   – les noms au singulier qui indiquent une catégorie et qui ne sont pas précédés d'un article :
   Ik ben geen student. *Je ne suis pas étudiant.*

   – les noms précédés d'un chiffre :
   Nee, ik wil geen 500 gram, maar een kilo.
   Non, je ne veux pas 500 g mais un kilo.

2. Le mot **niet** est toujours placé après le complément d'objet direct <u>défini</u>.

   Ik zie de blikken niet. *Je ne vois pas les boîtes.*

● **Le nom**

On obtient le pluriel des noms en ajoutant

1. un **s** aux noms qui se terminent par **-e, -er, -el, -en, -aar(d)** :
   aardappel → aardappels, meisje → meisjes, vader → vaders.

2. **-en** aux autres noms :

   tomaat → tomaten, vrouw → vrouwen, man → mannen

   Cette terminaison **-en** se prononce généralement [-ə].

(Oefeningen)

A. Choisissez le verbe qui convient et conjuguez :
In een café
1. Café — Kan ik u ..., dames? **(nemen)**
2. Klant 1 — Ik ... graag koffie. **(hebben)**
3. Klant 2 — En ik ... thee. **(hebben)**
4. C. — Ik ... geen thee, mevrouw. **(helpen)**
5. K. 2 — Dan ... ik ook koffie. **(zijn)**
6. C. — Dat ... goed. **(willen)**
7. C. — Alstublieft, hier ... u twee koffie. **(willen)**
   K. 1 + 2 — Dank u wel, meneer.

B. Donnez une réponse négative et employant geen :
1. Wilt u bonen? Nee, ik wil ... ...
2. Heeft u een winkel?
3. Eet u chocolade?
4. Zoekt Marij een baan in Steenwijk?
5. Neemt u koffie?
6. Bent u Nederlander?

C. Donnez une réponse négative et employant niet :
1. Schrijft Bram Marij vaak? Nee, Bram schrijft Marij ... ...
2. Vindt Marij haar werk in de winkel leuk?
3. Woont Bram in Steenwijk?
4. Ziet u de studenten?
5. Help je de moeder van Marij?
6. Is de winkel van Marij?

D. Mettez au pluriel les noms suivants :

1. de man	5. de winkel	9. de vriend
2. de broer	6. het jaar	10. de vrouw
3. de baan	7. het meisje	11. de vriendin
4. de jongen	8. de markt	12. de dochter

1. Om* twaalf uur gaat de telefoon.
   ɔm twalf yr xat də teləfon
2. **Bram** — Hallo Marij. Hoe gaat het vandaag*?
   halo marɛj hu xat ət vandax
3. Heb je het nog zo* druk?
   hɛp jə ət nɔx zo drœk
4. **Marij** — Ja nou*! En ik ben zo moe*.
   ja naɔ ɛn ɪk bɛn zo mu
5. **B.** — Je hebt gelukkig* gauw* vakantie.
   jə hɛpt xəlœkəx xaɔ vakansi
6. Wat* vind je van een reis* naar* Noorwegen?
   wat vɪnt jə van ən rɛjs nar norwexə
7. **M.** — Noorwegen is duur* en ik verdien* hier* zo weinig*.
   norwexə ɪs dyr ɛn ɪk vɛrdin hir zo wɛjnəx
8. **B.** — Wil je dan naar Spanje?
   wɪl jə dan nar spanjə
9. Daar is het mooi* en het is er* warm*.
   dar ɪs ət moj ɛn ət ɪs ɛr warm
10. **M.** — Maar het is ook heel* ver*!
    mar ət ɪs ok hel vɛr
11. Ik ga liever* naar Frankrijk.
    ɪk xa livər nar fraŋkrɛjk
12. Dat* is dichtbij* en goedkoop*.
    dat ɪs dixtbɛj ɛn xutkop

Prononciation

4. 5. Le **auw** de **gauw** se prononce [aɔ], comme **ou** dans **nou** : [xaɔ], [naɔ]. Comparez : **vrouw** [vraɔ].

54

Projets de vacances

1. À midi le téléphone sonne.
2. **Bram** — Allô Marij. Comment ça va aujourd'hui ?
3. Tu es toujours aussi occupée ?
4. **Marij** — Et comment ! Et je suis si fatiguée.
5. **B.** — Heureusement, tu auras bientôt des vacances.
6. Que penses-tu d'un voyage en Norvège ?
7. **M.** — La Norvège est chère et je gagne si peu ici.
8. **B.** — Tu veux partir en Espagne, alors ?
9. C'est beau là-bas, et il y fait chaud.
10. **M.** — Mais c'est aussi très loin !
11. Je préfère aller en France.
12. C'est tout près, et bon marché.

Mots nouveaux difficiles

4. **nou**, interjection fréquemment utilisée
11. **liever**, (litt.) plus volontiers (s'emploie pour : préférer)

Expressions idiomatiques

9. **Het is warm.** Dans ce genre de phrases, **het** se traduit par *il* : **Het is koud.** *Il fait froid.* **Het** fait souvent partie d'une expression idiomatique et n'est pas toujours traduit en français : **Ik heb het druk.** *Je suis occupé.*

Vocabulaire complémentaire

de dag, le jour
de ochtend/morgen, le matin
de middag, l'après-midi
de avond, le soir
de nacht, la nuit
vandaag, aujourd'hui
vanmorgen, ce matin
vanmiddag, cet après-midi
vanavond, ce soir
vannacht, cette nuit

● **Le démonstratif « dat »**

Dat est un adjectif ou un pronom démonstratif.

Adjectif, il se rapporte à un nom neutre :

   het land, *le pays* ; **dat land**, *ce pays*

Pronom, il remplace un nom neutre ou bien une phrase entière, comme *ce* ou *cela* en français :

   Dat is dichtbij en goedkoop. (12.)

● **L'adverbe**

Hier et **daar** correspondent respectivement au français *ici* et *là-bas*, tandis que **er** correspond à *y*. Ces adverbes se trouvent généralement immédiatement après le groupe [sujet + verbe conjugué].

   Is de winkel in Steenwijk? Ja, de winkel is hier.

   Werkt ze graag in Steenwijk? Nee, ze werkt er niet graag.

Seuls **hier** et **daar** peuvent être placés en tête de phrase.

   Werkt Marij in de winkel? Ja, ze werkt daar./Ja, daar werkt ze.

● **L'ordre des mots**

Le complément de temps **(om twaalf uur, vandaag...)** se place souvent en tête de phrase ; il est dans ce cas toujours immédiatement suivi par le verbe conjugué. Le sujet se place alors après le verbe conjugué, donc en troisième position dans la phrase.

   Om twaalf uur gaat de telefoon.
   À midi, le téléphone sonne.

   Vanmiddag ga ik naar de bibliotheek.
   J'irai à la bibliothèque cet après-midi.

● **Le verbe**

Le présent du verbe **willen** est irrégulier. La 3e personne du singulier ne prend pas de t final : **hij wil, zij wil, het wil.**

(Oefeningen)

A. Complétez les phrases suivantes par les négations niet ou geen :
1. Marij woont … in Amsterdam.
2. Ik heb … winkel in Steenwijk.
3. Vind je het … leuk?
4. Mevrouw Van Leeuwen heeft in juli … vakantie.
5. Hij heeft vandaag … tijd.

B. Remplacez les compléments de lieu soulignés par les adverbes indiqués entre parenthèses. Attention à l'ordre des mots !
1. Marij verdient weinig <u>in de winkel.</u>   (daar)
2. De autosnelweg is gratis <u>in Spanje.</u>   (er)
3. Marij werkt <u>in de winkel van haar moeder.</u>   (daar)
4. Het is mooi <u>in Frankrijk.</u>   (hier)
5. Hij vindt het leuk <u>in het museum.</u>   (daar)

C. Placez le complément de temps souligné en tête de phrase :
1. Roel heeft <u>morgen</u> vakantie.
2. Mijn zus gaat <u>in augustus</u> naar Frankrijk.
3. Hij gaat <u>dan</u> naar Spanje.
4. Els heeft het <u>vandaag</u> niet zo druk.
5. De telefoon gaat <u>precies om twaalf uur.</u>

D. Complétez par le contraire :
1. Met Bram gaat het goed, maar, met Marij gaat het …
2. Oostenrijk is ver, maar België is …
3. Dit land is mooi, maar dat land is …
4. De koffie is warm en de Coca-Cola is …
5. Marij verdient weinig in de winkel en Bram verdient … in het museum.

LES
11

Even voorstellen

📢
1. **Marij** — Ik wil niet vooraan* staan*, hoor*.
2. Die* muziek is zo hard*.
3. **Bram** — Okee, dan blijven* we* hier.
4. Hé, daar heb je Ruud.
5. Die* ken* je nog niet, hè* ?
6. **M.** — Dat meisje naast* Ruud is dan zeker* zijn vriendin Inge.
7. **B.** — Hé Ruud ! Hoy ! Blijf maar* staan. Wij komen* wel.
8. **Ruud** — Ha Bram. Wat* leuk* !
9. **B.** — Even* voorstellen* : dit* is Ruud en dat is Inge.
10. **R.** — Inge, dit is Bram. Dan moet* jij Marij zijn.
11. **M.** — Hallo. Ja, ik ben Marij. Hoe vinden jullie* het concert* ?
12. **Inge** — Ik vind het een goede groep*,
13. maar het geluid* staat* veel te* hard voor deze* zaal*.

Prononciation

• **Goede** est souvent prononcé **goeje**, [xujə]. (12.)

📢
Vocabulaire complémentaire

• **tegengestelden (contraires)**
1. **voor** ↔ **achter**, derrière
   vooraan ↔ **achteraan**, en arrière
2. **hard** ↔ **zacht**, doux, doucement
5. **nog niet/geen** ↔ **al**, déjà
8. **leuk** ↔ **vervelend**, ennuyeux

L'exclamatif « wat »

On utilise le mot **wat** devant un adjectif pour exprimer l'exclamation :
Wat mooi ! *Comme c'est beau !*

Faisons les présentations

1. Marij — Je ne veux pas être devant, tu sais.

2. Cette musique est tellement forte.

3. Bram — D'accord, alors nous restons ici.

4. Tiens ! Voilà Ruud.

5. Tu ne le connais pas encore, hein ?

6. M. — La fille [qui est] à côté de Ruud est sûrement son amie Inge.

7. B. — Hé Ruud ! Salut ! Ne bouge pas. Nous venons.

8. Ruud — Tiens Bram. Sympa de se voir !

9. B. — Faisons les présentations : voici Ruud et voilà Inge.

10. R. — Inge, voici Bram. Et toi, tu es sûrement Marij.

11. M. — Bonjour. Oui, c'est moi Marij. Comment trouvez-vous le concert ?

12. Inge — Je trouve que c'est un bon groupe,

13. mais le son est bien trop fort pour cette salle.

Remarques

- Ajouté en fin de phrase, le mot **hè** (5.) donne à celle-ci un sens interrogatif, sans modifier la structure de la phrase :

  Die ken je nog niet. *Tu ne le connais pas encore.*

  Die ken je nog niet, hè ? *Tu ne le connais pas encore, hein ?*

- **Blijf maar staan** (7.). Ici, le mot **maar** n'est pas la conjonction *mais* ; c'est un adverbe de restriction *(seulement)* ou ici d'atténuation. Il atténue l'ordre donné par l'impératif **blijf staan** *(reste où tu es)*. Cet emploi de **maar** est presque automatique en néerlandais. On ne le traduit pas.

- **Even voorstellen** (9.). Le mot **even** *(un moment)* est souvent employé pour relativiser, atténuer un propos. **Even** n'est pas traduit en français dans ce cas :

  Ik bel Marij even. *J'appelle Marij.*

  Ik ga even op de fiets naar een vriendin.
  Je prends mon vélo et je vais chez une amie.

GRAMMAIRE

• Les démonstratifs

1. La forme des démonstratifs est imposée en néerlandais par le genre des noms :

	avec opposition		sans opposition
	hier, *ici*	**daar**, *là*	
de-woorden	**deze**	**die**	**die**
het-woorden	**dit**	**dat**	**dat**

2. Les démonstratifs **die/dat/deze/dit** peuvent être employés devant un nom ou peuvent remplacer un nom ou un nom propre (ils sont alors pronoms) :

Die muziek staat zo hard. *Cette musique…* (2.)
Die ken je nog niet, hè ? (litt.) *Celui-là tu ne le connais…* (5.)

3. Les démonstratifs les plus usités sont **die** et **dat**.
Wat vind je van die film ? *Que penses-tu de ce film ?*

4. Si le locuteur souhaite opposer un objet ou une personne à un(e) autre plus éloigné(e) de lui, il utilisera l'autre paire de démonstratifs : **deze** et **dit**. **Deze** et **dit** correspondent à *ce/cette… -ci, celui/celle-ci*. On les emploiera donc

– quand on a un objet sous la main :
Wat vind je van dit boek ? *Que penses-tu de ce livre-ci ?*

– si l'on présente une personne :
Inge, dit is nou Bram. (10.)

– quand on souligne l'opposition **hier** *(ici)* ↔ **daar** *(là)* :
Even voorstellen : dit is Ruud en dat is Inge.
Voici… voilà… (9.)

– quand on dit *ce/cette …-ci, celui/celle-ci* en français :
maar het geluid staat veel te hard voor deze zaal. (13.)

• Le verbe

Le verbe **staan** (1.) se conjugue comme **gaan** (*cf.* leçon 8, tableau).

(Oefeningen)

A. Questions sur le texte :
1. Waar zijn Marij en Bram ?
2. Wie zien ze daar ?
3. Kent Marij Ruud al ?
4. En kent Bram Inge al ?
5. Staat de muziek hard of zacht ?

B. L'opposition. Complétez d'après le modèle : Dit concert is goed, maar dat concert is slecht :
1. Deze jongen praat hard, maar … jongen praat …
2. Deze mensen staan vooraan, maar …
3. Dit kind ken ik al, maar …
4. Deze man is jong, maar …
5. Dit huis is mooi, maar …

C. Complétez par die ou dat :
1. Staat de vriendin van Kees daar ? Ja, … staat daar.
2. Zien jullie die mensen daar ? Ja, … zien we.
3. Zoekt u het KLM-vliegtuig ? Ja, … zoek ik.
4. Kent u het centrum van Rotterdam ? Ja, … ken ik.
5. Ken je de achternaam van Beatrix ? Nee, … ken ik niet.
6. Ken je Beatrix ? Nee, … ken ik niet.

D. Complétez par deze, die, dit ou dat :
1. Zie je … auto daar ?
2. Werk je bij … man hier of bij … daar ?
3. Zien jullie … jongens daar ?
4. Hij pakt de thee, maar … is te warm.
5. Dit is mevrouw De Wit. Dan moet … haar dochter zijn.

Wat doen jullie dit jaar ?

[B. = Bram — R. = Ruud]

1. **B.** — Hé, Ruud !
2. **R.** — Hoy Bram. Hoe gaat het met je examens* ?
3. **B.** — Wel goed, maar ik ben zo moe.
4. En ik moet* nu nog* naar mijn* werk ook*.
5. **R.** — O ja, dat is waar*, jij werkt !
6. Wat doe je eigenlijk* ?
7. **B.** — Ik ben gids* in het Historisch Museum.
8. Ik werk er elke* donderdag*, vrijdag*, zaterdag* en zondag*.
9. Maar in juli ga* ik op* vakantie*.
10. We willen deze* zomer* naar Zuid-Frankrijk,
11. maar Marij heeft niet veel geld*
12. en ze houdt* niet van* liften*.
13. Wat doen jullie dit jaar eigenlijk ?
14. **R.** — Inge en ik gaan elk jaar twee weken* kamperen*.
15. **B.** — Goed idee* ... een tent* ...

Prononciation

- Attention à l'accentuation !
  ex<u>a</u>men (2.), eig<u>e</u>nlijk (6.), hist<u>o</u>risch museum (7.), vak<u>a</u>ntie (9.), <u>Zuid</u>-Frankrijk (10.), kamp<u>e</u>ren (11.). Les verbes en **-eren** sont toujours accentués sur cette avant-dernière syllabe.

4. Le possessif **mijn** est le plus souvent prononcé **m'n** (forme non accentuée) [mən].

6. Le suffixe **-lijk** dans **eigenlijk** se prononce toujours [lək].

8. **Er** est le plus souvent prononcé **d'r**, [dər].

Que faites-vous cette année ?

[B. = Bram — R. = Ruud]

1. *B.* — *Salut Ruud !*
2. *R.* — *Salut Bram. Ça va, tes examens ?*
3. *B.* — *Pas mal, mais je suis tellement fatigué.*
4. *Et il faut que j'aille travailler, en plus.*
5. *R.* — *Ah oui, c'est vrai, tu as un travail !*
6. *Qu'est-ce que tu fais, déjà ?*
7. *B.* — *Je suis guide au Musée historique.*
8. *J'y travaille le jeudi, le vendredi, le samedi et le dimanche.*
9. *Mais en juillet, je pars en vacances.*
10. *Cet été nous voulons aller dans le sud de la France,*
11. *mais Marij n'a pas beaucoup d'argent*
12. *et elle n'aime pas faire du stop.*
13. *Et vous, que faites-vous cette année au juste ?*
14. *R.* — *Inge et moi, nous partons chaque année camper deux semaines.*
15. *B.* — *Bonne idée... une tente...*

Mots nouveaux difficiles

6. eigenlijk, en fait, au juste

Vocabulaire complémentaire

- **de dagen van de week** (les jours de la semaine) :
  maandag, dinsdag, woensdag, donderdag, vrijdag, zaterdag, zondag

- **de maanden** (les mois) :
  januari, februari, maart, april, mei, juni, juli, augustus, september, oktober, november, december

• Le pronom

Le pronom personnel de la 1ʳᵉ personne du pluriel est **we**. **We** connaît une forme accentuée, **wij**, uniquement employée en cas d'opposition, d'étonnement etc., comme c'est le cas pour **jij** (forme accentuée de **je**) et **zij** (forme accentuée de **ze**).

> **Jij wilt naar Noorwegen, maar wij gaan naar Zuid-Frankrijk !**

Le pronom personnel de la 2ᵉ personne du pluriel est **jullie**. Il n'existe pas de forme accentuée écrite à cette personne.

• Le possessif

Le possessif à la 1ʳᵉ personne du singulier est **mijn** qui se prononce souvent [mən] et peut s'écrire **m'n** s'il n'est pas en position accentuée : **En ik moet nu nog naar mijn werk ook.** (4.)

• Le verbe

1. Pour les 1ʳᵉ, 2ᵉ et 3ᵉ personnes du pluriel, la forme du verbe est la même que pour l'infinitif :

> **we willen ...** (10.) **Wat doen jullie ...** (13.)

2. Il existe des verbes à préposition fixe comme **houden van** ; on apprendra ces verbes avec leur préposition.

> **en ze houdt niet van liften.** (12.)

• Le genre

Elk (*chaque*) prend un **e** final devant un **de-woord**. Il n'en prend pas devant un **het-woord** au singulier :

> **Ik werk er elke donderdag ...** (8.)
> **Inge en ik gaan elk jaar twee weken kamperen.** (14.)

• L'ordre de la phrase

En ik/moet/nu nog/naar mijn werk/ook. (4.)

1 : sujet, 2 : verbe conjugué, 3 : complément de temps, 4 : complément de lieu. Le complément de temps précède généralement le complément de lieu. Mais : **Ik/werk/er/elke donderdag ...** (8.)

Les mots **er**, **hier** et **daar** sont toujours placés le plus près possible du verbe conjugué ; on peut les comparer à des satellites du verbe conjugué.

(Oefeningen)

A. Répondez aux questions portant sur le texte de la leçon :
1. Hoe heet de vriend van Bram ?
2. Wil Marij naar Zuid-Frankrijk liften ?
3. Heeft Marij veel geld ?
4. Gaan Ruud en zijn vriendin naar een hotel ?

B. Complétez les phrases suivantes :
1. Hoe gaat … met u ?
2. Ik ga … het station.
3. We gaan … september … vakantie.
4. Ik woon … Rotterdam en ik werk … ook.
5. Ruud houdt niet … kamperen.

C. Complétez par elk ou elke selon le genre du nom :
1. … museum
2. … dag
3. … maand
4. … gids
5. … vakantie
6. … winkel
7. … vrouw
8. … stad

D. Mettez dans l'ordre :
1. drie wekenikganaar Duitsland.
2. op vakantie/in augustus gaan/we.
3. Nederlands/ik/aan de universiteit/studeer/nu.
4. hebben/veel geld/niet/jullie/?
5. niet/houdt/van haar werk/Marij.

E. Traduisez :
1. Nous partons chaque année en vacances.
2. Il n'aime pas le Musée historique.
3. Nous n'avons pas beaucoup d'argent.
4. Cet été, les étudiants ont beaucoup d'examens.

Op vakantie gaan !

[••] 1. **Bram** — Waar gaan jullie kamperen ?
2. **Ruud** — In de Belgische* Ardennen.
3. **B.** — En hoe gaan jullie naar de Ardennen ?
4. **R.** — Met de trein, natuurlijk* !
5. **B.** — Is jullie* tent groot* ?
6. **R.** — Nee, onze* tent is erg klein*.
7. Daarom* nemen* we die van de ouders* van Inge mee*. Die is erg groot !
8. Jullie kunnen ons tentje wel lenen*.
9. In Zuid-Frankrijk is het warm.
10. Daar is een klein tentje wel genoeg*.
11. Maar wanneer vertrekken* jullie ?
12. **B.** — Begin* juli.
13. **R.** — Oh, dan heeft* niemand ons* tentje nodig*.
14. Jullie kunnen dat tentje bij de ouders van Inge ophalen*.

[••] **Prononciation**

Attention à l'accentuation pour les mots suivants :

1. ju<u>lli</u>e

2. <u>Bel</u>gische Ar<u>den</u>nen

4. na<u>tuur</u>lijk

10. ge<u>noeg</u>

11. ver<u>trek</u>ken

12. be<u>gin</u>

14. <u>op</u>halen (dans les verbes à particule, c'est toujours celle-ci qui prend l'accent tonique tandis que les préfixes ne prennent jamais l'accent tonique, exemple **geloven**).

Partir en vacances !

1. **B.** — *Où allez-vous camper ?*
2. **R.** — *Dans les Ardennes belges.*
3. **B.** — *Et comment allez-vous dans les Ardennes ?*
4. **R.** — *En train, bien sûr !*
5. **B.** — *Elle est grande, votre tente ?*
6. **R.** — *Non, notre tente est très petite.*
7. *C'est pourquoi nous emportons celle des parents d'Inge. Elle est très grande !*
8. *Vous pouvez emprunter notre petite tente.*
9. *Dans le sud de la France il fait chaud.*
10. *Là-bas une petite tente suffira bien.*
11. *Mais quand partez-vous ?*
12. **B.** — *Début juillet.*
13. **R.** — *À ce moment-là personne n'a besoin de notre [petite] tente.*
14. *Vous pouvez aller chercher cette [petite] tente chez les parents d'Inge.*

Expressions idiomatiques

10. **genoeg zijn**, être suffisant, suffire
13. **nodig hebben**, avoir besoin

Vocabulaire complémentaire

7. **waarom ?**, pourquoi ? **daarom**, c'est pourquoi
- **hoe gaat u... ?** comment allez-vous... ? — **ik ga met de trein, de fiets, de bus, de metro, de auto, het vliegtuig**, je vais en train, à vélo, en bus, en métro, en voiture, en avion — **lopen**, aller à pied — **het weer**, le temps — **wat voor weer is het ?** quel temps fait-il ? — **het is warm, koud, mooi weer, lelijk weer**, il fait chaud, froid, beau, mauvais — **het regent**, il pleut — **het sneeuwt**, il neige.

• Les mots interrogatifs

Welk(e), *quel/quels/quelle(s)* ne prend pas de **e** quand il précède un **het-woord** au singulier. (Comparez : **elk/elke**, leçon 12.)

• Le pluriel

L'article défini au pluriel est toujours **de** : **de blikken, de adressen**.

Les noms qui se terminent en **a, o, u** et **i** prennent **'s** au pluriel : **auto's, kassa's, taxi's, paraplu's**.

• L'adjectif possessif

1. À la 1re personne du pluriel, l'adjectif possessif a pour forme **onze/ons** : **Nee, onze tent is erg klein.** (6.)
   Pour les **het-woorden** au singulier, on utilisera la forme **ons**.

   Au pluriel on aura toujours la forme **onze** : **de vriend → onze** vriend/**het** tentje → **ons** tentje/**de** examens → **onze** examens.

2. L'adjectif possessif à la 2e personne du pluriel **jullie** connaît deux formes : **jullie** et **je**. On verra par la suite que **je** remplace **jullie** pour éviter une lourde répétition : **Nemen jullie je tent ? Is jullie tent groot ?** (5.)

• L'adjectif

L'adjectif attribut, c.à.d. l'adjectif qui est placé après le verbe **zijn**, ne s'accorde pas avec le sujet du verbe ; il reste donc invariable : **de tent is klein – de fietsen zijn groot.**

• Le verbe

Il existe de nombreux verbes dits à particule séparable comme **meenemen** et **ophalen** dans notre leçon : **mee** ou **op** sont ici les particules accolées aux verbes de base **nemen** et **halen**.

Ces verbes sont conjugués normalement, mais au présent et à l'imparfait, leur particule est détachée et placée à la fin de la phrase après les éventuels compléments :

> **Daarom nemen we die van de ouders van Inge mee.** (7.)

Lorsque le verbe à particule se construit avec un auxiliaire, la particule est « rattachée » au verbe de base : **Jullie kunnen dat tentje bij de ouders van Inge ophalen.** (14.)

EXERCICES

(Oefeningen)

A. Répondez aux questions :
1. Hoe gaan Ruud en Inge naar België ?
2. Hebben Bram en Marij een auto ?
3. Waarom nemen Ruud en Inge de tent van de ouders van Inge mee ?
4. Wanneer gaan Bram en Marij op vakantie ?
5. Gaan ze ook naar de Ardennen ?

B. Posez des questions à l'aide des interrogatifs suivants : hoe, wat, wie, waar, wanneer, welke
1. … tent nemen Ruud en Inge mee ?
2. … heet de vriendin van Ruud ?
3. … woont Bram ?
4. … doet Bram in het museum ?
5. … gaan Bram en Marij naar Noorwegen ?
6. Met… gaat Inge op vakantie ?

C. Placez die ou dat devant le nom. Faites le même exercice en complétant avec onze ou ons, puis welk ou welke

1. … tent		6. … museum
2. … ouder		7. … werk
3. … metro		8. … week
4. … programma		9. … vriend
5. … universiteit		10. … nummer

D. Mettez au pluriel les noms de l'exercice C.

Bram wacht op Ruud

1. Bram wacht* bij het station* op* Ruud.
2. Het is vijf uur, maar Ruud is er nog niet.
3. Bram staat er al een half uur.
4. Ruud heeft geen eigen* fiets.
5. Daarom moet hij vaak lopen
6. en komt hij overal* te laat*.
7. Dat is niet prettig* voor de anderen.
8. Om kwart* over* vijf komt Ruud eindelijk.
9. Maar dan is Bram er niet* meer*.
10. Hij wil geen uren op zijn vrienden wachten.
11. Hij ziet Ruud morgen* wel weer.

Vocabulaire complémentaire

- **tegengestelden**
  3. **half** ↔ **heel**, entier
  6. **overal** ↔ **nergens**, nulle part
  laat ↔ **vroeg**, tôt
  9. **niet/geen meer** ↔ **nog**, encore
  11. **morgen** ↔ **gisteren**, hier
- **de tijd**, le temps (en général) ; le moment, l'heure (moment précis) — **hoe laat is het ?**, quelle heure est-il ?

Remarques

- **De tijd** (l'heure)
  Het is één uur. Il est une heure (13 h).
  Het is één uur in de nacht. Il est une heure (du matin).
  Het is vijf over twee. Il est 14 h 05.
  Het is tien over drie. Il est 15 h 10.
  Het is kwart over vier. Il est 4 heures et quart (16 h 15).
  Het is kwart voor vijf. Il est 5 heures moins le quart (16 h 45).
  Het is half zes. Il est 5 heures et demie (17 h 30).
  Het is half zeven. Il est 6 heures et demie (18 h 30).

N.B. : Pour indiquer la demi-heure, on se réfère à l'heure à venir !
  Het is tien **voor half** zeven. Il est 18 h 20.
  Het is vijf **over half** acht. Il est 19 h 35.

Dans la moitié inférieure du cadran de l'horloge, c'est la demi-heure qui sert de repère.

Bram attend Ruud

1. Bram attend Ruud à la gare.
2. Il est cinq heures, mais Ruud n'est pas encore là.
3. Bram y est depuis une demi-heure.
4. Ruud n'a pas de vélo [à lui].
5. C'est pourquoi il doit souvent aller à pied
6. et il arrive partout en retard.
7. Ce n'est pas agréable pour les autres.
8. À cinq heures et quart, Ruud arrive enfin.
9. Mais Bram n'y est plus.
10. Il ne veut pas attendre ses amis pendant des heures.
11. Il reverra Ruud demain, sans doute.

- L'adverbe **al** suivi d'un complément de temps exprimant la durée se traduit en français par *depuis* :
  al drie jaar, *depuis trois ans* — **al lang**, *depuis longtemps*
- L'adverbe **weer** signifie *à nouveau*. Il correspond souvent au préfixe *re-* comme dans les verbes *refaire* ou *revenir* :
  Hij komt weer, *il revient* — **Zeg het weer !**, *redis-le !*

• La négation, son emploi et sa position

niet	geen
1. jamais directement devant un nom	**1.** toujours devant un nom
2. jamais devant le verbe conjugué	**2.** devant un nom indiquant une quantité indénombrable
3. toujours après le complément d'objet défini	**3.** devant un nom singulier précédé de **een** à la forme affirmative
4. toujours devant un adjectif ou adverbe	**4.** devant les noms pluriels sans article
5. toujours devant un groupe prépositionnel	**5.** devant les noms qui indiquent une catégorie sans article
	6. devant les noms précédés par un chiffre
	7. dans des emplois idiomatiques

Exemples

1. Ik zie die **straat niet.**
2. Hij **komt niet.**
   Hij **zegt** het **niet.**
3. Ik ken **die man niet.**
4. Ze is **niet** oud.
   Ze eet **niet** veel.
5. We gaan **niet** naar **België.**

Exemples

1. **geen tomaat**
2. **geen water**
3. Hebt u **een** hond ? Nee, ik heb **geen** hond.
4. Hebt u fietsen ? Nee, ik heb **geen fietsen.**
5. Bent u **professor** ? Nee, ik ben **geen professor.**
6. Ik zie **geen twintig studenten** in deze zaal.
   Je ne vois pas vingt étudiants dans cette salle.
7. Ik heet **geen Ruud !**
   Je ne m'appelle pas Ruud !

(Oefeningen)

A. Mettez à la forme négative :
1. Bram belt Marij elke week.
2. Het gaat goed met haar moeder.
3. Ze heeft het heel druk.
4. Hij praat goed Nederlands.
5. Marij verdient veel in de winkel.
6. Je kunt hier iets eten.
7. Ze gaan elke maandag naar de film.
8. Het is al zes uur.
9. Het is een Nederlander.
10. Het concert begint om acht uur.

B. Même exercice :
1. Bram ziet zijn ouders vaak.
2. Ruud werkt in het Historisch Museum.
3. Het is een cadeau voor de moeder van Ruud.
4. Ruud is moe.
5. De vader en moeder van Inge hebben de tent nodig.
6. Dat is de vriendin van Jan.
7. Ruud komt overal op tijd.
8. Marij heeft een eigen huis.
9. Hij staat nog voor het station.

C. Choisissez le verbe qui convient et conjuguez :
1. Bram ... voor het station op Marij. **(staan)**
2. Marij ... achter het station bij het water. **(zien)**
3. Bram ... haar niet. **(wachten)**
4. Het water ... het IJ. **(heten)**

D. Hoe laat is het ? Écrivez en toutes lettres :

1. 7 h 15	**3.** 9 h 45	**5.** 21 h 35
2. 20 h 30	**4.** 11 h 40	**6.** 12 h 50

In het café (1)

 1. Bram en zijn vrienden gaan vaak naar het café*.
2. Nu zitten ze in de "IJsbreker"*, dichtbij het centrum
3. en praten over hun vakantieplannen*.
4. In dit café komen veel studenten
5. want* het bier* is er goed
6. en je* kunt er ook iets* eten.
7. De "IJsbreker" is in het weekend* tot twee uur 's nachts* open*.
8. Vrijdags* treedt* er altijd een muziekgroep* op*.
9. De muziek begint* meestal* om half tien.
10. Vanavond is het heel gezellig*
11. want veel studenten zijn klaar met hun examens
12. en gaan binnenkort* naar huis of* op vakantie.
13. Het café gaat zomers* nooit dicht*
14. want er komen veel toeristen* in Amsterdam.

Prononciation

1. het ca<u>fé</u>
3. va<u>kan</u>tieplannen
7. het <u>week</u>end
8. mu<u>ziek</u>groep
9. be<u>gint</u>
10. ge<u>zel</u>lig
12. binnen<u>kort</u>
14. toe<u>ris</u>ten

Au café (1)

1. *Bram et ses amis vont souvent au café.*
2. *Maintenant ils sont au « IJsbreker », tout près du centre-ville,*
3. *et parlent de leurs projets de vacances.*
4. *Beaucoup d'étudiants viennent dans ce café*
5. *car la bière y est bonne*
6. *et on peut aussi y manger [quelque chose].*
7. *Le « IJsbreker » est ouvert le week-end jusqu'à deux heures du matin.*
8. *Le vendredi, il y a toujours un groupe qui joue.*
9. *La musique commence généralement à neuf heures et demie.*
10. *Ce soir l'ambiance est très bonne*
11. *car beaucoup d'étudiants ont terminé leurs examens*
12. *et rentreront bientôt chez eux ou partiront en vacances.*
13. *Le café ne ferme jamais l'été*
14. *car il vient beaucoup de touristes à Amsterdam.*

Vocabulaire complémentaire

• **tegengestelden**
6. **iets** ↔ **niets**, rien — 13. **nooit,** jamais (négatif) ↔ **ooit,** jamais (positif : en un temps quelconque) 13. **dicht** ↔ **open,** ouvert — **iemand**, quelqu'un ↔ **niemand**, personne — **ergens**, quelque part ↔ **nergens**, nulle part.

• **Hoe vaak ?** Combien de fois ?
nooit, jamais — **zelden**, rarement — **soms**, parfois — **wel eens**, assez souvent — **dikwijls, vaak**, souvent — **meestal**, généralement — **altijd**, toujours.

Expressions idiomatiques

10. **het is gezellig**, il y a une bonne ambiance, c'est sympa
11. **klaar zijn met**, avoir terminé, être prêt
13. **dicht gaan**, fermer

• Le pronom personnel

1. Le pronom personnel néerlandais **je** exprime souvent une personne non définie. Cette forme correspond au *on* impersonnel français : **en je kunt er ook iets eten**. (6.)

2. Le pronom personnel à la 3ᵉ personne du pluriel a pour forme **ze**, *ils/elles* : **Nu zitten ze in de "IJsbreker".** (2.)
La forme accentuée est **zij** :

Wij gaan naar de Ardennen, maar zij gaan naar Spanje.

Remarque générale : N'employez pas de forme accentuée quand il n'y a pas de raison impérative.

3. Rappel des pronoms personnels : verbe **willen** (irrégulier) :

ik wil	**hij wil**	**jullie willen**
je (jij) wilt	**ze (zij) wil**	**u wilt/wil**
u wilt/wil	**we (wij) willen**	**ze (zij) willen**

• L'adjectif possessif

L'adjectif possessif correspondant à la 3ᵉ personne du pluriel est **hun**, *leur/leurs* : **en praten over hun vakantieplannen.** (3.)

• Le verbe

Le verbe **zitten** s'emploie très souvent aussi dans le sens de *se trouver, être* : **Nu zitten ze in de "IJsbreker".**

• L'adverbe

Pour exprimer que quelque chose revient régulièrement (saison, jour, moment de la journée), on ajoute un **s** final et, souvent, on place **'s** devant le nom :

AVEC 's	SANS 's
's morgens	**dinsdags**
's middags, *l'après-midi*	**donderdags**
's nachts	**vrijdags**
's avond, *le soir*	**zaterdags**
's maandags	**zondags**
's woendags	**zomers**
's winters, *l'hiver*	

On ne met pas de **'s** devant les noms de la deuxième colonne pour des raisons de prononciation.

(Oefeningen)

A. Mettez au pluriel les termes soulignés dans les phrases suivantes :
1. <u>Hij</u> <u>vertrekt</u> in juli met <u>zijn</u> <u>vriend</u>.
2. <u>Ze</u> <u>gaat</u> met <u>haar</u> <u>vriendin</u> kamperen.
3. <u>Hij</u> <u>zit</u> in het café en <u>praat</u> over <u>zijn</u> vakantie.
4. Begin juni <u>heeft</u> <u>zee</u> <u>en</u> <u>examen</u>.

B. Posez la question portent sur le(s) mot(s) souligné(s) en employant : waar, wat, wanneer, hoe laat et wie
1. De studenten zitten altijd in <u>de "IJsbreker"</u>.
2. Je kunt er <u>bier</u> drinken.
3. <u>Vrijdags</u> is er muziek.
4. De muziek begint meestal <u>om half tien</u>.
5. Bram gaat <u>met Marij</u> op vakantie.

C. Complétez les phrases suivantes avec des prépositions :
1. Hij is nooit klaar ... zijn werk.
2. Gaan jullie vaak ... het café ?
3. Ze praten ... het weer.
4. Hij gaat altijd 's winters ... vakantie.
5. Houdt u veel ... klassieke muziek ?
6. Wacht u ... uw vriend ?

D. Traduisez :
1. Le « IJsbreker » n'est jamais fermé l'été.
2. Pendant les vacances les étudiants rentrent toujours chez eux.
3. On y boit souvent de la bière.
4. Il y a généralement une bonne ambiance au « IJsbreker ».
5. Le lundi, il va au café.
6. Tous les jeudis, il est à Bruxelles.

16 In het café (2)

[Br. = Bram — R. = Ruud — I. = Inge M. = Marij —
Ba. = Barman]

1. **Br.** — Zullen* we nog een pilsje* nemen ?
2. **R. en I.** — Ja, lekker* !
3. **M.** — Ik neem nog een glas* wijn*.
4. **I.** — Ik zal alles wel even gaan halen*.
5. **Ba.** — Wat zal het zijn ?
6. **I.** — Drie pils en één rode* wijn*, alstublieft*.
7. Hoeveel* krijgt* u van me ?
8. **Ba.** — € 10,50 jongedame*.
9. **I.** — O jee*, ik heb nog* maar* tien euro.
10. Neem me niet kwalijk, meneer, ik ben zo* terug*.
11. Ruud, heb je 50 cent voor me ?
12. Alstublieft meneer, € 10,50 !
13. Proost allemaal*. Op de vakantie !

Prononciation

6. al̲stublieft. **7.** hoeve̲el. **10.** kwa̲lijk.
10. teru̲g. **13.** allema̲al.

Mots nouveaux difficiles

9. nog maar, seulement, ne plus … que

Remarques

Les mots **cent** et **euro** ne sont pas mis au pluriel quand il s'agit d'une somme d'argent. Quand il s'agit du nombre de pièces de monnaie, il faut utiliser le pluriel :

Heb je twee euro's voor de telefoon ?
As-tu deux pièces d'un euro pour le téléphone ?

78

Au café (2)

[Br. = Bram — R. = Ruud — I. = Inge — M. = Marij
Ba. = Barman]

1. Br. — Et si on prenait encore une blonde ?
2. R. et **I.** — Oui, bonne idée !
3. M. — Moi, je prends encore un verre de vin.
4. I. — Je vais chercher le tout.
5. Ba. — Qu'est-ce que ce sera ?
6. I. — Trois blondes et un vin rouge, s'il vous plaît.
7. Combien vous dois-je ?
8. Ba. — 10,50 euros, ma belle.
9. I. — Oh, zut ! il ne me reste qu'un billet de dix.
10. Excusez-moi, monsieur, je reviens tout de suite.
11. Ruud, tu as 50 centimes à me donner ?
12. Voilà monsieur, 10,50 euros.
13. À votre santé à tous et aux vacances !

Expressions idiomatiques

5. wat zal het zijn ? qu'est-ce que ce sera ?

7. hoeveel krijgt u van me ?, combien vous dois-je ?

10. neem me niet kwalijk, excusez-moi

13. proost, à votre santé

GRAMMAIRE

• Le pronom

Remarquez l'emploi des formes compléments des pronoms personnels après les prépositions :

Hoeveel krijgt u van me ? (7.)
Ruud, heb je 50 cent voor me ? (11.)

• L'adverbe

L'adverbe **allemaal**, signifiant *tous*, se place obligatoirement après le verbe conjugué :

Ze gaan allemaal op vakantie. *Ils vont tous en vacances.*

Il peut s'employer également tout seul, sans verbe :

Proost allemaal ! (13.)

Al *(tous)* s'emploie devant les démonstratifs et les possessifs :

Al mijn vrienden. *Tous mes amis.*
Al die mensen. *Tous ces gens.*

• Le verbe

1. L'auxiliaire **zullen** connaît différents emplois ; nous en rencontrons deux dans cette leçon :

– la proposition :

Zullen we nog een pilsje nemen ? (1.)
Et si on prenait encore une blonde ?

– le futur :

Wat zal het zijn ? (5.) *Qu'est-ce que ce sera ?*

On obtiendra le futur d'un verbe en le mettant à l'infinitif précédé de l'auxiliaire **zullen**. Le verbe de base se place alors en fin de phrase : **wat zal** het **zijn ?**

On peut traduire dans certains cas **zullen** par *aller* qui exprime un futur proche.

2. **Zullen** est un verbe irrégulier ; retenons sa conjugaison :

ik zal	we zullen
je zult/zal	jullie zullen
u zult/zal	u zult/zal
hij (ze) zal	ze zullen

(Oefeningen)

A. Répondez aux questions portant sur le texte :
1. Waar zitten de vier vrienden ?
2. Wat drinken de jongens ? En de meisjes ?
3. Waarom kan Inge niet direct betalen ?
4. Van wie krijgt ze vijftig cent ?
5. Wat zegt Inge als ze het geld geeft ? *(donne)*

B. Mettez le verbe à la personne voulue :
1. Inge **(vinden)** wijn niet lekker.
2. Hoeveel **(krijgen)** jullie van ons ?
3. Met mij **(gaan)** het goed.
4. Ze **(komen)** met het bier. *(2 possibilités)*
5. Hij **(hebben)** geen euro's meer
6. Ze **(hebben)** allemaal vakantie.
7. Bram **(zullen)** de tent ophalen.

C. Complétez :
1. Kees. Hallo, … gaat … met je ?
2. Annie. Goed, en … jou ?
3. K. Ik ga vanavond … het café.
4. Mijn vriendin … ook.
5. Wil … ook komen ?
6. A. Ja leuk ! … laat gaan jullie ?
7. K. … tien uur.
8. A. Dan … ik er ook zijn.

D. Traduisez :
1. Je prends toujours du vin.   Ik …
2. Il prend une bière blonde.   Hij … een …
3. Elle aime le café.   Ze … koffie.
4. Il ne me reste que dix centimes.   Ik heb … maar …
5. Puis-je payer, s'il vous plaît ?   Kan ik …, … ?

Wat hebben ze aan ?

1. Bram draagt* een zwarte* spijkerbroek*
2. en een rood* t-shirt*.
3. Ruud heeft* een gewone* spijkerbroek aan*
4. met een blauw* katoenen* jasje en een beige* overhemd*.
5. Inge draagt een korte* gele* jurk*,
6. maar Marij heft een lange* witte* rok* aan.
7. Bij die rok draagt ze een groene* bloes*.
8. Die staat goed bij haar rode haar*.
9. Haar ceintuur* en haar oorbellen* zijn wit.
10. De jongens hebben witte sportschoenen* aan.
11. Inge draagt bruine* sandalen* en Marij witte.

Prononciation

2. t-shirt [tiʃərt]
3. ge<u>w</u>one
4. ka<u>toe</u>nen
9. cein<u>tuur</u>
11. san<u>da</u>len

Expressions idiomatiques

8. Die staat goed/slecht bij haar. Cela va bien/mal avec ses cheveux.
Het staat Marij goed/slecht. Cela va bien/mal à Marij.

Quels vêtements portent-ils ?

1. Bram porte un jean noir
2. et un t-shirt rouge.
3. Ruud porte un jean ordinaire
4. avec une veste bleue en coton et une chemise beige.
5. Inge porte une robe courte jaune,
6. mais Marij a mis une jupe longue blanche.
7. Avec cette jupe, elle porte un chemisier vert.
8. Il va bien avec ses cheveux roux.
9. Sa ceinture et ses boucles d'oreilles sont blanches.
10. Les garçons ont des chaussures de sport.
11. Inge porte des sandales marron et Marij des blanches.

Vocabulaire complémentaire

- **de kleren** (ne s'emploie qu'au pluriel), les vêtements

  het hemd, le tricot de corps — **het overhemd** (**over**, sur), la chemise

  de broek, le pantalon — **de onderbroek** (**onder**, dessous), le slip, le caleçon

- **de kleur**, la couleur

zwart, noir	**groen**, vert	**grijs**, gris
wit, blanc	**geel**, jaune	**paars**, violet, mauve
rood, rouge	**bruin**, brun	**oranje**, orange
blauw, bleu	**beige**, beige	**roze**, rose

  donker-, foncé — **donkerrood**, rouge foncé
  licht-, clair — **lichtblauw**, bleu clair

• L'adjectif épithète

1. L'adjectif épithète (c.à.d. l'adjectif qui accompagne un nom) précède toujours le nom qu'il détermine.

a) Sa marque est dans la plupart des cas le **e** final : **Bram draagt een zwarte spijkerbroek**. (1.)

En ajoutant ce **e** final, faites attention aux changements orthographiques (*cf.* leçon 2).

> **rood → rode** : **Die staat goed bij haar rode haar.** (8.)
> **wit → witte** : **Inge draagt bruine sandalen en Marij witte.** (11.)

b) Dans un certain nombre de cas, l'adjectif épithète ne prend pas de **e**.

– Quand il se rapporte à un **het-woord** au singulier précédé d'un article indéfini ou d'un autre mot indéfini : **een, geen, veel, weinig, welk** ou **elk.**

> **het t-shirt → een rood t-shirt.** (2.)

– Cette règle vaut aussi pour les **het-woorden** au singulier employés sans article : **het haar → Marij heeft rood haar.**

En résumé :

(g) een, veel
weinig, (w) elk ⎫
pas d'article ⎭ adjectif sans – e – het-woord (sing.)

– Au pluriel, l'adjectif épithète prend toujours un **e**.

c) L'adjectif épithète invariable

– Les adjectifs de matière se terminant en **en** (**ijzeren**, *en fer*, **houten**, *en bois*, **gouden**, *en or*) ne prennent jamais de **e** final : **met een blauw katoenen jasje.** (4.)

– C'est également vrai de certains adjectifs d'origine étrangère indiquant des couleurs ou des matières : **nylon** [nɛjlɔn], **plastic** [plɛstik], **lila**, **oranje**, etc. : **en een beige overhemd** (4.)

2. L'adjectif épithète non suivi du substantif (lorsque celui-ci est sous-entendu) suit les règles normales (*cf.* ligne 11).

(Oefeningen)

A. Répondez aux questions :
1. Wat draagt Ruud ?
2. En wat heeft Marij aan ?
3. Waarom staat dat Marij zo goed ?
4. Is het zomer of is het winter ?
5. Hebben de jongens sandalen aan ?

B. Accordez l'adjectif :
1. dat (**lelijk**) weer
2. de (**leuk**) jurk
3. een (**goed**) vriend
4. (**rood**) bloemen
5. (**blond**) haar
6. (**zwart**) schoenen
7. de (**beige**) jurk
8. de (**groen**) broek
9. (**lekker**) bier
10. een (**geel**) banaan

C. Même exercice :
1. Ik draag een (**groen**) jurk en zij een (**wit**).
2. Hij neemt (**zwart**) schoenen, maar zij neemt (**bruin**).
3. Bram heeft een (**katoenen**) overhemd aan, maar Ruud een (**nylon**).
4. Haar haar is (**rood**), maar zijn haar is (**blond**).
5. (**Gewoon**) spijkerbroeken zijn (**blauw**).
6. (**Warm**) koffie is (**lekker**).
7. Annemarie draagt een (**bruin**) jurk en die van Monique is (**groen**).
8. Die (**leuk**) man draagt een (**kort**) broek met een (**lila**) overhemd.

D. Formez les mots composés :
1. spijker-   hemd
2. over-   bel
3. oor-   schoenen
4. sport-   broek
5. vakantie-   gesprek
6. telefoon-   plannen

Wat hebben ze aan ? • Quels vêtements portent-ils ?

Marij en Bram gaan bij de familie Bijlsma langs

1. **Bram** — Goedemorgen, mevrouw Bijlsma.
2. Wij zijn Marij en Bram, de vrienden van uw* dochter Inge.
3. **Mevrouw Bijlsma** — Kom* binnen*.
4. Doe* je jas* uit*, dan zet* ik even koffie*.
5. Ga* maar* op* deze bank* zitten*.
6. **Wim** — Hallo. Wie zijn jullie ?
7. **Mevr. B.** — Dit is Marij en dat is Bram ; vrienden van je zus Inge.
8. Vertel* maar wie jij bent !
9. **W.** — Ik ben Wim Bijlsma, zes jaar, Frans van Mierisstraat 102, Amsterdam, Nederl...
10. **Mevr. B.** — Nou, zo is het wel genoeg, Wim.
11. Willen jullie suiker* en melk* in je koffie ?
12. **Marij** — Ik wel*, mevrouw, maar Bram neemt geen suiker en geen melk.
13. **W.** — Mijn vader zegt* : Zwarte koffie is slecht en...
14. **Mevr. B.** — Hou* op*, Wim, Bram is geen patiënt* van papa.

Remarque

Wel est employé en néerlandais pour opposer un membre de phrase positif à un membre de phrase négatif :

Ik wel, mevrouw, **maar** Bram neemt **geen** suiker en **geen** melk. (12.)

Wim heeft **wel** een zusje, **maar** hij heeft **geen** broer.
Wim a une sœur, mais il n'a pas de frère.

Souvent, cet adverbe ne se traduira pas en français.

Marij et Bram passent chez la famille Bijlsma

1. **Bram** — Bonjour, madame Bijlsma.
2. Nous sommes Marij et Bram, les amis de votre fille Inge.
3. **Mme Bijlsma** — Entrez !
4. Enlevez vos manteaux, je vais faire du café.
5. Asseyez-vous sur le canapé !
6. **Wim** — Salut ! Qui êtes-vous ?
7. **Mme B.** — Je te présente Marij et Bram, des amis de ta sœur Inge.
8. Raconte un peu qui tu es !
9. **W.** — Je m'appelle Wim Bijlsma, six ans, 102, rue Frans van Mieris, Amsterdam, Pays-B...
10. **Mme B.** — Bon, ça suffit comme ça, Wim.
11. Voulez-vous du sucre et du lait dans votre café ?
12. **Marij** — Moi, oui, madame, mais Bram ne prend ni sucre ni lait.
13. **W.** — Mon père dit : Le café noir est mauvais et...
14. **Mme B.** — Arrête Wim, Bram n'est pas un patient de papa.

📢 **Vocabulaire complémentaire**

- **het gezin**, la cellule familiale (père, mère, enfants)
  de familie, la famille au sens large.

- les salutations :
  Dag ! Hallo ! Hoy !, Salut ! Hé ! Tiens !
  Goedemorgen !, Bonjour ! (le matin)
  Goedemiddag !, Bonjour ! (l'après-midi)
  Goedenavond !, Bonsoir !
  Goedenacht ! Welterusten ! (avant de se coucher),
  Bonne nuit ! Passe une bonne nuit !

- prendre congé :
  Tot ziens ! Au revoir ! — **Dag !** (plus familier) Salut !

• Le pronom personnel

La forme accentuée de **je** est **jij** quand il s'agit de la fonction sujet : **Vertel maar wie jij bent.** (8.)

Notez que les formes accentuées sont moins souvent employées que les formes de base.

• L'adjectif possessif

L'adjectif possessif de la 2e personne de politesse (singulier et pluriel) est **uw**. Cette forme est invariable : **vrienden van uw dochter.** (2.)

Tableau des adjectifs possessifs

Pers.	Singulier		Pluriel	
	forme		forme	
	non accentuée	accentuée	non accentuée	accentuée
1re	(m'n)	mijn	onze/ons	onze/ons
2e	je	jouw	je	jullie
2e (politesse)	uw	uw	uw	uw
3e	(z'n)/(d'r)	zijn/haar	hun	hun

Les formes entre parenthèses sont rares dans la langue écrite.

• Le verbe

1. L'impératif de la forme familière
On obtient la forme impérative en employant le radical du verbe : **vertellen → vertel.**
   Vertel maar wie jij bent !

L'adverbe **maar** est le plus souvent indispensable à la forme impérative. Il sert à atténuer l'impératif, qui, sans cela, aurait la valeur d'un commandement.

2. L'impératif des verbes à particule séparable (*cf.* leçon 13)
Au présent la particule est détachée du verbe de base et se place en fin de phrase. C'est également le cas à l'impératif :
   Doe je jas uit (4.) **Hou op** Wim (14.).

(Oefeningen)

A. Répondez aux questions sur le texte :
1. Bij wie gaan Bram en Marij langs ?
2. Waar gaan ze zitten ?
3. Praat Wim veel ?
4. Drinkt Marij zwarte koffie ?
5. Wat vindt dokter Bijlsma, de vader van Wim, van zwarte koffie ?

B. Complétez d'après le texte :
1. Doe … jas …
2. Hij neemt … suiker en melk, maar ik niet.
3. Vertel … wie je bent.
4. Mevrouw Bijlsma zet … koffie.
5. Nou, zo is … wel genoeg.

C. Conjuguez le verbe et placez la particule :
1. Bram en Marij (**binnenkomen**).
2. Inge (**uitdoen**) haar jas.
3. Waarom (**ophouden**) Wim niet ?
4. Ruud (**langsgaan**) elke week bij de familie Bijlsma.

D. Traduisez :
1. Enlève ton manteau !
2. Assieds-toi !
3. Non merci, je ne prends pas de sucre.
4. Je vais faire du café.

E. Remplacez le nom propre par un pronom personnel :
1. Marij neemt koffie.
2. Roel gaat naar het café.
3. Ruud en ik zitten bij de dokter.
4. Marij en Bram gaan op vakantie.
5. Meneer Bijlsma is dokter.

Mevrouw Jansen is ziek

1. **Assistente** — Goedemiddag, met de assistente van dokter Bijlsma.
2. **Mevrouw Jansen** — Ja, u spreekt met mevrouw Jansen.
3. **A.** — Wat kan ik voor u doen, mevrouw ?
4. **Mevr. J.** — Ik wil graag een afspraak* met de dokter maken.
5. **A.** — Vertelt u het maar, mevrouw. Wat zijn de klachten ?
6. **Mevr. J.** — Ik heb hoofdpijn* en spierpijn*.
7. **A.** — Heeft u ook koorts* ?
8. **Mevr. J.** — Ja, een beetje*. Ik heb 38.2.
9. **A.** — Nou, mevrouw Jansen, dan zal het wel griep* zijn.
10. Neemt u maar een aspirientje
11. en gaat u maar lekker* naar bed*.
12. De dokter komt om een uur of* vijf bij u langs.
13. **Mevr. J.** — Dat zal ik doen. Hartelijk bedankt, mevrouw.
14. **A.** — Geen dank. Beterschap, mevrouw Jansen.

Vocabulaire complémentaire

de ziekte, la maladie

verkouden zijn, être enrhumé

de keelpijn (de keel, la gorge), le mal de gorge

de buikpijn (de buik, le ventre), le mal de ventre

de apotheek, la pharmacie

de arts /de dokter, le médecin, le docteur

de huisarts, le généraliste

het spreekuur, la consultation

medicijnen studeren, faire des études de médecine

Mme Jansen est malade

1. **Assistante** — Bonjour, l'assistante du Dr Bijlsma à l'appareil.
2. **Mme Jansen** — Oui, ici madame Jansen.
3. **A.** — Que puis-je faire pour vous, madame ?
4. **Mme J.** — Je voudrais prendre rendez-vous avec le docteur.
5. **A.** — Dites-moi [un peu] madame, de quoi souffrez-vous ?
6. **Mme J.** — J'ai mal à la tête, et des douleurs musculaires.
7. **A.** — Avez-vous aussi de la fièvre ?
8. **Mme J.** — Oui, un peu. J'ai 38°2.
9. **A.** — Eh bien madame, c'est sans doute la grippe.
10. Prenez un comprimé d'aspirine
11. et mettez-vous au lit, bien au chaud.
12. Le docteur passera chez vous vers les 5 heures.
13. **Mme J.** — C'est ce que je vais faire. Merci beaucoup, madame.
14. **A.** — De rien. Bon rétablissement, madame Jansen.

Expressions idiomatiques

4. **een afspraak maken**, prendre rendez-vous
5. **Wat zijn de klachten ?** (litt. quelles sont les plaintes ?) de quoi souffrez-vous ?
9. **het zal wel**, il est probable que
12. **om een uur of ...**, vers ... heures
13. **hartelijk bedankt**, merci beaucoup (litt. de tout cœur)
14. **geen dank**, de rien, je vous en prie — **beterschap !** bon rétablissement !

• Le substantif

1. Le diminutif se forme en règle générale en ajoutant **-je** à la fin du nom :
   de jas → het jasje, *le manteau → la veste*.

   On ajoutera **-tje** aux noms se terminant par **-l, -n, -r, -w** ou par une voyelle :
   de aspirien → het aspirientje. (10.)

2. Presque tous les noms de professions connaissent la forme féminine. Le féminin des noms (par ex., celui des noms de professions) se forme à l'aide de suffixes variés :

   de assistent → de assistente [*l'assistant/l'assistante*]

   de secretaris → de secretaresse [*le secrétaire/la secrétaire*]

   de directeur → de directrice [*le directeur/la directrice*]

   de leraar → de lerares [*le professeur* (homme/femme)]

   de schrijver → de schrijfster [*l'écrivain* (homme/femme)]

   de vriend → de vriendin [*l'ami/l'amie*]

• Le verbe

1. Le verbe **zullen** sert à exprimer une proposition, mais également une supposition (en combinaison avec **wel**) : **dan zal het wel griep zijn** (9.) ou une intention : **Dat zal ik doen.** (13.)

2. L'impératif à la forme de politesse : il se forme à l'aide du radical du verbe + **t**, la forme verbale étant suivie du pronom **u** :

   vertelt u het maar. (5.)

Remarque : L'adverbe d'atténuation **maar** est ici indispensable.

• Remarque

Le mot **lekker** est utilisé pour tout ce qui est agréable ou bon. C'est aussi bien un adjectif qu'un adverbe.

   Ik ga lekker naar de film.
   J'ai de la chance d'aller au cinéma.
   De koffie is lekker.
   Le café est bon.

(Oefeningen)

A. Répondez aux questions :
1. Waarom belt mevrouw Jansen de dokter ?
2. Is ze erg ziek ?
3. Wat zijn haar klachten ?
4. Welk medicijn neemt zij ?
5. Hoe laat komt de dokter bij haar langs ?

B. Formez les diminutifs de ces noms et mettez-les par la suite au pluriel :

1. de buik	4. de week	7. de vriendin	10. de zoon
2. de vrouw	5. het hoofd	8. de dochter	
3. de vriend	6. de maand	9. het adres	

C. Conjuguez et expliquez s'il s'agit d'une proposition, d'une supposition ou d'une intention :
1. Piet is er niet. Hij **(zullen)** wel ziek zijn.
2. **(Zullen)** ik naar de apotheek gaan ?
3. Ik **(zullen)** nu maar gaan, dan ben ik op tijd op mijn werk.
4. Jullie **(zullen)** de tent van de ouders van Inge wel mogen lenen.
5. Ik heb keelpijn, buikpijn en koorts : het **(zullen)** wel een virus zijn.

D. Complétez le dialogue suivant :
1. Guus. — Hoy Annemarie, hoe … … met je ?
2. Annemarie. — Niet zo goed, … … een beetje ziek.
3. G. — … heb je ?
4. A. — … … koorts en keelpijn.
5. Het … … griep zijn.
6. Ik … nu … bed.
7. Dan … het morgen wel beter gaan.
8. G. — Nou, … dan.
9. A. — Dag, tot gauw.

Memento 1

1. Les nombres cardinaux

Hoeveel ? *Combien ?*

0. nul	5. vijf	10. tien	15. vijftien	20. twintig
1. één	6. zes	11. elf	16. zestien	21. éénentwintig
2. twee	7. zeven	12. twaalf	17. zeventien	22. tweeëntwintig
3. drie	8. acht	13. dertien	18. achttien	23. drieëntwintig
4. vier	9. negen	14. veertien	19. negentien	24. vierentwintig

30. dertig	40. veertig	50. vijftig	60. zestig	70. zeventig
80. tachtig	90. negentig	100. honderd		

1989 : **negentienhonderdnegenentachtig** ou **negentien negenentachtig** (en langue parlée).

2. L'heure

Hoe laat is het ? Het is ... *Quelle heure est-il ? Il est ...*

vijf **over** twaalf

kwart over twaalf

half één

tien **voor half** één

tien **over** één

kwart voor één

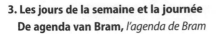

3. Les jours de la semaine et la journée
De agenda van Bram, *l'agenda de Bram*

maandag 18	dinsdag 19	woensdag 20	donderdag 21
9 uur : college *(cours)*	10 uur : sociologie-examen !!		9.30: werk, museum ↑
lunch	lunch	lunch	lunch met Ruud
		12 uur : Marij bellen	↓ 17 uur
avond	avond	avond	avond
	18.45 : naar de film		

vrijdag 22	zaterdag 23	zondag 24
9.30 : werk, museum ↑	9.30 : werk, museum ↑	
		10 uur : naar familie Bijlsma
lunch	lunch	lunch
		13 uur : ↑ werk, museum ↓
↓	↓	
17 uur 18.20 : Marij komt	17 uur	17 uur
avond	avond	avond
café		bij Ruud langs

EXERCICES

(Oefeningen)

A. Complétez suivant le modèle :
vier plus (+) vijf is negen — vier min (–) twee is
twee — vier maal (×) vijf is twintig
Hoeveel is ?

2 + 3 =	85 – 14 =	2 × 10 =
9 + 3 =	90 – 8 =	6 × 7 =
19 + 8 =	16 – 7 =	2 × 25 =
60 + 15 =	57 – 45 =	3 × 11 =

B. Lisez à haute voix (pour les mots nouveaux,
consultez le lexique) :
Leesoefening
Mijn identiteit in cijfers
Mijn huisnummer is 12, mijn telefoonnummer is 022-
23485, het nummer van mijn paspoort is A 15 548, het
nummer van mijn betaalkaart is G39.54, mijn postcode is
6511 CW.
Wat zijn uw nummers ?

C. * Het glas wijn kost € 2,75
De kop koffie kost € 1,50
Het glas bier kost € 2,50
Een kilo bananen kost € 2,30
Een glas jenever kost € 2,10
Een kilo tomaten kost € 1,40

Répondez aux questions :
Wat kost het ? Combien cela coûte-t-il ?
1. Wat kost een glas wijn plus een kop koffie ?
2. Wat kost een glas bier plus een glas jenever ?
3. Wat kosten twee kilo bananen ?

EXERCICES

(Oefeningen)

D. Faites des phrases d'après le modèle :
   Hoe laat is het ? Het is tien voor half vijf op horloge

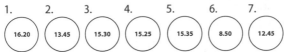

1.   2.   3.   4.   5.   6.   7.

16.20   13.45   15.30   15.25   15.35   8.50   12.45

E. Complétez d'après l'agenda de Bram
   et le modèle :
   Wat doet Bram ? Op maandag 18 juni gaat Bram
   om negen uur 's morgens naar college. 's Middags
   van twee tot vier heeft hij ook college.
   1. Op dinsdag 19 juni heeft Bram om ...
   2. Op woensdag 20 juni ...
   3. Op donderdag 21 juni ...
   4. Op zaterdag 23 juni ...
   5. Op zondag 24 juni ...

F. Répondez aux questions d'après l'agenda
   de Bram :
   1. Hoe laat begint de film dinsdagavond ?
   2. Wanneer gaat Bram met Ruud lunchen ?
   3. Op welke dagen werkt Bram niet in het museum ?
   4. Wanneer moet hij zijn sociologieexamen doen ?
   5. Gaat hij 's morgens of 's middags bij de familie Bijlsma langs ?

G. Les couleurs : de kleuren
   1. Tomaten zijn ...
   2. Citroenen zijn ...
   3. Aspirines zijn ...
   4. Koffie is ...
   5. Bananen zijn ...
   6. Planten zijn ...
   7. Jonge tomaten zijn nog ...
   8. Thee is soms ... en soms ...
   9. Er zijn ..., ... en ... rozen.
   10. Er is ... en ... wijn.

Mevrouw Jansen in de apotheek

[A.A. = Apothekers assistente — Mevr. J. = Mevrouw Jansen]

1. **A.A.** — Goedemiddag, mevrouw. Kan ik u helpen ?
2. **Mevr. J.** — Ja, mevrouw, ik moet aspirines hebben.
3. **A.A.** — Wat voor merk*, mevrouw ?
4. **Mevr. J.** — Dat weet* ik niet.
5. Ik ken de namen* van de merken nooit.
6. Geeft* u dat rode doosje* maar.
7. **A.A.** — Anders nog iets ?
8. **Mevr. J.** — Ja, mag* ik wat* zoute* dropjes* ?
9. Wat kosten die ?
10. **A.A.** — € 1,20 per 100 gram. Hoeveel wilt u, mevrouw ?
11. **Mevr. J.** — Doet u maar 250 gram.
12. **A.A.** — Alstublieft, mevrouw. Drop en aspirines.
13. Is dat alles ?
14. **Mevr. J.** — Ja, wat krijgt u van me ?
15. **A.A.** — € 5,50 alstublieft.
16. **Mevr. J.** — Alstublieft.
17. **A.A.** — Met € 4,50. Dag, mevrouw.

Vocabulaire complémentaire

de hoeveelheid, la quantité
niets, rien
een beetje, un peu
wat/iets, quelque chose (quantité indéterminée)
veel, beaucoup
alles, tout
een paar, quelques

Mme Jansen à la pharmacie

[P. = Préparatrice — Mme J. = Mme Jansen]

1. **P.** — Bonjour, madame. Puis-je vous aider ?
2. **Mme J.** — Oui, madame, il me faut des comprimés d'aspirine.
3. **P.** — Quelle marque, madame ?
4. **Mme J.** — Je ne sais pas.
5. Je ne connais jamais le nom des marques.
6. Donnez-moi donc cette petite boîte rouge.
7. **P.** — Vous souhaitez autre chose ?
8. **Mme J.** — Pourriez-vous me donner quelques bonbons au réglisse salé ?
9. Combien coûtent-ils ?
10. **P.** — 1,20 € les 100 grammes. Combien en voulez-vous, madame ?
11. **Mme J.** — Mettez-m'en donc 250 grammes.
12. **P.** — Voilà madame. Le réglisse et l'aspirine.
13. Ce sera tout ?
14. **Mme J.** — Oui, combien vous dois-je ?
15. **P.** — 5,50 €, s'il vous plaît !
16. **Mme J.** — Voici !
17. **P.** — Je vous rends 4,50 €. Au revoir, madame.

Expressions idiomatiques

3. **wat voor**, quelle sorte de…
14. **wat krijgt u van me?** combien vous dois-je ?

Remarque

Rappel : on dit **alstublieft**, ou **alsjeblieft**, au moment où on demande quelque chose, mais aussi quand on donne quelque chose.

GRAMMAIRE

• Les mots interrogatifs

Wat voor signifie littéralement *quelle sorte de* :

Wat voor dokter ? Een huisarts !
Quelle sorte de médecin ? Un généraliste !

Wat voor se distingue de moins en moins de **welk(e)** et en devient ainsi un synonyme :

Wat voor merk ?, welk merk ?
Quelle marque ?

• Le verbe

1. Distinguons bien **weten** *(savoir)* de **kennen** *(connaître)* :

kennen : – être en relation avec, connaître,
   – avoir une notion, une idée de, connaître, savoir.

   Ken je Frans ?
   Connais-tu le français ?

weten : – être informé de, savoir.

   Dat weet ik niet. (4.)

   Weet je het adres van Bram ?
   Tu sais l'adresse de Bram ?

2. Les verbes de modalité

   On appelle « modalités » les nuances de sens apportées par les verbes **willen, kunnen, moeten** et **mogen**.

   – **mogen** : *pouvoir* dans le sens d'*avoir l'autorisation.*

   Mag ik wat zoute dropjes ? (8.)

   Marij mag niet naar Amsterdam van haar moeder.

   La mère de Marij ne veut pas qu'elle aille à Amsterdam (litt. *Marij n'est pas autorisée par sa mère à [aller à] Amsterdam*).

   (Conjugaison : **ik/je/u/hij/ze mag, we/jullie/ze mogen.**)

   – **willen** : *vouloir*. **Hoeveel wilt u mevrouw ?** (10.)
   – **kunnen** : *pouvoir*. **Kan ik u helpen ?** (1.)
   – **moeten** : *devoir*. **Ik moet aspirines hebben** (2.) (litt. *Je dois avoir de l'aspirine*), il me faut, j'ai besoin de ; **moeten hebben** s'emploie très fréquemment dans ce sens.

(Oefeningen)

A. Répondez aux questions :
1. Wat koopt mevrouw Jansen ?
2. Welk merk aspirine neemt ze ?
3. Weet u wat drop is ? Vindt u dat lekker ?
4. Wat kosten de aspirines ?
5. Waarom heeft mevrouw Jansen aspirines nodig ?

B. Conjuguez en choisissant le verbe qui convient :
weten/kennen/kunnen/mogen/moeten
1. De kleine jongen ... al goed tellen.
2. ... je de vader van Ruud ?
3. ... u waar Maastricht ligt ?
4. Ik ... elke dag om negen uur op mijn werk zijn.
5. Ze ... van de dokter niet veel zout eten.

C. Rendez les phrases suivantes négatives :
1. Hij weet alles van sociologie.
2. Alle citroenen zijn geel.
3. Hij drinkt groene thee.
4. Zijn jas is bruin.
5. Er loopt een oude vrouw op straat.

D. Complétez :
In de winkel
A. — Goedemorgen, meneer. ... kan ... voor u doen ?
B. — Ik ... graag ... paar citroenen en ... halve kilo tomaten.
... kosten ... tomaten daar ?
A. — € 2,10 ... kilo. Die ... doen ?
B. — Ja, prima, ... u die ...
A. — Alstublieft, meneer, citroenen ... tomaten. Anders ... iets ?
B. — Nee, dank ... Dat ... alles.
Wat ... u ... me ?
A. — € 2,90 ...
B. — Alstublieft, meneer.
A. — Dag, meneer. ... tien cent.
B. — ...

Het huis van Inge

1. Het huis van de familie Bijlsma telt* drie verdiepingen*.
2. Achter het huis ligt een kleine tuin*.
3. Beneden* is de praktijk* van dokter Bijlsma.
4. Boven* woont hij met zijn gezin.
5. De slaapkamers* zijn op de derde verdieping.
6. In de huiskamer* staat links* een bankstel* en
7. rechts* een grote eettafel* met acht stoelen*.
8. Er staan boekenkasten* tegen* de muren*.
9. Op één van die kasten staat een televisie*.
10. Naast* die televisie staan de telefoon en een aquarium*.
11. In dat aquarium zitten* tropische vissen*.
12. Er ligt* een wit tapijt* op de grond*.
13. Aan* de muur hangen* moderne schilderijen*.
14. Het ziet er gezellig uit.

Prononciation

1. ver<u>die</u>ping, 3. prak<u>tijk</u>, 8. <u>boe</u>kenkast, 10. tele<u>vi</u>sie, tele<u>foon</u>, a<u>qua</u>rium, 12. ta<u>pijt</u>, 13. schilde<u>rij</u>en.

Remarque

Les noms qui se terminent par **-ij** sont toujours accentués sur cette dernière syllabe.

Expression idiomatique

14. **ziet er ... uit (er uitzien,** avoir l'air)
Inge ziet er mooi uit, Inge est jolie

| Attention ! l'adjectif qualifiant l'apparence se place entre **er** et **uit**.

La maison d'Inge

1. La maison de la famille Bijlsma compte trois étages.
2. Derrière la maison se trouve un petit jardin.
3. Le cabinet du docteur Bijlsma est au rez-de-chaussée.
4. Le docteur vit à l'étage avec sa famille.
5. Les chambres se trouvent au troisième étage.
6. À gauche, dans le séjour, il y a un coin-salon
7. et à droite une grande table [à manger] avec huit chaises.
8. Le long des murs il y a des bibliothèques.
9. Sur un de ces meubles se trouve un téléviseur.
10. À côté de ce téléviseur se trouvent le téléphone et un aquarium.
11. Dans cet aquarium, il y a des poissons tropicaux.
12. Un tapis blanc recouvre le sol.
13. Des tableaux modernes sont accrochés au mur.
14. La pièce a l'air accueillant.

Vocabulaire complémentaire

het huis (plur. **de huizen**), la maison
de keuken, la cuisine
de gang, le couloir, le hall
de zolder, le grenier
de kelder, la cave
de garage, le garage
het toilet/WC, les WC
het balkon, le balcon
de badkamer, la salle de bains

• Les prépositions de position
achter, derrière ↔ **voor**, devant — **beneden**, en bas ↔ **boven**, en haut — **binnen**, à l'intérieur ↔ **buiten**, à l'extérieur — **op**, sur ↔ **onder**, sous — **in**, dans ↔ **uit**, hors de, de — **om**, autour — **bij**, auprès — **over**, par-dessus, au-dessus — **naast**, à côté — **aan**, à — **tegen**, contre.

● **Le verbe de position**

En néerlandais, l'emploi du verbe **zijn**, *être (se trouver)*, est très restreint. Le néerlandais se veut plus précis dans l'expression de l'espace, ce qui mène à l'emploi fréquent des verbes dits « de position » :

> **liggen**, *être couché* : **De portemonnee ligt op tafel.**
>
> *se trouver dans l'espace géographique* : **Den Haag ligt in de provincie Zuid-Holland.**
>
> **staan**, *être debout* : **De boeken staan in de boekenkast.**
>
> **hangen**, *être suspendu, accroché* : **Het affiche hangt aan de muur.**
>
> **zitten**, *être assis* : **De vrouw zit op de stoel.**
>
> **zitten in**, *se trouver dans un espace exigu* : **Het geld zit in de portemonnee.**

En français, on traduira presque toujours ces verbes par *être* ou *se trouver*.

Remarque

Comme nous avons pu le constater, l'emploi de **staan** est souvent idiomatique.

Pour tout ce qui est sur papier :
De foto staat in het boek. *La photo est dans le livre.*

Pour indiquer un réglage technique :
De muziek staat hard. *La musique est forte.*

● **Morphologie**

Les ordinaux

1. eerste	5. vijfde	9. negende	13. dertiende
2. tweede	6. zesde	10. tiende	
3. derde	7. zevende	11. elfde	
4. vierde	8. achtste	12. twaalfde	

EXERCICES

(Oefeningen)

A. Répondez aux questions après avoir écouté le texte :
1. Waar staat de televisie ?
2. Wat ligt er op de grond ?
3. Wat hangt er aan de muur ?
4. Waar staat de eettafel ?
5. Waar zijn de slaapkamers ?

B. Conjuguez en choisissant le verbe qui convient :
1. De boeken … in de kast.
2. De lamp … aan het plafond.
3. Er … twee kwartjes en drie dubbeltjes in de porte monnee.
4. Waar … de slaapkamers ?
5. Het bed … in de slaapkamer.
6. Mevrouw Jansen … in bed.
7. De wijn … in het glas.
8. De jas … over de stoel.
9. De bus … bij de halte.
10. Er … geld op tafel.
11. De foto's … in het boek.

C. Complétez par la préposition qui convient :
1. De dokter zit … tafel.
2. Er ligt een tuin … het huis. *(3 possibilités)*
3. De stoel staat … de grond.
4. Er hangt een lamp … de muur.
5. De stoelen staan … de tafel.

D. Déclinez l'adjectif :
1. De familie Bijlsma woont in een **(groot)** huis.
2. Het is een **(mooi)** zomer.
3. Ze hebben een **(gezellig)** huiskamer.
4. Er hangt een **(modern)** schilderij aan de muur.
5. Er staan acht **(zwart)** stoelen om een **(wit)** tafel.

Bram haalt de tent op

[B. = Bram — Mevr. B. = Mevrouw Bijlsma]

1. **B.** — Goedemiddag mevrouw Bijlsma. Ik kom de tent halen.
2. **Mevr. B.** — Hallo Bram. Die ligt* voor je klaar, hoor.
3. Ga je even mee naar boven ?
4. De tent zit altijd in deze rode zak*
5. en de stokken* in die bruine.
6. De tent is ook rood, maar je ziet
7. de kleur niet goed meer.
8. Dat komt door de zon* en de regen*.
9. Kijk*. Je legt* de tent eerst* neer*
10. en dan maak* je de stokken zo vast*.
11. Makkelijk, hè ?
12. **B.** — Ja mevrouw, dat lijkt* me niet moeilijk*.
13. **Mevr. B.** — Nu doe* ik alles in* een tas.
14. Dan kun je het makkelijk dragen.
15. **B.** — Heel erg bedankt, ook namens* Marij, mevrouw Bijlsma.

Expressions idiomatiques

8. Dat komt door ... Cela vient de, c'est à cause de...

12. Dat lijkt me niet moeilijk. Cela ne me semble pas difficile. On trouve souvent la construction impersonnelle **het lijkt** *(il semble, on dirait)* avec le pronom complément.

Bram vient chercher sa tente

[B. = Bram — Mme B. = Mme Bijlsma]

1. **B.** — Bonjour, madame Bijlsma. Je viens chercher la tente.
2. **Mme B.** — Bonjour Bram, je te l'ai préparée.
3. Tu me suis jusqu'en haut ?
4. La tente se trouve toujours dans ce sac rouge
5. et les piquets dans le marron.
6. La tente est rouge aussi, mais on ne voit
7. plus très bien la couleur.
8. C'est à cause du soleil et de la pluie.
9. Regarde. Tu poses d'abord la tente par terre
10. et ensuite tu fixes les piquets comme cela.
11. Facile, non ?
12. **B.** — Oui, madame, ça ne me paraît pas bien difficile.
13. **Mme B.** — Maintenant je mets le tout dans un sac.
14. Ainsi, ce sera [plus] facile à porter.
15. **B.** — Merci infiniment, madame, également de la part de Marij.

Vocabulaire complémentaire

- **tegengestelden**
  10. **vastmaken** ↔ **losmaken**, détacher
  12. **moeilijk** ↔ 11. **makkelijk**

Remarque

Le verbe à particule séparable **meegaan** :
La particule **mee** de ce verbe est l'équivalent de la préposition **met** ; **met** devient **mee** quand il n'est pas suivi d'un nom.
Mee exprime dans de nombreux verbes l'idée de participation.

GRAMMAIRE

● **La négation**

Quand **niet ... meer** *(ne plus)* porte sur un adjectif ou un adverbe, **niet** se place devant celui-ci et **meer** derrière :

Je ziet de kleur niet goed meer. (7.)

De tent is niet rood meer.

Cette construction s'emploie également avec **geen ... meer** :
Ze hebben geen werk meer. *Ils n'ont plus de travail.*

Attention ! **niet ... meer** se place toujours devant la particule séparable en fin de phrase ou devant un groupe prépositionnel :

Hij neemt Marij niet meer mee.
Il n'emmène plus Marij avec lui.

Hij woont al lang niet meer in Amsterdam.
Il n'habite plus Amsterdam depuis longtemps.

● **Le verbe**

Au verbe français *mettre* correspondent les verbes de mouvement **leggen, zetten** et **doen in** (correspondant respectivement à **liggen, staan** et **zitten in**).

– **(neer) leggen,** *mettre à l'horizontale, poser* :
Kijk. Je legt de tent eerst neer. (9.)

– **(neer) zetten,** *mettre à la verticale* :
Ik zet mijn fiets neer. *Je pose mon vélo.*

La particule **neer** signifie *vers le bas, à terre*.

Remarque : dans **neerzetten** et **neerleggen**, l'emploi de **neer** n'est pas obligatoire quand il y a un complément de lieu :

Je legt de tent neer. ↔ **Leg de tent maar hier.**

Ik zet mijn schoenen neer. ↔ **Ik zet de stoel bij de tafel.**

– **doen in,** *mettre dans un espace fermé, exigu* (sac, boîte, etc.) :
Nu doe ik alles in een tas. (13.)

Signalons que **doen in** connaît un synonyme dans la langue parlée : **stoppen in. Ze stopt al haar kleren in de tas.** *Elle met tous ses vêtements dans le sac.*

– **(op) hangen,** *mettre au sens de* suspendre :

Ze hangt haar witte rok in de kast op.
Elle met sa jupe blanche dans l'armoire.

VERBES DE MOUVEMENT ET DE POSITION :

POSITION	SENS	MOUVEMENT
liggen	horizontal	**(neer) leggen**
staan	vertical	**(neer) zetten**
zitten in	espace fermé	**doen in**
hangen	suspension	**(op) hangen**

EXERCICES

(Oefeningen)

A. Complétez en choisissant le verbe qui convient :
1. Ik … het geld in de portemonnee.
2. Ik … het affiche aan de muur.
3. Hij … het boek in de boekenkast.
4. De dokter … de patiënt in bed.
5. Wij … suiker en melk in onze koffie.

B. Ajoutez niet … meer aux phrases suivantes :
1. Hij wil de tent meenemen.
2. De koffie is lekker.
3. De tent ligt klaar.
4. Mevrouw Jansen is blond.
5. De tentstokken zitten in de tas.

C. Traduisez en français :
1. Waarom haalt de bibliothecaris de boeken uit de boekenkast ?
2. Hij legt de boeken klaar voor een klant.
3. Bram zet zijn fiets elke dag tegen de muur van de winkel.
4. Hij doet het visitekaartje in zijn jaszak.

Moeder en zoon

[M. = Moeder — B. = Bram]

1. **M.** — Kom je nog eens een weekend naar huis, Bram ?
2. We zien je hier niet vaak meer.
3. **B.** — Je hebt* gelijk, mam.
4. Maar ik heb het zo druk met mijn studie*
5. en Marij komt om het weekend* bij me.
6. Ik kan haar toch niet alleen* laten*.
7. **M.** — Doe niet zo gek* !
8. Je mag haar toch meenemen wanneer* je maar wilt.
9. **B.** — Vrijdagavond willen we rustig* bij mij op mijn kamer eten.
10. En zaterdagavond hebben we al een afspraak met vrienden.
11. We gaan met ze naar de bioscoop*.
12. **M.** — Nou, komen jullie dan zondag bij ons* eten.
13. Dan hoef je ook niet voor* eten te zorgen*.
14. **B.** — Dat zal Marij gezellig vinden. Tot zondag, mam.

Prononciation

3. ge<u>lij</u>k	**8.** wan<u>neer</u>
6. all<u>een</u>	**11.** bio<u>scoop</u>

Expressions idiomatiques

3. **Gelijk hebben,** avoir raison.
5. **om het weekend,** un week-end sur deux
7. **Doe niet zo gek !** Ne fais pas l'idiot !

Mère et fils

[M. = Mère — B. = Bram]

1. **M.** — Tu viendras bientôt passer un week-end à la maison, Bram ?
2. *Nous ne te voyons plus beaucoup.*
3. **B.** — Tu as raison, maman.
4. *Mais j'ai tant à faire pour mes études*
5. *et Marij vient un week-end sur deux chez moi.*
6. *Je ne peux tout de même pas la laisser toute seule.*
7. **M.** — Ne dis pas de bêtises !
8. *Tu sais très bien que tu peux l'amener ici quand tu veux.*
9. **B.** — Vendredi soir nous mangeons ensemble chez moi.
10. *Et samedi soir nous avons déjà un rendez-vous avec des amis.*
11. *Nous allons avec eux au cinéma.*
12. **M.** — Alors, venez donc manger chez nous dimanche.
13. *Comme ça tu n'auras pas besoin de t'occuper du repas.*
14. **B.** — Cela va plaire à Marij. À dimanche, maman !

Vocabulaire complémentaire

Le complément circonstanciel de temps :
om de dag, un jour sur deux – **om de week**, une semaine sur deux
elke week, chaque semaine – **elke dag** – **elk jaar**
vorige week, la semaine dernière – **vorig jaar**
volgende week, la semaine prochaine – **volgende maand**
een week geleden, il y a une semaine – **twee jaar geleden**

Remarque

wanneer (8.)/**als**, *quand* ; mais **als** peut également signifier *si*.

● **Le verbe**

Hoeven : dans la phrase négative, le verbe **moeten** *(devoir)* est remplacé par **hoeven** :

Marij moet kleren kopen → Marij hoeft geen kleren te kopen.

Hoeven se construit avec **te** + infinitif en fin de phrase. Dans certains cas, cette construction peut être abrégée. Avec pour sujet un pronom neutre, **niet hoeven te** signifie *ce n'est pas la peine* :

Zal ik u helpen ? Nee, dat hoeft niet !
Non, ce n'est pas la peine !

● **Le pronom personnel**

Le pronom personnel objet, 1re et 2e personnes :

ik → **me/mij**	we/wij → **ons**
je/jij → **je/jou**	jullie → **jullie**

Il convient de bien distinguer la forme sujet des pronoms personnels de leur forme objet :

Ik geef je een appel.
Je te donne une pomme (**ik** : sujet, **je** : objet, ici objet indirect).
Zij geeft me een appel.
Elle me donne une pomme (**zij** : sujet, **me** : objet).

La 1re et la 2e personne du singulier connaissent une forme accentuée **mij** et **jou** : **En Marij komt om het weekend bij me.** (5.) Ici, l'important est que Marij vienne un week-end sur deux ; le pronom n'est donc pas accentué.

Vrijdagavond eten we samen bij mij. Dans cette phrase, c'est le lieu du repas qui est important, d'où **bij mij.** On utilise la forme accentuée dans les cas d'opposition (accent contrastif) :
Dit boek is niet voor mij, maar voor jou ! *Le livre n'est pas pour moi, mais pour toi.* On l'utilise également quand le pronom est employé seul ou avec une préposition :

Wie wil je zien ? Mij ? *Qui veux-tu voir ? Moi ?*
Met wie ? Met jou ? *Avec qui ? Avec toi ?*

Le pronom personnel complément se place toujours après le verbe conjugué en phrase indépendante : **ik geef je het boek.** S'il y a deux compléments d'objet, le c.o. direct précède le c.o. indirect. **Ik geef het je** (**het** : compl. obj. dir. ; **je** : compl. obj. ind.) Comparez : **ik geef het je**/*je te le donne*. Le néerlandais emploie ici les pronoms dans l'ordre inverse du français.

EXERCICES

(Oefeningen)

A. Répondez aux questions :
1. Waarom gaat Bram niet vaak meer naar zijn ouders ?
2. Wat doen Marij en Bram zaterdagavond ?
3. Waar eten ze zondag ?

B. Soulignez les pronoms personnels objets :
1. Ik geef het aan Bram.
2. Jullie helpen me zo goed.
3. Hij kent ons niet meer.
4. Ik zie jullie om de twee weken.

C. Dans les phrases suivantes, ajoutez et conjuguez l'auxiliaire de mode entre parenthèses suivant le modèle :

Zie je Jan aankomen (kunnen) → **Kun je Jan zien aankomen ?**

1. Blijft hij hier slapen ? **(mogen)**
2. Ze laten ons niet naar de film gaan. **(willen)**
3. Marij komt elke week bij ons eten. **(kunnen)**
4. Na iedere consumptie betaal ik. **(moeten)**
5. Bram gaat niet elke dag naar college. **(hoeven)**

D. Construisez des phrases négatives à l'aide de l'auxiliaire hoeven :
1. Moet u elke maand naar de dokter ? Nee, ik …
2. Moet u vanmorgen brood kopen ?
3. Moet u veel oefeningen maken ?
4. Moet u voor uw zoon zorgen ?

Guus en Monique Hermans

1. **Guus** — Monique ! Waar ligt de radiogids* ?
2. Ik kan hem nergens* vinden.
3. **Monique** — Kijk eens onder de televisie.
4. Daar ligt hij altijd.
5. **G.** — 0 ja. Ik heb hem. Dank je.
6. Ik word* oud, geloof* ik.
7. **M.** — Ach, iedereen vergeet* wel eens iets.
8. Ikzelf* ben bijvoorbeeld* mijn breiwerk* kwijt.
9. **G.** — Maar Monique, dat ligt in de keuken !
10. **M.** — In de keuken ? Hoe komt het daar nou ?
11. Even kijken... Je hebt gelijk. Het ligt hier.
12. Nu kan ik die trui* voor Bram nog voor het weekend afbreien*.
13. Tenminste*... als ik mijn bril* kan vinden.

Prononciation

3. tele**vi**sie, 6. ge**loof**, 7. iede**reen**, 7. ver**geet**, 8. bij**voor**beeld, 13. ten**min**ste.

Dans la langue parlée, les pronoms personnels objets **hem** et **het** sont prononcés respectivement [əm] et [ət] ; le pronom personnel féminin objet **haar** se prononce, lui, souvent [d ər].

Remarque

Le mot **zelf** est invariable. Il peut accompagner un pronom personnel (**ikzelf**, *moi-même*), un nom (**de president zelf komt vanavond**, *le président lui-même vient ce soir*) ou suivre un verbe conjugué (**de president komt zelf vanavond**, *le président vient lui-même ce soir*).

Expression idiomatique

8. **Ik ben ... kwijt.** *J'ai perdu ...*
Le mot **kwijt** se place après le complément d'objet.
Ik ben mijn **tas kwijt**, *j'ai perdu mon sac.*

Guus et Monique Hermans

1. **G.** — Monique ! Où est le programme de radio ?
2. Je ne le trouve nulle part.
3. **M.** — Regarde donc sous la télévision.
4. C'est là qu'il se trouve toujours.
5. **G.** — Ah oui, je l'ai, merci.
6. Je vieillis, je crois.
7. **M.** — Ah, ça peut arriver à tout le monde d'oublier quelque chose.
8. Moi[-même] par exemple, j'ai perdu mon tricot.
9. **G.** — Mais, Monique, il est dans la cuisine !
10. **M.** — Dans la cuisine ? Mais qu'est-ce qu'il fait là ?
11. Voyons voir. Tu as raison. Il est ici.
12. Maintenant je peux finir le chandail pour Bram avant le week-end.
13. Du moins... si je trouve mes lunettes.

Vocabulaire complémentaire

naar de radio luisteren, écouter la radio
naar de televisie kijken, regarder la télévision
het tv-programma, le programme de télévision
het nieuws, les nouvelles
het tv-journaal, le journal télévisé
de uitzending, l'émission

Remarques

- **Nou** (10.) exprime une émotion ; ici c'est l'expression de l'étonnement.
- Dans le verbe **afbreien** (12.), la particule séparable **af** indique l'achèvement de l'action. De même : **afschrijven**, *finir d'écrire*, **afmaken**, *terminer*.

N.B. : **het is af**, *c'est fini, c'est terminé*.

● Le pronom

Les noms de choses non neutres peuvent être repris par le pronom personnel **hij**. La distinction du genre des noms de choses est en voie de disparition aux Pays-Bas ; en Belgique néerlandophone cette distinction est maintenue.

> **Waar ligt de radiogids ?** (1.) **Ik kan hem nergens vinden** (2.) **Daar ligt hij altijd** (4.).

Remarque : on emploie très souvent le démonstratif **die** à la place du pronom personnel, surtout en tête de phrase ou accompagné d'une préposition. Ayant la même forme au masculin et au féminin, il présente l'avantage de ne pas obliger à distinguer entre les deux genres. On aurait pu dire à la phrase (3.) : **Die ligt onder de televisie.**

Autre exemple avec préposition :
Onze auto is blauw, die van Jan is geel.
Notre voiture est bleue, celle de Jan est jaune.

Le pronom personnel objet 3ᵉ personne du singulier :
hij → hem ('m) ; ze → haar (d'r) ; het → het ('t)

● La subordonnée

– La conjonction de subordination **als** introduit une subordonnée conditionnelle *(si)* ou temporelle *(quand)* : **Tenminste… als ik mijn bril kan vinden.** (13.)

– Dans une subordonnée, le verbe conjugué se trouve **toujours** en position finale. L'ordre des autres éléments de la phrase reste inchangé. Si le verbe se construit avec un verbe de modalité, ce dernier vient se placer devant l'infinitif en fin de phrase :

> **Ik kan mijn bril niet vinden.** En subordonnée : **als ik mijn bril kan vinden.**

– Dans une séquence conditionnelle, la subordonnée introduite par **als** constitue souvent le premier membre de phrase ; elle est alors suivie immédiatement du verbe de la principale :

Als ik mijn bril kan vinden¹, kan² ik de trui afbreien.

(1) : subordonnée, (2) : verbe de la principale suivant la subordonnée.

EXERCICES

(Oefeningen)

A. Répondez aux questions :
1. Wat zoekt Guus Hermans ?
2. Waar ligt hij altijd ?
3. Ligt het breiwerk van Monique ook in de huiskamer ?
4. Wat doet Monique als ze haar bril kan vinden ?

B. Remplacez le nom souligné par un pronom personnel :
1. Hij wil het boek niet meenemen.
2. De auto staat in die andere straat.
3. Hij drinkt de koffie snel op.
4. De man geeft de atlas aan een vriendin.
5. De jongen krijgt de fiets van zijn tante.

C. Construisez les phrases en commençant par l'élément souligné :
1. zijn vriend/zal/het geld/geven/morgen/Hij.
2. zij/geeft/Waarom/het salaris/mij/vandaag/?
3. dat/vragen/aan de leraar/Laten we.
4. Ik/kan/geven/in de zomer/mijn examencijfers/u.
5. Marij/ophalen/komt/mij/voor de film/.

D. Faites la liaison entre les deux phrases, de telle sorte que la première devienne une condition, suivant le modèle :
Die vrouw heeft in juli vrij/Haar man gaat met haar op vakantie.
Als die vrouw in juli vrij heeft, gaat haar man met haar op vakantie.
1. Het is mooi weer/Ik ga fietsen
2. Hij heeft niet veel werk/Hij gaat met haar mee
3. Het restaurant is dicht/Hij kookt zelf

Annemarie d'r brommer

1. De familie van Bram woont in een klein dorp* vijftien kilometer ten noorden van* Hoorn.
2. Daar wonen ook een paar vrienden van Annemarie.
3. Ze gaan vijf dagen per week samen op de fiets naar school.
4. Ze vinden die dagelijkse fietstocht* allemaal leuk,
5. omdat ze op het fietspad* al hun vrienden tegenkomen*.
6. Maar elke dag twintig kilometer fietsen is ook vermoeiend*.
7. Over twee weken is* Annemarie jarig* ; ze wordt dan zestien.
8. Haar ouders willen haar een brommer* cadeau geven*.
9. Binnenkort gaat ze met hen* naar Amsterdam
10. om een tweedehandse* brommer te zoeken.
11. Ze hebben daar ook een afspraak met Bram in de "IJsbreker".
12. Hij kan hun vast goede adressen geven.
13. Dat is wel nodig want Amsterdam is voor hen* een vreemde* stad.

Prononciation

1. kilo**me**ter 4. **da**gelijks [dɑxələks] 4. alle**maal**
6. ver**moei**end 8. cad**eau** geven

Expressions idiomatiques

1. **ten noorden van**, au nord de

7. **over twee weken**, dans deux semaines

8. **iemand iets cadeau geven**, offrir quelque chose à quelqu'un

Le vélomoteur d'Annemarie

1. La famille de Bram habite un petit village, à quinze kilomètres au nord de Hoorn.
2. C'est là qu'habitent aussi quelques amis d'Annemarie.
3. Cinq jours par semaine, ils vont ensemble à vélo à l'école.
4. Ils aiment tous ce trajet quotidien à bicyclette,
5. parce qu'ils rencontrent tous leurs amis sur la piste cyclable.
6. Mais faire tous les jours vingt kilomètres à vélo, c'est fatigant aussi.
7. Dans deux semaines, Annemarie fêtera son anniversaire ; elle aura seize ans.
8. Ses parents veulent lui faire cadeau d'un vélomoteur.
9. Bientôt elle ira avec eux à Amsterdam
10. [pour] chercher un vélomoteur d'occasion.
11. Ils ont aussi rendez-vous avec Bram au « IJsbreker ».
12. Il pourra certainement leur donner de bonnes adresses.
13. Ils en ont bien besoin car Amsterdam est pour eux une ville inconnue.

Vocabulaire complémentaire

het noorden (le Nord)

het westen
(l'Ouest)

het oosten
(l'Est)

het zuiden (le Sud)

Remarque

Retenez l'emploi du suffixe **–lijks** dans l'expression du temps : **dagelijks**, *quotidien* ; **wekelijks**, *hebdomadaire* ; **maandelijks**, *mensuel* ; **jaarlijks**, *annuel.*

GRAMMAIRE

● Le pronom personnel

Le pronom complément 3ᵉ personne du pluriel : à la 3ᵉ personne du pluriel, il convient de distinguer les êtres humains des animaux et des objets.

1. Pour ces derniers on ne pourra utiliser que **ze** : **De boeken ? Ik vind ze niet meer !** *Les livres ? Je ne les trouve plus !*

2. Quant aux êtres humains, on aura le choix entre **ze, hen** et **hun** dont la répartition se fait comme suit :

   a) **ze** est une forme non accentuée ; on la retrouve aussi bien
      – après une préposition : **We gaan met ze naar de bioscoop.** *Nous allons avec eux au cinéma.*
      – qu'employée comme complément d'objet direct : **Ik help ze elke dag.** *Je les aide chaque jour.*
      – ou indirect : **Ik zeg het ze.** *Je le leur dis.*

   b) **hen** et **hun** sont considérés comme les formes accentuées de **ze** : **Binnenkort gaat ze met hen naar Amsterdam.** (9.)
      – **hen** est toujours employé après une préposition : **We gaan niet met Bram en Annemarie naar de film, maar met hen.** *Nous n'allons pas avec Bram et Annemarie au cinéma, mais avec eux* ; **hen** est également employé comme complément d'objet direct : **Ik ken hen niet.**
      – **hun** est surtout employé comme complément d'objet indirect quand il n'y a pas de préposition : **Hij kan hun vast goede adressen geven** (12.) ; **hun** signifie alors *leur* ou *à eux.*

En résumé : on peut considérer que **ze** n'est jamais employé en position accentuée et que ce mot peut être employé pour des choses et des personnes.

Hen et **hun** sont le plus souvent des formes accentuées uniquement employées pour des personnes.

● La subordonnée infinitive

La subordonnée infinitive **om … te** + infinitif (*pour* + infinitif) s'organise à partir d'un infinitif précédé de **te** et placé en fin de phrase ; les compléments d'objet de cet infinitif le précèdent ; la subordonnée est introduite par **om** :

om een tweedehandse brommer te zoeken. (10.)

(Oefeningen)

A. Répondez aux questions :
1. Fietst Annemarie wel eens alleen naar school ?
2. Waarom vindt ze de dagelijkse fietstocht leuk ?
3. Waarom wil Annemarie toch een brommer ?

B. Remplacez la proposition introduite par want par une tournure avec omdat :
1. Bram gaat niet naar bed, want het is nog vroeg.
2. Anna gaat vandaag niet fietsen, want het regent.
3. Ik kan niet mee op vakantie, want ik heb geen geld.
4. Mijn tante uit Leuven leest de "Standaard" want die vindt ze goed.

C. Remplacez la proposition introduite par want par une tournure avec om ... te + infinitif :
1. Ik ben hier want ik moet werken.
2. Ik ga naar de bakker, want ik moet brood kopen.
3. Hij gaat naar het station, want hij moet treinkaartjes kopen.
4. Ik ga naar de zomercursus in Brugge, want ik wil Nederlands leren.

D. Remplacez les expressions soulignées par des pronoms personnels :
1. Volgende week gaat Bram met Marij op reis.
2. Ik bel mijn vader elke maand op.
3. De vader en moeder van Ruud komen niet vaak bij Ruud.
4. Jullie zien je kinderen ook niet vaak. *(2 possibilités)*
5. Ik wil het boek niet aan de bibliothecaresse geven.
6. Ik geef de boeken aan mijn vrienden.
7. Ze gaat met haar vriendinnen naar Den Haag. *(2 possibilités)*

De film

1. **Ruud** — En ? Waar* zullen we zaterdag naartoe* gaan ?
2. **Bram** — Marij wil de *Dream** van Verhoeff zien.
3. **R.** — Oh, die Friese* film.
4. **B.** — Fries ? Hoe bedoel* je ?
5. **R.** — Nou gewoon* dat de acteurs* in die film Fries spreken
6. en dat hij Nederlandse* ondertitels* heeft.
7. **B.** — Voor* Marij hoeft dat niet ; die komt er* vandaan*.
8. **R.** — Hoezo* ? Steenwijk ligt toch* in Overijssel ? !
9. **B.** — Ja, maar het is dichtbij Friesland.
10. Bovendien* is haar moeder een Friese*, ze komt uit* Sneek.
11. Daardoor* kan Marij het Fries vrij* goed verstaan*.
12. **R.** — De film gaat* over* een proces* in het Friesland van de vorige* eeuw*.
13. Hij lijkt me wel interessant.
14. **B.** — Laten we daar dan naartoe gaan. Waar zullen we elkaar* ontmoeten* ?
15. **R.** — Om kwart voor zeven, voor de bioscoop.

Vocabulaire

L'adverbe **toch** a plusieurs significations :

– Dans notre leçon (8.), il exprime une réponse ou une hypothèse apportant une contradiction à ce qui vient d'être dit. **Maar Jan is toch ziek !** *Mais je croyais que…*

– Il signifie souvent *n'est-ce pas ?* : **U hebt toch een auto ?** [*mais*] *vous avez une voiture, n'est-ce pas ?*

– ou *j'espère* : **Mevrouw Jansen, u bent toch niet ziek ?** *… vous n'êtes pas malade, j'espère ?*

– ou *bien* : **Guus, wat doe je nou ? Dat zie je toch !** *… Tu vois bien !*

Le film

1. Ruud — *Alors ? Où allons-nous samedi ?*

2. Bram — *Marij veut voir* De Dream *de Verhoeff.*

3. R. — *Ah oui, ce film frison.*

4. B. — *Frison ? Que veux-tu dire ?*

5. R. — *Eh bien tout simplement que les acteurs parlent frison dans ce film*

6. *et qu'il y a des sous-titres néerlandais.*

7. B. — *Pour Marij ce n'est pas la peine ; elle est de là-bas.*

8. R. — *Comment cela ? Je croyais que Steenwijk se trouvait dans la province d'Overijssel ? !*

9. B. — *Oui, mais c'est tout près de la Frise.*

10. *De plus sa mère est frisonne, elle est originaire de Sneek.*

11. *C'est pourquoi Marij comprend assez bien le frison.*

12. R. — *Le film parle d'un procès dans la Frise du siècle dernier.*

13. *Il me paraît intéressant.*

14. B. — *Allons le voir alors ! Où est-ce qu'on se retrouve ?*

15. R. — *À sept heures moins le quart devant le cinéma.*

Remarques

• La Frise et la Hollande sont deux provinces des Pays-Bas. Cette dernière est elle-même divisée en **Noord-Holland** et **Zuid-Holland**. L'expansion de la Hollande au XVIIe siècle fait que l'on emploie souvent le terme *hollandais* pour tout ce qui vient des Pays-Bas. L'**Overijssel** est une province à l'est des Pays-Bas.
Friesland, *la Frise* – **de Fries, de Friese**, *le Frison, la Frisonne* – **Holland**, *la province de Hollande* – **de Hollander, de Hollandse**, *le Hollandais, la Hollandaise*.

• **Pieter Verhoeff** : cinéaste néerlandais contemporain.

● Le substantif

Les noms de pays sont employés en général sans article ; on dit :
Frankrijk, België, Nederland : Het ligt dichtbij Friesland (9.).

Il faut cependant noter que ces noms de pays sont du genre neutre : l'article défini **het** ne s'emploie que si le nom de pays (ou de ville) est déterminé par un adjectif épithète ou par un groupe de mots : **het Friesland van de negentiende eeuw** (12.).

● Le pronom elkaar

elkaar est un pronom dit « de réciprocité » ; il signifie *l'un l'autre/les uns les autres*, et se traduit souvent en français par *se*. Il est invariable et s'emploie à toutes les personnes du pluriel.

Remarque : distinguez les deux sens du pronom *se* en français :
1. *il se lave* (pronom réfléchi) : **hij wast zich.**
2. *ils s'aiment* (pronom réciproque) : **ze houden van elkaar.**

● Direction et origine

1. L'interrogatif **waar ... naartoe** (*où*, avec mouvement) :
   Lorsqu'on veut obtenir une information sur la direction ou la destination, on précise l'interrogatif **waar** par **naartoe**, placé en fin de phrase :

   En ? Waar zullen we zaterdag naartoe gaan ? (1.)

   Dans la réponse, le complément de lieu peut être remplacé par le mot **er** :

   Bram gaat naar het museum. Hij gaat ernaartoe (*il y va*).
   Er connaît une forme accentuée, **daar,** généralement placée en tête de phrase : **Daar gaat hij naartoe !** (*C'est là qu'il va !*)

   Remarque : quand la préposition **naar** n'est pas suivie d'un nom, le complément de lieu s'exprime par **ernaartoe** ou **daar ... naartoe**.

2. L'interrogatif d'origine **waar ... vandaan** (*d'où*) :
   waar ... vandaan correspond au français *d'où* ; **vandaan** indique donc l'origine dans l'espace : **Waar kom je vandaan ?**, *D'où viens-tu ?*

   Dans la réponse, on utilisera la préposition **uit** devant un nom indiquant le lieu d'où l'on vient en général : **Hij komt uit het park**, *Il vient du parc*. Aussi : **Ik kom van huis.**

EXERCICES
(Oefeningen)

A. Questions :
1. Waar wil Marij zaterdag naartoe ?
2. Wat vindt Ruud van die film ?
3. Waar komt de moeder van Marij vandaan ?
4. Waar ligt Steenwijk ?
5. Verstaat Marij ook Fries ?

B. Complétez par un interrogatif : waar naartoe, wanneer, waar vandaan, hoeveel, hoelang, waar
1. … woont Bram in Amsterdam ? Al twee jaar.
2. … komt u … ? Uit Frankrijk.
3. … gaat u … ? Naar de stad.
4. … kinderen heeft Monique ? Twee.
5. … is de winkel van Marij's moeder ? In Steenwijk.
6. … gaat u naar huis ? Volgende week.

C. Complétez par des pronoms personnels ou des démonstratifs :
1. Daar komt Ruud. Ik zie … Zie jij … ook ?
2. Daar is dat Portugese restaurant. Zie je … ?
3. Ga je morgen mee naar de disco ? … weet ik nog niet. … bel … morgen wel om … je te zeggen.
4. Ga … naar je broer ? Wil je … dit parfum dan cadeau geven ? … komt van mijn vriendin. … vindt … heel leuk, geloof ik.
5. Jij hebt de schrijfmachine nog, hè ? Geef … alsjeblieft terug. Ik heb … nodig.
6. Schrijf … je ouders een brief ? Ik schrijf … geen brief, maar een kaart. *(2 possibilités)*

D. Traduisez :
1. Ils se connaissent depuis deux ans.
2. Luc est originaire de Paris **(Parijs)**.
3. Ce film parle du frison aux Pays-Bas.
4. Je ne comprends pas le néerlandais.

Over het Fries

1. **Ruud** — Vertel eens, ga je wel eens met Marij naar Friesland ?
2. **Bram** — Jawel, we gaan er wel eens heen want er wonen een* paar* ooms en tantes van haar.
3. **R.** — En versta* je ze dan, als ze dialect spreken ?
4. **B.** — Zij vinden dat ik het goed versta !
5. Trouwens, het woord "dialect" mag je niet gebruiken*.
6. De Friezen hebben hun eigen taal.
7. **R.** — Ach, Friezen zijn toch ook Nederlanders.
8. Anders kunnen we het Twents*
9. en zelfs het Amsterdams* ook wel talen gaan noemen*.
10. **B.** — Nee, want al die dialecten hebben geen schriftelijke* traditie*.
11. Het Fries wel, dat is een cultuurtaal* met een eigen literatuur.
12. Bovendien verschilt* het Fries erg van* de Nederlandse dialekten.
13. Het lijkt* meer op* het Engels.
14. Kijk maar : droom* in het Nederlands is "dream" in het Fries.
15. Om antwoord* te geven op je vraag* : Nee, ik versta niets van hun taal.
16. Maar zij verstaan mijn Hollands wel...

Remarque

8. het Twents, le dialecte de Twente (région de l'Overijssel)

Sur le frison

[R. = Ruud — B. = Bram]

1. R. — *Dis-moi, tu vas souvent en Frise avec Marij ?*

2. B. — *Mais oui, nous y allons assez souvent car Marij a quelques oncles et tantes qui y habitent.*

3. R. — *Et tu les comprends quand ils parlent leur dialecte ?*

4. B. — *Ils trouvent que je le comprends bien.*

5. *Du reste, il ne faut pas employer le mot « dialecte ».*

6. *Les Frisons ont leur langue bien à eux.*

7. R. — *Ah, les Frisons sont quand même des Néerlandais.*

8. *À ce compte-là, on peut aussi appeler « langue » le dialecte de Twente,*

9. *et même l'amstellodamois.*

10. B. — *Non, car ces dialectes n'ont pas de tradition écrite.*

11. *Le frison oui, c'est une langue de culture avec une littérature propre.*

12. *De plus, le frison est très différent des autres dialectes néerlandais.*

13. *Il ressemble plus à l'anglais.*

14. *Tiens : « droom » en néerlandais se dit « dream » en frison.*

15. *Pour répondre à ta question : non je ne comprends rien à leur langue.*

16. *Mais eux, ils comprennent mon hollandais...*

• Le pronom personnel

Rappel : **zij** est la forme accentuée du pronom personnel de la 3ᵉ personne du pluriel. On l'utilise dans un cas d'opposition au lieu de **ze**.

ik versta niets van hun taal. Maar zij verstaan mijn Hollands wel... (15. 16.)

• La direction

Le mot interrogatif **heen** est un synonyme de **naartoe** : **Jawel, we gaan er wel eens heen.** (2.)

Rappel : **waarnaartoe = waarheen, ernaartoe = erheen, daarnaartoe = daarheen.**

• Les verbes à préposition fixe

Là où le français utilise toujours les prépositions *à* ou *de* pour introduire un complément d'objet indirect, le néerlandais connaît une grande variété de prépositions :

Bovendien verschilt het Fries erg van de Nederlandse dialecten (*être différent de*). (12.)

Het lijkt meer op het Engels (*ressemble à*). (13.)

Om antwoord te **geven op je vraag.** (15.)

Citons d'autres verbes à préposition déjà rencontrés :

kijken naar, *regarder*	**denken aan**, *penser à*
luisteren naar, *écouter*	**gaan over**, *traiter de*
houden van, *aimer*	**wachten op**, *attendre*

Nous vous conseillons de bien les retenir avec leur préposition. Les verbes néerlandais à préposition fixe peuvent correspondre à des verbes transitifs directs français.

• Les verbes à préfixe

Un verbe de base comme **staan** peut être préfixé. Il changera alors de sens : **bestaan**, *exister* — **verstaan**, *comprendre*.

Ces préfixes qui peuvent modifier le sens des verbes de base sont toujours inséparables et non accentués :

tellen, *compter* — **ver-tellen**, *raconter* → **Vertel eens !** (1.)

Het woord "dialect" mag je niet gebruiken (5.)

Les préfixes verbaux inséparables sont au nombre de six : **be-, ge-, her-, ont-, mis-** et **ver-**.

EXERCICES

(Oefeningen)

A. Questions :
1. In welk land ligt Friesland ?
2. Waarom noemen we Fries een taal ?
3. Kan Bram het Fries goed verstaan ?
4. Lijkt het Fries veel op de andere Nederlandse dialecten ?

B. Complétez si nécessaire par heen, uit, vandaan, naartoe :
1. Ruud gaat nooit naar Friesland …
2. Bram gaat er wel vaak …
3. Marij komt niet … Friesland,
4. maar haar moeder komt er wel …
5. Naar welke film gaan ze … ?
6. Ik ga om vijf uur naar huis …

C. Faites des phrases selon le modèle :
   Ze spreken dialect/Ik versta ze niet → Als ze dialect spreken, versta ik ze niet.
1. Het is mooi weer/Ik ga zwemmen.
2. Ik ben niet moe/Ik ga op de fiets.
3. Harrie wordt zestien/Hij krijgt een brommer.
4. Er is een oom of tante jarig/Ze gaan naar Friesland.
5. Ik heb geen brood meer/Ik ga naar de bakker.

D. Traduisez :
1. Ce jeune homme et sa sœur se ressemblent beaucoup.
2. J'habite Utrecht, mais je n'en suis pas originaire.
3. Le livre traite de la langue frisonne.
4. Le néerlandais est différent du frison.
5. Il ne faut pas utiliser ce mot en néerlandais !

De Nederlandse taal

 1. De Fransen hebben het vaak over* "Hollands", of "Vlaams"*,

2. als ze Nederlands bedoelen.

3. Hollands is eigenlijk het dialect van de provincies* Zuid-Holland en Noord-Holland.

4. Deze provincies zijn sinds* de zestiende eeuw

5. in economisch en sociaal opzicht* dominant.

6. Tot eind* zestiende eeuw waren* de dialecten van de zuidelijke provincies erg belangrijk*,

7. dank zij* de macht* van steden als Brugge, Gent en Antwerpen.

8. De term* Vlaams is onduidelijk*.

9. Sinds de negentiende eeuw bedoelen we met Vlaams :

10. of* de verschillende* dialecten die men in België spreekt,

11. of* het Standaardnederlands dat men er spreekt.

12. De taal die je in Nederland en in België op school leert, is het Nederlands.

13. De invloed* van het Hollands, en vooral* van het Amsterdams,

14. op de ontwikkeling* van deze standaardtaal was* en is erg groot.

Vocabulaire complémentaire

De provincies waar men Nederlands spreekt (*cf.* carte p. 13)

In Nederland : Groningen Friesland Overijssel
Gelderland Utrecht Noord-Holland
Zuid-Holland Zeeland Noord-Brabant
Flevoland Limburg

In België : West-Vlaanderen Oost-Vlaanderen Antwerpen
Limburg Brabant

La langue néerlandaise

1. Les Français parlent souvent de « hollandais » et de « flamand »
2. lorsqu'ils veulent dire « néerlandais ».
3. Le hollandais est en réalité le dialecte des provinces de Hollande du Sud et de Hollande du Nord.
4. Ce sont les provinces dominantes du point de vue
5. économique et social depuis le XVIe siècle.
6. Jusqu'à la fin du XVIe siècle, les dialectes des provinces méridionales étaient très importants,
7. grâce à la puissance de villes comme Bruges, Gand et Anvers.
8. Le terme de « flamand » est flou.
9. Depuis le XIXe siècle nous entendons par flamand
10. soit l'ensemble des dialectes néerlandais du Sud qu'on parle en Belgique,
11. soit le néerlandais standard qu'on y parle.
12. La langue qu'on apprend à l'école aux Pays-Bas et en Belgique est le néerlandais.
13. L'influence du hollandais, et surtout de l'amstellodamois,
14. sur l'évolution de cette langue standard fut et reste très grande.

Expressions idiomatiques

1. **het hebben over**, parler de
5. **in ... opzicht**, d'un point de vue ...

GRAMMAIRE

• La morphologie (la forme des mots)

On obtient souvent le contraire d'un adjectif ou d'un adverbe en utilisant le préfixe **on-**

duidelijk, *clair* ↔ **onduidelijk**, *pas clair*

gelukkig, *heureux* ↔ **ongelukkig**, *malheureux*

nodig, *nécessaire* ↔ **onnodig**, *pas nécessaire*

Ceci n'est pas valable pour tous les adjectifs et adverbes :

goed ↔ **slecht hoog** ↔ **laag groot** ↔ **klein**

warm ↔ **koud** *chaud/froid* **mooi** ↔ **lelijk** *beau/laid*

vol ↔ **leeg** *plein/vide*

open ↔ **dicht** *ouvert/fermé* **oud** ↔ **nieuw** *vieux/neuf*

vroeg ↔ **laat** *tôt/tard*

• La subordonnée relative

La construction des subordonnées relatives se fait à l'aide des pronoms relatifs comme **die, dat** ou **waar**.

L'ordre des mots est celui de toutes les subordonnées : les verbes se trouvent à la fin.

het aquarium dat in mijn kamer staat.	**dat**, *qui*
het meisje dat naar België gaat.	**dat**, *qui*
het Standaardnederlands	
dat men er spreekt. (11.)	**dat**, *que*
het kind dat ik altijd help.	**dat**, *que* (personne)
de gulden die in mijn portemonnee zit.	**die**, *qui*
de jongen die altijd te laat komt.	**die**, *qui*
de taal die je ... op school leert (12)	**die**, *que*
de professor die ik zo goed vind.	**die**, *que* (personne)
het huis waar ik woon.	**waar**, *où*
de stad waar ik naartoe ga.	**waar**, *où* (mouvement) avec **heen** ou **naartoe**.

EXERCICES

(Oefeningen)

A. Questions sur le texte :
1. Welke taal spreekt men in Nederland en het noorden van België ?
2. Sinds wanneer is Holland in economisch en sociaal opzicht dominant ?
3. Is de taal die je in Nederland en België op school leert het Vlaams, het Nederlands of het Hollands ?
4. Waarom is juist de invloed van het Hollands op het Standaard-Nederlands zo groot ?

B. Remplacez par le contraire :
1. Herman heeft een **(gewone)** kleur haar.
2. Je vriendin praat zo **(natuurlijk)**.
3. Een taal leren is **(makkelijk)**.
4. Het is **(prettig)** om met een bril in de regen te lopen.
5. In de grote stad is het **(nooit)** **(rustig)** door de auto's.

C. Construisez des subordonnées relatives selon le modèle :
   Het huis staat daar. Het huis is van mijn ouders →
   Het huis dat daar staat, is van mijn ouders.
1. Ze kopen de brommer. De brommer moet wel goed zijn.
2. De Engelse taal heeft invloed. De invloed is groot.
3. Ze hebben boeken op school. De boeken zijn in het Nederlands.
4. Men spreekt een stadsdialect in Utrecht. Het stadsdialect is goed te verstaan.

D. Mettez le pronom relatif qui convient : die/dat, waar
1. De provincie … een eigen taal heeft, is Friesland.
2. In de stad … ik woon, kijkt men veel naar de lokale televisie.
3. De broek … Paul aan heeft, staat hem goed.
4. Het dialect … ze in West-Vlaanderen spreken, verstaan ze in Drenthe niet zo goed.

Memento 2

1. Les adjectifs ordinaux (rappel)

1. **eerste**	6. **zesde**	11. **elfde**	16. **zestiende**	20. **twintigste**
2. **tweede**	7. **zevende**	12. **twaalfde**	17. **zeventiende**	21. **éénentwintigste**
3. **derde**	8. **achtste**	13. **dertiende**	18. **achttiende**	22. **tweeëntwintigste**
4. **vierde**	9. **negende**	14. **veertiende**	19. **negentiende**	100. **honderdste**
5. **vijfde**	10. **tiende**	15. **vijftiende**		

De 2 à 19, l'ordinal se termine par **-de** ; une seule exception :
achtste [axstə].
À partir de 20 jusqu'à l'infini, on ajoute **-ste**.

2. Les nombres cardinaux

a) suite :

100 **honderd**	2080 tweeduizendtachtig
101 honderdéén	1100 elfhonderd
121 honderdéénentwintig	2100 éénentwintighonderd
1000 **duizend**	100 000 **honderdduizend**

1 300 000 één **miljoen**driehonderdduizend
1 000 000 000 één **miljard**.

b) Les nombres cardinaux au pluriel :

honderden, *des centaines.*
miljoenen, *des millions.*

Les nombres connaissent aussi un pluriel en **-en** dans les constructions

met zijn tweeën, met zijn drieën, etc. *à deux, à trois.*
na/voor/tegen zessen, *après/avant/vers 6 heures.*

3. Les fractions

1/2 **een half**	1/4 **één kwart**
1 1/2 **anderhalf**	3/4 **drie kwart**
2 1/2 **twee en één half**	3/4 liter **drie kwart liter**
3 1/2 **drie en één half**	2/3 **twee derde**
	4/5 **vier vijfde**

EXERCICES

(Oefeningen)

A. Écrivez en toutes lettres les chiffres suivants :
- **1.** 201
- **2.** 821
- **3.** 2000
- **4.** 2100
- **5.** 1651
- **6.** 1454
- **7.** 126 859
- **8.** 2 350 000
- **9.** 4 004 530

B. Écrivez en toutes lettres les mesures suivantes :
- **1.** 2 1/2 liter slagroom*
- **2.** 1 1/2 brood
- **3.** 5 m²*
- **4.** 3/4 liter melk
- **5.** 1/2 liter wijn
- **6.** 1/4 liter olie*

C. Lisez à haute voix :
In de winkel
- **1.** Eerste klant. — Ik wil graag 1 1/2 liter melk, 1/4 slagroom, 1 1/2 brood
- **2.** en 3 1/2 liter karnemelk*.
- **3.** Tweede klant. — Geef mij alstublieft 250 gram gehakt*, 1 1/2 kilo biefstuk*.
- **4.** 1 ons ham*, 2 pond boter* en 4 kilo aardappelen*.

• Mots nouveaux

de slagroom, la crème fouettée
de olie, l'huile
de karnemelk, le lait fermenté
de aardappel, la pomme de terre
de meter, le mètre

het gehakt, le haché
het biefstuk, le bifteck
de ham, le jambon
de boter, le beurre
vierkant, carré

4. Les mesures

Attention ! le mot **maat** signifie à la fois : taille, mesure et pointure.

> **In de schoenenwinkel : Welke maat hebt u ? 40.** *(pointure)*
> **In de kledingzaak : Welke maat jurk heeft u ?** *(taille)*
> **De maat van iets nemen.** *Prendre les mesures de quelque chose.*

a) **de maten**
- **de afstand**, *la distance*
  de meter, de centimeter, de kilometer.
  1,67 m : **één meter zevenenzestig** ou **één zevenenzestig**
- **de ruimte**, *l'espace*
  de vierkante meter, *le mètre carré*
  4 m² : **vier vierkante meter**
- **het gewicht**, *le poids*
  gram, ons (100 g), **pond** (500 g), **kilo, ton.**

b) **Le pluriel des noms de mesures**
- Les noms de mesure ne prennent pas de marque au pluriel quand ils sont employés après un chiffre : **drie liter** melk, **5 kilo koffie, 500 gram ham**, etc.
- Cette remarque vaut pour les prix en euros, etc. : **tien euro, zes dollar.**
- Ainsi que pour les noms suivants : **kwartier, jaar, uur, keer, maal, procent, promille**
  Bram studeert al drie jaar in Amsterdam.
  Bram fait depuis trois ans des études à Amsterdam.
- Ces noms se mettent cependant au pluriel quand ils correspondent au français *des* :
  Hij drinkt liters water. *Il boit des litres d'eau.*
  De film duurt uren. *Le film dure des heures.*

• Vocabulaire complémentaire
te koop, à vendre (litt. à acheter)
à, mot français employé souvent en néerlandais dans les estimations (10 à 12, etc.)

(Oefeningen)

D. Lisez à haute voix l'annonce suivante :

Huis te* koop* !

1. Uniek gelegen* chalet* in de Alpen …
2. Uniek gelegen chalet : dichtbij skipistes (600 meter)
3.   1 km van het station
4. 2500 meter hoog in de Alpen
5. 1000 m² eigen grond
6. huiskamer 40 m² met groot balkon (5/6 meter)
7. 3 slaapkamers/2 badkamers
8. geschikt* voor 4 à* 6 personen
9. prijs : € 158.250
10. tel. 00.32.14.2189.16 (België)
11. tel. 00.31.20.212324 (Nederland)

E. Traduisez :

1. Je vais au moins trois fois par semaine au cinéma.
2. Le film dure seulement trois quarts d'heure.
3. Nous allons à trois tous les matins à l'école.
4. Je serai chez toi avant 4 heures.
5. Bram travaille depuis trois ans au Musée historique d'Amsterdam.

31 Bij de bakker

[B. = Bakker – K. = Klant]

1. **B.** — Dag mevrouw. Hoe gaat het vandaag?
2. **K.** — Ik voel* me* prima. Dank u.
3. **B.** — Wat zal het zijn?
4. **K.** — Graag een heel* volkoren* en een krentenbol*.
5. **B.** — Dat is dan twee euro, mevrouw.
6. **K.** — Alstublieft, meneer.
7. **B.** — Het spijt* me, mevrouw, ik krijg nog één euro van u.
8. **K.** — Maar ik leg net* twee euro's neer.
9. **B.** — Sorry*, er ligt er* maar één.
10. **K.** — O, ja. Ik zie het.
11. Hier hebt u er nog één.
12. **B.** — Het geeft niet*, hoor, mevrouwtje,
13. iedereen* vergist* zich* wel eens.
14. Zal ik u een plastic tasje geven?
15. **K.** — Dank u, dat hoeft niet, ik heb een tas bij* me*.
16. **B.** — Een prettige* dag verder*, mevrouw.
17. **K.** — Dag, meneer.

Prononciation

4. volkoren   **13.** iedereen/vergissen.

Remarques

Verder (16.) est à l'origine le comparatif de **ver** (loin). Mais ce mot est employé aussi comme adverbe indépendant au sens de en outre, de plus, encore, par la suite… Il signifie ici pour le reste [de la journée].

138

Chez le boulanger

[B. = Boulanger – C. = Cliente]

1. **B.** — *Bonjour madame. Comment ça va aujourd'hui ?*
2. **C.** — *Je vais [me sens] très bien, merci.*
3. **B.** — *Qu'est-ce que ce sera ?*
4. **C.** — *Je voudrais un pain complet et un petit pain aux raisins.*
5. **B.** — *Cela nous fait deux euros, madame.*
6. **C.** — *Voici, monsieur.*
7. **B.** — *Je suis désolé, madame, vous me devez encore un euro.*
8. **C.** — *Mais je viens de mettre deux pièces d'un euro.*
9. **B.** — *Excusez-moi, il y en a seulement un.*
10. **C.** — *Ah oui, je vois.*
11. *Tenez, en voilà encore une autre.*
12. **B.** — *Ça ne fait rien, ma petite dame,*
13. *tout le monde peut se tromper.*
14. *Je vous donne un sac en plastique ?*
15. **C.** — *Merci, ce n'est pas la peine, j'ai déjà un sac.*
16. **B.** — *Bonne fin de journée, madame.*
17. **C.** — *Au revoir, monsieur.*

Bij de bakker • Chez le boulanger

Expressions idiomatiques

7. **Het spijt me**, je regrette, je suis désolé(e) (le sujet de **spijten** est toujours **het**).
9. **Sorry**, excusez-moi, pardon.
12. **Het geeft niet**, ça ne fait rien.

Vocabulaire complémentaire

zich wassen, se laver
zich aankleden, s'habiller
zich vervelen, s'ennuyer

GRAMMAIRE

• Pronoms réfléchis et verbes pronominaux

1. Ces derniers sont des verbes dont le sujet et le pronom objet renvoient à la même personne : **Ik voel me** … *Je me sens* …

   Ik *(je)* et **me** *(me)* renvoient à la même personne **ik**.

2. Le pronom réfléchi se place après le verbe pronominal conjugué :

ik vergis me, *je me trompe*	**ik was me**, *je me lave*
je vergist je	**je kleedt je aan**, *tu t'habilles*
u vergist u/zich	**u voelt zich**, *vous vous sentez*
hij/zij vergist zich	**hij verveelt zich**, *il s'ennuie*
wij vergissen ons	**wij wassen ons**, *nous nous*
jullie vergissen je	*lavons*, etc.
ze vergissen zich	

3. Les verbes pronominaux sont plus nombreux en français et ne correspondent pas toujours aux verbes pronominaux néerlandais !

s'asseoir, **gaan zitten**	**wandelen**, *se promener*
s'appeler, **heten**	**opstaan**, *se lever*

4. Le pronom réfléchi est également employé après la préposition **bij** dans le sens de *avec/sur* : **ik heb een tas bij me**, *j'ai un sac (avec moi)* (15.) ; **ze hebben geen kinderen bij zich**, *ils n'ont pas d'enfants avec eux*.

• Er

Nous avons vu trois emplois du mot **er** :

1. comme adverbe de lieu : **ik woon er**, *j'y habite*.

2. comme sujet de la construction impersonnelle : **er ligt een tapijt**, *il y a un tapis*.

3. comme partitif : **Hier heeft u er nog één**. (11.). (litt. *ici, vous en avez une autre*). **Er** renvoie ici aux pièces d'un euro ; il correspond au pronom français *en*.

   Heeft u kwartjes voor me? Nee, ik heb er geen. *Je n'en ai pas.*

   N.B. : Il n'est pas rare de voir une phrase néerlandaise avec deux **er**! **Sorry, er ligt er maar één.** (9.)

(Oefeningen)

A. Complétez par un pronom réfléchi :
1. Hij heeft nooit genoeg geld bij …
2. Zij vergist … altijd, maar wij vergissen … nooit.
3. 's Morgens was ik … grondig.
4. Daarna voel ik … goed genoeg om de dag te beginnen.
5. Jullie hebben niet altijd brood bij …, hè?
6. Zij hebben geen foto's van hun kinderen bij …

B. Complétez le dialogue suivant :
In een schoenenwinkel
A. — … ik … helpen, mevrouw?
B. — Ja, … wil … paar sandalen … de vakantie.
A. — Dat kan. … maat schoenen … u?
B. — Maat 38, soms 39.
A. — … vindt … deze gele?
B. — Nee, geel … moeilijke kleur, … u ook andere?
A. — Jawel. Ik … nog … heel simpel model. Die … ik even gaan halen. Kijk, deze … het. Ik … dit model in het wit, in … zwart en … het bruin.
B. — Ik … die witte wel proberen.
A. — Alstublieft, mevrouw, dit is maat 38 1/2 (achtendertig en een half).
B. — Prima, … maat … precies goed.
A. — En deze sandalen staan … ook zo leuk.
B. — Geeft … me deze dan … … krijgt … van me?
A. — € 62,50, alstublieft.
B. — (Betaalt met een briefje van €100) …
A. — Met € 37,50. Hartelijk …. Dag, …

Marij gaat een weekend naar Bram

1. Marij gaat met de trein naar Amsterdam.
2. Ze loopt naar het station in Steenwijk.
3. Haar trein vertrekt om vijf voor half tien.
4. Om kwart over negen staat ze op perron* 2A.
5. Ze gaat eerst naar Zwolle
6. waar ze op een Intercity* naar Amsterdam overstappen* moet.
7. Een Intercity stopt alleen in de grote steden*.
8. Om kwart voor twaalf komt* ze op het Centraal Station in Amsterdam aan*.
9. Bram staat dan al een kwartier op haar te wachten.
10. Als ze uitstapt* zien ze elkaar direct*.
11. Samen* lopen ze naar Bram z'n fiets.
12. Marij gaat bij haar vriend achterop* naar zijn kamer.

Prononciation

6. overstappen.
8. aankomen.
10. uitstappen, direkt.

Vocabulaire complémentaire

de Nederlandse Spoorwegen, les chemins de fer néerlandais
het loket, le guichet
het kaartje, le ticket, le billet
de enkele reis, l'aller simple — **het retour(tje)**, l'aller-retour
de coupé, le compartiment
de wagon, la voiture (du train)
de slaapwagen/de couchette, la couchette
de eerste/tweede klas, la première/deuxième classe
de toeslag, le supplément
gereserveerd, réservé

Marij va passer un week-end chez Bram

1. *Marij va en train à Amsterdam.*
2. *À Steenwijk, elle se rend à pied à la gare.*
3. *Son train part à 9 h 25.*
4. *À 9 h 15 elle se trouve sur le quai 2A.*
5. *Elle va d'abord à Zwolle*
6. *où elle doit changer de train pour prendre un rapide en direction d'Amsterdam.*
7. *Un rapide s'arrête seulement dans les grandes villes.*
8. *À midi moins le quart elle arrive à la gare centrale d'Amsterdam.*
9. *À ce moment, Bram l'attend depuis un quart d'heure.*
10. *Lorsqu'elle descend du train, ils se voient tout de suite.*
11. *Ensemble, ils se dirigent vers le vélo de Bram.*
12. *Marij monte derrière son ami et ils vont au studio de celui-ci.*

Vocabulaire complémentaire (suite)

rijden, rouler, conduire
stilstaan, être immobilisé, être à l'arrêt
instappen, monter (dans un train, tram, bus, une voiture)
opstappen, monter (à bicyclette, moto, etc.), partir
afstappen, descendre d'une bicyclette, etc.

• La possession

1. Pour indiquer un rapport de possession, on emploie le plus souvent la préposition **van** : **het zusje van Bram**, *la sœur de Bram*.

2. Si le possesseur est une personne présentée sous la forme d'un nom propre, on emploie souvent la structure : nom propre + **s** : **Brams fiets**, *le vélo de Bram*.

   Quand un nom propre se termine par une voyelle longue, on écrit **'s** : **Rita's** keuken, *la cuisine de Rita*.

   Le substantif n'est donc plus précédé de l'article défini.

3. Dans la langue parlée, on emploie le plus souvent une tournure idiomatique avec l'adjectif possessif : **Bram z'n fiets.**

   Marij d'r fiets. (litt. *Bram son vélo/Marij son vélo*).

   Z'n est la forme brève de **zijn** et **d'r** est la forme brève de **haar** (pour des raisons de prononciation, le **h** de **haar** se change en **d**).

• Le nom

Dans certains noms, la voyelle brève du singulier s'allonge au pluriel : **de dag → de dagen**, *les jours* ; **het glas → de glazen**, *les verres* (attention aux modifications des consonnes, *cf.* leçon 2). Parfois même, la voyelle se modifie : **de stad → de steden ; het lid → de leden**, *les membres* ; **het schip → de schepen,** *les navires*. *Cf.* Les noms au pluriel irrégulier (p. 392).

• Le verbe

La forme progressive *(être en train de)* est employée plus souvent en néerlandais qu'en français. Elle se construit souvent à l'aide d'un verbe de position selon la formule suivante : sujet + verbe de position conjugué + complément(s) + **te** + infinitif.

Hij/staat/op zijn vriend/te/wachten.
Il est en train d'attendre son ami.

Ze/zit/naar haar moeder/te/kijken.
Elle est en train de regarder sa mère.

Hij/loopt/over het boek/te/denken.
Il est en train de réfléchir au livre en marchant.

Jullie/liggen/in bed/te/lezen. *Vous êtes en train de lire au lit.*

(Oefeningen)

A. Construisez des subordonnées avec le relatif waar (où) ou la conjonction als (quand) :
1. Marij wil in Amsterdam wonen. Haar vriend woont ook in Amsterdam.
2. Hij houdt op met werken. Hij heeft genoeg geld.
3. Jullie moeten eerst naar de Van Baerlestraat. Het Concertgebouw is in de Van Baerlestraat.
4. We gaan naar het Vondelpark. Harrie gaat er altijd hard lopen.
5. Ze stapt uit. De trein staat stil.

B. Complétez par le verbe qui convient (uitstappen, instappen, overstappen, opstappen, afstappen). N'oubliez pas les particules !
1. Marij … in Steenwijk … de trein.
2. In Zwolle moet ze … op de Intercity.
3. Ze … in Amsterdam … waar Bram op haar wacht.
4. Bram … … zijn fiets en neemt Marij achterop.
5. Bij Bram zijn huis … ze …

C. Complétez selon le modèle :
De fiets is van Marij → Het is Marij d'r fiets → Het is Marij's fiets.
1. Het huis is van Dora.
2. De jas is van Ruud.
3. De tent is van Inge.
4. De kopjes zijn van moeder.
5. De boeken zijn van opa.

D. Mettez à la forme progressive selon le modèle :
Hij belt al een half uur op. **(zitten)** → Hij zit al een half uur op te bellen.

1. Ze wachten in het station.	**(staan)**
2. Ze schrijft aan tafel.	**(zitten)**
3. Hij wast zich altijd uren.	**(staan)**
4. Hij slaapt elke zaterdag tot 11 uur.	**(liggen)**
5. Jullie vervelen je elk weekend.	**(zitten)**

Langs de gracht

[V. = Voetganger – P.A. = Politieagent]

1. **V.** — Neemt u me niet kwalijk*.
2. Weet u of* bus 25 hier ergens stopt?
3. **P.A.** — Jawel meneer. U gaat* die trap* af*
4. en dan loopt u langs* het water tot* de brug*.
5. Met al die auto's tegenwoordig* is het te gevaarlijk*
6. om hier boven te blijven voor een voetganger*.
7. Bij de brug gaat u weer naar boven
8. en aan de overkant* van de gracht* gaat u rechtsaf.
9. Vervolgens* neemt u de tweede straat links*.
10. Die steekt* u bij de zebra* over*.
11. Daarna loopt u rechtdoor* tot een groot plein
12. waar veel bushaltes zijn.
13. **V.** — Dank u wel.
14. **P.A.** — Tot uw dienst*.

Prononciation
5. tegen<u>woor</u>dig, ge<u>vaar</u>lijk
6. <u>voet</u>ganger
8. <u>o</u>verkant, recht<u>saf</u>
11. recht<u>door</u>

Expressions idiomatiques
1. **neemt u me niet kwalijk**, excusez-moi (très formel)
14. **tot uw dienst**, à votre service

Le long du canal

[P. = Piéton – A.P. = Agent de police]

1. **P.** — Excusez-moi.
2. Savez-vous si le bus 25 s'arrête par ici ?
3. **A.P.** — Bien sûr, monsieur. Vous descendez cet escalier,
4. ensuite, vous longez l'eau jusqu'au pont.
5. Avec toutes ces voitures, aujourd'hui il est trop dangereux
6. de rester ici, en haut, pour un piéton.
7. Arrivé au pont, vous remontez
8. et de l'autre côté du canal vous tournez à droite.
9. Ensuite vous prenez la seconde rue à gauche,
10. que vous traverserez au passage piétons.
11. Puis vous allez tout droit jusqu'à une grande place,
12. où se trouvent de nombreux arrêts d'autobus.
13. **P.** — Merci bien.
14. **A.P.** — À votre service.

Vocabulaire complémentaire

de trap opgaan/de trap afgaan, monter/descendre les escaliers
naar rechts gaan/naar links gaan, aller à droite/à gauche
rechtsaf/linksaf, à droite, à gauche (mouvement)
de rechterhand/de linkerhand, la main droite/gauche
rechts/links, à droite, à gauche
rechtdoor lopen, rijden, gaan, marcher, rouler, aller tout droit
door de stad lopen, rijden, se promener, rouler en ville
aan de overkant, en face, de l'autre côté
het kruispunt, le carrefour
het stoplicht, le feu rouge
de weg wijzen, indiquer le chemin

GRAMMAIRE

● **Le verbe à particule (rappel)**

1. Nous avons déjà rencontré de nombreux verbes ayant à l'infinitif une particule qui se sépare du verbe à certains temps de la conjugaison ; cette particule est souvent une **préposition : en u loopt de brug over.**

   La particule porte toujours l'accent :
   ***op**lopen, **af**lopen, **over**steken,*
   monter, descendre, traverser.

   La particule se sépare uniquement dans les propositions principales ou indépendantes, au présent et à l'imparfait ainsi qu'à l'impératif :

   Die steekt u bij de zebra over. (10.)

2. En subordonnée le verbe conjugué se rattache à la particule en fin de proposition :

   Als u bij de zebra oversteekt.
   Si vous traversez au passage piétons.

● **L'interrogation**

1. Si l'on transforme une question ouverte – c'est-à-dire qui attend une réponse affirmative ou négative – en subordonnée, il convient d'introduire celle-ci par la conjonction **of** *(si)* en l'absence de mot interrogatif :

   Stopt bus 25 hier ergens? *Le bus 25 s'arrête-t-il par ici ?*

   Weet u of bus 25 hier ergens stopt? (2.)

   Of suit, bien entendu, souvent les verbes **weten** ou **zich afvragen** *(se demander)* :
   Ik vraag me af of hij morgen zal komen.

2. Il faut distinguer l'emploi de **of** *(si)* et de **dat** *(que)* :

   dat exprime en principe ce qui est sûr ou très probable.

   of exprime le doute ou l'interrogation.

   Weet u dat bus 25 hier ergens stopt? *Savez-vous que...*
   signifie : **Bus 25 stopt hier ergens. Weet u dat?** *Le savez-vous ?*

   Weet u of bus 25 hier ergens stopt? *Savez-vous si...*
   signifie : **Stopt bus 25 hier ergens? Weet u dat?** *Le savez-vous ?*

(Oefeningen)

A. Traduisez :
1. Excusez-moi. Je cherche la gare.
2. Pourriez-vous m'indiquer le chemin ?
3. Oui, madame. Vous prenez la première rue à droite,
4. puis vous allez tout droit jusqu'au feu.
5. Au carrefour vous tournez à gauche
6. et vous verrez la gare devant vous.

B. Complétez par la préposition ou la particule qui convient :
1. Annemarie gaat … de fiets … school.
2. Ze moet vandaag … de bus, omdat haar fiets kapot is.
3. U moet de trap …, als u … boven wilt.
4. Als u de winkel … gaat, zegt u: "goedendag".
5. Als u … gaat, zegt u "dag" of: "tot ziens".
6. Hij moet … het centrum rijden om boodschappen te doen.
7. Het kind mag niet alleen … steken.
8. Als u hier … rechts gaat, ziet u de autoweg … u.

C. Complétez par of ou dat :
1. Kunt u zien … het stoplicht op groen staat?
2. Weet u … u moet stoppen als het licht oranje is?
3. Ik vraag me af … dat kruispunt gevaarlijk is.
4. Kun je op de kaart zien … we hier linksaf moeten?
5. Zie je niet … de benzine op is?

D. Mettez dans l'ordre en commençant par l'élément souligné :
1. gaat/<u>om vier uur</u>/hij/toe/naar huis/.
2. midden in de nacht/terug/<u>ze</u>/naar Amsterdam/rijden/.
3. zullen/hier/nooit meer/wel/<u>we</u>/terugkomen/.
4. <u>hoewel</u>/nog/wil/blijven/Marij/,/Bram/het café/uit/loopt/.
5. zo laat/Ruud/<u>waar</u>/vandaan/komt/?

In Nederland

1. Veel Fransen maken zomers een fietstocht* door Nederland.
2. Je kunt er overal fietsen huren*.
3. Het is verstandig* om een tent mee te nemen.
4. Hotels zijn er namelijk* nogal* duur.
5. Ook hoor je vaak van Fransen dat je in Nederland niet goed eet.
6. Dat komt doordat* de meeste Fransen twee warme maaltijden* per dag gebruiken*,
7. terwijl* de Nederlanders maar* één keer per dag warm eten.
8. Tussen de middag* eten de meesten een paar boterhammen* met kaas* of vleeswaren*.
9. Maar 's avonds eet men vroeg: om een uur of zes.
10. Het avondeten bestaat* uit* rijst* of aardappels met groente* en vlees*, vis, ei* of kaas.
11. Om acht uur na de afwas* nemen ze een kop koffie met een koekje*.
12. Bij speciale gelegenheden*, zoals verjaardagen*, krijgt men taart* bij de koffie,
13. en drinkt men tot laat in de nacht wijn, bier, jenever* of frisdrank*.

Expressions idiomatiques

6. **dat** (ou het) **komt doordat**, cela vient de ce que, c'est que ; **het komt door** + substantif, cela vient de
8. **tussen de middag**, entre midi et 14 heures, à midi (pour désigner l'heure du repas)

Aux Pays-Bas

1. *L'été, beaucoup de Français font une excursion à vélo à travers les Pays-Bas.*
2. *On peut y louer des vélos partout.*
3. *Il est prudent d'emporter une tente.*
4. *En effet, les hôtels y sont assez chers.*
5. *On entend souvent aussi les Français dire qu'on ne mange pas bien aux Pays-Bas.*
6. *C'est que la plupart des Français prennent deux repas chauds par jour,*
7. *alors que les Néerlandais ne le font qu'une fois par jour.*
8. *Le midi, la plupart (d'entre eux) mangent quelques tartines avec du fromage ou de la charcuterie.*
9. *Mais le soir, on mange tôt : vers 6 heures.*
10. *Le dîner se compose de riz ou de pommes de terre avec des légumes verts, et de la viande, du poisson, des œufs ou du fromage.*
11. *À 8 heures, après la vaisselle, on prend une tasse de café avec un petit gâteau.*
12. *Dans certaines occasions, anniversaires par exemple, le café est servi avec des gâteaux,*
13. *et l'on boit, jusque tard dans la nuit, du vin, de la bière, du genièvre ou des boissons non alcoolisées.*

Vocabulaire complémentaire

het ontbijt, le petit déjeuner
het middageten, le déjeuner
het avondeten/het diner, le dîner
de broodmaaltijd, le repas froid (litt. « le repas de pain »)

Remarques

Le pluriel des noms qui se terminent en **-heid** est en **-heden :** **de gelegenheid** → **de gelegenheden**, *l'(les) occasion(s)* ; **de waarheid (waar**, *vrai* + **heid) → de waarheden**, *la (les) vérité(s). Cf.* p. 393.

- **Le pronom**

1. Les pronoms impersonnels men, je, ze

Men est le pronom impersonnel correspondant au français *on* :
Maar 's avonds eet men vroeg. (9.)

Ce pronom **men**, qui relève plutôt de la langue écrite, est moins utilisé que son équivalent français.

Le néerlandais emploie davantage le pronom personnel généralisé : **je** (2ᵉ personne) ou **ze** (3ᵉ personne du pluriel).

Je kunt er overal fietsen huren. (2.)

Dat je ... niet goed eet. (5.)

Na de afwas nemen ze een kop koffie. (11.)

Remarque : ces tournures peuvent se traduire par *on*.

2. Le pronom indéfini

De meeste *(la plupart)* peut être employé comme adjectif ou comme pronom : **de meeste Fransen** (6.), **de meesten** (8.). Employé comme pronom, il prend un **-n** s'il représente des êtres humains qui n'ont pas encore été nommés dans la phrase.

Cette règle s'applique aussi aux autres indéfinis : **vele** *(nombreux)*, **alle** *(tous)*, **weinig** *(peu)*, **sommige** *(certains)*, etc. :

Sommigen gaan met de auto op vakantie, anderen gaan fietsen.
Certains partent en vacances en voiture, d'autres à vélo.

- **La subordonnée infinitive**

Un adjectif peut avoir comme complément une subordonnée infinitive :

Het is verstandig om een tent mee te nemen. (3.)

Attention à la construction : **om** introduit la subordonnée. Ce mot est suivi des compléments s'il y en a. L'infinitif précédé de **te** se trouve en fin de subordonnée. Si l'infinitif est un verbe à particule séparable le **te** s'intercale entre le verbe de base et la particule :

Het is niet prettig om elke avond af te wassen (afwassen, *faire la vaisselle*).
Ce n'est pas drôle de faire la vaisselle tous les soirs.

EXERCICES

(Oefeningen)

A. Cochez la bonne réponse :

1. In de Latijnse landen eet men
❏ maar één keer per dag warm.
❏ meer dan één keer per dag warm.

2. In Nederland zijn de restaurants en hotels
❏ nogal goedkoop.
❏ een beetje duur.

3. In Nederland is het gewoon om direct na het eten
❏ koffie te drinken.
❏ wijn of bier te nemen.

4. Jenever is
❏ een medicijn.
❏ een alcoholische drank.

5. Als ontbijt nemen de meeste Nederlanders
❏ aardappelen met een ei.
❏ thee met brood.

**B. Complétez par l'une des conjonctions suivantes :
terwijl, om, als, omdat, of, dat**

1. Ria zegt … ze in Rijsel over moet stappen.

2. Mijn oom weet niet … Belgen één of twee keer per
dag warm eten.

3. Jaap telefoneert … hij televisie kijkt.

4. Ik zal koffie zetten … jij wilt afwassen.

5. Jan gaat naar Leuven … te studeren.

6. Ze gaan naar een modehuis … ze kleren moeten hebben.

C. Traduisez en néerlandais :

Un anniversaire aux Pays-Bas

1. Famille et amis s'asseoient et prennent une tasse de café.

2. La plupart prennent des gâteaux avec le café.

3. Ils parlent de leurs enfants, du sport, de la télévision, etc.

4. Vers 9 heures et demie, on ouvre (ouvrir, **openmaken**)
les bouteilles de bière et de vin.

5. Certains prennent du genièvre, d'autres une boisson
non alcoolisée, parce qu'ils conduisent.

LES 35

Bram doet boodschappen

1. Bram moet boodschappen* doen*, omdat Marij vanavond bij hem komt eten.
2. Hij heeft bijna* niets meer in huis*.
3. Zelfs de thee en de koffie zijn* op*.
4. Daarom gaat hij eerst naar een grote supermarkt toe,
5. waar je bijna alle levensmiddelen* kunt krijgen.
6. Maar kaas, eieren* en melk koopt hij liever in de zuivelwinkel*.
7. Daar is het zeker* vers*.
8. Zo gaat hij voor lekker vers brood naar de "warme bakker*".
9. Maar groente koopt hij wel in de supermarkt,
10. omdat er geen groenteboer* in de buurt* is.
11. Eerst brengt* hij alles thuis* en dan gaat hij nog even naar de slager*.
12. Dan heeft hij nog net tijd om te koken*,
13. voordat* hij naar het station moet.

Expressions idiomatiques

2. iets in huis hebben (litt. « avoir qqch. en maison »), avoir des provisions.
3. het is op, il n'y en a plus.

Remarques

• **"De warme bakker"**, (litt. *« le boulanger chaud »*), est un boulanger qui cuit son pain lui-même, par opposition aux dépôts de pain.
• On dit **"de groenteboer"** parce qu'autrefois c'étaient les paysans eux-mêmes qui vendaient leurs légumes. De même : **de melkboer**, *le laitier*. Par analogie, on dit aussi : **de visboer**, *le poissonnier*.

Bram fait des courses

1. Bram doit faire des courses parce que Marij vient manger chez lui ce soir.
2. Il n'a presque plus de provisions.
3. Il ne reste même plus de thé ni de café.
4. C'est pourquoi il va tout d'abord dans un grand supermarché,
5. où l'on peut trouver presque tous les produits alimentaires.
6. Mais il préfère acheter le fromage, les œufs et le lait à la crémerie.
7. Là-bas, on est sûr que les produits sont frais.
8. De même, il achète son bon pain frais chez un « vrai » boulanger.
9. Mais il achète les légumes au supermarché,
10. parce qu'il n'y a pas de marchand de légumes dans le quartier.
11. D'abord, il rapporte tout à la maison, puis il va chez le boucher.
12. Il lui reste ensuite tout juste le temps de faire la cuisine,
13. avant de partir à la gare.

Vocabulaire complémentaire

de groentehal, la boutique de primeurs, de quatre-saisons
de kledingzaak, la boutique de prêt-à-porter
de boekhandel, la librairie
de vishandel, la poissonnerie
de kantoorboekhandel, la papeterie
het kantoor, le bureau
de bloemenzaak, le magasin de fleurs
de markt, le marché
verkopen, vendre
kopen, acheter

GRAMMAIRE

• La construction de la phrase

Le complément d'objet direct peut constituer le premier membre de la phrase :

kaas, eieren en melk koopt hij liever in de zuivelwinkel. (6.)

Cette position initiale peut correspondre à une mise en valeur du groupe complément. Très souvent, elle répond à un enchaînement logique ; c'est ce que l'on remarque dans notre texte : 6. 8. 9.

C'est l'usage et la musique de la langue qui vous aideront dans ces constructions particulières.

• La subordonnée temporelle

Voordat ou **voor** *(avant que)* introduisent une subordonnée temporelle.

Le verbe de cette subordonnée est à l'indicatif : **voordat hij naar het station moet.** (13.)

En français, on traduira souvent cette structure par *avant de* + infinitif.

• L'adverbe « daarom »

Ce mot de liaison renvoie à l'explication d'une action ou d'un état. Il est suivi immédiatement du verbe conjugué : **Daarom gaat hij...** *C'est pourquoi il va...* (4.)

Hij heeft nog veel werk op kantoor. Daarom is hij vandaag niet thuis. *Il a encore beaucoup de travail au bureau. C'est pourquoi il n'est pas chez lui aujourd'hui.*

• Le nom

Le pluriel irrégulier : au pluriel, quelques noms neutres **monosyllabiques** prennent **-er-** devant la terminaison **-en** habituelle : **het ei → de eieren ; het kind → de kinderen ; het goed → de goederen**, *les marchandises*.

(Oefeningen)

A. Répondez en cochant waar (vrai) ou niet waar (faux) :

	waar	niet waar
1. Bram koopt brood in de supermarkt.	❑	❑
2. Er is een groentehal dichtbij Brams huis.	❑	❑
3. Bram heeft niet genoeg koffie voor het weekend.	❑	❑
4. In de zuivelwinkel kun je kaas krijgen.	❑	❑
5. De "warme bakker" verkoopt het brood van een fabriek.	❑	❑

B. Complétez :
1. Voor brood moet je naar …
2. Voor voetbalschoenen moet je naar …
3. Voor een boek moet je naar …
4. Voor vlees moet je naar …
5. In een … kun je bijna alles krijgen.

C. Répondez par la négative suivant le modèle :
Heeft Bram veel tijd om te koken? Nee, Bram heeft niet veel tijd om te koken.
1. Is er nog brood in huis?
2. Gaat hij elke dag naar de supermarkt?
3. Brengt hij alles naar huis?
4. Kun je in de bloemenzaak boeken krijgen?

D. Traduisez en néerlandais :
1. Il va chez le boucher parce qu'il n'a plus de viande.
2. La boulangerie est dans le quartier.
3. Il va au supermarché, avant qu'il ne soit trop tard.
4. Dans une papeterie, on peut acheter tout pour le bureau.
5. Il n'y a plus de poisson au supermarché.

36

Marij eet bij Bram

1. **Marij** — Wat ruikt* het lekker, Bram!
2. Is dat die kerriesaus* voor op de rijst*?
3. **Bram** — Ik kan niet meer wachten, ik heb zo'n honger*.
4. Alles is klaar. We kunnen beginnen*, hoor.
5. Wil je witte of rode wijn bij 't eten?
6. **M.** — Bij* karbonade* hoort* rode wijn, geloof ik.
7. **B.** — Smakelijk* eten Marij! **M.** — Jij ook Bram!
8. **M.** — Wat gezellig! Wat duren twee weken toch altijd lang!
9. Ik wil gauw* naar Amsterdam verhuizen*!
10. **B.** — Je moet niet denken dat ik dan elke dag voor je kook!
11. **M.** — Mag ik nog wat boontjes*?
12. **B.** — Natuurlijk*, er staat in de keuken nog een hele pan* vol*.
13. Wil je yoghurt* of fruit* toe?
14. **M.** — Nou, ik heb wel zin in* een sinaasappel*.
15. Het was heerlijk*, Bram, echt* waar!

Prononciation

4. beginnen
6. karbonade
9. verhuizen
12. natuurlijk
14. sinaasappel

Expressions idiomatiques

7. **Eet smakelijk!,** bon appétit
12. **een pan (kopje, glas) vol**, une pleine casserole, un plein verre, une pleine tasse
14. **zin hebben in**, avoir envie de

Marij mange chez Bram

1. **Marij** — Comme ça sent bon, Bram !
2. C'est bien la sauce au curry pour mettre sur le riz ?
3. **Bram** — Je ne peux plus attendre. J'ai tellement faim.
4. Tout est prêt. Nous pouvons commencer, tu sais !
5. Tu veux du vin rouge ou du blanc pour accompagner le repas ?
6. **M.** — Avec les côtelettes il faut du vin rouge, à mon avis.
7. **B.** — Bon appétit, Marij ! **M.** — À toi aussi, Bram !
8. **M.** — On est vraiment bien ensemble. Comme deux semaines c'est long à passer !
9. J'ai hâte de m'installer à Amsterdam.
10. **B.** — Tu ne penses pas que je vais faire la cuisine pour toi tous les jours ?!
11. **M.** — Puis-je reprendre des haricots ?
12. **B.** — Bien sûr ! Il y en a encore une casserole pleine à la cuisine.
13. Tu veux du yaourt ou des fruits en dessert ?
14. **M.** — Euh, j'ai bien envie d'une orange.
15. C'était délicieux Bram, vraiment !

Vocabulaire

- **tegengestelden**
  vol ↔ **leeg**, vide   **lang** ↔ **kort**, court   **gaar** ↔ **rauw**, cru

Vocabulaire complémentaire

de tafel	**het fruit**	**de zuivel**, les produits laitiers
het bord, l'assiette	**de peer**, la poire	**de kaas**, le fromage
het glas, le verre	**de druif**, le raisin	**de melk**, le lait
het mes, le couteau	**de pruim**, la prune	**de boter**, le beurre
de lepel, la cuiller	**de perzik**, la pêche	**de yoghurt**, le yaourt
de vork, la fourchette	**de aardbei**, la fraise	**de slagroom**, la crème fouettée
de fles, la bouteille	**de bes**, la baie	**de vla**, la crème dessert

de vis, le poisson	**het vlees**, la viande
de schelvis, l'églefin	**het varkensvlees**, le porc
de paling, l'anguille	**het rundvlees**, le bœuf
de schol, le carrelet	**het lamsvlees**, l'agneau
de koolvis, le colin	**de kip**, le poulet

GRAMMAIRE

● L'exclamation : wat ...! wat een ...!

1. Elle est souvent introduite par **wat** *(comme, qu'est-ce que)*.
   – **Wat** se construit aussi directement avec l'adjectif :
       Wat gezellig! *Comme c'est agréable !* (8.)

   – Ou avec le nom précédé de l'article indéfini :
       Wat een lekkere wijn! *Quel bon vin !*

2. **Wat een** + substantif est considéré comme une expression toute faite : **Wat een mensen!** *Que de gens !*

● Le déterminant « zo'n »

1. **Zo'n** correspond au français *un tel* (exclamatif) : **ik heb zo'n honger**, *j'ai tellement faim* (litt. *une telle faim*).
   Au pluriel on emploie **zulke** :
       Zulke peren kun je alleen maar in Spanje kopen!
       Des poires pareilles, on n'en trouve qu'en Espagne !

2. Il permet aussi d'identifier un objet (démonstratif) :
       Mag ik zo'n brood?
       Puis-je avoir un pain comme ça/ce pain ?

● L'impératif

On exprime aussi un ordre ou un souhait en utilisant l'infinitif :
Smakelijk eten Marij! (7.)

EXERCICES

(Oefeningen)

A. Répondez aux questions sur le texte :
1. Kookt Bram elke dag voor Marij?
2. Welke wijn hoort bij de karbonade?
3. Waarom gaat Marij binnenkort naar Amsterdam verhuizen?
4. Is er een toetje? Waar heeft Marij zin in?

B. Chassez l'intrus :
1. abrikoos — aardbei — boon — appel — peer.
2. erwt — wortel — boter — kool — witlof.
3. schelvis — haring — karbonade — schol — paling.
4. cola — appelsap — wijn — limonade — mineraalwater.
5. kool — koolvis — bloemkool — zuurkool.

C. Composez votre menu et cochant le mot (ou le groupe de mots) qui convient :
1. voorafje (het voorgerecht) a ☐ aardbeien met room
   b ☐ meloen met ham
   c ☐ groene linzen

2. soep a ☐ tomatensoep
   b ☐ sperziebonensoep
   c ☐ slagroomsoep

3. het hoofdgerecht a ☐ bessen met rode paprika
   b ☐ vla met paling
   c ☐ lamsbout met spruitjes

4. het dessert (het toetje) a ☐ schelvis met avocado
   b ☐ chocoladeijs met perziken
   c ☐ zuurkool met slagroom

Smakelijk eten!

Marij eet bij Bram • Marij mange chez Bram

161

Sollicitatiegesprek (1)

⏸ 1. **Marij** — Goedemorgen, meneer.
2. **Man** — Goedemorgen, mevrouw Van Leeuwen. Gaat u zitten.
3. Vertelt u eens: waarom wilt u van* baan veranderen*?
4. Receptioniste*-telefoniste* in een groot Amsterdams reisbureau*
5. is toch iets* heel anders* dan verkoopster* in de provincie...
6. **Ma.** — U moet weten dat ik in de supermarkt van mijn moeder werk.
7. Die winkel ken ik dus al mijn hele leven*.
8. Dat wordt een beetje saai* op den duur.
9. Het lijkt me interessanter om in een groter bedrijf* te werken.
10. **M.** — Bent u niet bang* voor het wonen in Amsterdam?
11. Het is hier wel veel drukker* dan* in Steenwijk,
12. maar je kunt hier ook veel eenzamer* zijn.

⏸ **Prononciation**

3. ver<u>a</u>nderen 4. reception<u>iste</u> 5. verk<u>o</u>pster 9. bedr<u>ij</u>f

Expressions idiomatiques

8. **op den duur**, à la longue
10. **bang zijn voor iets**, avoir peur de quelque chose

Remarques

Le mot **eens** signifie littéralement *une fois*; il est souvent employé avec un impératif pour atténuer l'idée d'ordre :

Vertelt u eens! *Racontez moi un peu !* (3.) Ce mot n'est, dans ce cas, jamais accentué et se prononce [əs].

L'entretien d'embauche (1)

1. **Marij** — Bonjour monsieur.
2. **Homme** — Bonjour madame Van Leeuwen, prenez place.
3. Dites-moi un peu : pourquoi voulez-vous changer d'emploi ?
4. Réceptionniste-standardiste dans une grande agence de voyages amstellodamoise,
5. c'est tout autre chose que vendeuse en province...
6. **M.** — Je dois vous dire que je travaille dans le supermarché de ma mère.
7. Ce magasin, je le connais donc depuis toujours.
8. Cela devient un peu ennuyeux à la longue.
9. Il me semble plus intéressant de travailler dans une plus grande entreprise.
10. **H.** — Vous ne craignez pas d'habiter ici à Amsterdam ?
11. La vie est bien plus animée ici qu'à Steenwijk,
12. mais on peut s'y sentir aussi beaucoup plus seul.

Vocabulaire complémentaire

● **Het werk**
werkloos zijn, être au chômage — **het vak**, la branche, le métier — **werk zoeken**, chercher du travail — **iemand aannemen**, embaucher quelqu'un — **een baan zoeken**, chercher un emploi — **de werkgever**, l'employeur — **solliciteren**, demander un emploi — **de werknemer**, le salarié — **de advertentie**, l'annonce — **het arbeidscontract, de arbeidsovereenkomst**, le contrat de travail — **de vacature**, l'emploi disponible — **de arbeidsvoorwaarden**, les conditions de travail — **het beroep**, le métier, la profession — **het loon**, le salaire.

• La comparaison

Si l'on veut comparer des personnes, des choses, des actions ou des états, la langue met à notre disposition différentes constructions : le comparatif d'égalité (**net zo ... als**, *aussi ... que*), le comparatif de supériorité ou d'infériorité et, bien entendu, le superlatif.

1. – Le comparatif de supériorité se forme en ajoutant **er** à l'adjectif ou à l'adverbe :

   Het lijkt me interessanter om ... (9.)

   Vous ferez attention aux modifications orthographiques :
   groot → **groter** – **druk** → **drukker** (*cf.* leçon 2.).

   – Le second membre de la comparaison est alors introduit par **dan** :

   Het is hier wel veel drukker dan in Steenwijk. (11.)

   – Pour les pronoms personnels, on emploie après **dan** la forme sujet :

   Hij is veel groter dan ik! (français : *que moi*).

   – L'adjectif au comparatif peut être, bien entendu, employé comme épithète ; il suit alors les règles normales de déclinaison : **... om in een groter bedrijf te werken.** (9.) – Mais on dit : **het grotere bedrijf.**

2. – La structure **iets anders dan ...**

   Cette structure est une autre construction comparative (*autre chose que* ...) : **Receptioniste ... is toch iets heel anders dan verkoopster ...** (5.)

   Ici aussi le second membre de la comparaison est introduit par **dan**.

   – **iets beters dan ...** se construit sur le même modèle que la structure comparative précédente. **Beter** (*meilleur, mieux*) est le comparatif de cette structure :

   Hebt u iets beters? *Avez-vous quelque chose de mieux ?*
   Hebt u niets beters? *N'avez-vous rien de mieux ?*

   – Retenez le comparatif irrégulier de **veel** → **meer**.
   Er zijn meer bedrijven in Amsterdam dan in Steenwijk.
   Il y a plus d'entreprises à Amsterdam qu'à Steenwijk.

(Oefeningen)

A. Vrai ou faux ? Répondez par waar ou niet waar :
(*Cf.* leçon 32.)

	waar	niet waar
1. Amsterdam is veel groter dan Utrecht.	☐	☐
2. De TGV is een snellere trein dan een Intercity.	☐	☐
3. Marij heeft meer opleiding *(formation)* dan Bram.	☐	☐
4. In Frankrijk wonen net zo veel mensen als in Nederland.	☐	☐
5. In Skandinavië is het kouder dan in de Benelux.	☐	☐

B. Complétez par zo ... als ou dan :
1. Bram is tien centimeter kleiner ... Ruud.
2. Hij is precies ... groot ... zijn vader.
3. Mevrouw Van Leeuwen spreekt beter Fries ... haar dochter.
4. In Nederland fietsen de mensen meer ... in Frankrijk.

C. Mettez le mot entre parenthèses au comparatif de supériorité :
1. In Nederland is het **(warm)** dan in Skandinavië.
2. Mijn ene oor is **(groot)** dan mijn andere.
3. Hij hoort **(goed)** dan zijn broer.
4. Zij woont **(dicht)** bij Meppel dan Bram.

D. Même exercice avec la structure iets + comparatif + s :
1. Dit schilderij is te groot. Hebt u iets **(klein)**?
2. Ik wil mijn vriendin iets **(mooi)** cadeau geven.
3. Vanavond kookt Bram iets **(goed)**.
4. Deze roman vind ik te saai. Hebt u iets **(interessant)**?
5. Deze groente is veel te duur. Is er iets **(goedkoop)**?

Sollicitatiegesprek (2)

1. **Marij** — Integendeel*! Ik wil veel liever in Amsterdam werken dan in de provincie.
2. Mijn vriend woont hier namelijk,
3. en als ik hiernaartoe kom, kunnen we elkaar wat vaker* zien.
4. Later* wil ik hier ook een secretaresse*-opleiding* gaan volgen*.
5. **Man** — Ik begrijp* uw motivatie* nu beter, mevrouw Van Leeuwen.
6. En ik vind dat u een prettige stem* hebt,
7. dat is erg belangrijk* voor een telefoniste.
8. Wat mij betreft kunt u hier per* 1 september beginnen,
9. als u het eens bent met onze arbeidsvoorwaarden.
10. **Ma.** — Oh wat fijn! Dank u.
11. **M.** — Ik wens u een prettige dag verder, mevrouw.

Prononciation

1. in<u>te</u>gendeel, 4. secreta<u>res</u>se, 5. moti<u>va</u>tie, 7. be<u>lang</u>rijk, 9. <u>ar</u>beids<u>voor</u>waarden

Expressions idiomatiques

8. **wat mij betreft**, en ce qui me concerne, pour ma part (exprime un accord)
9. **het eens zijn met**, être d'accord avec, approuver
   Ik ben het met je eens, je suis d'accord avec toi. **Ik ben het met deze voorwaarde eens**, je suis d'accord avec cette condition, j'approuve cette condition.

L'entretien d'embauche (2)

1. **Marij** — Au contraire ! j'aime bien mieux travailler à Amsterdam qu'en province.
2. C'est que mon ami habite ici,
3. et si je viens ici, nous pourrons nous voir un peu plus souvent.
4. Plus tard j'aimerais suivre ici également une formation de secrétaire.
5. **Homme** — Je comprends mieux vos motivations maintenant, madame Van Leeuwen.
6. Et je trouve que vous avez une voix agréable,
7. c'est très important pour une standardiste.
8. Si cela ne tient qu'à moi, vous pouvez commencer ici le 1er septembre,
9. si vous approuvez nos conditions de travail.
10. **M.** — Formidable ! Merci, monsieur.
11. **H.** — Je vous souhaite une bonne fin de journée, madame.

Vocabulaire complémentaire

een opleiding volgen, suivre une formation
de studie, les études
een cursus volgen, suivre un cours
stage lopen, faire un stage
zich specialiseren in, se spécialiser en
promotie maken, avoir une promotion
opslag krijgen, être augmenté

Remarques

Namelijk signifie *en effet*. Ce mot a ceci de particulier qu'il ne se place jamais en tête de phrase comme en français :
Ik woon hier niet alleen. Mijn zus woont hier namelijk ook.
Je n'habite pas seul ici. En effet, ma sœur y habite aussi.

• Le comparatif

Le comparatif de supériorité

1. Les adjectifs et les adverbes se terminant en **r** forment leur comparatif en ajoutant **der** pour des raisons phonétiques :

   Prettige dag verder mevrouw. (11.)

   duur → duurder ; **donker → donkerder**

2. Comme dans toutes les langues *(bon → meilleur)*, il existe aussi des formes irrégulières. Apprenons ces formes par cœur :

   goed → beter, *bon → meilleur*

   graag → liever, *volontiers → plus volontiers*

   veel → meer, *beaucoup → plus*

   weinig → minder, *peu → moins*

3. L'adjectif ou l'adverbe au comparatif de supériorité peut être précédé de **een beetje/wat** *(un peu)*, de **veel** *(bien)* ou de **heel veel** *(beaucoup)* :

   Ik wil veel liever in Amsterdam werken. (1.)

   en als ik hiernaartoe kom, kunnen we elkaar wat vaker zien. (3.)

• La construction de la phrase

1. Retenez la subordonnée introduite par **wat** signifiant *en ce qui concerne*.

   Cette subordonnée constitue le premier membre de la phrase ; elle est donc immédiatement suivie du verbe conjugué de la principale :

   Wat mij betreft kunt u hier... (8.)

2. Le verbe **vinden** est souvent complété par une subordonnée introduite par **dat** :

   En ik vind dat u een prettige stem hebt. (6.)

   Cette subordonnée introduite par **dat** est appelée « subordonnée complétive ».

(Oefeningen)

A. Répondez aux questions :
1. Waarom wil Marij nu in Amsterdam wonen?
2. Wat wil ze later worden?
3. Wat is erg belangrijk voor een telefoniste?
4. Is Marij het eens met de arbeidsvoorwaarden?
5. Wanneer kan ze beginnen?

B. Mettez les adjectifs ou adverbes entre parenthèses au comparatif :
1. Nederland ligt **(ver)** van Spanje dan Frankrijk.
2. Het fruit is er **(duur)**.
3. Deze kamer is veel **(donker)** dan de zolder!
4. Ik voel me wat **(onzeker)** in het buitenland.
5. Deze winter is veel **(koud)** dan die van 1944.

C. Même exercice avec des comparatifs irréguliers :
1. Marij werkt **(graag)** in Amsterdam dan in de provincie.
2. Hier kan ze een veel **(goede)** opleiding volgen.
3. Maar hier zal Marij **(weinig)** tijd hebben.
4. Hier zal ze ook **(veel)** werk hebben.

D. Traduisez :
1. J'aime beaucoup mieux travailler dans la capitale.
2. Il comprend bien mieux mes conditions.
3. Êtes-vous d'accord avec nos idées ?
4. En ce qui me concerne, vous pouvez suivre votre formation à La Haye.
5. Vous avez en effet de bonnes motivations.

39 Nederland op z'n best

1. Nederland is net zo groot als België of Zwitserland*.
2. Het is dus één van de kleinste landen van Europa.
3. Maar Nederland heeft evenveel* inwoners*
4. als alle Skandinavische* landen bij* elkaar*.
5. Bovendien* is Nederland met zijn bijna 16 miljoen inwoners
6. het dichtst* bevolkte* land ter wereld.
7. Economisch gezien behoort* Nederland tot* de belangrijkste landen van Europa.
8. Zijn bedrijven worden steeds* bekender* over de hele wereld
9. en sommige* zoals* Philips of Koninklijke Nederland Shell
10. staan bovenaan op de lijst* van de grootste multinationals*.
11. Rotterdam heeft de grootste haven* van Europa.
12. Laten we ook niet vergeten
13. dat Nederland de grootste kaasexporteur* ter wereld is.
14. Frankrijk is wat de uitvoer* van kaas betreft
15. minder* succesvol dan *l'autre pays du fromage*.
16. En op het gebied van waterbouwkunde* komen de Nederlanders het best voor de dag.

Expressions idiomatiques

7. **economisch gezien**, économiquement parlant, sur le plan de l'économie
10. **bovenaan staan**, être en haut, en tête
16. **op het gebied**, dans le domaine
   het best voor de dag komen, se montrer à son avantage

Les Pays-Bas au mieux de leur forme

1. Les Pays-Bas sont aussi grands que la Belgique ou la Suisse.
2. C'est donc un des pays les plus petits d'Europe.
3. Mais les Pays-Bas ont autant d'habitants
4. que tous les pays scandinaves réunis.
5. En outre, les Pays-Bas sont avec presque 16 millions d'habitants
6. le pays à la plus forte densité de population au monde.
7. Économiquement parlant, les Pays-Bas font partie des pays les plus importants d'Europe.
8. Leurs entreprises se font de plus en plus connaître de par le monde
9. et certaines, comme Philips ou Royal Dutch Shell,
10. sont parmi les premières sur la liste des plus grandes entreprises mondiales.
11. Rotterdam a le plus grand port d'Europe.
12. N'oublions pas non plus
13. que les Pays-Bas sont le plus grand exportateur de fromage au monde.
14. La France est, en ce qui concerne l'exportation de fromage,
15. moins performante que *l'autre pays du fromage*.
16. Et dans le domaine hydraulique les Néerlandais se montrent aussi à leur avantage.

Prononciation

10. multinational se prononce à l'anglaise : [mʌltinæʃnl].

Vocabulaire complémentaire

de bevolking, la population
de industrie, l'industrie
de uitvoer, l'exportation
de invoer, l'importation

● **La comparaison**

1. Le comparatif d'égalité

a) Le néerlandais connaît deux constructions possibles : **net zo ... als** ou **even ... als**.

Nederland is net zo groot als België of Zwitserland. (1.)

On aurait pu aussi dire :
Nederland is even groot als België of Zwitserland.

b) Dans le second terme de la comparaison on emploie le pronom personnel sujet forme accentuée : **Wim loopt net zo snel als jij.** *Wim marche aussi vite que toi.*

c) Comme en français, le comparatif d'égalité connaît une variante négative :

Wim loopt niet zo snel als jij.
Wim ne marche pas aussi vite que toi.

2. La structure **steeds** + comparatif de supériorité correspond au français *de plus en plus*.

3. Le superlatif

a) de l'adverbe : **het** + adverbe + **st** :
Jan loopt het snelst. *C'est Jan qui court le plus vite.*

b) de l'adjectif épithète : article + adjectif + **ste** + nom :
Rotterdam heeft de grootste haven van Europa. (11.)

c) pour l'adjectif attribut on emploie ou la forme de l'adverbe ou la forme de l'épithète :
Deze jongen is de slimste! ou bien : **Deze jongen is het slimst!** *Ce garçon est le plus malin !*

d) **Attention** : pour les adjectifs et les adverbes qui se terminent en **s**, on ajoute seulement **t** au superlatif : **vies** *(sale)* → **het viest**.

4. Le comparatif et le superlatif de ces adjectifs et adverbes sont irréguliers :

	goed	veel	weinig	graag
comparatif	beter	meer	minder	liever
superlatif	best	meest	minst	liefst

(Oefeningen)

A. Questions sur le texte :
   1. Hoeveel inwoners heeft Nederland?
   2. Welke Nederlandse multinationals worden steeds bekender?
   3. Wat is de grootste haven in Europa?
   4. Op welk gebieden zijn de Nederlanders succesvol?

B. Construisez le comparatif d'égalité selon le modèle suivant :
   Piet/sterk/Jan → Piet is net zo sterk als Jan.
   1. Lies/groot/Anneke.
   2. Brugge/mooi/Venetië.
   3. Het weer in Friesland/zonnig *(ensoleillé)* in Skandinavië.
   4. Jan/eet/veel/Henk.

C. Mettez les adjectifs ou les adverbes entre parenthèses au superlatif :
   1. Rotterdam is de **(modern)** stad van Nederland.
   2. In de Randstad rijden de mensen **(snel)**.
   3. Daar is het ook **(druk)**.
   4. De Limburgers eten **(lekker)** taarten.
   5. In het oosten van Nederland zijn aardappels **(lekker)**.
   6. In Nederland zijn de dijken **(hoog)**.

D. Construisez les phrases suivantes avec un comparatif d'égalité négatif :
   1. De Noordzee is **(groot)** de Atlantische Oceaan.
   2. De Eiffeltoren is **(hoog)** de Euromast in Rotterdam.
   3. De levensmiddelen in Nederland zijn **(duur)** in Frankrijk.
   4. De Rijn is **(breed)** de rivier de Amazone.

EXERCICES

(Oefeningen)

A. Formez le comparatif et le superlatif (leçons 37, 38) selon le modèle : kort → korter → het kortst
1. blond — **2.** mooi — **3.** oud — **4.** snel — **5.** groot — **6.** ver — **7.** zeker — **8.** lekker — **9.** vlug — **10.** nieuw — **11.** vaak — **12.** goed — **13.** weinig — **14.** veel — **15.** druk

B. Complétez (leçons 37, 38, 39) selon l'exemple : Dit is een lange man. Deze man is langer. Dat is de langste man.
1. Dit is een ziek kind. **3.** Dit zijn gezonde groenten.
2. Dit is leuk werk. **4.** Dit is een aardige mevrouw.

C. Faites des phrases (leçon 37) selon le modèle : Een stad/druk/een dorp → Een stad is drukker dan een dorp.
1. Het zonlicht/sterk/het maanlicht (de maan, *la lune*) →
2. De zee/diep/de rivier →
3. Steen/hard/hout →
4. Het boek/dik/het schrift →

D. Faites des phrases (leçon 39) selon le modèle : Hoe (veel) woorden je kent, hoe (goed) je een taal kunt spreken. → Hoe meer woorden je kent, hoe beter je een taal kunt spreken.
1. Haar haar wordt hoe **(lang)** hoe **(mooi)**.
2. Hoe **(oud)** hoe **(gek)**.
3. Het regent hoe langer hoe **(veel)**.
4. Hij lacht hoe langer hoe **(hard)**.

E. Remplacez les mots soulignés par des pronoms personnels sujets ou objets :
1. Marij en Bram zitten in de tram naar het Historisch Museum.
2. De tram stopt en twee nieuwe passagiers stappen in.
3. Bram kent de man wel, maar de vrouw niet.
4. Bram. — Marij, ik ken die mensen.
5. Wie zijn het dan? vraagt Marij.
6. Die man geeft college "economisch recht" aan de universiteit, antwoordt Bram.

F. Complétez la suite du dialogue par des pronoms personnels sujets ou compléments :
   In de supermarkt
1. Bram. — Hebben ... nu alles? Het is al half acht!
2. Marij. — Kijk eens op je lijst!
3. Bram. — Kaas en eieren hebben ... nog niet! En tand-pasta heb ... ook nodig.
4. Marij. — Goed. Haal je tandpasta maar. ... haal de rest. Vijf minuten later aan de kassa.
5. Bram. — Waar zijn Ruud en Inge? Zie ... ... ergens?
6. Marij. — Daar staan ...!
7. Bram. — Ik roep ... . Dan kunnen ... voor vanavond met ... afspreken.

G. Vrai ou faux (leçons 37, 38) ?

	waar	niet waar
1. Amsterdam ligt dichter bij Steenwijk dan Groningen.	❐	❐
2. Marij werkt liever in Amsterdam dan in Steenwijk.	❐	❐
3. Utrecht is de grootste stad van Nederland.	❐	❐
4. Het netto loon is hoger dan het bruto loon.	❐	❐
5. Marij heeft meer opleiding dan Bram.	❐	❐
6. België is groter dan Nederland.	❐	❐
7. De hoogste berg van Europa is 4807 meter hoog.	❐	❐
8. In Skandinavië is het warmer dan in de Benelux-landen.	❐	❐
9. In Frankrijk is een retourbiljet van de trein niet langer dan één week geldig.	❐	❐
10. In Parijs zijn meer Indonesische restaurants dan in Amsterdam.	❐	❐

H. Complétez par net zo/even ... als ou par dan (leçon 37) :

1. Bram is tien centimeter kleiner ... Ruud.

2. Mevrouw Van Leeuwen spreekt beter Fries ... haar dochter.

3. In Nederland fietsen de mensen meer ... in België.

4. Ineke rokt ... veel ... Piet.

5. Een muis *(souris)* eet minder ... een olifant.

6. Vandaag regent het minder hard ... gisteren.

I. Complétez le dialogue suivant :

1. Neemt u ... niet kwalijk. Kent ... de weg hier?
2. Ja hoor. ... moet ... naartoe?
3. ... wil ... het Waterlooplein. Is ... ver weg?
4. Nou, ... kunt beter ... de tram ...
5. ... is wel een half uur lopen.
6. Goed, dan ... ik de tram. ... lijn moet ... hebben?
7. Lijn 16. ... stopt hier.
8. Dank ... wel, meneer.
9. Geen ... . Tot ... dienst mevrouw.

J. Même exercice :

Aan het loket

1. Klant. — ... ik twee retourtjes Rotterdam ... u?
2. Man. — Dat kan. ... u eerste of tweede klas reizen?
3. K. — Tweede ..., graag.
4. M. — Weet u, dat ... vandaag nog terug ... komen?
5. K. — Natuurlijk, retourtjes ... toch altijd maar één dag geldig.
6. M. — ... is dan € 34,50.
7. K. — (geeft geld) ... ...
8. M. — ... trein ... klaar ... spoor 3.
9. K. — Dank u, tot ziens.
10. M. — U vergeet ... kaartjes.
11. K. — O jee.
12. M. — Goede reis mevrouw!

Correspondentie

Steenwijk, 28 juni 1999

1. Lieve* Marjan,
2. Hoe gaat het met je?
3. Sinds de brief* over het ongeluk* van je moeder
4. heb ik geen nieuws* meer van je.
5. Je zult het wel te druk hebben om te schrijven
6. nu je naast je baan het hele huishouden* doet. Sterkte*!
7. Wat mezelf* betreft: ik ben aan* het* verhuizen*!
8. Ik heb namelijk een baan als receptioniste bij een groot reisbureau in Amsterdam.
9. Geweldig*, hè? Wat ik vooral zo leuk vind is
10. dat Bram en ik elkaar nu vaker zullen* zien.
11. De dozen* voor de verhuizing* staan al klaar in de gang.
12. Voor m'n moeder is het niet zo leuk:
13. ze zal vaker alleen zijn
14. en ze moet een andere verkoopster voor de winkel zoeken.
15. Op het ogenblik is ze mijn spullen* van vroeger* aan het uitzoeken*.
16. Nogmaals* sterkte met je moeder en tot gauw in Amsterdam, hoop* ik.
17. Veel liefs, Marij.
18. P.S. Ik zal je binnenkort mijn adres in Amsterdam sturen*.

Steenwijk, le 28 juin 1999

1. Chère Marjan,

2. Comment vas-tu ?

3. Depuis la lettre sur l'accident de ta mère,

4. je n'ai plus eu de tes nouvelles.

5. Tu es probablement trop occupée pour écrire

6. maintenant que tu t'occupes de la maison en plus de ton travail. Bon courage !

7. En ce qui me concerne, je suis en train de déménager !

8. J'ai en effet un nouvel emploi comme réceptionniste dans une grande agence de voyages d'Amsterdam.

9. Super, hein ? Ce qui me plaît surtout

10. c'est que Bram et moi, nous nous verrons plus souvent.

11. Les cartons du déménagement attendent déjà dans le couloir.

12. Ce n'est pas si bien pour ma mère :

13. elle sera plus souvent seule

14. et elle doit trouver une autre vendeuse pour le magasin.

15. En ce moment, elle est en train de trier mes anciennes affaires.

16. Encore une fois, je te souhaite bon courage pour ta mère et à bientôt à Amsterdam, j'espère.

17. Je t'embrasse, Marij.

18. P.S. Je t'enverrai bientôt mon adresse à Amsterdam.

● **Le verbe**

1. La forme progressive

Il existe une forme progressive correspondant au français *être en train de*.

– Cette forme se construit avec l'auxiliaire **zijn** et l'infinitif du verbe précédé de **aan het : ik ben aan het verhuizen!** (7.)
– Le groupe **aan het** + infinitif se place en fin de phrase. Si le verbe est à particule séparable, celle-ci reste soudée au verbe de base :

Op het ogenblik is ze ... aan het uitzoeken. (15.)

Rappel :

– La forme progressive peut être également exprimée avec les verbes de position. L'infinitif est toujours précédé de **te** :

Hit zit de hele dag TV te kijken.
Il reste (est assis) toute la journée à regarder la télé.

– Souvent les deux formes progressives sont en concurrence :
Hij is een ijsje aan het eten = Hij zit/staat een ijsje te eten.
Il est en train de manger une glace.

2. Le futur

L'auxiliaire **zullen**

Nous avons vu que **zullen** peut exprimer une proposition (*cf.* leçon 16), une intention ou une supposition (*cf.* leçon 19). Mais **zullen** peut avoir aussi un sens temporel pur : il correspond alors au futur français :

Ze zal vaker alleen zijn (12.) *Elle sera plus souvent seule.*

Pour la conjugaison de **zullen**, *cf.* leçon 16.

Attention : le futur français n'est pas toujours rendu par **zullen** + infinitif.

– Quand le temps est déjà marqué par un adverbe ou un complément de temps, on utilise tout simplement le présent :

Over een week ben ik jarig.
Dans une semaine, j'aurai mon anniversaire.

– C'est souvent le cas aussi en proposition subordonnée, notamment si le futur est déjà marqué dans la principale :
Ik zal op zijn brief antwoorden zodra ik nieuws van hem krijg. *Je répondrai à sa lettre dès que j'aurai de ses nouvelles.*

(Oefeningen)

A. Questions sur le texte :
1. Waarom heeft Marjan het zo druk?
2. Wat is het nieuws dat Marij voor Marjan heeft?
3. Waarom is de verhuizing van Marij niet leuk voor haar moeder?
4. Wat is de moeder van Marij aan het doen op het moment dat Marij Marjan een brief schrijft?

B. Employez la construction *zijn* + *aan het* + infinitif suivant le modèle :
Frank maakt het avondeten **klaar** → **Frank** is het avondeten **aan** het **klaarmaken**.
1. Mevrouw Van Leeuwen zoekt de kleren van haar dochter uit.
2. Marjans moeder probeert de nieuwe fiets.
3. Marijs moeder zoekt een nieuwe verkoopster.
4. Marij breit ook een trui voor Bram.

C. Choisissez et conjuguez le verbe qui convient :

1. Marij ... een brief aan Marjan.	**(kunnen)**
2. Later zal ze haar een adreswijziging ...	**(verhuizen)**
3. omdat ze gaat ...	**(hoeven)**
4. Ze ... de brief in een envelop*.	**(moeten)**
5. De adreswijziging ... niet in een envelop,	**(kopen)**
6. want het ... en soort briefkaart*	**(schrijven)**
7. 8. Adreswijzigingen ... je in het	**(zijn)**
postkantoor* ...	**(doen)**
9. 10. Onder officiele brieven ... je	**(zetten)**
je handtekening* ...	**(sturen)**

181

Je wilt toch nog wel op vakantie, hè?

[B. = Bram — M. = Marij]

```
[··]
```
   1. B. — Nu je die nieuwe baan hebt,
   2. wil je toch nog wel op vakantie, hè?
   3. M. — Jawel, maar ik weet niet of ik er* vrij* voor* kan krijgen*.
   4. Zo in het begin van een nieuwe baan
   5. kan ik er* niet om* vragen*, vind ik.
   6. B. — Laten we maar even afwachten* dan.
   7. Ik hoop echt dat het doorgaat*.
   8. Maar ik begrijp* ook wel dat je er* nu nog niet over* wilt praten.
   9. M. — Het belangrijkste is dat ik nu werk in Amsterdam heb.
 10. We kunnen altijd later nog naar Frankrijk.
 11. Laten we eerst mijn spullen naar Amsterdam verhuizen.
 12. We mogen het busje* van de winkel gebruiken.
 13. Alles wat ik heb, past* erin*.
 14. B. — O fijn*. Dan hoeven we maar één keer te rijden.

```
[··]
```
Prononciation

   6. <u>af</u>wachten,
   7. <u>door</u>gaan
 13. er<u>in</u>

Dans les mots comme **erin, erop, erachter, ervoor**, c'est toujours la préposition (*in, op, achter, voor*, etc.) qui prend l'accent tonique.

Je suppose que tu veux toujours partir en vacances

1. **B.** — Maintenant que tu as ce nouvel emploi,
2. tu comptes toujours partir en vacances, non ?
3. **M.** — Bien sûr, mais je ne sais pas si j'arriverai à obtenir un congé [pour cela].
4. Au début d'un nouvel emploi,
5. il m'est difficile de le demander, je trouve.
6. **B.** — Alors, il ne nous reste qu'à attendre.
7. J'espère vraiment que ces vacances auront lieu.
8. Mais je comprends aussi que tu ne veuilles pas encore en parler.
9. **M.** — Ce qui compte, c'est que maintenant, j'ai du travail à Amsterdam.
10. Nous pouvons toujours aller en France plus tard.
11. Apportons d'abord mes affaires à Amsterdam.
12. Nous pouvons utiliser la fourgonnette du magasin.
13. Tout ce que j'ai y entre sans problèmes.
14. **B.** — Tant mieux ! On n'aura qu'un voyage à faire.

Expressions idiomatiques

2. **toch** (non accentué), je suppose que, n'est-ce pas
4. **in het begin**, au début

Vocabulaire complémentaire

vrij vragen, demander un congé
vrij hebben, être en congé
vakantie hebben, être en vacances
de snipperdag, le jour de congé isolé
de vrije dag, le jour de congé
de feestdag, le jour férié

GRAMMAIRE

● **Er**

1. Un nom de chose ou d'animal accompagné d'une préposition ne peut jamais être remplacé par un pronom personnel (**het, hem, haar, die, dat**). On doit alors employer l'adverbe pronominal **er**, qui peut être traduit par *le, cela, celle-là, y, en*, etc.

   Er est construit avec la préposition qui précède l'élément qu'il remplace :

   Ik zit op de stoel → Ik zit erop.
   Je suis assis sur la chaise → Je suis assis dessus (j'y suis assis).

   Ik kijk naar het huis → Ik kijk ernaar.
   Je regarde la maison → je le regarde.

   Het past in het busje → Het past erin. (12.13.)

   Si la phrase comporte un adverbe, un groupe adverbial ou un complément, ceux-ci s'intercalent entre **er** et la préposition :

   kan ik er niet om vragen (5.)

   dat je er nu nog niet over wilt praten (8.)

   Ik neem er nota van.
   J'en prends bonne note.

   Er suit alors le verbe conjugué (sauf en subordonnée), la préposition se trouve en fin de phrase.

   Remarque : quand il s'agit des personnes, on utilise le pronom personnel habituel précédé de la préposition.

   Ik spreek met de directeur → Ik spreek met hem.
   Je parle au directeur → je lui parle.

2. **Attention :** les prépositions **tot** et **met**, lorsqu'elles se combinent avec **er**, deviennent respectivement **toe** et **mee** :
   Ik eet met een lepel → Ik eet ermee. *Je mange avec (ça).*

EXERCICES

(Oefeningen)

A. Construisez des phrases dans lesquelles l'élément souligné est remplacé par er suivant le modèle :
Marij kan niet om <u>vrije dagen</u> vragen. → **Marij kan er niet <u>om</u> vragen.**

1. Ze krijgt vrij voor <u>een vakantie</u>.
2. Ze wil op haar werk zelfs niet over <u>vakantie</u> praten.
3. Ze gaan naar <u>Frankrijk</u> toe.
4. Alle spullen passen in <u>het busje</u>.

B. Répondez par l'affirmative en utilisant le pronom suivant le modèle :
Gaat u vaak naar de bioscoop? → **Ja, ik ga er vaak naartoe.**

1. Kijkt u graag naar de televisie?
2. Heeft u zin in kaas?
3. Hoort die trui bij je rok?
4. Lijkt onze auto op die van jullie?

C. Répondez par la négative aux questions de B.

D. Construisez des phrases avec er selon le modèle :
Ik zit op de stoel → **Ik zit erop.**

1. Ik sta naast de tafel.
2. De boeken staan in de kast.
3. De vissen zitten in het aquarium.
4. De schoenen staan onder het bed.
5. De pen ligt op de plank.
6. Ik kijk naar de komische opera.
7. Ik schrijf met mijn vulpen.
8. Hij droomt over het proces.
9. Ik help de oude man met oversteken.

Daar houd ik nu eenmaal van

1. **Monique** — Annemarie! Zet* die radio eens wat zachter*!
2. Luister* je echt naar* die vreselijke* muziek?
3. **Annemarie** — Ja, natuurlijk luister ik ernaar,
4. anders zou* ik hem wel afzetten*.
5. **M.** — Ik begrijp niet wat je aan die koude, trieste* muziek vindt.
6. Je kunt er niet eens op dansen*! Onbegrijpelijk*!
7. **A.** — Tja, daar* houd ik nu eenmaal van.
8. Techno noemen ze dat soort muziek al een jaar of tien,
9. maar zo nieuw is het ook niet meer.
10. Vind je die dancemuziek waar* Bram zo gek op is, dan wel mooi?
11. **M.** — Nou, nee, maar die is tenminste niet zo droevig*.
12. Zelf houd ik eigenlijk alleen maar van klassieke* muziek.
13. **A.** — Hierover zullen we het wel nooit eens worden.
14. Over smaak* valt niet te twisten*.

Expressions idiomatiques

7. **nu eenmaal**, tout simplement, un point c'est tout
10. **gek zijn op**, être fou de, admirer – **mooi vinden** (litt. trouver beau, joli) ici : cela me plaît
13. **het eens worden over**, se mettre d'accord sur
14. **Over smaak valt niet te twisten.** Des goûts et des couleurs on ne discute point (proverbe).

J'aime ça, c'est tout

1. **Monique** — Annemarie ! Baisse un peu la radio !
2. Tu écoutes vraiment cette affreuse musique?
3. **Annemarie** — Oui, bien sûr que je l'écoute,
4. sinon j'éteindrais la radio.
5. **M.** — Je ne comprends pas ce que tu trouves à cette musique triste et froide.
6. On ne peut même pas danser là-dessus ! Ça me dépasse !
7. **A.** — Ben, j'aime ça, c'est tout.
8. On l'appelle techno, cette musique, depuis une dizaine d'années,
9. mais elle n'est plus tellement nouvelle.
10. Et la musique dance dont Bram raffole tant, elle te plaît peut-être ?
11. **M.** — Euh, non, mais au moins elle n'est pas si triste.
12. Moi, en fait, je n'aime que la musique classique.
13. **A.** — On ne se mettra sans doute jamais d'accord là-dessus.
14. Des goûts et des couleurs on ne discute pas.

Vocabulaire complémentaire

● **De radio**
  aanzetten/aandoen, allumer, mettre la radio
  hard(er) zetten, monter le son, mettre plus fort
  uitzetten/uitdoen, éteindre, arrêter la radio

  het licht uitdoen, éteindre la lumière
  het licht aandoen, allumer la lumière

● **L'adverbe pronominal**

Selon la fonction grammaticale, la position dans la phrase ou la valeur qu'on veut lui accorder, la forme de l'adverbe pronominal **er** varie.

On est très souvent amené à employer un mot de la famille de **er**, à savoir **daar, hier, waar, overal, ergens** ou **nergens**. Notez que ce sont tous des mots qui font penser au lieu, tandis que la traduction est le plus souvent *cela, le/la, tout, quelque chose* ou *rien*.

– En tête de phrase ou en position accentuée, le mot **er** se transforme en **daar**. Daar peut être considéré comme la variante démonstrative de **er** : **daar houd ik nu eenmaal van**, (litt.) *c'est cela que j'aime tout simplement* (7.)

Au lieu de **natuurlijk luister ik ernaar** (3.), on aurait pu dire : **natuurlijk luister ik daarnaar**. Le mot **daarnaar**, étant plus long et plus accentué, prend plus de valeur dans la phrase que **ernaar**.

– Une autre variante démonstrative du mot **er** est **hier**. **Hier** est beaucoup moins fréquent que **daar** (comparez avec **dat/dit**, *cela/ceci*).

We zullen het hierover wel nooit eens worden, (litt.) *Nous ne nous mettrons probablement jamais d'accord sur ceci.* (13.)

Il ne sera pas toujours possible de faire apparaître dans la traduction française la différence entre **er, hier** et **daar** + préposition.

– Dans les subordonnées relatives, on emploie **waar** + préposition :

Die discomuziek waar Bram zo gek op is, ... *dont Bram raffole.*

● **Le conditionnel**

Le conditionnel se forme avec l'auxiliaire **zou/zouden** et l'infinitif du verbe :

anders zou ik hem wel afzetten, *sinon je l'arrêterais.* (4.)

Zou est employé pour le singulier et **zouden** pour le pluriel. Les formes **zou/zouden** se rattachent à l'auxiliaire **zullen** dont elles constituent l'imparfait.

(Oefeningen)

A. Questions sur le texte :
1. Waar luistert Annemarie naar?
2. Houdt Monique van New Wave?
3. Van welke soort muziek houdt Bram veel?
4. Vindt Monique dat trieste muziek?
5. Waar houdt Monique 't meest van: van dance of van klassieke muziek?

B. Complétez selon le modèle :
Luistert ze naar dance muziek? Ja, daar luistert ze naar.
1. Praten ze over het televisieprogramma van gisteren?
2. Ben je net zo gek op ijs als Marij?
3. Houdt het hele gezin van spruitjes?
4. Draagt ze een witte bloes bij haar spijkerbroek?

C. Construisez des relatives selon le modèle :
Het huis. Ik woon erin. → Het huis waar ik in woon. *La maison où j'habite.*
1. Het huis. De tuin is erbij.
2. De vakantie. Ik droom ervan.
3. De envelop. De facture zit erin.
4. De tekst van een lied. De muziek staat erbij.

D. Construisez des relatives selon le modèle :
Een huis. Er hoort een garage bij. → Een huis waar een garage bij hoort.
1. Een jasje. Er hoort een rok bij.
2. Een bed. Er liggen dekens op.
3. Een trein. Er zitten mensen in.
4. Een gang. Er hangen moderne schilderijen in.

Verder heb ik overal voldoendes voor

1. **Bram** — Pap, ik denk niet dat ik mijn kandidaats* dit jaar haal*.
2. **Guus** — Waar heb je onvoldoendes* voor? Zeg 't maar direct.
3. **B.** — Voor bedrijf*ssociologie en geschiedenis*.
4. **G.** — Ja, Bram, economie is meer dan cijfers en formules*.
5. Er komen* ook mensen in voor*.
6. **B.** — Maar verder heb ik overal* voldoendes* voor
7. en die twee vakken* kan ik opnieuw* doen in augustus.
8. **G.** — Ik vind 't jammer*
9. dat juist* het sociale aspect* van je vak je zo weinig interesseert.
10. **B.** — Ik kan al die vage* dingen* gewoon* niet onthouden*!
11. **G.** — Je onthoudt ze niet omdat je je* er niet echt voor* interesseert*.
12. Maar je weet: je vader kan je altijd helpen.
13. Kom deze vakantie maar hier werken,
14. dan help ik je 's avonds als je ergens* problemen mee hebt.
15. **B.** — Maar Marij is aan het verhuizen!
16. **G.** — Tja, zolang die Marij het enige* is waarvoor je je interesseert,
17. heb ik niet veel hoop* op je kandidaats.

Sinon, j'ai partout la moyenne

1. **B.** — Papa, je ne pense pas que j'aurai ma licence cette année.
2. **G.** — Et où n'as-tu pas la moyenne ? Dis-moi ça tout de suite.
3. **B.** — En sociologie de l'entreprise et en histoire.
4. **G.** — Eh oui, Bram, l'économie ne se réduit pas à des chiffres et des formules.
5. On y trouve aussi des hommes.
6. **B.** — Mais à part ça, j'ai la moyenne partout,
7. et ces deux matières, je peux les repasser en août.
8. **G.** — Je regrette
9. que ce soit justement l'aspect social de ta spécialité qui t'intéresse si peu.
10. **B.** — Mais je n'arrive simplement pas à retenir toutes ces choses vagues !
11. **G.** — Tu ne les retiens pas parce que tu ne t'y intéresses pas vraiment.
12. Mais tu le sais : ton père peut toujours t'aider.
13. Viens donc travailler ici les prochaines vacances,
14. je pourrai t'aider le soir si quelque chose te pose des problèmes.
15. **B.** — Mais Marij est en train de déménager.
16. **G.** — Eh bien, tant que cette Marij sera la seule chose à laquelle tu t'intéresses,
17. je n'aurai pas grand espoir pour ta licence.

● **Er**

1. Dans les questions, l'adverbe pronominal **er** devient **waar**.

   Attention à la structure discontinue : **waar ... voor, waar ... aan**. Cette structure n'est cependant pas obligatoire :

   > **Waar heb je onvoldoendes voor?** (2.) **Waarvoor heb je onvoldoendes?**

   > **Waar denk je aan?** = **Waaraan denk je?**

   > **Waar houd je van? (Waarvan ...)**
   > *Qu'est-ce que tu aimes ?*

   > **Waar kijk je naar? (Waarnaar kijk je?)**
   > *Qu'est-ce que tu regardes ?*

2. **Ergens, nergens** et **overal**, en combinaison avec une préposition, signifient respectivement : *quelque chose, rien* et *tout*. On les emploie quand on attribue une valeur très générale à la phrase.

   > **Hij denkt aan iets. → Hij denkt ergens aan.**
   > *Il pense à quelque chose.*

   > **Hij houdt van niets. → Hij houdt nergens van.**
   > *Il n'aime rien.*

   > **Hij kijkt naar alles → Hij kijkt overal naar.**
   > *Il regarde tout.*

   Notez que ces mots ne sont jamais attachés à la préposition comme peuvent l'être **er, waar, daar** et **hier**. Cependant on applique les mêmes règles d'ordre des mots que pour **er**. (*Cf.* leçon 43, grammaire.)

   > **Maar verder heb ik overal voldoendes voor.** (6.)

   > **als je ergens problemen mee hebt.** (14.)

   Remarque : l'emploi de **alles, iets** et **niets** est obligatoire quand ces mots sont suivis d'un adjectif + **s** ou d'une proposition subordonnée.

   > **Hij kijt naar iets moois.** *Il regarde quelque chose de beau.*

   > **Hij luistert naar alles wat interessant is.**
   > *Il écoute tout ce qui est intéressant.*

   > **Hij denkt aan niets interessants.**
   > *Il ne pense à rien d'intéressant.*

   Sur ces constructions *cf.* p. 200.

EXERCICES

(Oefeningen)

A. Vrai ou faux ? :

	waar	niet waar
1. Bram haalt zijn kandidaats zeker niet dit jaar.	❑	❑
2. Hij heeft overal voldoendes voor.	❑	❑
3. Hij moet twee examens opnieuw doen.	❑	❑
4. Zijn vader wil dat hij in de vakantie thuis komt studeren.	❑	❑
5. Bram wil graag thuis komen in de vakantie.	❑	❑

B. Posez des questions selon le modèle :
Ineke luistert naar een concert. Waar luistert ze naar?
1. Laurens heeft een goed cijfer voor gymnastiek.
2. Arno heeft problemen met zijn buren.
3. Cecil interesseert zich voor ballet.
4. Marij kan geen vrij krijgen voor de vakantie.
5. Mevrouw Van Leeuwen houdt niet van drop.

C. Remplacez l'élément souligné par ergens, nergens ou overal :
1. Hij wacht vandaag op iets.
2. Hij denkt even aan niets.
3. Ze praten over iets, maar ik weet niet waarover.
4. Hij heeft problemen met alles.

D. Complétez par une préposition :
1. Bram heeft een onvoldoende … geschiedenis.
2. Hij houdt … dance muziek.
3. Zijn vriendin interesseert zich … zijn werk.
4. Hij is … het studeren.
5. Hij is gek … formules.
6. Het boek past niet … de tas.
7. Hij wacht al een uur … zijn vriendin.

Verder heb ik overal voldoendes voor ● Sinon, j'ai partout la moyenne

Gedicht
Zie je ik hou van je...

📖
1. Zie je ik hou van je
2. Ik vind je zo lief en zo licht*
3. Je ogen zijn zo vol licht*
4. Ik hou van je, ik hou van je.

5. En je neus* en je mond* en je haar
6. En je ogen* en je hals* waar
7. Je kraagje* zit en je oor*
8. Met je haar ervoor.

9. Zie je ik wou* graag zijn
10. Jou, maar het kan niet zijn
11. Het licht is om je, je bent
12. Nu toch wat je eenmaal bent.

Herman Gorter (1864-1927)
uit: *Verzamelde lyriek*,
Atheneum, Polak & Van Gennep.

Vocabulaire complémentaire

het lichaam, le corps
het **hoofd**, la tête
het voorhoofd, le front
het haar, les cheveux
het **gezicht**, le visage
de nek, la nuque
de **keel**, la gorge
de schouder, l'épaule
de borst, la poitrine
de arm, le bras

de elleboog, le coude
de hand, la main
de vinger, le doigt
de nagel, l'ongle
het been, la jambe, l'os
de knie, le genou
de voet, le pied
de teen, l'orteil
de buik, le ventre
de maag, l'estomac

Poème
Je t'aime vois-tu...

1. Je t'aime vois-tu
2. Je te trouve si gentille et si légère
3. Tes yeux sont si pleins de lumière
4. Je t'aime, je t'aime.

5. Et ton nez et ta bouche et tes cheveux
6. Et tes yeux et ton cou ceint
7. D'une collerette et ton oreille
8. Cachée par tes cheveux.

9. Vois-tu, je voudrais bien être
10. Toi, mais cela ne se peut
11. La lumière t'entoure, tu es
12. Tout simplement ce que tu es.

Herman Gorter (1864-1927)
Œuvres lyriques complètes,
Atheneum, Polak & Van Gennep.

GRAMMAIRE

• Le verbe

Le conditionnel

Nous avons vu que l'auxiliaire **zou/zouden** sert à former le conditionnel (*cf.* leçon 43).

La forme **wou** est une des formes de l'imparfait de **willen**, *vouloir*. Elle a aussi un sens conditionnel :

Ik wou graag zijn jou.
Je voudrais bien être toi. (10.)

Conjugaison :

ik/je/u/hij/zij wou – wij/jullie/zij wouden.

À côté de ces deux formes, le verbe **willen** a un autre imparfait :

Ik wilde/wij wilden.
Je voulais, nous voulions.

Wilde/wilden sont réservés à l'expression du passé et n'ont pas de sens conditionnel.

Emploi des formes wou/wouden

Pour dire *je voudrais*, on a le choix en néerlandais entre **ik wou** et **ik zou willen**. La première forme s'emploie dans le néerlandais parlé et écrit de tous les jours, la seconde est réservée à une langue écrite soignée.

Ik wou graag zijn jou = **ik zou graag jou willen zijn**

Ik wou dat hij hier was = **ik zou willen dat hij hier was**.
Je voudrais qu'il soit ici.

(Oefeningen)

A. Testez votre mémoire.

Combien de noms de parties du corps humain sont-ils cachés dans la grille ci-dessous ? Les mots se trouvent en ligne horizontale, verticale ou diagonale. Reportez-vous au vocabulaire de cette leçon.

K	M	Z	A	C	H	I	G	O	R	A	R	M
T	L	V	A	F	O	Z	V	S	T	F	G	A
P	A	N	O	Z	O	P	N	I	Z	R	T	A
V	I	N	G	E	R	N	T	E	L	T	E	G
A	K	N	D	I	T	F	P	R	A	B	H	M
O	H	R	A	H	K	E	F	D	U	E	I	N
B	D	H	P	S	C	H	O	U	D	E	R	K
L	A	Y	A	J	N	S	A	M	C	N	T	P
F	C	G	E	L	L	E	B	O	O	G	M	D
G	E	L	K	V	S	O	U	W	L	G	E	L
B	M	O	N	D	P	T	I	K	N	I	E	S
T	O	G	R	Z	U	T	K	D	J	Y	K	N
H	A	A	R	U	H	E	S	L	G	K	P	U

B. Employez le mot er selon le modèle :
   De pijp zit in mijn mond. Hij zit erin.
   1. De bril staat op mijn neus.
   2. Mijn armen zitten aan mijn lichaam.
   3. De ogen zitten in het hoofd.
   4. Mijn haar hangt voor mijn ogen.
   5. Het oor zit aan het hoofd.

Gedicht Zie je ik hou van je... • Poème Je t'aime vois-tu...

Ik houd ervan om weg te dromen...

1. Veel mensen houden er niet van een regelmatig* leven te leiden*.
2. Ze dromen ervan allerlei* avonturen* te beleven*.
3. Persoonlijk* kan ik er goed tegen
4. om in een bepaald* ritme* te zitten.
5. Maar ik denk* er ook vaak aan* om opeens* iets heel anders te gaan doen.
6. Bijvoorbeeld* om niet naar mijn werk te gaan,
7. maar een boks*-, viool*- of zang*leraar* te zoeken
8. en te kijken of ik niet een heel andere loopbaan* kan beginnen.
9. Maar ik doe zoiets* nooit echt.
10. Misschien omdat ik er eigenlijk zeker van ben
11. toch geen speciale* talenten* te hebben.
12. Uiteindelijk* ben ik ook best tevreden* met de toestand* zoals* hij is.

Prononciation

1. rege**lma**tig, 2. aller**lei**, 3. per**soon**lijk,
5. op**eens**, 6. bij**voor**beeld, 12. ui**tein**delijk

Expressions idiomatiques

3. **ergens** (niet) **tegen kunnen**, (ne pas) supporter quelque chose
4. **in een ritme zitten**, suivre, avoir un rythme
12. **tevreden zijn met**, être satisfait de

J'aime partir dans les rêves...

1. Beaucoup de gens n'aiment pas mener une vie régulière.
2. Ils rêvent de vivre toutes sortes d'aventures.
3. Personnellement je supporte assez bien
4. d'avoir un rythme de vie défini.
5. D'un autre côté, moi aussi, je pense souvent à faire subitement quelque chose de tout à fait différent.
6. Par exemple ne pas aller à mon travail,
7. mais chercher un professeur de boxe, de violon ou de chant,
8. et voir si je ne peux pas commencer une tout autre carrière.
9. Mais je ne fais jamais ce genre de choses pour de bon.
10. Peut-être qu'au fond je suis convaincu
11. de ne posséder aucun don particulier.
12. En définitive, je suis assez satisfait de la situation telle qu'elle est.

Vocabulaire complémentaire

regelmatig ↔ **onregelmatig**, (ir)régulier
begrijpelijk ↔ **onbegrijpelijk**, (in)compréhensible
verstandig ↔ **onverstandig**, (dé)raisonnable
tevreden ↔ **ontevreden**, (mé)content

GRAMMAIRE

• Le groupe « er » + préposition en annonce de subordonnée

Pour les verbes qui se construisent avec préposition **(houden van, denken aan, zeker zijn van...)** on doit employer **er** + cette même préposition lorsque le complément se présente plus loin dans la phrase, sous la forme d'une proposition subordonnée ou infinitive :

Ik ben er zeker van/dat het gaat regenen.
Je suis sûr qu'il va pleuvoir.

Denk eraan/je boeken mee te nemen.
Pense à apporter tes livres.

Ce groupe **er** + préposition annonce donc la proposition subordonnée ou infinitive. On n'a pas à le traduire en français.

Veel mensen houden er niet van/een regelmatig leven te leiden. (1.)

Ze dromen ervan/allerlei avonturen te beleven. (2.)

• La proposition infinitive

Cette proposition infinitive n'est pas toujours introduite par **om** :

Veel mensen houden er niet van een regelmatig leven te leiden. (1.)

L'absence de **om** ne modifie en rien l'ordre de la proposition : compléments précédant **te** + infinitif.

• Les constructions indéfinies

Retenez les tournures construites à partir des indéfinis :

opeens iets heel anders te gaan doen. (5.)

iets/niets/veel/weinig nieuws
quelque chose de/rien de/beaucoup de/peu de nouveau, neuf.

L'adjectif + **s** suit immédiatement l'indéfini :

iets anders, *quelque chose de différent.*

(Oefeningen)

A. Terminez les phrases suivantes selon le modèle :
Ik kan er goed tegen ... (ik zit in een bepaald ritme). →
Ik kan er goed tegen om in een bepaald ritme te zitten.
1. Ik kan er niet tegen om ... (ik ben de laatste).
2. Hij is er zeker van dat ... (hij zal het examen goed maken).
3. Wij houden ervan om ... (we gaan in het weekend naar de film).
4. Jullie denken er toch over om ... (jullie gaan kamperen).
5. Bent u het er mee eens dat ... (de leraar komt ook).

B. Expliquez selon l'exemple :
"Anneke vindt het onbegrijpelijk" betekent dat ze het niet kan begrijpen (betekenen, *signifier*).
1. "Henk vindt het ongelooflijk" betekent ...
2. "Ria vindt het onverstandig" betekent ...
3. "Het boek is onlogisch" betekent ...
4. "Hij is ongelukkig" betekent ...
5. "Ze vinden het ongezellig" betekent dat ...

C. Traduisez :
1. J'aimerais voir quelque chose de nouveau.
2. Ils rêvent de quelque chose de tout à fait différent.
3. Ce soir je ne fais rien de particulier.
4. Je vois rarement quelque chose de bien dans cette ville.
5. Cela ne signifie rien de positif.

D. Mettez le contraire en employant le préfixe on- :
1. We zijn het met elkaar eens.
2. Ik vind het begrijpelijk dat hij niet komt.
3. Wat je zegt is heel verstandig.
4. Het was zo'n gezellige avond, gisteren.
5. Ik ben heel tevreden met mijn loopbaan.

Ik houd ervan om weg te dromen... • J'aime partir dans les rêves...

LES 47

De verhuizing van Marij

[M. = Marij – B. = Bram
Mev. V. L. = Mevrouw Van Leeuwen]

1. **M.** — Is er nog plaats* in de auto?
2. **B.** — Ja, een paar kleine dingen kunnen er nog wel bij:
3. die planten en die kussens* daar, bijvoorbeeld.
4. De matras* en de dekens* kunnen we er later bovenop* leggen.
5. **M.** — Hoeveel dozen met boeken staan er nog in de gang, mam?
6. **Mev. V. L.** — Er staan er hier nog twee,
7. maar in het halletje* staat er ook nog één.
8. **B.** — Die kunnen er onmogelijk* nog in.
9. Bovendien is daar op mijn kamer ook geen plaats voor, Marij.
10. **Mev. V. L.** — Ik zet de dozen wel zolang* op zolder,
11. dan kunnen jullie ze komen halen als jullie groter gaan wonen.
12. **M.** — Fijn, mam! Maar die kleine doos waar de fotoalbums* inzitten,
13. wil ik wel meteen* meenemen.
14. Dan kan ik tenminste naar je foto* kijken!

Prononciation

Attention ! Le mot **er** est le plus souvent prononcé **d'r** [dər].

4. ma<u>tras</u> <u>de</u>kens bove<u>nop</u>
8. on<u>mo</u>gelijk
10. zo<u>lang</u>
13. me<u>teen</u>

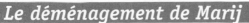

Le déménagement de Marij

1. **M.** — Y a-t-il encore de la place dans la voiture ?
2. **B.** — Oui, on peut encore y mettre quelques petites choses :
3. ces plantes et ces coussins, par exemple.
4. Nous pourrons poser le matelas et les couvertures par-dessus.
5. **M.** — Combien de cartons de livres y a-t-il encore dans le couloir, maman ?
6. **Mme V. L.** — Il y en a deux ici,
7. mais il y en a encore un autre dans l'entrée.
8. **B.** — On ne pourra jamais les faire entrer tous.
9. En plus je n'ai pas la place de tout mettre dans ma chambre, Marij.
10. **Mme V. L.** — En attendant, je mets les cartons au grenier,
11. vous pourrez venir les chercher quand vous aurez un plus grand appartement.
12. **M.** — Formidable, maman ! Mais la petite boîte où sont les albums de photos,
13. j'aimerais bien l'emporter tout de suite.
14. Au moins, je pourrai regarder ta photo !

Expressions idiomatiques

2. **erbij kunnen**, pouvoir être rajouté
8. **erin kunnen**, pouvoir entrer (quelque part)

Remarques

7. 9. In het halletje staat er **ook** nog één. Bovendien is daar op mijn kamer **ook** geen plaats voor.

L'adverbe **ook** ne signifie pas toujours : *également, aussi*. Il sert souvent à renforcer un autre mot. À la ligne 7, il renforce le mot **nog**, *encore*, à la ligne 9, il renforce le mot **bovendien**, *en plus*.

● **Les emplois de « er » (récapitulatif)**

1. Er adverbe de lieu (*y*) :

> **Woont u al lang in Antwerpen? Ja, ik woon er al twee jaar.**
> *Oui, j'y habite depuis deux ans.*

2. Er introduisant une phrase dont le sujet est indéfini :

> **Er is nog maar één liter melk.**
> *Il n'y a plus qu'un litre de lait.*

3. Er pronom partitif (*en*) lié à l'expression de la quantité :

> **Er staan er hier nog twee.** *Il y en a encore deux.* (6.)

4. Er adverbe pronominal en combinaison avec des prépositions :

> **Ik kijk vaak naar je foto. Ik kijk er vaak naar.**
> *Je la regarde souvent.*

> **Die kunnen er onmogelijk nog in.** (8.)

5. Remarques :

– Dans une même phrase, le mot **er** peut apparaître plusieurs fois avec des valeurs différentes :

> **Er staan er nog twee.** *Il y en a encore deux.* (6.)

Le premier **er** renvoie à la catégorie **2**, le second à **3**.

– Dans une même phrase, on n'emploie jamais deux **er** immédiatement l'un après l'autre :

> **Hoeveel boeken heb je in Amsterdam gekocht? Ik heb er vier gekocht** : *J'en ai acheté quatre.*

● **Le nom : le diminutif**

1. Quand il s'agit d'un nom monosyllabique à voyelle brève qui se termine par **ng, l, n, r,** ou **m**, on ajoute **etje**.

> **het halletje** (7.)

> **de man → het mannetje, de bal → het balletje,**

> **de bar → het barretje, de ring** (*la bague*) **→ het ringetje.**

2. Les autres noms en **m** prennent **pje** :

> **de boom** (*l'arbre*) **→ het boompje.**

3. Pour les autres formes du diminutif, voir la leçon 19.

(Oefeningen)

A. Questions sur le texte :

1. Hoeveel dozen met boeken zet mevrouw Van Leeuwen op zolder?
2. Wanneer komen Marij en Bram die dozen van zolder halen?
3. Wat zit er in de kleine doos die Marij zo graag mee wil nemen?

B. Placez le mot er au bon endroit dans chacune des phrases suivantes :

1. Is nog wijn? Ja, is nog een beetje.
2. Wie staat naast je? Dat is mijn vader.
3. Ik kom uit Groningen maar ik woon niet meer.
4. Je kunt geen fiets van me lenen, want ik heb geen.
5. Heb je zin in een fietstocht? Nee, het spijt me, ik heb absoluut geen zin in.
6. Is hier ergens een postkantoor? Ja, is één in de volgende straat rechts.
7. Hoeveel stoelen heb jij? Ik heb drie.

C. Formez des phrases selon le modèle :

Marij denkt aan de verhuizing. Denk jij ergens aan? Nee, ik denk nergens aan.

1. Bram kijkt naar de dozen. Kijk jij ... ...
2. Mevrouw Van Leeuwen helpt met de verhuizing. Help jij ... ...
3. Marij zoekt naar haar fotoalbum. Zoek jij ... ...
4. Zij gaan naar Amsterdam. Gaan jullie ... ...
5. Annemarie luistert naar Engelse muziek. Luistert haar moeder ... ...

Uit een gedicht van Ed Leeflang

1937

1. Mijn moeder verloor* haar portemonnee,
2. zij belde* bij alle buren*, omdat ze voor
3. zeven gulden kon* koken, wassen en
4. huren. De school aan de overkant zocht*
5. ook al mee*. De hele stad wist* er
6. volgens* mij van hoe een kind zich*
7. schamen* kan.

8. In ons portiek* belde een man
9. en vroeg* om een boterham.
10. Mijn moeder gaf* een dubbele* snee*
11. met leverworst*, zij huilde*
12. omdat het zover* met mensen
13. en mannen kwam*.

Ed Leeflang (1927)
14. uit: *De hazen* en andere gedichten*,
De Arbeiderspers.

L'imparfait des verbes

1. verloor	de	**verliezen**	*(perdre)*
2. belde	de	**bellen**	*(sonner)*
3. kon	de	**kunnen**	*(pouvoir)*
4. zocht	de	**zoeken**	*(chercher)*
5. wist	de	**weten**	*(savoir)*
9. vroeg	de	**vragen**	*(demander)*
10. gaf	de	**geven**	*(donner)*
13. kwam	de	**komen**	*(arriver)*

Extrait d'un poème d'Ed Leeflang

1937

1. Ma mère perdit son porte-monnaie,
2. elle alla sonner chez tous les voisins, parce qu'avec
3. sept florins elle pouvait faire la cuisine, la lessive et payer
4. le loyer. Même l'école d'en face
5. se mit à chercher. Toute la ville savait,
6. pensais je, combien un enfant
7. peut avoir honte.

8. Sous notre porche un homme sonna
9. et demanda une tartine.
10. Ma mère lui donna une tranche double
11. avec du pâté de foie, elle pleurait
12. parce que les êtres humains
13. et les hommes en arrivaient là.

14.

Ed Leeflang (1927)
Tiré de *Les lièvres et autres poèmes*,
De Arbeiderspers.

Expressions idiomatiques

5. **ook al**, (dans certains cas) même
12. 13. **zover komen**, en venir, en arriver là

• Les temps du passé

La formation de l'imparfait.

Pour former l'imparfait, il faut distinguer deux familles de verbes en néerlandais : les verbes faibles et les verbes forts. Il existe un troisième groupe n'obéissant ni aux règles du premier, ni à celles du deuxième groupe : les verbes irréguliers.

1. Les verbes faibles

– Quand le radical du verbe se termine par **t, k, f, s, ch** ou **p** (les consonnes qu'on retrouve dans le mot **'t kofschip**, que les enfants néerlandais apprennent par cœur), on ajoute **-te** au radical pour obtenir l'imparfait de toutes les personnes du singulier. Pour obtenir l'imparfait de toutes les personnes du pluriel, on ajoute **-ten** :

koken → kook → kookte(n), **wassen → waste(n)**

– Dans tous les autres cas, on ajoute **-de** au singulier et **-den** au pluriel :

bellen → bel → belde(n) (2.), **huren → huurde(n)**
schamen → schaamde(n), **huilen → huilde(n)** (11.)

2. Les verbes forts

On forme l'imparfait de ces verbes en changeant la voyelle du radical de l'infinitif : **vragen → vroeg** (9.).

Les verbes forts forment des familles selon le changement de la voyelle du radical de l'infinitif ; il est conseillé de les lire régulièrement à haute voix et de les mémoriser. On les trouvera regroupés en annexe à la fin de cette méthode.

Au singulier, on n'ajoute rien au nouveau radical ; au pluriel on y ajoute **-en** :

vroegen, *demandaient, demandions, demandiez.*

vragen → vroeg/vroegen (9.), **geven → gaf/gaven** (10.)

3. Les verbes irréguliers

Parfois, c'est tout le radical qui change comme celui de **verliezen** *(perdre)* (1.) : le présent **verlies** devient **verloor** à l'imparfait.

zoeken → zocht(en) (4.)	**weten → wist(en)** (5.)
komen → kwam(en) (13.)	**kunnen → kon(den)** (3.)

(Oefeningen)

A. Questions sur le texte :
1. Waarom belde de moeder van Ed Leeflang bij iedereen aan?
2. Wat kon ze in 1937 met zeven gulden doen?
3. Waarom schaamde Ed Leeflang zich ervoor dat zijn moeder iedereen om hulp vroeg bij het zoeken naar de portemonnee?

B. Mettez les verbes faibles entre parenthèses à l'imparfait :
1. Vroeger *(autrefois)* **(bellen)** hij zijn moeder elke dag op.
2. Zij was al oud, maar **(wassen)** zich nog elke dag zelf.
3. Zij **(koken)** ook nog zelf.
4. Hij **(willen)** niet dat ik zijn antwoord **(herhalen)**.
5. Wij **(wachten)** elke dag wel een uur op de bus die in onze woonplaats **(stoppen)**.
6. Wij **(schamen)** ons, omdat hij **(huilen)**.

C. Formez l'imparfait des verbes forts ou irréguliers entre parenthèses :
1. Ik **(weten)** niet dat jij bij elke collecte iets **(geven)**.
2. Jij **(kunnen)** toch altijd zo goed zingen?
3. Ik **(vragen)** je iets!
4. Vorige week **(komen)** je ook al te laat.
5. Wij **(weten)** dat ze niet goed **(zoeken)**.

D. Cherchez l'imparfait des verbes faibles suivants à l'aide de 't kofschip :

1. halen	6. antwoorden
2. leggen	7. pakken
3. heten	8. lenen
4. werken	9. noemen
5. wonen	10. praten

LEÇON 48

Ik verzamelde zo graag

1. Toen ik acht jaar was verzamelde* ik postzegels*.
2. Mijn oom werkte op een reisbureau
3. en bracht* soms mooie exemplaren* mee*.
4. Die plakte* ik op donkere avonden voor het naar bed gaan,
5. zorgvuldig* in een degelijk* Duits* album.
6. Men schonk* mij een loep* en een pincet*
7. en dat gaf mij een gevoel van belangrijkheid.
8. Een paar jaar later kreeg ik een apart* album voor Nederland en de Koloniën*.
9. Het raakte* aardig* vol*.
10. Zelfs op de eerste pagina* had ik een zegel,
11. koningin* met hangend haar, als ik me* goed herinner*.
12. Toen had ik opeens geen zin meer in postzegels verzamelen.
13. Ik geloof dat het een kinderziekte is.
14. Het album van Nederland en de Koloniën gaf* ik weg*
15. (koloniën hadden we trouwens niet meer).

Remco Campert
uit: *Tot zoens*, De Bezige Bij, Amsterdam.

L'imparfait des verbes

1.	**was**	de **zijn**	*(être)*
3.	**bracht**	de **brengen**	*(apporter)*
6.	**schonk**	de **schenken**	*(offrir)*
8.	**kreeg**	de **krijgen**	*(recevoir)*
10.	**had**	de **hebben**	*(avoir)*

J'aimais tant collectionner

1. Lorsque j'avais huit ans, je collectionnais les timbres-poste.

2. Mon oncle travaillait dans une agence de voyages

3. et il m'apportait de temps à autre quelques beaux exemplaires.

4. Je les collais, par de sombres soirées, avant d'aller me coucher,

5. avec le plus grand soin dans un solide album allemand.

6. On m'offrit une loupe et une pincette

7. et cela me donna un sentiment d'importance.

8. Quelques années plus tard, je reçus un album spécialement pour les Pays-Bas et les colonies.

9. Il se remplissait plutôt bien.

10. Même sur la première page, j'avais un timbre,

11. la reine, les cheveux tombants, si je me souviens bien.

12. Puis un jour je n'eus plus envie de collectionner les timbres.

13. Je crois que c'est une maladie infantile.

14. J'ai donné l'album des Pays-Bas et des colonies

15. (d'ailleurs nous n'avions plus de colonies).

Remco Campert
tiré de *Tot zoens*, De Bezige Bij, Amsterdam.

Vocabulaire complémentaire

de koning, le roi
de prins, le prince
de graaf, le comte
de hertog, le duc

de kroonprins, le prince héritier
de prinses, la princesse
de gravin, la comtesse
de hertogin, la duchesse

Ik verzamelde zo graag • J'aimais tant collectionner

211

● **Les temps du passé**

1. L'imparfait de hebben et de zijn

Comme leurs équivalents dans beaucoup de langues les verbes **hebben** et **zijn** sont irréguliers :

hebben → had/hadden, zijn → was/waren.

2. L'imparfait des auxiliaires de modalité

Il convient de bien apprendre les conjugaisons de ces verbes très fréquents : **willen → wilde(n), moeten → moest(en), kunnen → kon(den), mogen → mocht(en), zullen → zou(den), hoeven → hoefde(n).**

3. La formation de l'imparfait (suite)

– Si l'infinitif du verbe se termine en **ven** ou en **zen**, il faut employer **de(n)** pour les verbes réguliers. Devant ce **de(n)**, le **v** et le **z** se transforment respectivement en **f** et en **s** :

Hoeven → hoef → hoefde(n).
Reizen → reis → reisde(n).

– Si le radical se termine par **t** ou **d**, il y aura à l'imparfait deux **t** ou deux **d** :

Antwoorden → antwoord → antwoordde(n).
Ontmoeten → ontmoet → ontmoette(n).

4. L'emploi de l'imparfait

L'imparfait, véritable temps du passé en néerlandais, remplace trois temps français : l'imparfait, le passé simple et le passé composé. On l'emploie dans les cas suivants :

– Constatation d'un état ou d'une action dans le passé :
Toen had ik opeens geen zin meer in postzegels verzamelen (12.).

– Pour tout ce qui est description dans le passé : **Die plakte ik op donkere avonden voor het naar bed gaan** (4.)

– Pour une action qui se répète dans le passé ou qui dure un certain temps : voir (4.)

– Pour exprimer une succession d'actions de courte durée :
Hij ging zitten, dronk een kopje koffie, en ging weg.

– On emploie toujours l'imparfait après **toen** :
Toen ik acht jaar was verzamelde ik postzegels (1.).

(Oefeningen)

A. Questions sur le texte :
1. Verzamelt Remco Campert nu nog steeds postzegels?
2. Op welke manier kreeg hij veel mooie postzegels?
3. Weet u welke koloniën Nederland vroeger had?
4. Waarom gaf Campert het album van Nederland en de koloniën weg?

B. Complétez par des verbes de modalité (au présent) :
1. In de klas … we niet praten.
2. Die boeken … je niet lezen van je vader, hè?
3. … ik even naar de radio luisteren?
4. … u het boek even zien?
5. … ik nu betalen of … ik morgen betalen?
6. … je vanavond even bij ons langskomen of … je thuisblijven?

C. Construisez les phrases en commençant par le mot souligné :
1. /elke dag/mocht/<u>hij</u>/gaan/naar de stad/met vader/
2. /wilde/'s avonds/<u>hij</u>/gaan/niet/naar huis/.
3. /hij/<u>kwam</u>/kijken/naar de boeken/?
4. /worden/<u>veel mensen</u>/rijk/wilden/
5. /naar school/kon/<u>ik</u>/gaan/niet/gisteren/
6. /die kip/<u>wilde</u>/even/u/zien/?
7. /we/gaan/<u>dit jaar</u>/naar Frankrijk/niet/konden/
8. /U/zou/willen bezoeken/volgende zomer/<u>welk land</u>/?
9. /naar school/<u>in juli</u>/gaan/we/niet/hoefden/?
10. /hij/mocht/eten/bij ons/<u>elke zondag</u>/

Memento 4 : l'imparfait

Vous trouverez sur cette page les formes passées de quelques verbes forts et irréguliers rencontrés jusqu'ici :

1. Les auxiliaires de temps

hebben : **had/hadden**
zijn : **was/waren**   zullen : **zou/zouden**

2. Les auxiliaires de modalité

kunnen : **kon/konden**   moeten : **moest/moesten**
mogen : **mocht/mochten**

3. Les verbes forts

a) Les verbes du type blijven : **bleef/bleven** ([ɛj] → é long)

begrijpen :
begreep/begrepen
wijzen : wees/wezen
krijgen : kreeg/kregen

b) Les verbes du type geven : **gaf/gaven** ([e] long → a)

eten : at/aten
meten : mat/maten
treden : trad/traden
vergeten : vergat/vergaten

c) Les verbes du type vinden : **vond/vonden** ([I] → o)

beginnen :
begon/begonnen
drinken : dronk/dronken
zingen : zong/zongen

d) Les verbes du type schenken : **schonk/schonken**

betreffen : betrof/
betroffen
vertrekken : vertrok/
vertrokken

e) Autres verbes forts

slapen : sliep/sliepen
helpen : hielp/hielpen
vallen : viel/vielen
vragen : vroeg/vroegen

4. Les verbes irréguliers et forts présentant à l'imparfait une modification de consonne

komen : kwam/kwamen
staan : stond/stonden
zien : zag/zagen
kopen : kocht/kochten
denken : dacht/dachten
weten : wist/wisten

EXERCICES

(Oefeningen)

Le verbe

A. Retrouvez la forme du verbe à l'infinitif :

1. hadden
2. droeg
3. hield
4. kwam
5. zocht
6. reden
7. wezen
8. vertrok
9. deed
10. begon
11. bracht
12. wist

B. Choisissez dans le récit suivant la forme correcte du verbe entre parenthèses :

1. Vorig jaar **(is/was/zijn)** ik heel erg dik.
2. Ik **(ben/was/waren)** 30 kilo te zwaar.
3. Het **(waren/zijn/was)** een moeilijke tijd voor mij.
4. Ik **(kon/kun/kunt)** bijvoorbeeld nergens kleren kopen die me pasten.
5. Daarvoor **(moet/moesten/moest)** ik naar een speciale winkel.
6. Alle mensen **(kijken/keek/keken)** naar me als ik op straat liep.
7. Die tijd **(koop/koopte/kocht)** ik bijna iedere dag frites met mayonnaise.
8. Ik **(eet/at/aten)** veel en slecht.
9. Toen **(neem/nam/namen)** ik een besluit *(une décision)*.
10. Ik **(gaan/ging/gaat)** naar mijn huisarts.
11. Die **(sturen)** me naar een club voor dikke mensen.
12. Die mensen **(helpen/helpt/hielpen)** me erg goed.
13. Vette dingen **(at/eet/eten)** ik nu niet meer.
14. Ik **(draag/droeg/droegen)** nu weer gewone kleren.
15. Maar soms **(krijgt/kregen/krijg)** ik weer enorme honger.

(Oefeningen)

Les prépositions

C. Mettez la préposition qui convient :
1. Wij wachten … de studenten.
2. Hij houdt niet … tennissen.
3. Ik dank u … het mooie cadeau.
4. Iedereen is het … dit plan eens.
5. De jongens praten … de les.
6. Wanneer gaan jullie … vakantie?
7. Je hoeft niet … eten te zorgen.
8. De student is de hele dag bezig … zijn examens.
9. Ik ben er niet zeker …
10. De tropische vissen zitten … het aquarium.

D. Même exercice :
1. Ik denk nu nog vaak … de tijd dat wij … vakantie waren.
2. Hij houdt niet veel … warm eten, hij houdt alleen … bruin brood … kaas.
3. … de familie Van den Broek hing een echte Rembrandt … de muur.
4. Heb je interesse … dit artikel … het onderwijs?
5. Mag ik u wat … uw land vragen?
6. Een rood t-shirt staat niet … een groene broek.
7. Kijk je vaak … dit programma?
8. Henk luistert elke avond om 11 uur … de Nederlandse radio.
9. Wat vind je … de nieuwe film?
10. Ik kijk nooit … horrorfilms!
11. Waarom wilt u … flat veranderen?
12. Nederland behoort … de kleinste landen van Europa.

(Oefeningen)

L'emploi de er

E. Complétez par er ou par un pronom personnel suivant le modèle :
   Bel je een dokter op? Ja, ik bel er een op.
   Bel je de dokter op? Ja, ik bel hem op.
   1. Neem je je vriend mee?
   2. Schrijf je het adres op?
   3. Neem je een boek mee?
   4. Vul je formulieren in?
   5. Nodig je een vriendin uit?
   6. Schrijf je een gedicht voor school?

F. Répondez selon l'exemple :
   Heeft Els een boek? Nee, maar een vriend van haar heeft er wel een.
   1. Heeft Bram een brommer?
   2. Heeft Corrie een fiets?
   3. Hebt u een groene hoed?
   4. Hebben Willem en Jaap een encyclopedie?
   5. Heb je een bandrecorder?
   6. Heb je drie kwartjes?
   7. Hebben jullie een goede grammatica?

G. Répondez par la négative selon le modèle :
   Luister je naar de muziek? Nee, ik luister er niet naar.
   1. Kijken ze naar de opera?
   2. Gaan Marij en Bram naar dat feest?
   3. Wacht je op oom Jan?
   4. Heb je moeilijkheden met cassetterecorders?
   5. Hou je van pure chocolade?
   6. Hebben jullie het over het examen?
   7. Spelen de kinderen vaak met de auto?
   8. Luister je graag naar klassieke muziek?
   9. Ben je zeker van de vertrektijd van je trein?

51 Ik vond het vandaag tegenvallen...

Tring...

1. **Bram** — Hoy Inge! Kom binnen!
2. **Inge** — Hoy Marij. Hoy Bram. En, Marij, hoe was je eerste dag?
3. **Marij** — Ik vertel* Bram net* dat ik 't vandaag tegen* vond vallen*.
4. Ik heb bijna de hele dag adressen getypt*
5. en postzegels geplakt. Ik wist niet
6. dat er zoveel* mensen schriftelijk* informatie* aanvroegen*.
7. **B.** — Wat heb je tussen de middag gedaan?
8. **M.** — Ik heb in zo'n coffeeshop* vlakbij* het reisbureau gegeten.
9. Daarna* heb ik een eindje gelopen.
10. Toen ik bij de Dam in de buurt kwam,
11. was het alweer tijd om terug* te* gaan*.
12. Ik durfde* niet aan mijn collega* te vragen
13. of ze mee ging eten.
14. We zullen trouwens toch wel niet tegelijk* weg mogen.

Le **Dam** est la grande place centrale d'Amsterdam. C'est à partir de cette place que la ville (**Amsterdam**, digue sur l'Amstel) s'est construite.

Mots nouveaux difficiles

3. net, à l'instant — **tegenvallen**, être moins bien que prévu, décevoir

8. de coffeeshop, café où l'on peut manger, « snack »

Je suis plutôt déçue aujourd'hui...

Dring...

1. **Bram** — *Salut Inge. Entre donc !*

2. **Inge** — *Bonjour Marij. Bonjour Bram. Alors Marij, comment s'est passée ta première journée ?*

3. **Marij** — *Je viens de raconter à Bram que j'étais plutôt déçue aujourd'hui.*

4. *J'ai passé presque toute la journée à taper des adresses*

5. *et à coller des timbres. Je ne savais pas*

6. *qu'il y avait tant de gens qui demandaient des informations par écrit.*

7. **B.** — *Et qu'as-tu fait à midi ?*

8. **M.** — *J'ai mangé dans un snack tout près de l'agence.*

9. *Ensuite j'ai fait un tour à pied.*

10. *Lorsque je suis arrivée du côté du Dam,*

11. *il était déjà l'heure de retourner.*

12. *Je n'ai pas osé demander à ma collègue*

13. *si elle voulait venir manger avec moi.*

14. *D'ailleurs nous n'avons sans doute pas le droit de sortir en même temps.*

GRAMMAIRE

• Le parfait ou le passé composé

Ce temps est comme en français un temps composé, c.à.d. qu'il se construit avec un auxiliaire (**hebben** ou **zijn**) et un participe passé en fin de phrase :

Ik heb bijna de hele dag adressen getypt. (4.)

1. La formation du participe

Comme pour l'imparfait, on distingue une forme faible et une forme forte :

– participe d'un verbe faible : **ge** + radical + **t** ou **d**

Le participe se termine par **t** si le radical finit par une consonne sourde : **t, k, f, s, ch, p** (ces consonnes sont réunies dans le mot **'t kofschip**) :

getypt (4.) **gewerkt** (werken) **geplakt** (5.)

On emploie **d** dans les autres cas : **geduurd** (duren).

– participe d'un verbe fort : **ge** + radical + **en**

Il arrive que la voyelle du radical du verbe fort soit elle-même modifiée :

Wat heb je tussen de middag gedaan? (7.)

Le mieux est d'apprendre ces formes par cœur avec celles de l'imparfait (*cf.* annexe grammaticale en fin d'ouvrage).

2. Le choix de l'auxiliaire

En règle générale, on emploie l'auxiliaire **hebben** :

Daarna heb ik een eindje gelopen (9.)

Ik heb me vanmorgen pas om elf uur gewassen.

*Je **me suis** lavé seulement à 11 heures du matin.*

Nous verrons dans les leçons suivantes les cas où l'on emploie l'auxiliaire **zijn**.

• Le passé proche ou immédiat

Ik vertel Bram net dat ... (3.)

On aurait également pu dire :

Ik vertelde Bram net ...

En fait, c'est le mot **net** qui marque que l'action vient de se passer. La structure verbe + **net** est rendue en français par *venir de* + verbe.

(Oefeningen)

A. Modifiez les phrases selon le modèle :
Als Helma in de stad is, wil ze nieuwe kleren kopen.
→ **Toen Helma in de stad was, wilde ze nieuwe kleren kopen.**
1. Als de kinderen weg zijn, doet moeder boodschappen.
2. Als Pieter beter is, gaat hij werken.
3. Als het mooi weer is, gaan we naar de stad.
4. Als hij ziek is, eet hij niet veel.
5. Als ik tussen de middag wil eten, ga ik naar een coffeeshop.

B. Mettez à l'imparfait et ensuite au passé composé :
1. Wij **(betalen)** de nieuwe auto.
2. Zij **(tellen)** het Nederlandse geld.
3. Marij **(plakken)** de hele dag postzegels.
4. Zij **(leven)** nog lang en gelukkig.
5. Je **(bellen)** gisteravond twee keer de dokter.

C. Mettez au passé composé :
1. Reist hij dikwijls? Heeft hij ...
2. Fietsen jullie altijd naar je werk?
3. Maakt u uw oefeningen alleen?
4. Typt u de brief?
5. Loopt u een eindje?

D. Traduisez :
1. J'ai fait un tour du côté du Dam.
2. Marij vient de dire qu'elle n'osait pas le demander.
3. Marij est un peu déçue par sa première journée à l'agence.
4. Quand il arriva au musée, il était déjà l'heure de retourner.
5. Les gens me demandent des renseignements sur le frison.
6. Je leur ai expliqué que le frison n'est pas un dialecte.

Ik vond het vandaag tegenvallen... • Je suis plutôt déçue aujourd'hui...

52 In het Historisch Museum (1)

[M. = Marij — P. = Portier — B. = Bram]

1. **M.** — Neemt u me niet kwalijk, meneer.
2. Ik heb een afspraak in de Regentenzaal*.
3. Waar kan ik die vinden?
4. **P.** — Direct bij de ingang*, mevrouw.
5. **B.** — Hoy Marij! Wat ben je vroeg!
6. **M.** — Ja hè! Wat een mooie zaal zeg!
7. **B.** — Ja, hij is mooi gerestaureerd*.
8. In de 17de eeuw* hebben de regenten van het Weeshuis* hier vergaderd*.
9. Je weet toch dat dit gebouw* van 1580 tot 1960
10. het weeshuis van de stad Amsterdam was?
11. **M.** — Nee, dat wist ik niet.
12. **B.** — De mannen die je op de schilderijen* ziet
13. waren de bestuursleden* of regenten
14. zoals* ze toen zeiden.

Mots nouveaux difficiles

8. **het weeshuis**, l'orphelinat (**de wees**, l'orphelin) — **vergaderen**, se réunir.
12. **het schilderij**, le tableau (peinture)
13. **het bestuur**, la direction
13. **het bestuurslid**, le membre du conseil de direction, ici l'administrateur — **het lid, leden**, le membre

Expression idiomatique

14. **zoals ze toen zeiden**, comme on disait à l'époque

222

Au Musée historique (1)

[M. = Marij — P. = Portier — B. = Bram]

1. **M.** — Excusez-moi, monsieur.
2. J'ai rendez-vous dans la salle des Régents.
3. Où puis-je la trouver ?
4. **P.** — Juste à l'entrée, madame.
5. **B.** — Bonjour Marij ! Tu es vraiment à l'heure !
6. **M.** — N'est-ce pas ? Quelle belle salle, dis donc !
7. **B.** — Oui, elle est joliment restaurée.
8. Au XVIIe siècle, les Régents de l'Orphelinat se réunis-saient ici.
9. Tu sais, naturellement, que de 1580 à 1960, ce bâtiment
10. était l'orphelinat de la ville d'Amsterdam ?
11. **M.** — Non, je ne le savais pas.
12. **B.** — Les hommes que tu vois sur les tableaux
13. étaient les administrateurs ou « Régents »,
14. comme on disait à l'époque.

Vocabulaire supplémentaire

het museum
een museum bezoeken, visiter un musée
de bezoeker, le visiteur
de tentoonstelling, l'exposition
de kunst, l'art
het museum voor moderne kunst, le musée d'Art moderne
de ingang, l'entrée
de uitgang, la sortie
de toegangsprijs, le prix d'entrée
de gids, le guide
de rondleiding, la visite guidée
plaats hebben, avoir lieu

• Le passé composé ou le parfait

1. On ne met pas de **ge-** devant les verbes à préfixe : **In de 17de eeuw hebben de regenten van het Weeshuis hier vergaderd** (8.).

> **Ik heb verteld, ontmoet en begrepen.**
> *J'ai raconté, rencontré et compris.*

Be, ge, er, her, ont et **ver** sont des préfixes inséparables du verbe de base ; ces préfixes ne sont jamais accentués.

2. Attention à l'orthographe du participe de certains verbes faibles :

– Si l'infinitif du verbe se termine par **ven** ou par **zen**, il faut employer la terminaison **d**. Devant ce **d**, le **v** ou le **z** du radical se transforment respectivement en **f** et en **s** :

> **reizen**, *voyager* → **gereisd**, **durven**, *oser* → **gedurfd**,
> **leven**, *vivre* → **geleefd**

– Si le radical du verbe se termine par **d** ou **t**, on n'a pas besoin d'ajouter un **d** ou un **t** au participe :

> **antwoord(en)** → **geantwoord** → **ontmoet(en)** →
> **ontmoet**, *rencontré*

3. Retenez bien les formes des auxiliaires au participe passé :

> **hebben** → **gehad**, **zijn** → **geweest**, **worden** → **geworden**
> **Hij heeft mooi weer gehad.** *Il a eu du beau temps.*

4. Les verbes **zijn**, **blijven** et **worden** se construisent au passé composé avec l'auxiliaire **zijn** :

> **blijven** → **ik ben gebleven**, **worden** → **ik ben geworden**,
> **zijn** → **ik ben geweest**
> **Hij is lang ziek geweest.** *Il a été longtemps malade.*
> **Zij is directrice geworden.** *Elle est devenue directrice.*

Temps des verbes forts et irréguliers
nemen → **nam(-en)** — **genomen**
kunnen → **kon(-den)** — **gekund**
zeggen → **zei(-den)** — **gezegd**
zien → **zag(-en)** — **gezien**
weten → **wist(-en)** — **geweten**

(Oefeningen)

A. Répondez aux questions :
1. Waar en met wie heeft Marij vandaag een afspraak?
2. Waarom vindt Marij de Regentenzaal mooi?
3. Wat was het huis van het Historisch Museum vroeger?
4. Wie zijn de mannen op de schilderijen?
5. Hoe heetten ze toen?

B. Mettez à l'imparfait et ensuite au passé composé :
1. Moeder (**vertellen**) ons hoe het leven vroeger (**zijn**).
2. Hij (**stappen**) in zijn auto.
3. Waarom (**antwoorden**) jij niet op mijn vragen?
4. Mijn broers (**liften**) naar Zuid-Frankrijk.
5. De nieuwe schoenen (**kosten**) nog meer geld.

C. Compléter par hebben ou zijn :
1. ... je je die avond niet zo lekker gevoeld?
2. Ik ... dikwijls in Nederland geweest.
3. Wie ... mijn fiets genomen?
4. Waar ... jullie vrienden gebleven?
5. Ik ... tussen de middag een eindje gelopen.
6. Rotterdam ... steeds belangrijker geworden.

D. Traduisez :
1. La salle des Régents est bien restaurée.
2. Tu sais bien que le musée était autrefois un orphelinat.
3. Au XVIIᵉ siècle, les administrateurs de la ville s'appelaient les « Régents ».
4. L'homme que tu vois à l'entrée est mon jeune frère.
5. La visite guidée de l'exposition aura lieu dans une heure.

In het Historisch Museum (2)

[B. = Bram — M. = Marij]

1. **B.** — Maar in het kleine zaaltje is iets leukers te zien.
2. Je kent de beroemde* zin*:
3. "Dan liever de lucht* in, zei Van Speyck" hè?
4. **M.** — Ja, hoezo?
5. **B.** — Nou hier heb je hem!
6. Hij heeft in het Weeshuis zijn jeugd* doorgebracht*.
7. In 1831 tijdens de Belgische Opstand* voer* hij
8. als gezaghebber* naar de Belgische kust*.
9. Toen hij voor de haven van Antwerpen van de Belgen dreigde* te* verliezen,
10. blies* hij zijn schip op.
11. Hij is de held* van dit zaaltje.
12. Een mooi verhaal*, vind je niet?
13. **M.** — Nou, ik houd niet van die oorlogsromantiek*!

Mots nouveaux difficiles

2. **beroemd**, célèbre — **de zin**, la phrase
6. **de jeugd**, la jeunesse — **doorbrengen**, passer (deux jours, un mois, etc.)
7. **de opstand**, la révolte, l'insurrection — **varen** (imparfait, **voer**), naviguer
8. **de gezaghebber**, le commandant en chef, ici l'amiral (**het gezag**, l'autorité) — **de kust**, la côte
9. **dreigen te**, risquer de (**dreigen**, menacer, imparfait : **dreigde**)
10. **laten** (+ infinitif), laisser, faire — **opblazen**, faire exploser
12. **het verhaal**, le récit, l'histoire
13. **de oorlog**, la guerre — **de romantiek**, le romantisme, ici l'exaltation

Au Musée historique (2)

[B. = Bram — M. = Marij]

1. **B.** — Mais dans la petite salle, il y a quelque chose de plus amusant [à voir].
2. Tu connais le mot célèbre :
3. « Plutôt sauter en l'air », comme disait Van Speyck, n'est-ce pas ?
4. **M.** — Oui, pourquoi ?
5. **B.** — Eh bien, le voici !
6. Il a passé son enfance à l'Orphelinat.
7. En 1831, pendant l'Insurrection belge, il a pris la mer
8. comme commandant de la flotte en direction de la côte belge.
9. Alors qu'il risquait d'être vaincu par les Belges devant le port d'Anvers,
10. il fit sauter son navire.
11. Il est le héros de cette petite salle.
12. Une belle histoire, tu ne trouves pas ?
13. **M.** — Oh, moi, je n'aime pas cette exaltation de la guerre.

Remarque

Liet (10.) est la forme imparfait du verbe **laten**.
Ici ce verbe n'a pas son sens propre de *laisser* mais fonctionne comme auxiliaire correspondant au verbe français *faire* :
Ze laten een nieuw huis bouwen.
Ils font construire une nouvelle maison.

Vocabulaire complémentaire

het kunstwerk, l'œuvre d'art **de kunstenaar**, l'artiste
bewonderen, admirer **de schilder**, le peintre
het beeld, l'image, la sculpture **de beeldhouwer**, le sculpteur
het standbeeld, la statue **de catalogus**, le catalogue

● Le verbe

1. Le passé composé (suite)

Les verbes à particule séparable intercalent le **ge-** entre la particule et le participe passé du verbe de base :

Hij heeft in het Weeshuis zijn jeugd doorgebracht (6.).
doorbrengen → participe passé : **doorgebracht**

Autres exemples : **opgebeld** (**opbellen**, *téléphoner*), **binnengekomen** (**binnenkomen**, *entrer*), **uitgenodigd** (**uitnodigen**, *inviter*), **weggegaan** (**weggaan**, *partir*).

2. Conjugaison des verbes forts de la leçon

– Verbes forts : **varen, voer(en), gevaren**
 laten, liet(en), gelaten
 opblazen, blies(bliezen) op, opgeblazen
 vinden, vond(en), gevonden.

– Verbes forts et irréguliers :
 zien, zag(en), gezien
 zeggen, zei(den), gezegd
 doorbrengen, bracht(en) door, doorgebracht
 verliezen, verloor(verloren), verloren.

● Les constructions infinitives

1. Le verbe **dreigen** *(menacer, risquer de)* peut se construire avec un infinitif précédé de **te** :

Toen hij voor de haven van Antwerpen van de Belgen dreigde te verliezen (9.)
Het dreigde te gaan regenen. *Il menaçait de pleuvoir.*

Rappel : le verbe **hoeven** présente la même construction avec un infinitif en fin de phrase :

Je hoeft niet naar het museum te komen.
Tu n'es pas obligé de venir au musée.

2. L'auxiliaire **zijn**, construit avec un infinitif précédé de **te**, exprime souvent une possibilité. Les traductions de cette tournure peuvent varier en français :

… is iets leukers te zien (1.). *Il y a quelque chose de plus amusant à voir.*
Er is iets te doen. *Il y a quelque chose à faire.*

(Oefeningen)

A. Répondez aux questions :
1. Wat is er in het kleine zaaltje te zien?
2. Wie was Van Speyck?
3. Hoe noemt Bram deze gezaghebber van de Nederlandse vloot?

B. Mettez au passé composé :
1. Hij gaat na het vervelende feest weg.
2. Van Speyck blaast voor de haven van Antwerpen zijn schip op.
3. Hij brengt zijn vakantie altijd in Oostenrijk door.
4. De toerist vraagt een folder over Den Haag.
5. Het feest valt erg mee.
6. Marij d'r moeder zoekt haar spullen van vroeger uit.
7. De vakantie in Noorwegen gaat niet door.
8. Annemarie zet de televisie niet uit.
9. Ze komen pas om 11 uur in Parijs aan.
10. Jullie komen met het vliegtuig terug.

C. Complétez ces passés composés par la forme voulue de l'auxiliaire hebben :
1. Ik ... je altijd geloofd.
2. Hij ... niet erg enthousiast gereageerd.
3. Ze ... haar hele leven geschilderd.
4. Jullie ... je jeugd in Friesland doorgebracht.
5. U ... in dit museum leuke dingen bewonderd.

D. Traduisez :
1. Au Musée historique d'Amsterdam il y a beaucoup de choses à voir.
2. Te rappelles-tu cet homme célèbre ?
3. Il a passé toute son enfance en Flandre.
4. La réunion menaçait de finir très tard.

54 Een voetbalwedstrijd (1)

1. Vorige week zaterdag is Bram met zijn oude klasgenoot*
   Henk naar 't café geweest.
2. Het was leuk om elkaar na lange tijd weer te zien.
3. Bram herinnerde zich nog dat Henk van voetbal hield
4. en stelde* hem daarom voor*,
5. een keer naar een thuiswedstrijd* van Ajax te gaan.
6. Henk vertelde dat hij inderdaad al jaren Ajax-supporter
   was
7. en dat zijn favoriete* club de volgende dag
8. tegen het Duitse Schalke 04 moest spelen.
9. Gelukkig* waren de kaartjes nog niet uitverkocht*.
10. Bram merkte* direct dat zijn oude vriend
11. nog steeds een enthousiaste* supporter was.
12. Henk gilde* namelijk de hele wedstrijd lang...

(N.B. Ajax est le nom de l'équipe de football d'Amsterdam.)

Mots nouveaux

1. **de klasgenoot**, le camarade de classe
4. **voorstellen**, proposer
5. **de wedstrijd**, le match, le championnat
7. **favoriet**, favori(te)
9. **gelukkig**, heureusement — **uitverkocht**, épuisé, vendu entièrement
12. **gillen**, pousser des cris (aigus), crier

Un match de football (1)

1. Samedi dernier Bram est allé au café avec un ancien camarade de classe.
2. C'était bien agréable de se revoir après tant de temps.
3. Bram se souvenait que Henk aimait le football,
4. et c'est pourquoi il lui proposa
5. d'aller une fois à un match à domicile de Ajax-Amsterdam.
6. Henk raconta qu'il était en effet supporter d'Ajax depuis des années
7. et que son club favori
8. allait jouer le lendemain contre l'équipe allemande de Schalke 04.
9. Heureusement, les billets n'étaient pas encore tous vendus.
10. Bram remarqua tout de suite que son vieil ami
11. était toujours un supporter enthousiaste.
12. En effet, celui-ci ne fit que crier durant tout le match...

Vocabulaire complémentaire

Sport
een sport beoefenen, pratiquer un sport
aan sport doen, faire du sport
voetballen, jouer au football
tennissen, jouer au tennis
fietsen, faire du cyclisme
aan gymnastiek doen, faire de la gymnastique
de ploeg, l'équipe
het elftal, l'équipe de football
een wedstrijd spelen, jouer un match
een tenniswedstrijd/roeiwedstrijd/ schaatswedstrijd,
    un match de tennis, une course d'aviron, de patins à glace

GRAMMAIRE

● **Le passé composé**

1. Zijn, auxiliaire du passé composé

– **Zijn** est l'auxiliaire de quelques verbes au passé composé **(zijn, blijven, worden)** : **is Bram … geweest**, *Bram a été*. (1.)

– **Zijn** est aussi l'auxiliaire des verbes signifiant un changement d'état ou de situation comme : **smelten** *(fondre)*, **beginnen** *(commencer)*, **veranderen** *(changer)*

De sneeuw is pas vanmorgen gesmolten.
La neige a fondu seulement ce matin.

Om twaalf uur is de vergadering geëindigd.
La réunion s'est terminée à minuit.

– On emploie également **zijn** pour le passé composé des verbes de mouvement lorsque la direction ou la destination sont mentionnées :

Hij is vorige week zondag naar Parijs gevlogen.
Il s'est envolé dimanche dernier pour Paris.

● **La subordonnée infinitive (« om … te » + infinitif)**

1. La subordonnée infinitive peut compléter un adjectif :

Het was leuk om elkaar na lange tijd weer te zien (2.).
Dit boek is interessant om te lezen.
Ce livre est intéressant à lire.

2. La subordonnée infinitive peut aussi compléter un verbe :

en **stelde hem daarom voor een keer naar een thuiswedstrijd van Ajax te gaan** (4. 5.).

L'emploi de **om** n'est pas toujours obligatoire pour introduire la subordonnée.

3. On trouve aussi des substantifs déterminés par une subordonnée infinitive :

een verhaal om te huilen, *une histoire à pleurer*.

4. Om … te + infinitif exprime aussi souvent un but ; dans ce cas l'emploi de **om** est obligatoire :

Ze gaan naar Amsterdam om de wedstrijd te zien.
Ils vont à Amsterdam pour voir le match.

(Oefeningen)

A. Répondez aux questions :
1. Met wie is Bram vorige week zaterdag naar 't café geweest?
2. Waarom stelde hij zijn vriend voor om naar een wedstrijd te gaan?
3. Tegen welke club moet Ajax de volgende dag spelen?
4. Hoe merkt Bram dat zijn vriend inderdaad een enthousiaste supporter is?

B. Complétez les passés composés par des formes de l'auxiliaire zijn :
1. Annemarie ... gisteren naar school geweest.
2. Zij ... samen naar de film geweest.
3. We ... vorige zomer naar Zuid-Amerika gevlogen.
4. ... je met de auto of met de fiets naar Friesland gegaan?
5. De Nederlandse steden ... sinds 1945 erg veranderd.
6. Wanneer ... je met Nederlands begonnen?
7. ... u lang op het feest gebleven?
8. Annemarie ... tijdens de vakantie wat groter geworden.

C. Choisissez l'auxiliaire du passé composé :
1. We ... vorige winter in Gent geweest.
2. Bram ... met de bus naar het Historisch Museum gegaan.
3. We ... in één uur naar Londen gevlogen.
4. De vergadering ... pas vanmiddag begonnen.
5. Ze ... pas om twaalf uur geëindigd.
6. De studenten ... zich tijdens de les verveeld.
7. Ik ... naar de V.V.V. geweest.
8. Ze ... twee weken door Nederland gefietst.

Een voetbalwedstrijd (2)

1. Bram begon zijn gedrag* werkelijk* vreemd te vinden
2. toen hij tijdens de tweede helft* – de stand* was nog steeds 0 - 0 –
3. niet meer wist of zijn vriend huilde* of lachte.
4. Pas in de laatste tien minuten
5. maakten* de Amsterdammers een doelpunt*.
6. Toen de scheidsrechter* het einde van de spectaculaire* wedstrijd floot*,
7. kon Henk haast* niet* geloven
8. dat Ajax toch nog gewonnen* had.
9. Maar het hele stadion* galmde* al:
10. "Oranje* boven*, Oranje boven!"

Remarque : "Oranje boven!" signifie « *Vive la maison d'Orange-Nassau* » ou « *Vive les Pays-Bas* » ; en effet, l'orange est la couleur de la maison royale des Pays-Bas et peut être considéré comme le symbole du pays.

Mots nouveaux difficiles

2. **de helft**, la mi-temps — **de stand**, la situation, la position, le score
5. **een doelpunt maken**, marquer un but — **het doelpunt**, le but
6. **de scheidsrechter**, l'arbitre — **spectaculair**, spectaculaire
7. **haast niet**, à peine, presque pas (**haast**, presque)
8. **gewonnen (winnen)**, gagné (gagner)
9. **galmen**, retentir, résonner

Un match de football (2)

1. Bram commença à trouver son comportement vraiment étrange

2. lorsque, pendant la seconde mi-temps – le score était toujours de 0 à 0 –,

3. il ne savait plus si son ami pleurait ou riait.

4. C'est seulement dans les dix dernières minutes

5. que les Amstellodamois marquèrent un but.

6. Lorsque l'arbitre siffla la fin de ce match spectaculaire,

7. Henk osait à peine croire

8. qu'Ajax avait tout de même fini par gagner.

9. Mais déjà tout le stade retentissait de :

10. « Pays-Bas, hip, hip, hip, hourra ! »

Vocabulaire complémentaire

zich gedragen, se comporter
zich opwinden, s'énerver, s'exciter
boos worden, se mettre en colère
woedend worden, se mettre en fureur
iemand uitschelden, injurier, gronder quelqu'un
zich beheersen, se contrôler
zijn kalmte niet verliezen, ne pas perdre son calme
rustig blijven, rester calme
tot bedaren komen, se calmer
kalmpjes aan! Calme-toi ! On se calme !

● Le verbe

1. Le plus-que-parfait

Il se forme comme en français, en utilisant la forme de l'imparfait de l'auxiliaire **hebben** ou **zijn** et le participe passé :

> ... dat Ajax toch **gewonnen had** (8.)

2. Verbes forts et irréguliers du texte

> **winnen, won(nen), gewonnen**
> **beginnen, begon(nen), begonnen**
> **kunnen, kon(den), gekund**

3. Verbes forts en -ui-

Tous les verbes forts dont la voyelle du radical est **-ui-** font leur imparfait et leur participe passé en **-o-** long :

> **fluiten, floot/floten, gefloten**
> **sluiten, sloot/sloten, gesloten.**

4. L'infinitif précédé de te

Le verbe **beginnen** peut se construire avec un infinitif précédé de **te** :
Bram begon zijn gedrag ... vreemd te vinden (1.).

L'infinitif précédé de **te** peut avoir lui-même des compléments nominaux, adverbiaux, etc. qui forment avec lui une proposition infinitive :

> **Bram begon zijn gedrag pas werkelijk vreemd te vinden.**

● Morphologie : le genre des noms

1. Les noms formés à partir de radicaux verbaux à préfixe sont du genre neutre : **zich gedragen** → **het gedrag**

> **bedragen**, *s'élever à* → **het bedrag**, *le montant, la somme*
> **verraden**, *trahir* → **het verraad**, *la trahison*

Exception : **de verkoop** *(la vente)*, où le préfixe **ver** est accentué.

2. On obtient souvent le nom des habitants d'une ville en ajoutant le suffixe **-er** au nom de celle-ci :

> **Amsterdam** → **de Amsterdammer(s)**,
> **Rotterdam** → **de Rotterdammer(s)**

A. Répondez aux questions :
1. Hoe reageerde Henk tijdens de tweede helft?
2. Wanneer maakten de Amsterdammers een doelpunt?
3. Hoe merkte Henk dat Ajax werkelijk gewonnen had?
4. Welke supporters zingen "Oranje boven"?
5. Wat betekent deze kleur voor de Nederlanders?

B. Formez des phrases selon le modèle :
Morgen blijft hij thuis → Hij denkt morgen thuis te blijven.
1. Vanmiddag ga ik met de kinderen naar de dierentuin.
2. We vertrekken over een week naar Joegoslavië.
3. Hij begint met zijn studie in België.
4. Daar leert hij goed Nederlands.
5. Hij vindt een mooie kamer in het centrum van Gent.

C. Complétez le plus-que-parfait par une forme de l'auxiliaire hebben :
1. Toen hij opstond, … zijn moeder het ontbijt al klaar gemaakt.
2. Toen de Belgen kwamen, … Van Speyck zijn schip al opgeblazen.
3. Toen Ruud in het stadion aankwam, … ze bijna alle kaartjes verkocht.
4. Toen Bram Annemarie een tip gaf, … ze al een brommer gekocht.

D. Traduisez :
1. J'osais à peine croire que j'avais gagné.
2. Les Allemands marquèrent un but dans les cinq dernières minutes.
3. Elle commence à trouver étrange l'attitude de l'arbitre.
4. Pendant la deuxième mi-temps, les supporters se sont énervés.
5. Seul l'arbitre n'a pas perdu son calme.

Op de koffie in Steenwijk

[B. = Buurvrouw — Ma. = Marij — Mo. = Moeder]

1. **B.** — Kom binnen, mevrouw Van Leeuwen.
2. Ha, Marij, ben je thuis 't weekend? Gezellig!
3. Allebei* koffie met boterkoek?
4. Nou, vertel eens, Marij, hoe bevalt* 't je in Amsterdam?
5. **Ma.** — Goed. Maar als Bram er niet was,
6. zou ik 't wel moeilijk vinden, hoor.
7. Op mijn werk heb ik namelijk nog niet zulke* goede contacten
8. en zonder Bram zou ik 's avonds altijd alleen zijn.
9. Samen gaan we na het werk vaak ergens* eten
10. en daarna naar een film of* zo*.
11. Dat zou ik niet zo gauw doen als ik alleen was.
12. **B.** — Heb je ook iets van die vredes*demonstratie gemerkt*?
13. **Ma.** — Ja natuurlijk, ik ben er geweest.
14. **Mo.** — En ik was 't er helemaal niet mee eens. Veel te gevaarlijk*!
15. **Ma.** — Als iedereen zo redeneerde*, zou er nooit vrede komen.

Mots nouveaux difficiles

3. **allebei**, tou(te)s les deux, ensemble

7. **zulke**, de tel(le)s, pareil(le)s

9. **ergens**, quelque part

10. **of zo**, par exemple

12. **de vrede**, la paix — **de demonstratie***, la manifestation

À l'heure du café à Steenwijk

1. **Voisine** — Entrez donc, madame Van Leeuwen.
2. Ah, Marij, tu es à la maison ce week-end ? C'est chouette !
3. Café pour toutes les deux, avec un gâteau au beurre ?
4. Raconte un peu, Marij, tu te plais à Amsterdam ?
5. **Marij** — Oui. Mais si Bram n'était pas là,
6. ce serait difficile pour moi, vous savez.
7. C'est qu'au travail, je n'ai pas encore de très bons contacts
8. et sans Bram je serais toujours seule le soir.
9. Nous allons souvent dîner quelque part après le travail
10. et ensuite nous allons au cinéma, par exemple.
11. Je ne le ferais pas si facilement si j'étais seule.
12. **V.** — Et la manifestation pour la paix, tu l'as vue ?
13. **Ma.** — Oui bien sûr, j'y étais.
14. **Mère** — Et moi je n'étais pas du tout d'accord. Bien trop dangereux !
15. **Ma.** — Si tout le monde raisonnait ainsi, il n'y aurait jamais de paix.

Remarques

- **allebei** (3.) est un adverbe, il est donc invariable. Employé avec un verbe conjugué, il se place toujours après le groupe sujet + verbe : **Ze komen allebei.**
- **hoe bevalt 't je?**, (litt.) *comment cela te plaît-il ?* (4.)
- **zulk** est un synonyme de **zo'n** ; il est employé devant les substantifs au pluriel : **zulke goede contacten** (7.) ou devant des noms non comptables : **zulk water**, *une telle eau.*

  Attention : **zulk** précède un **het-woord** et dans les autres cas on emploie **zulke**.

● **Les formes « zou/zouden » et l'expression de l'hypothèse**

Rappel : l'emploi des formes **zou/zouden** (auxiliaire **zullen**) avec infinitif rappelle celui du conditionnel en français :

Als Bram er niet was zou ik... (6.) Voir (8.)

Cette construction s'emploie pour exprimer :

1. un doute ou une supposition :

Hij ziet er niet goed uit. Zou hij ziek zijn? *Il a mauvaise mine. Est-ce qu'il serait malade ? = Il est peut-être malade ?*

2. un conseil, une suggestion :

Je zou wat meer over Nederland moeten weten. *Tu devrais savoir plus de choses sur les Pays-Bas.*

3. un projet ou une idée conçu(e) dans le passé :

Zullen we morgen naar het strand gaan? Nee, Henk zou ons immers voor zijn verjaardag uitnodigen. Dat hadden we afgesproken. *Non, Henk devait en effet nous inviter… C'est ce dont nous étions convenus.*

4. une condition ou une irréalité :

Als iedereen zo redeneerde, zou er nooit vrede komen (15.)

5. une action à venir dans un contexte passé :

Ik dacht dat hij niet zou komen.
Je pensais qu'il ne viendrait pas.

● **La construction de la phrase** *(rappel)*

La subordonnée conditionnelle est introduite par **als** *(si)* :

Als ik meer tijd had, zou ik... *Si j'avais plus de temps je…*

Le verbe de la subordonnée se trouve au passé ou est précédé de **zou/zouden.**

La subordonnée étant considérée comme le premier membre de la phrase, le verbe de la principale suit immédiatement le verbe de la subordonnée (*cf.* leçon 57, grammaire) :

Als ik veel geld zou hebben, zou ik een mooie auto kopen = dan zou ik een mooie auto kopen.
Si j'avais beaucoup d'argent, j'achèterais une belle voiture.

(Oefeningen)

A. Questions sur le texte :
1. Zou Marij het zonder Bram ook leuk hebben gevonden in Amsterdam?
2. Zou Marij ook vaak naar de film gaan als ze alleen was?
3. Waar was de moeder van Marij het niet mee eens?
4. Waarom was ze het er niet mee eens?

B. Quel conseil donneriez-vous ?
Aan iemand die veel eet en te dik is? Als ik jou was zou ik minder eten!
1. Aan een vriendin die te weinig slaapt en moe is?
2. Aan uw dochter die naar een demonstratie wil waar ze gevaar kan lopen?
3. Aan een jongen die verkouden is en het raam open laat staan?
4. Aan een collega die veel rookt en zich niet goed voelt?

C. Dites en néerlandais :
1. Il a l'air fatigué. Peut-être qu'il travaille trop?
2. Tu devrais aller à la réception.
3. Je pensais que tu allais m'attendre.
4. Si j'avais beaucoup d'argent, je m'achèterais un tableau de Van Gogh.

D. Mettez le verbe entre parenthèses au temps qui convient et conjuguez-le :
1. Ik dacht dat hij wel **(zullen)** komen.
2. Hij hoopte dat hij genoeg geld **(zullen)** hebben.
3. Ik zag dat hij moe **(zijn)**.
4. Bram denkt dat zijn vader hem niet **(kunnen)** helpen.

Bij de burgerlijke stand

1. Omdat Marij van Steenwijk naar Amsterdam verhuist,
2. moet ze zich laten opnemen* in het bevolkingsregister* van Amsterdam.
3. Ze moet daarvoor naar de burgerlijke stand van de gemeente* Amsterdam.
4. Als legitimatiebewijs* neemt ze haar paspoort* mee.
5. Verder moet ze een verklaring* van haar werkgever
6. en het huurcontract* van Bram laten zien.
7. Nu zij in Amsterdam ingeschreven* is, kan ze hier ook stemmen*.
8. Het formulier* dat ze in het gemeentehuis* in moet vullen
9. ziet er zo uit:

10. NAAM: VOLLEDIGE* VOORNAMEN:

11. GEBOORTE*DATUM*:   GEBOORTEPLAATS*:

12. HUIDIG* ADRES:

13. LAATSTE WOONPLAATS:

14. DATUM VAN VESTIGING* IN AMSTERDAM:

Remarque

Laten zien (6.) ne doit pas être traduit mot à mot ; ces deux verbes signifient *montrer* ou *présenter*. Le verbe **tonen** est un synonyme de **laten zien** dans la langue écrite.

À l'état civil

1. Comme Marij quitte Steenwijk pour Amsterdam,
2. elle doit se faire inscrire au registre d'état civil d'Amsterdam.
3. Elle doit pour cela se rendre au bureau de l'état civil de la commune d'Amsterdam.
4. Comme pièce d'identité elle emporte son passeport.
5. En outre, elle doit présenter une attestation de son employeur,
6. ainsi que le contrat de location de Bram.
7. Maintenant qu'elle est enregistrée à Amsterdam, elle peut également y voter.
8. Le formulaire qu'elle doit remplir à la mairie
9. se présente comme suit :

10. NOM DE FAMILLE :   PRÉNOMS (au complet) :

11. DATE DE NAISSANCE :   LIEU DE NAISSANCE :

12. DOMICILE ACTUEL :

13. DOMICILE PRÉCÉDENT :

14. DATE DE L'INSTALLATION À AMSTERDAM :

Vocabulaire complémentaire

gehuwd, marié(e)
de echtgenoot, l'époux
de echtgenote, l'épouse
afgeven, délivrer
geldig, valable
woonachtig in, domicilié(e) à
de verblijfsvergunning, la carte de séjour
het ziekenfonds, la caisse d'assurance-maladie

● **Le verbe**

Le verbe à particule en subordonnée

Si le verbe à particule séparable se construit en subordonnée avec un verbe de modalité, la particule se place souvent avant le verbe de modalité. Cette mobilité de la particule donne un tour expressif à la phrase néerlandaise :

> Het formulier dat ze in het gemeentehuis **in** moet **vullen** (8.).

On aurait pu dire :

> Het formulier dat ze in het gemeentehuis moet **invullen**.

Les deux constructions sont également correctes.

● **La construction de la phrase**

Dans le cas où la subordonnée se trouve en tête de phrase, le verbe conjugué de la principale suit immédiatement la subordonnée ; la subordonnée fonctionne alors comme premier élément de phrase et le verbe de la principale se trouve comme d'habitude en deuxième position.

> **Omdat** Marij van Steenwijk naar Amsterdam verhuist/ **moet**/ze/zich/laten opnemen/ ... (1. 2.)

On peut souvent remplacer cette subordonnée en tête de phrase par un seul mot :

> **Daarom**/moet/ze/zich/laten opnemen ...

> **Nu** zij in A'dam ingeschreven is, kan ze hier ook stemmen.
> **Nu** kan ze hier ook stemmen.
> **Voordat** Marij naar Amsterdam komt, moet ze nog twee maanden werken.
> **Daarvoor** moet ze nog twee maanden werken.

EXERCICES

(Oefeningen)

A. Pouvez-vous remplir ce formulaire ? *(Kunt u dit formulier invullen?)*

INSCHRIJFFORMULIER WONINGBOUWVERENIGING "HET KRUIS" AMSTERDAM

NAAM: VOORNAAM:

HUIDIG ADRES:

GEBOORTEPLAATS: GEBOORTEDATUM:

GEHUWD ONGEHUWD

NAAM ECHTGENO(O)T(E):   VOORNAAM ECHTGENO(O)T(E):

AANTAL KINDEREN:

NATIONALITEIT: GODSDIENST:

PASPOORTNUMMER: AFGEGEVEN OP:
                                                      GELDIG TOT:

WOONACHTIG IN NEDERLAND SINDS:

VERBLIJFSVERGUNNING GELDIG TOT:

NAAM WERKGEVER: ADRES WERKGEVER:

ZIEKENFONDSNUMMER: BANKNUMMER:

B. Faites de la première proposition une subordonnée :

1. **(Omdat)** Bram heeft binnenkort examen — hij moet nog hard werken.
2. **(Omdat)** Marij is verhuisd — ze moet zich in Amsterdam laten inschrijven.
3. **(Omdat)** Marij verlaat Steenwijk — haar moeder voelt zich eenzaam.
4. **(Nu)** Annemarie heeft een brommer — ze gaat met haar vriendinnen naar school.
5. **(Als)** het is mooi weer — ze hoeft niet met de bus te gaan.

Telefoon voor Bram

1. **Receptie** — Amsterdams Historisch Museum, goedemorgen!
2. **Marij** — Ja, goedemorgen, u spreekt met Marij Van Leeuwen.
3. Zou ik Bram Hermans even kunnen spreken?
4. **R.** — Een ogenblikje*, mevrouw, ik verbind* u* door*.
5. **Bram** — Hallo, Hermans hier.
6. **R.** — Telefoon voor u, meneer.
7. **B.** — Dank u. Hallo, met wie spreek ik?
8. **M.** — Met Marij. Ik bel je even om te zeggen
9. dat ik pas* begin september vrij kan krijgen.
10. Dan is de ergste* vakantiedrukte* hier voorbij*.
11. Niemand mag hier tijdens* het hoogseizoen* vakantie* opnemen*.
12. Zou jij eventueel* ook in september met vakantie kunnen gaan?
13. **B.** — Nee helaas niet. Ik denk niet dat dat lukt* met mijn colleges.
14. **M.** — Laten we gewoon een lang weekend in Nederland of in België gaan kamperen.
15. **B.** — Kijk jij in de folders* op het reisbureau
16. of er ergens een geschikte* plek* voor ons is!
17. **M.** — Okay. Dat zal ik doen. Ik hang* weer gauw op*, hè?
18. **B.** — Dag, tot vanavond!

Expression idiomatique

(13.) Het lukt, *cela réussit*. **Lukken** est un verbe impersonnel qui peut se construire avec un pronom personnel complément : **het lukt me**, *je réussis*.

Appel téléphonique pour Bram

1. **Réception** — *Musée historique d'Amsterdam. Bonjour !*
2. **Marij** — *Oui, bonjour. Marij Van Leeuwen à l'appareil.*
3. *Pourrais-je parler un instant à Bram Hermans ?*
4. **R.** — *Un instant, madame, je vous le passe.*
5. **Bram** — *Allô, Hermans à l'appareil.*
6. **R.** — *Un appel pour vous, monsieur.*
7. **B.** — *Merci. Allô, qui est à l'appareil ?*
8. **M.** — *C'est Marij. Je t'appelais pour te dire*
9. *que je pourrai me libérer seulement début septembre.*
10. *À ce moment-là, le coup de feu des vacances sera passé ici.*
11. *Personne ne peut prendre ici ses congés en pleine saison.*
12. *Tu pourrais toi aussi, éventuellement, partir en vacances en septembre ?*
13. **B.** — *Malheureusement non. Je ne pense pas que cela marche avec mes cours.*
14. **M.** — *Allons tout simplement camper un week-end en Belgique ou aux Pays-Bas.*
15. **B.** — *Regarde dans les dépliants à l'agence de voyage.*
16. *s'il y a quelque part un endroit qui nous conviendrait.*
17. **M.** — *O.K. ! Je vais le faire. Bien, je raccroche tout de suite, d'accord ?*
18. **B.** — *Salut. À ce soir !*

● L'adverbe

1. La traduction de *seulement* ou *ne … que* dans un contexte temporel est **pas** :

dat ik pas begin september vrij kan krijgen. (9.)
Het is pas acht uur.
Il n'est que huit heures.
Ik heb pas twintig pagina's gelezen.
Je n'ai lu que vingt pages.

Dans le troisième exemple, on sous-entend *jusqu'ici*.

2. Dans les autres cas, on emploie **maar** (souvent en combinaison avec **alleen**) :

Ik kan er alleen maar om lachen.
Je ne peux qu'en rire.
Het gaat hem alleen maar om het geld.
Pour lui, ce n'est qu'une question d'argent.

● Le verbe

Les verbes de modalité au conditionnel

La construction des verbes de modalité avec l'auxiliaire **zou/zouden** est des plus fréquentes ; nous obtenons alors un groupe verbal complexe avec souvent deux, trois ou quatre éléments :

Zou ik Bram Hermans even kunnen spreken? (3.)

En fin de proposition, nous retrouvons toujours l'ordre : verbe de modalité + infinitif :

Je zou eigenlijk meer moeten werken.
Tu devrais en fait travailler plus.

Rappel : attention aux verbes à particule séparable.

Nous savons en effet que si un verbe à particule se construit en fin de phrase avec un verbe de modalité, la particule précède souvent ce dernier :

Je zou meer op moeten letten (opletten).
Tu devrais faire plus attention.
Je zou wat meer folders bij de V.V.V. aan moeten vragen.
Tu devrais demander au syndicat d'initiative quelques dépliants en plus.

(Oefeningen)

A. Répondez aux questions :
1. Waarom mag Marij geen vakantie opnemen voor september?
2. Kan Bram in september weg? Waarom wel/niet?
3. Wat doen ze als ze geen vakantie kunnen opnemen?

B. Mettez dans l'ordre (attention aux verbes à particule séparable) :
1. Zou/u/willen/langskomen/vanavond/?
2. Zou/folders over Duitsland/aanvragen/jij/willen/?
3. /met de heer Jansen/u/mij/doorverbinden/kunnen/zou/?
4. /de eerste vakantiedrukte/wel/dan/voorbij/zijn/zou/.
5. /dat formulier/bij mijn collega/moet/u/indienen/.
6. /je/in juli/vakantie/zou/opnemen/mogen/.

C. Complétez le dialogue suivant :
Telefoon: tring…
Corrie. — Hallo, … Corrie Venema.
Secretaris. — Goedemorgen, u … … P.A.C. import-export. Kunt u … doorverbinden … de directeur … uw firma, de heer Vermeulen?
C. — … spijt …, maar … bent verkeerd verbonden. … nummer moet … hebben?
S. — Amsterdam 47 33 456.
C. — Dan heeft … … vergist. Mijn telefoonnummer … 47 33 457.
S. — Oh neemt … … niet kwalijk. Dag, mevrouw en bedankt …uw hulp.
C. — … te danken. Goedemorgen.

Het Nederlandse parlement

1. Het Nederlandse parlement* wordt "Staten*-Generaal*" genoemd.
2. Deze bestaat uit twee kamers.
3. De Eerste Kamer, bestaande uit 75 leden,
4. wordt indirect* gekozen* door de Provinciale Staten.
5. De Tweede Kamer telt 150 leden*, die middels* directe verkiezingen*
6. door de Nederlandse bevolking worden gekozen.
7. Alle inwoners* van 18 jaar en ouder hebben stemrecht*,
8. mits* zij de Nederlandse nationaliteit*hebben.
9. Buitenlanders die langer dan vijf jaar wettig* in Nederland verblijven*,
10. mogen stemmen* bij de gemeenteraad*sverkiezingen,
11. terwijl ze bij de Tweede Kamerverkiezingen thuis moeten blijven.
12. De burgemeesters* worden in Nederland, anders dan in Frankrijk,
13. niet gekozen, maar benoemd door de Kroon*.

Mots nouveaux difficiles

1. **het parlement**, le parlement — **de staat**, l'État — **generaal**, général
5. **het lid** (plur. **de leden**), le membre — **middels**, par, au moyen de
10. **de gemeenteraad**, le conseil municipal (**de gemeente**, la commune)

Remarque

Bestaande (3.) est un participe présent formé à partir de l'infinitif **bestaan**, *exister*. Ici il s'agit du verbe **bestaan uit**, *se composer de*.

Le parlement néerlandais

1. Le parlement néerlandais s'appelle les États Généraux.
2. Ils se composent de deux chambres :
3. La Première Chambre, comprenant 75 membres,
4. est élue au suffrage indirect par les États provinciaux.
5. La Deuxième Chambre compte 150 membres, qui sont élus au suffrage direct
6. par la population néerlandaise.
7. Tous les habitants âgés de 18 ans et plus ont le droit de vote,
8. à condition qu'ils aient la nationalité néerlandaise.
9. Les étrangers qui résident légalement aux Pays-Bas depuis plus de cinq ans
10. ont le droit de voter aux élections municipales,
11. alors qu'aux élections législatives, ils doivent rester chez eux.
12. Aux Pays-Bas, à la différence de la France, les maires
13. ne sont pas élus, mais nommés par la Couronne.

Vocabulaire complémentaire

Nationaliteit

le pays	l'adjectif	le citoyen	la citoyenne	les habitants
Nederland	Nederlands	Nederlander	Nederlandse	Nederlanders
België	Belgisch	Belg	Belgische	Belgen
Frankrijk	Frans	Fransman	Franse/ Française	Fransen
Duitsland	Duits	Duitser	Duitse	Duitsers
Engeland	Engels	Engelsman	Engelse	Engelsen

GRAMMAIRE

• Le participe présent

Le participe présent se forme en ajoutant **d** à l'infinitif du verbe :
   zingen, *chanter* → **zingend**, *chantant*.

• La conjonction

1. La conjonction de coordination relie des mots ou des phrases entre eux. Cette conjonction n'entraîne aucune modification dans la construction de la proposition qui suit :

   Allen wilden hem zien en hij kwam dadelijk.
   Tous voulaient le voir et il vint tout de suite.
   Allen wilden hem zien maar hij kwam niet.
   Tous voulaient le voir mais il ne vint pas.

Autres conjonctions : **of** *(ou)*, **want** *(car)*, **evenals** *(également)*, **dus** *(donc)*.

2. La conjonction de subordination a pour fonction d'introduire une proposition subordonnée ; elle entraîne par conséquent le « rejet » du verbe tout entier à la fin de la proposition.
Mémorisez les quelques conjonctions de subordination ci-dessous.

– conjonctions du discours indirect : **of** et **dat** :
   Ik weet niet of hij komt. *Je ne sais pas s'il vient.*
   Ik weet dat hij komt. *Je sais qu'il vient.*

– subordonnants de temps :

terwijl, *pendant que*	**als, wanneer**, *quand*
nu, *maintenant que*	**sinds**, *depuis que*
na (dat), *après que*	**tot (dat)**, *jusqu'à ce que*
voor (dat), *avant que*	**zodra**, *aussitôt que*
toen, *lorsque*	**zolang**, *aussi longtemps que*

– subordonnants conditionnels :
   mits, *à condition de/que*   **tenzij**, *à moins que*
   als, *si*
– subordonnant indiquant un motif : **omdat**, *parce que*
– subordonnant causal : **doordat**, *du fait que*
– subordonnant de but : **zodat**, *si bien que*
– subordonnants d'opposition : **terwijl**, *alors que* ; de concession : **hoewel**, *bien que*
– subordonnants de comparaison : **alsof**, *comme si* ; **zoals**, *comme*.

(Oefeningen)

A. Complétez par une conjonction de la liste :

1. Ik kom morgen bij je, ... ik tijd heb. **(nadat)**
2. Buitenlanders mogen stemmen, ... **(dat)**
   ze al vijf jaar legaal in Nederland verblijven. **(mits)**
3. We vragen ons af ... ze het leuk vinden **(wanneer)**
   in Nederland. **(hoewel)**
4. Dat wil ik niet doen, ... dat is niet solidair. **(als)**
5. We merkten, ... hij niet hard werkte. **(want)**
6. ... ze een bad genomen had, ging ze slapen. **(of)**
7. ... we verloren hebben, komen we toch **(nu)**
   in de competitie. **(toen)**
8. Je moet eens in Antwerpen gaan kijken, ...
   je naar België gaat.
9. ... hij geopereerd is, voelt hij zich beter.
10. ... ik klein was, speelde ik dikwijls in de tuin.

B. Dans les phrases suivantes, on s'est trompé de conjonction. Corrigez :

1. Ik was een half uur van huis weg, **als** ik bemerkte dat ik mijn boek had vergeten.
2. Wij liepen hard **ofschoon** wij op tijd wilden zijn.
3. Henk voetbalt niet meer **omdat** hij heeft tijd nodig om te studeren.
4. Wij gaan morgen naar het strand, **tenzij** het niet regent.
5. Hij vraagt je **als** jij de brief hebt geschreven.

C. Complétez par als, zoals, alsof ou of :

1. Waarom deed hij ... hij ziek was?
2. ... ze daar nog eens over begint gaan we naar huis.
3. ... jij de zaak vertelt, geloof ik er niets van.
4. Hij praatte en lachte ... er niets gebeurd was.
5. Weet jij ... er in 2008 verkiezingen zijn in Frankrijk?

On trouve **te** + infinitif

1. après les prépositions **om, zonder** *(sans)*, **voor** *(avant de)*, **na** *(après)* :

> **Marij verhuist naar Amsterdam om bij Bram te wonen.**
> *... pour vivre avec Bram.*
> **Na gegeten te hebben vertrok hij naar school.**
> *Après avoir mangé, il partit pour l'école.*
> **Hij stak over zonder op het verkeer te letten.**
> *Il traversa sans faire attention à la circulation.*

2. après les verbes de position **lopen, zitten, liggen, staan, hangen**, lorsqu'ils sont conjugués à un temps simple.

3. comme en français, après des verbes dont le sens appelle un infinitif complément :

> **Heb je zin om mee te gaan?**
> *As-tu envie de m'accompagner ?*

4. contrairement au français, après des verbes dont le sens appelle un infinitif complément :

> **Hij denkt verstandig te zijn.**
> *Il **pense être** raisonnable.*

blijken, *se révéler*	**menen**, *penser*
durven, *oser*	**schijnen**, *sembler*
geloven, *croire*	**wagen**, *oser*
hopen, *espérer*	**wensen**, *souhaiter*
lijken, *sembler*	**zich herinneren**, *se souvenir*

Remarque : 1. Contrairement au français, après les verbes **blijven, leren, helpen** *(continuer, apprendre, aider)*, le *à* ou le *de* français précédant l'infinitif ne se traduit pas en néerlandais.

2. Après **zien** et **komen**, pas de **te**.

Memento 5 : « te » + infinitif

1. Tout participe passé de verbe simple se forme de la manière suivante :

ge- + radical + terminaison   **-t/d** pour les verbes faibles
-en/n pour les verbes forts.

2. Les verbes à préfixe ne prennent pas l'augmentatif **ge-** :
vergaderen → **ver**gaderd   **ver**huizen → **ver**huisd

3. Les verbes à particule séparable intercalent **ge-** entre leur particule et le radical :
doorbrengen → door**ge**bracht

4. Le radical du participe passé :
 – le radical du participe passé des verbes faibles est le même que celui de l'infinitif :
 merken → **merk**-en → ge**merk**t
 noemen → **noem**-en → ge**noem**d
 – le radical du participe passé des verbes forts est :
  – soit celui de l'infinitif :
  lezen → ge**lez**en, staan → ge**staan**
  – soit celui de l'imparfait :
  zingen → **zong** → ge**zong**en, kiezen → **koos** → ge**koz**en
  – soit un autre radical :
  eten → **at** → ge**get**en, helpen → **hielp** → ge**holp**en

5. On apprendra donc le participe passé de chaque verbe fort (liste en fin de manuel) ; le mieux est d'apprendre l'infinitif suivi de la forme de l'imparfait au singulier, puis de celle du participe passé :
doen — deed — gedaan
eten — at — gegeten
lopen — liep — gelopen
nemen — nam — genomen
kiezen — koos — gekozen
doorbrengen — bracht door — doorgebracht

LES 60

EXERCICES

(Oefeningen)

A. Construisez des infinitives introduites par zonder suivant le modèle :
> Neemt hij zijn boeken mee? Nee, hij vertrekt zonder zijn boeken mee te nemen.

1. Zegt hij iets?
2. Doet hij de deur dicht?
3. Maakt hij veel lawaai?

B. Mettez à la forme progressive suivant le modèle :
> Marij wacht op de bus → Marij staat op de bus te wachten.

1. Mevrouw Bijlsma breit een warme trui. **(zitten)**
2. Henk maakt zijn oefeningen af. **(zitten)**
3. Bram z'n broek droogt in de badkamer. **(hangen)**
4. Inge en Marij praten al een half uur met elkaar. **(staan)**
5. Mevrouw Jansen leest in haar bed. **(liggen)**

C. Infinitif avec te ou sans te :
> Hij komt morgen terug (denken). Hij denkt morgen terug te komen.

1. De zee is vandaag gevaarlijk. **(schijnen)**
2. Ze spreken Engels. **(leren)**
3. Wim krijgt een mooi schoolrapport. **(hopen)**
4. Ruud en Bram werken de hele dag voor hun tentamen. **(blijven)**
5. Marij kookt vanavond voor Bram. **(niet durven)**
6. Marij heeft haar moeder toen in de winkel geholpen. **(zich herinneren)**

EXERCICES

(Oefeningen)

D. Mettez dans l'ordre (infinitif — imparfait — participe) les temps des verbes suivants selon le modèle :
vonden — vinden — vond — gevonden → vinden — vond vonden — gevonden

1. vertrokken — vertrekken — vertrokken — vertrok
2. stonden — stond — staan — gestaan
3. bracht — brengen — gebracht — brachten
4. bleef — gebleven — bleven — blijven
5. had — hadden — gehad — hebben
6. herinnerd — herinnerden — herinneren — herinnerde
7. geïnteresseerd — interesseerde — interesseren — interesseerden
8. gingen — gaan — gegaan — ging
9. zijn — was — geweest — waren
10. kon — gekund — konden — kunnen

E. Formez le participe passé des verbes faibles suivants selon le modèle :
werken — werkte(n) → gewerkt

1. duren — duurde(n) → ...
2. herinneren — herinnerde(n) → ...
3. achten *(considérer)* — achtte(n) → ...
4. antwoorden — antwoordde(n) → ...
5. belasten *(charger)* — belastte(n) → ...

F. Complétez le petit texte suivant par la forme correcte du verbe :

Vorige week zondag **(op staan)** ... ik om 7 uur ... Ik **(zich wassen)** ... en **(zich aankleden)** ... Met mijn vriendin Inge ... **(gaan)** ik naar het stadion ... want daar **(spelen)** ... Ajax tegen Schalke 04 ... We ... **(hebben)** veel pret ... want de spelers ... **(zijn)** topfit ... Na de wedstrijd ... **(ontmoeten)** we Bram met Marij ... We ... **(gaan)** alle vier naar het café ... en ... **(doorbrengen)** een gezellige avond ...

Het platteland (1): de landbouw

1. Het Nederlandse landschap* is sinds 1950 erg veranderd*.
2. De boeren geven de voorkeur aan grote stukken* g rond*,
3. die ze op efficiënte* manier kunnen ontwateren* en bewerken*.
4. Vele kleine bezittingen* zijn samengevoegd* tot enkele grote.
5. Een direct gevolg* hiervan is
6. dat we nog maar weinig bomen* en struiken* in de landbouwgebieden* zien.
7. Deze zouden de moderne zware* landbouwmachines maar in de weg staan.
8. En zo hebben de romantische* kronkel*paadjes*
9. en zand*wegen met bomen erlangs,
10. bijna allemaal plaats moeten maken voor rechtlijnige* asfalt*wegen.
11. Het voor Oost-Nederland karakteristieke houtwallen*-landschap
12. is al bijna verleden* tijd*.

Mots nouveaux difficiles

8. **de kronkel**, la courbe, le méandre — **het paadje**, le sentier
11. **de houtwal**, le talus boisé, la haie vive — **het hout**, le bois — **de wal**, le talus, la levée de terre

La campagne (1) : l'agriculture

1. Le paysage néerlandais a beaucoup changé depuis 1950.
2. Les paysans donnent la préférence à des terrains étendus,
3. qu'ils peuvent assécher et travailler efficacement.
4. Beaucoup de petites propriétés ont été regroupées en quelques grandes (unités).
5. La conséquence directe en est
6. qu'on ne voit plus guère d'arbres ou de buissons dans les régions agricoles.
7. Ils ne feraient que gêner les lourdes machines agricoles modernes.
8. Et c'est ainsi que les sentiers tortueux romantiques
9. et les chemins sablonneux bordés d'arbres
10. ont presque tous dû faire place à des routes goudronnées et rectilignes.
11. Le paysage bocager caractéristique de l'est des Pays-Bas
12. appartient déjà presque au passé.

Expressions idiomatiques

2. **de voorkeur geven aan**, préférer, donner la préférence à
7. **in de weg staan**, faire obstacle, gêner
10. **plaats maken voor**, faire place à

Vocabulaire complémentaire

de plant, la plante
de bloem, la fleur
het gras, l'herbe
het onkruid, la mauvaise herbe
de haver, l'avoine
de akker, le champ

de oogst, la récolte
het graan, les céréales
de tarwe, le blé
de rogge, le seigle
de maïs, le maïs

● **Le pronom « deze/dit »**

1. Le démonstratif **deze/dit** (*cf.* leçon 10) fonctionne comme pronom de rappel, surtout dans la langue écrite. Il renvoie à des personnes ou des choses précédemment citées.

> **Onze tekst gaat over Nederlandse landschap. Dit is namelijk sinds 1950 erg veranderd.**
> *Notre texte traite du paysage néerlandais. Celui-ci a en effet beaucoup changé depuis 1950.*

2. Au pluriel, ce pronom a deux formes : **deze** ou **dezen**.
   On emploie **dezen** lorsque le pronom renvoie à des personnes :
   De vergadering begon zonder de collega's uit Amsterdam. Dezen hadden namelijk hun trein gemist.
   La réunion a commencé sans les collègues d'Amsterdam. Ceux-ci avaient en effet manqué leur train.

   Sinon on emploie **deze** :
   Deze zouden de moderne zware landbouwmachines maar in de weg staan. (7.)

   Ici l'antécédent est **bomen en struiken**, *arbres et buissons*.

● **Le verbe**
Le double infinitif

Lorsqu'un verbe a pour complément un infinitif non précédé de **te**, les temps composés de ce verbe se forment non pas avec son participe passé, mais avec son infinitif. On a alors un groupe où se suivent deux infinitifs, d'où le nom de « double infinitif » donné à cette structure :

> **Hij kan niet komen.** *Il ne peut pas venir.* → **Hij heeft niet kunnen komen.** *Il n'a pu venir.*

> **Zo hebben de kronkelpaadjes ... plaats moeten maken** (8. 10.)

Cette construction concerne donc les verbes de modalité **(willen, moeten, kunnen, mogen)**, les verbes de perception **(zien, horen, voelen)**, ainsi que d'autres verbes très fréquents : **komen, gaan, laten, leren, helpen, blijven**, etc.

> **Ik had haar de krant willen geven.**
> *J'avais voulu lui donner le journal.*
> **Ik heb hem zien huilen.** *Je l'ai vu pleurer.*
> **Ik heb leren zwemmen.** *Je lui ai appris à nager.*

(Oefeningen)

A. Vrai ou faux ?

	waar	niet waar
1. De romantische Nederlandse boer gebruikt liever geen landbouwmachines.	❒	❒
2. Het is makkelijker om een aantal kleine stukken grond te ontwateren dan een groot.	❒	❒
3. Romantische paadjes gaan niet goed samen met de moderne techniek.	❒	❒

B. Complétez par deze, dezen, die, dit ou dat :

1. Het gras ... in de tuin staat, heeft water nodig.

2. Ik kwam aan toen de oogst binnen was. ... was dat jaar trouwens heel slecht.

3. Henk en Ida hadden Wim en Ellie op hun feest gevraagd. ... konden helaas niet komen.

4. De maïs ... men in Nederland verbouwt, is niet geschikt voor menselijke consumptie.

C. Mettez au passé composé :

1. Hij moest het hem beloven.

2. Ik hoorde iemand lopen.

3. Ik liet hem binnenkomen.

4. Jullie hielpen ze verhuizen.

5. Ik zag je broer optreden.

6. Ze moesten hun bezittingen samenvoegen.

Het platteland (2): de veeteelt

1. Ook de moderne veehouder* wordt* door de Brusselse landbouwpolitiek gedwongen*
2. tot een grootschalige* manier van werken.
3. Hij probeert zoveel mogelijk melk te produceren*
4. door intensivering* en automatisering* van zijn bedrijf.
5. Daardoor zijn ook typisch Nederlandse veeteeltgebieden
6. als Friesland en Zuid-Holland sterk* van karakter veranderd.
7. Het beeld* van het platteland wordt daar nu door enorme weiden* zonder bloemen
8. en grote kuddes* koeien* bepaald*.
9. Een steeds groter deel van die koeien verblijft* bovendien permanent*
10. in loopstallen*, waar de hoeveelheid* voedsel* die ze per dag krijgen,
11. precies berekend* wordt.
12. Het gebruik* van een computer* hierbij
13. is al lang geen uitzondering* meer.
14. Het platteland wordt voor toeristen ook minder aantrekkelijk*
15. doordat er grote, moderne vee* stallen, torensilo*'s, electriciteitsmasten*
16. en* dergelijke* gebouwd* worden.

Vocabulaire complémentaire

de kat, de poes, le chat, la chatte
de hond, le chien
het paard, le cheval
het veulen, le poulain
de stier, le taureau
het kalf, le veau

La campagne (2) : l'élevage

1. *L'éleveur moderne lui aussi est obligé par la politique agricole de Bruxelles*
2. *de travailler de manière « industrielle ».*
3. *Il essaie de produire le plus de lait possible*
4. *en intensifiant et en automatisant son entreprise.*
5. *De ce fait, des régions néerlandaises d'élevage*
6. *comme la Frise et la Hollande du Sud ont changé radicalement.*
7. *L'image de la campagne est maintenant déterminée par des prairies immenses, sans une fleur,*
8. *et de grands troupeaux de vaches.*
9. *En outre, un nombre toujours plus important de ces vaches demeure en permanence*
10. *dans des étables où la quantité de nourriture qu'elles reçoivent par jour*
11. *est calculée avec précision.*
12. *L'utilisation d'un ordinateur, pour ce faire,*
13. *n'est plus une exception depuis longtemps.*
14. *La campagne devient aussi moins attrayante pour les touristes*
15. *du fait qu'on y construit de grandes étables modernes, des silos à grains, des pylônes*
16. *et d'autres choses du même genre.*

Vocabulaire complémentaire

het varken, le cochon — **de big**, le cochon de lait
de kip, la poule — **de haan**, le coq — **het kuiken**, le poussin
de eend, le canard — **de zwaan**, le cygne — **de gans**, l'oie
de vogel, l'oiseau — **de mus**, le moineau — **de duif**, le pigeon
melken, traire — **voeren**, nourrir

GRAMMAIRE

• Le comparatif

Remarquez l'emploi de **steeds** + comparatif : **Een steeds gro-ter deel**, (litt.) *une part toujours plus grande* ou *de plus en plus grande* (9.).

• Le passif

Comme en français, on peut mettre dans une phrase l'accent sur le processus verbal en utilisant le passif :

1. La phrase active : **De kat eet de muis op** *(Le chat mange la souris)* devient dans ce cas : **De muis wordt door de kat op-gegeten** *(La souris est mangée par le chat)*.

   Le passif se construit avec l'auxiliaire **worden** et le participe passé du verbe concerné :

   Ik lees het boek → Het boek wordt door mij gelezen.

   De landbouwpolitiek dwingt de veehouder. → De veehou-der wordt door de landbouwpolitiek gedwongen. (1.)

2. Le sujet de la forme active devient le plus souvent complé-ment d'agent dans la phrase passive : **De muis wordt door de kat gegeten.** Le complément d'agent est toujours introduit par la préposition **door**, qui correspond au français *de* ou *par* : **Het boek wordt door mij** *(par moi)* **gelezen.**

3. Quand le sujet de la phrase active est **men** *(on)* ou **je** ou **ze** dans le sens de *on*, il n'est généralement pas exprimé dans la phrase passive :

   Men berekent de hoeveelheid voedsel precies → De hoeveelheid voedsel wordt precies berekend. (10. 11)

4. Mémorisez bien la conjugaison de **worden** :

forme active	forme passive
ik help	**ik word geholpen**
jij helpt	**jij wordt geholpen/word jij... ?**
u helpt	**u wordt geholpen**
hij/zij helpt	**hij/zij wordt geholpen**
wij/jullie/zij helpen	**wij/jullie/zij worden geholpen**

Remarque : Lorsqu'il n'est pas l'auxiliaire du passif, le verbe **worden**, employé seul, signifie *devenir*.

Het platteland wordt ... minder aantrekkelijk (14.)

(Oefeningen)

A. Questions sur le texte :
1. Waarom automatiseren veehouders hun bedrijven?
2. Waarbij worden in de veeteelt steeds vaker computers gebruikt?
3. Noem alle, in de tekst genoemde, veranderingen waardoor het platteland de laatste tijd minder aantrekkelijk wordt voor toeristen.

B. Posez des questions selon l'exemple :
Mevrouw De Ridder maakt de jurk. Door wie wordt de jurk gemaakt ?
1. Bram doet de boodschappen. Door wie ...
2. Men voert de kippen. Door wie ...
3. De boerin melkt de koeien. Door wie ...
4. Inge nodigt Bram uit voor een etentje. Door wie ...
5. De Brusselse politiek dwingt de boeren tot rationalisering. Waardoor ...
6. De computers berekenen hoeveel de koe mag eten. Waardoor ...
7. Helma maakt de fietsen schoon. Door wie ...
8. Nederlandse veehouders gebruiken steeds vaker loopstallen. Door wie ...
9. De melkboer zet de flessen op het trottoir neer. Door wie ...
10. Men betaalt hem er goed voor. Door wie ...

C. Mettez au passé composé (double infinitif) :
1. Ik voelde het hart van het kuiken kloppen.
2. Ik kon vroeger goed uit het hoofd rekenen.
3. Ik kon het verschil goed merken.
4. Ik hielp hem de koeien melken.
5. We zagen ze een nieuwe veestal bouwen.

Polders (1)

1. Al zo'n tien eeuwen lang vecht* Nederland tegen het water.
2. Voor die tijd moest men Gods* water over Gods akker laten lopen*.
3. Maar omstreeks* het jaar 1000 begon men zich* tegen het water te verdedigen*.
4. Terpen* werden opgeworpen* en de eerste dijken* werden gebouwd.
5. Later kwamen de windmolens* en konden meren* en plassen* drooggemaakt* worden.
6. Het rijtje* polders werd langer en langer : Beemster, Schermer, Haarlemmermeer enz.
7. De techniek* ging* intussen verder* :
8. stoom*-, diesel*- en electrische gemalen* vervingen de molens.
9. Zo kon begin 20de eeuw een oude droom van de Nederlanders werkelijkheid* worden :
10. de afsluiting* en gedeeltelijke droogmaking van de Zuiderzee* begon.
11. De Afsluitdijk werd aangelegd* en de Zuiderzee werd IJsselmeer.
12. In het IJsselmeer zijn nu vier polders drooggelegd* en in* gebruik* genomen*.

Expression idiomatique

2. **Gods water over Gods akker laten lopen** (proverbe), (litt.) « laisser couler l'eau de Dieu sur le champ de Dieu », c.à.d. laisser faire.

Les polders (1)

1. Depuis une dizaine de siècles, les Pays-Bas luttent contre l'eau.
2. Auparavant, on devait laisser œuvrer la nature divine.
3. Mais vers l'an mille, on commença à se défendre contre l'eau.
4. On éleva des tertres et les premières digues furent construites.
5. Plus tard, lorsque vinrent les moulins à vent, on put assécher des lacs et des étangs.
6. La liste des polders s'allongeait : Beemster, Schermer, Haarlemmermeer, etc.
7. Entre-temps la technique progressait :
8. des stations de pompage à vapeur, à moteur Diesel et électrique, ont pris la relève des moulins.
9. Et c'est ainsi qu'au début du xxe siècle un vieux rêve néerlandais se réalisa :
10. on entama les travaux de fermeture et d'assèchement partiel du Zuiderzee.
11. La digue de fermeture fut construite et le nom de Zuiderzee fit place à celui d'IJsselmeer.
12. À l'heure actuelle, dans l'IJsselmeer, quatre polders ont été asséchés et mis en service.

Vocabulaire complémentaire

het kanaal, le canal
de rivier, le fleuve
de sloot, le fossé
de sluis, l'écluse
de dam, le barrage
het eiland, l'île
de haven, le port
de watermolen, le moulin à eau

GRAMMAIRE

• Le verbe

1. La construction verbe de modalité + infinitif au passif
Un verbe au passif peut comme en français se combiner avec un verbe de modalité. L'auxiliaire de modalité sera alors le verbe conjugué en tête de phrase et l'infinitif du verbe au passif se trouvera en position finale : **en konden meren en plassen drooggemaakt worden.** (5.) (**Konden** : verbe de modalité **kunnen** au passé ; **drooggemaakt worden** : infinitif de **droogmaken** au passif.)

2. L'imparfait de la forme passive
À l'imparfait de la forme passive, c'est l'auxiliaire **worden** qui se met au passé **(werd/werden)** : **Terpen werden opgeworpen en de eerste dijken werden gebouwd** (4.).

Werd(en) peut être traduit en français par *fut/furent* ou *était/étaient*.

3. Le passé composé de la forme passive
– Pour former le passé composé d'un verbe à la voix passive, on emploiera l'auxiliaire **zijn** : **In het IJsselmeer zijn nu vier polders ... in gebruik genomen**. *Dans le lac de l'IJssel, quatre polders ont été mis en service.* (12.)

– On remarquera que **zijn** correspond à lui seul à la forme composée *a/ont été* : **Ik ben door mijn vriend geholpen.** *J'ai été aidé* par mon ami.

En fait, quand l'auxiliaire du passif semble être **zijn** au passé composé, le participe passé **geworden** est sous-entendu : **Ik ben geholpen = Ik ben geholpen [geworden]**.

4. En résumé :
– Quand en français l'auxiliaire du passif est à un temps simple, on emploie en néerlandais l'auxiliaire **worden** mis à ce temps.
– Quand en français l'auxiliaire du passif est à un temps composé, on emploie en néerlandais l'auxiliaire **zijn**.

EXERCICES

(Oefeningen)

A. Mettez à la forme passive selon le modèle :
   Wij moeten het land tegen de zee verdedigen.
   → **Het land moet tegen de zee verdedigd worden.**
1. Zij moesten de meren en plassen droogmaken.
2. Dankzij de moderne techniek konden ze de Zuiderzee gedeeltelijk inpolderen.
3. Ze konden de molens vervangen door stoomgemalen.
4. Zij moesten eerst de Afsluitdijk bouwen.
5. Zij konden in de jaren tachtig vier IJsselmeerpolders in gebruik nemen.

B. Mettez les phrases suivantes à l'imparfait :
1. In Nederland worden veel huizen gebouwd.
2. De cassettes worden de vijftiende teruggebracht.
3. De flessen worden op de stoep gezet.
4. Het boek wordt in twee jaar geschreven.
5. De computer wordt veel gebruikt.

C. Mettez les phrases de B. au passé composé.

D. Reconstituer les mots composés :
1. vee-   drukte
2. platte-   bureau
3. electriciteits- land
4. land-   seizoen
5. vakantie-   molen
6. reis-   teelt
7. zand-   making
8. hoog-   weg
9. wind-   mast
10. droog-   bouw

Polders (2)

1. Het maken van een IJsselmeerpolder begint
2. met het bouwen van een dijk om een stuk water.
3. Er worden in die dijk op enkele plaatsen gemalen geplaatst.
4. Het droogmalen* duurt meestal negen maanden.
5. Onder het bewegende water wordt* een polder geboren*.
6. Een pas drooggevallen* polder is een grote modder*-vlakte*,
7. die 1 à 4,5 meter beneden de zeespiegel* ligt.
8. Dan wordt er vanuit* een vliegtuig* riet* gezaaid*.
9. Dit gewas* bevordert* namelijk de uitdroging* van de grond.
10. In totaal duurt de ontginning* van een polder zo'n 10 à 15 jaar.
11. Om de gronden geschikt* te maken wordt de polder
12. gedurende de eerste 5 jaar door de staat bebouwd*.
13. Hierna is de grond geschikt voor particuliere* landbouw
14. en voor bos-, recreatie- en stedebouw*.

Naar : *Ongekende ruimte*, een uitgave van het Ministerie van Verkeer en Waterstaat.

Mots nouveaux difficiles

4. **droogmalen**, assécher par pompage
5. **geboren worden**, naître
6. **droogvallen**, (litt.) « devenir sec », s'assécher, émerger — **de modder**, la boue — **de vlakte**, la plaine
7. **de zeespiegel**, le niveau de la mer
8. **vanuit**, (à partir) de

Les polders (2)

1. La réalisation d'un polder dans l'IJsselmeer
2. commence par la construction d'une digue autour d'un plan d'eau.
3. Sur cette digue on installe en divers endroits des stations de pompage.
4. L'assèchement dure normalement neuf mois.
5. Sous l'eau mouvante un polder va naître.
6. Un polder qui vient d'émerger n'est qu'un grand lac de boue,
7. situé entre 1 m et 4,5 m au-dessous du niveau de la mer.
8. Par avion, on y sème alors des roseaux.
9. Cette plante favorise en effet le dessèchement du sol.
10. Au total, le défrichement d'un polder prend de 10 à 15 ans.
11. Afin de rendre le sol utilisable, l'État met le polder en culture
12. pendant les 5 premières années.
13. Cette période passée, le sol se prête à l'agriculture privée
14. et à la plantation de forêts, l'aménagement de centres de loisirs ou de zones urbaines.

D'après « Terre sans frontières »,
une publication du ministère des Transports
et des Travaux publics des Pays-Bas.

Mots nouveaux difficiles

10. **de ontginning**, le défrichement
11. **geschikt**, apte, utilisable
12. **bebouwen**, mettre en culture
13. **particulier**, privé
14. **de bouw**, la culture/la construction, l'aménagement
    — **bouwen**, cultiver, labourer/construire

• Morphologie

Ce texte illustre les différentes manières de substantiver le verbe que connaît le néerlandais.

Souvent on met tout simplement l'article **het** devant l'infinitif du verbe : **het maken** (1.), **het bouwen** (2.), **het droogmalen** (4.), **het eten** *(le repas)*.

Une autre forme que l'on rencontre fréquemment est le radical du verbe suivi par la terminaison **-ing** : **de uitdroging** (9.), **de ontginning** (10.).

Remarque : Quand les deux formes sont possibles pour le même verbe, elles n'ont pas forcément le même sens :

> **werken**, *travailler* ; **het werken**, *le travail*/**de werking**, *l'effet*.

• Le verbe

1. Le passif : la structure **er wordt/worden...**

> **Er worden in die dijk op enkele plaatsen gemalen geplaatst** (3.).

> **Dan wordt er vanuit een vliegtuig riet gezaaid** (8.).

Si dans une phrase au passif le sujet est indéfini (**gemalen**, *des stations de pompage*) et s'il n'y a pas de complément d'agent (on aurait alors **men**, **je** ou **ze** *(on)* dans la phrase active correspondante), on emploiera la structure passive **er wordt/worden...** + participe passé.

Remarque : on n'est pas obligé d'employer **er** s'il y a un complément de lieu en tête de phrase :

> **Onder het bewegende water wordt [er] een polder geboren** (5.)

On aurait pu dire aussi :

> **Er wordt onder het bewegende water een polder geboren.**

2. Emploi particulier du passif : la traduction de *on*

La structure **er wordt** + participe passé correspond souvent au français *on*. Il n'y a pas de complément d'agent et le sujet grammatical n'existe pas : *On sonne.* **Er wordt gebeld.**

EXERCICES

(Oefeningen)

A. Questions :
1. Waar dienen de gemalen voor ?
2. Is de nieuwe polder na negen maanden helemaal droog ?
3. Waarom mogen de boeren het land niet direct na de ontginning gaan bebouwen ?
4. Waarvoor worden de polders gebruikt ?

B. Mettez à la forme passive sans exprimer le complément d'agent suivant le modèle :
Men werkte hard om de nieuwe polder op tijd klaar te hebben → Er werd hard gewerkt om de nieuwe polder op tijd klaar te hebben
1. Ze maken op het moment geen nieuwe polders meer droog.
2. Men zaaide riet vanuit vliegtuigen.
3. Men zegt dat het ongezellig is in een nieuwe polder.
4. In Lelystad verkoopt men boekjes over de Flevopolders.
5. Iedereen kan documentatie aanvragen.

C. Même exercice que B :
1. Men eet daar niet veel.
2. Men lacht om dat verhaal.
3. Ze verkopen hier veel schilderijen.
4. De mensen mogen hier niet roken.
5. Je moet hier zachtjes praten.
6. Iemand belt.
7. Men spreekt hier Nederlands.
8. Ze lezen hier veel kranten.

Het Deltaplan (1)

1. In de strijd* tegen het water kent Nederland overwinningen*,
2. maar ook verliezen*.
3. Bijna elke generatie* heeft wel te maken gehad
4. met een grote overstroming*.
5. Zo stroomde* het Noordzee* water in de nacht van 1 februari 1953
6. op vele plaatsen in Zuid-West Nederland over de dijken heen, de polders in.
7. Het water eiste* die nacht 1835 slachtoffers*.
8. 187 kilometer dijk brak* door* of werd zwaar beschadigd*
9. en een overstroming van de Randstad* dreigde.
10. Om een herhaling* van een dergelijke ramp* te voorkomen*,
11. werd er besloten bijna alle zeearmen* in de delta*
12. van Rijn*, Maas*, en Schelde* af* te dammen* : het Deltaplan.
13. Op die manier zou de kustlijn* met ongeveer 700 kilometer verkort* worden.
14. Voor het werken in snel stromend water zijn nieuwe technieken ontwikkeld.
15. De laatste dam is in 1986 officieel in gebruik genomen
16. en daarmee was de uitvoer* van het Deltaplan voltooid*.

Expressions idiomatiques

3. **te maken hebben met**, avoir affaire à
7. **slachtoffers eisen**, faire des victimes

Le plan Delta (1)

1. Dans leur lutte contre l'eau, les Pays-Bas connaissent des victoires
2. mais également des défaites.
3. Presque chaque génération a affronté
4. une grande inondation.
5. Ainsi dans la nuit du 1er février 1953, l'eau de la mer du Nord
6. passa par-dessus des digues et envahit les polders du sud-ouest des Pays-Bas.
7. Cette nuit-là, l'eau fit 1835 victimes.
8. Les digues étaient rompues ou gravement endommagées sur une longueur de 187 kilomètres
9. et la Randstad a failli être inondée.
10. Afin d'éviter qu'une telle catastrophe se reproduise,
11. on décida la fermeture de la quasi-totalité des bras de mer dans le delta
12. du Rhin, de la Meuse et de l'Escaut : le plan Delta.
13. On allait ainsi raccourcir la ligne côtière de 700 kilomètres.
14. De nouvelles techniques ont été développées afin de pouvoir travailler au milieu de courants rapides.
15. Le dernier barrage a été mis en service officiellement en 1986,
16. cet événement marqua l'achèvement du plan Delta.

Vocabulaire complémentaire

de eb, la marée basse
de vloed, la marée haute
de springvloed, la marée d'équinoxe
de golf, la vague
verdrinken, se noyer
zwemmen, nager
de dood, la mort

● **Le verbe : le passif**

1. La forme passive au conditionnel
   Op die manier zou de kustlijn met ongeveer 700 km verkort worden (13.).

   L'auxiliaire **zou(den)** se construit alors avec l'infinitif passif du verbe, c.-à-d. son participe passé + **worden**.

2. Le plus-que-parfait passif
   En daarmee was de uitvoer van het Deltaplan voltooid (16.).

   Ce temps se forme avec l'auxiliaire **zijn** à l'imparfait + le participe passé du verbe ; il marque l'achèvement d'une action ou d'un état dans un contexte passé.

● **Les verbes à particule inséparable**

1. De nombreux verbes néerlandais se construisent avec des particules qui restent inséparables ; ces particules ne sont alors jamais accentuées : **Om een herhaling van een dergelijke ramp te voorkomen** (10.).

   Il existe en néerlandais deux verbes **voorkomen** : **voorkomen** (**voor-** inséparable) signifie *éviter* (*cf.* exemple ci-dessus) ; **voor/komen** (**voor-** séparable) signifie *se présenter, apparaître*.

2. D'autres particules comme **door, aan, om, onder, mis** et **weer** peuvent être, selon le sens, séparables ou non :

   om
   – **om/vallen**, *renverser* — **omschrijven**, *décrire*.

   onder
   – **onder/gaan**, *se coucher* — **ondertekenen**, *signer*.

   door
   – **door/brengen**, *passer* — **doorstaan**, *supporter*.

   aan
   – **aan/komen**, *arriver* — **aanvaarden**, *accepter*.

   mis
   – **mis/gaan**, *aller de travers* — **mislukken**, *échouer*.

(Oefeningen)

A. Vrai ou faux ?

	waar	niet waar
1. De overstroming van 1 februari 1953 heeft 1835 slachtoffers geëist.	❑	❑
2. Ook de Randstad was die nacht overstroomd.	❑	❑
3. Alle zeearmen in de delta van de grote rivieren zijn nu afgedamd.	❑	❑

B. Choisissez le verbe qui convient (hebben/zijn/worden) et conjuguez-le :

1. Nederland … overwinningen en verliezen gekend.
2. De dijken … regelmatig zwaar beschadigd.
3. Er … elke eeuw wel een grote overstroming geweest.
4. Helaas kan een ramp niet altijd voorkomen …
5. Zal hij volgende week tot minister-president gekozen …?
6. Door het slechte weer kan er niet gewerkt …
7. In 1987 … de laatste dam in gebruik genomen.

C. Mettez à la forme passive :

1. In de toekomst zal men minder tijd aan arbeid besteden.
2. Men moet hier eens een nieuwe bioscoop bouwen!
3. De mensen zouden meer aan sport moeten doen!
4. Vader volgt die Amerikaanse serie op de televisie.
5. Ze gebruiken hun vrije tijd niet goed.
6. Men bemerkte de springvloed te laat.

Het Deltaplan (2)

1. Wanneer een zeearm wordt afgesloten
2. verandert hij in een meer met zoet* water,
3. waardoor de totale planten*- en dieren*wereld* verandert.
4. In de jaren zeventig begrepen veel Nederlanders
5. dat ze op deze manier de Oosterschelde als uniek* natuurgebied* zouden verliezen.
6. In discussies* over milieubehoud* kreeg
7. de afsluiting van de Oosterschelde een symbool*-functie*.
8. In 1976 kwam* het tot* een compromis* tussen
9. enerzijds de regering* en anderzijds milieugroepen* en vissers*.
10. Er is uiteindelijk* een dam gebouwd met schuiven*
11. die alleen gesloten worden wanneer het waterpeil gevaarlijk hoog wordt.
12. Door de bijna altijd geopende schuiven blijft driekwart van
13. het natuurlijke verschil tussen eb en vloed bestaan
14. en het water blijft zout*.

Vocabulaire complémentaire

het milieu, l'environnement
het milieubeleid, la politique de l'environnement
de milieubeweging, le mouvement écologiste
de groenen, les Verts
de vervuiling, la pollution
de zure regen, la pluie acide
het verzet, la résistance
actie voeren, militer
de actiegroep, le groupe de militants

Le plan Delta (2)

1. La fermeture d'un bras de mer
2. le change en bassin d'eau douce,
3. entraînant une transformation de sa flore et de sa faune dans leur totalité.
4. Dans les années 70, beaucoup de Néerlandais comprirent
5. qu'ils allaient perdre ainsi le milieu naturel unique que formait l'Escaut oriental.
6. Dans le débat sur la protection de l'environnement,
7. la fermeture de l'Escaut oriental prit une valeur symbolique.
8. En 1976, on est parvenu à un compromis entre
9. le gouvernement d'une part et les écologistes et les pêcheurs de l'autre.
10. On a finalement construit un barrage à vannes
11. qui ne sont fermées que si le niveau de la mer représente un risque.
12. Grâce à ces vannes presque toujours ouvertes,
13. la différence naturelle entre haute et basse mer se maintient aux trois quarts
14. et l'eau reste salée.

● **Le verbe**

1. Le passif (récapitulatif)

bouwen, *construire* → **gebouwd worden**, *être construit*

présent :

het huis wordt gebouwd. *La maison se construit.*

imparfait :

het huis werd gebouwd. *On construisait la maison.*

passé composé :

het huis is gebouwd. *La maison a été construite.*

plus-que-parfait :

het huis was gebouwd. *La maison avait été construite.*

conditionnel :

het huis zou gebouwd worden. *La maison serait construite.*

2. L'auxiliaire duratif blijven

Le verbe **blijven** peut se construire avec un verbe à l'infinitif non précédé de **te** ; il signifie alors *continuer à* ou *continuer de* :

Door de bijna altijd geopende schuiven blijft driekwart van het natuurlijke verschil tussen eb en vloed bestaan, (litt.) *continue à exister* (12. 13).

Hij blijft lang doorwerken.
Il continue à travailler longtemps.

● **La morphologie**

Observons les deux mots composés **plantenwereld** et **dierenwereld** ; ils ont en commun le mot de base **wereld**. Il est possible en néerlandais de mettre en commun ce mot **wereld** en utilisant le trait d'union : au lieu de **de plantenwereld en de dierenwereld**, on peut dire **de planten- en dierenwereld** (3.).

Autre exemple :

de invoer en de uitvoer → **de in- en uitvoer**, *l'importation et l'exportation.*

EXERCICES

(Oefeningen)

A. Vrai ou faux ?

	waar	niet waar
1. De bouw van de Oosterscheldedam kan een succes van de milieubeweging genoemd worden.	☐	☐
2. De vissers waren voor complete afsluiting van de Oosterschelde.	☐	☐
3. De schuiven in de Oosterscheldedam zijn bijna altijd dicht.	☐	☐

B. Mettez à la forme passive :

1. Men voerde het Deltaplan niet volgens plan uit.
2. Men moest wegen aanleggen over de nieuwe dammen.
3. De regering moest rekening houden met de milieugroepen.
4. Men ziet het Oosterscheldegebied als een rijk en uniek natuurgebied.
5. Men zal de schuiven één keer per jaar dicht moeten doen.

C. Mettez au passé composé :

1. De schuiven worden dichtgedaan.
2. In heel Nederland worden de dijken vaak gecontroleerd.
3. De kustlijn zou met 700 kilometer verkort worden.
4. In de Flevopolders wordt een nieuwe stad gebouwd: Almere.
5. Er wordt minder over verdronken land gesproken dan over gewonnen land.

Nederland: molenland

1. Molens vielen* vroeger op* in het vlakke land door hun grote aantal
2. en de opvallende plaats die ze innamen* binnen de stads- en dorpskernen.
3. Zij waren belangrijke steunpilaren* van de Nederlandse economie.
4. Ze maalden* het graan, verwerkten* cacao* en krijt*,
5. zaagden* het hout en maakten papier.
6. En niet te vergeten: zonder de poldermolens had
7. de lage helft van het land niet kunnen bestaan!
8. Een eeuw geleden stonden er nog 11 000 wind- en watermolens in Nederland,
9. nu zijn dat er nog maar 1035.
10. De oorzaak van die achteruitgang* ligt
11. in de ontwikkeling van nieuwe technieken:
12. stoom, diesel en electriciteit hebben wind en water langzamerhand* verdrongen*.
13. Toch is het belangrijk dat die laatste molens bruikbaar* blijven.
14. In moeilijke tijden kunnen ze een deel
15. van de voedselvoorziening* veilig* stellen*
16. en een heel stuk polderland boven water houden.

Vocabulaire complémentaire

Dat is koren op zijn molen. Cela apporte de l'eau à son moulin.

Hij heeft een slag van de molen gehad. Il est un peu fou, (litt.) il a reçu un coup de moulin.

De administratieve molen maalt langzaam. La machine administrative va lentement.

Les Pays-Bas : le pays du moulin

1. Autrefois, les moulins frappaient, dans la plaine, par leur grand nombre
2. et par la place éminente qu'ils occupaient au centre des villes et des villages.
3. Ils étaient d'importants piliers de l'économie néerlandaise.
4. Ils moulaient le grain, traitaient le cacao et la craie,
5. sciaient le bois et fabriquaient le papier.
6. Sans oublier les moulins des polders sans lesquels
7. la moitié basse du pays n'aurait pu exister !
8. Il y a un siècle, il y avait encore 11 000 moulins à vent et à eau aux Pays-Bas ;
9. aujourd'hui ils ne sont plus que 1035.
10. La cause de ce recul est à chercher
11. dans le développement des nouvelles techniques :
12. la vapeur, le diesel et l'électricité ont supplanté peu à peu le vent et l'eau.
13. Cependant, il est important que les derniers moulins restent utilisables.
14. En période difficile, ils peuvent assurer
15. une partie de l'approvisionnement en denrées alimentaires
16. et maintenir à sec une bonne partie des polders.

Expression idiomatique

8. Een eeuw geleden, il y a un siècle
Retenez sur ce modèle : **een jaar geleden**, il y a un an ; **twee maanden geleden**, il y a deux mois.

● **Le conditionnel**

1. L'imparfait néerlandais a souvent le sens d'un conditionnel présent :

   Als ik jou was deed ik het niet. *Si j'étais toi, je ne le ferais pas.*

   On aurait pu dire : **Ik zou het niet doen als ik jou was.**

2. Pareillement, le plus-que-parfait remplace souvent le conditionnel passé : **zonder de poldermolens had de lage helft van het land niet kunnen bestaan!** (6. 7.)

   –C'est presque toujours le cas quand le verbe (ici, **bestaan**) est accompagné d'un auxiliaire de mode ; cela permet ainsi d'éviter une accumulation d'infinitifs : **zou ... hebben kunnen bestaan !**

   – Il s'emploie aussi dans une subordonnée dépendant d'une autre proposition au conditionnel :

   Had ik het toen geweten, dan zou ik een andere auto gekozen hebben.
   Si je l'avais su à l'époque, j'aurais choisi une autre voiture.

3. En résumé : équivalence imparfait/conditionnel présent :

   Als ik veel geld had, kocht ik een huis.

   Als ik veel geld zou hebben, kocht ik een huis.

   Als ik veel geld zou hebben, zou ik een huis kopen.
   Si j'avais beaucoup d'argent, j'achèterais une maison.

● **La morphologie**

1. Les mots composés néerlandais présentent souvent un **s** de liaison avant le nom de base : **de stadskern**, *le centre-ville* ; **de dorpskern**, *le centre du village* ; **de stads- en dorpskernen.**

2. La dérivation : le suffixe **-ing**

   Un très grand nombre de noms sont formés d'après un radical verbal + **-ing** ; ils signifient alors l'action exprimée par le verbe ou le résultat de cette action : **voorzien**, *pourvoir* → **de voorziening**, *l'approvisionnement* ; **ontwikkelen**, *développer* → **ontwikkeling**, *le développement*.

(Oefeningen)

A. Questions sur le texte :
1. Waardoor vielen de molens in Nederland op?
2. Waar dienden de molens vroeger voor?
3. Op welke soort energie werken de Nederlandse gemalen op dit moment, denkt u?

B. Verbes à particule séparable ou pas ? Mettez au passé composé :
1. Ik … mijn huis aan een vriend …	(verkopen)
2. Het examen … hem erg …	(tegenvallen)
3. Hij … de zin nog één keer …	(herhalen)
4. Het aantal molens … sterk …	(achteruitgaan)
5. Ze … het formulier nog niet …	(invullen)
6. Er … in de jaren zestig en zeventig veel wegen …	(aanleggen)

C. Remplacez, si possible, le conditionnel par un imparfait ou un plus-que-parfait, sans changer le sens de la phrase, selon le modèle :
Als ik bang zou zijn, zou ik het risico niet nemen.
→ **Als ik bang was, nam ik het risico niet.**

Als ik bang geweest zou zijn, zou ik het risico niet genomen hebben.
→ **Als ik bang was geweest, had ik het risico niet genomen.**
1. Als men zich niet tegen het water verdedigd zou hebben, zou Nederland nu veel kleiner geweest zijn.
2. We zouden meer kranten moeten lezen.
3. Als je wat minder in de auto zou zitten, zou je nu niet zo dik zijn.
4. Zonder het contact met de zee, zou het water zoet geworden zijn.

Degenen die het langst ingeschreven staan

[M. = Marij — B. = Bram]

1. **M.** — Geweldig, hè, dat je hier zo snel een nieuwe woning kunt krijgen.
2. We stonden pas een maand ingeschreven.
3. Zijn degenen* die* het langst ingeschreven staan
4. niet het eerst aan de beurt?
5. **B.** — Jawel, maar dat waren wij in dit geval.
6. Er wil bijna niemand meer in de Bijlmermeer* wonen.
7. **M.** — Wat gek: in de binnenstad* zijn de meesten veel te klein behuisd,
8. terwijl ze in de Bijlmer zo* een flat* kunnen krijgen.
9. Waarom willen ze daar eigenlijk niet naartoe*?
10. **B.** — Het is ver van de stad. Er is weinig groen.
11. En 's avonds wandel* je niet op je gemak door die lange galerijen*.
12. Nu je alles weet mag jij beslissen* of we daar gaan wonen.
13. **M.** — Nou ik wil het wel proberen.
14. Anders vinden we nooit zo'n grote flat in de omgeving* van Amsterdam.

Expressions idiomatiques

2. **ingeschreven staan**, être inscrit
3. **degenen die het langst ingeschreven zijn**, « ceux qui sont inscrits depuis le plus longtemps »
5. **in dit geval**, dans ce cas, en l'occurrence
7. **behuid zijn**, être logé
11. **op je gemak**, tranquillement, sans crainte, à l'aise

Les premiers inscrits

LEÇON 68

1. **Marij** — C'est formidable, n'est-ce pas, de pouvoir obtenir aussi vite un nouvel appartement ici.
2. Nous nous sommes inscrits il y a un mois à peine.
3. Les premiers inscrits
4. n'avaient-ils pas la priorité ?
5. **Bram** — Si, mais c'était nous en l'occurrence.
6. Plus personne ou presque ne veut habiter le Bijlmermeer.
7. **M.** — C'est vraiment stupide : la plupart des gens sont trop petitement logés au centre-ville,
8. alors qu'ils peuvent obtenir un appartement au Bijlmermeer.
9. Pourquoi ne veulent-ils pas venir ici ?
10. **B.** — C'est loin de la ville. Il y a peu de verdure.
11. Et le soir on ne se promène pas tranquillement dans ces longues galeries.
12. Maintenant que tu sais tout, c'est à toi de décider si nous allons y habiter ou non.
13. **M.** — Eh bien je veux bien essayer.
14. Sinon nous ne trouverons jamais d'appartement aussi grand aux environs d'Amsterdam.

Vocabulaire complémentaire

de gemeente, la commune, la municipalité
de voorstad, la banlieue
de randgemeente, commune à la périphérie d'une ville
het huizenblok, le pâté de maisons
de buitenwijken, les faubourgs
het flatgebouw, l'immeuble (d'habitation)

Remarque

• **De Bijlmermeer** est une banlieue au sud-est d'Amsterdam, réalisation architecturale assez grise et uniforme.

GRAMMAIRE

• Le pronom

1. Les indéfinis **de meeste/de meesten**

Rappel : comme **deze** (*cf.* leçon 61), **de meeste** prend un **n** au pluriel quand il désigne des humains : **in de binnenstad zijn de meesten veel te klein behuisd** (7.).

Même règle pour **veel, weinig, ander, al** : **Velen waren op dit feest.** *Beaucoup de gens étaient présents à cette fête.*

2. Le pronom démonstratif **degene die**

Le pronom démonstratif **degene die** rend la tournure française *celui/celle qui.* Il ne s'emploie guère qu'en parlant de personnes :

Degene die een flat wil, moet zich inschrijven.
Celui qui veut un appartement doit s'inscrire.

Zijn degenen die het langst ingeschreven staan niet het eerst aan de beurt? (3. 4.)

Degene s'écrit avec un **n** au pluriel quand il désigne des humains. Quand le pronom démonstratif se rapporte à un **het-woord** singulier, on emploie **datgene dat**. On rencontre également **hetgeen** au sens de *ce qui.*

Remarque : dans la langue parlée, on peut remplacer cette structure par :
– le pronom personnel suivi de **die** : **Degene die zoiets doet is een schoft.** *(Celui qui fait cela est un filou.)* → **Hij, die** zoiets doet is een schoft.
– l'interrogatif **wie** : **Wie zoiets doet is een schoft.**
– le relatif **die** : **Die zoiets doet is een schoft.**

• Les interjections

Le petit mot **nou** (13.) s'emploie pour exprimer
– l'impatience : **Kom nou!** *Allons ! Dépêche-toi !*
– l'étonnement : **Wat moet dat nou?** *Mais qu'est-ce que ça veut dire ?*
– l'hésitation d'une personne qui se donne un temps de réflexion : **Nou ik wil het wel proberen.** (13.)
– quand on attire l'attention sur un point : **Dat kan hij nou!** *Il peut le faire, lui !*

(Oefeningen)

A. Choisissez le mot qui convient. Reportez-vous au texte :
1. Bram en Marij krijgen een woning/huis/appartement.
2. Ze staan nog niet lang opgeschreven/ingeschreven/ ingenomen.
3. In het centrum zijn de meesten klein verhuisd/ behuisd.

B. Complétez meeste-, alle-, enkele-, sommige-, vele-, andere- avec un -n si nécessaire :
1. Hoewel <u>alle</u> studenten beloofd hadden op tijd te komen, waren er <u>vele</u> te laat.
2. De <u>meeste</u> van hen zijn altijd te laat.
3. <u>Enkele</u> andere studenten zeiden er deze keer ook iets van.
4. Het was uiteindelijk een examen waar ze nu <u>alle</u> minder tijd voor hadden gehad.
5. <u>Sommige</u> hebben er hun excuses voor aangeboden.

C. Cherchez la réponse juste aux questions de a) sous b).

a) 1. Wat vindt u ervan?   **b)** 1. Nee, dat verwondert me.
   2. Vindt u het goed?   2. Nee, dat kan beter.
   3. Houdt u van dansen?   3. Ja, dat doe ik heel graag.
   4. Is dat niet wat u wou?   4. Dat vind ik fijn !
   5. Had u dat niet gedacht?   5. Nee, het lijkt er niet op.

D. Traduisez :
1. Si je t'avais vu, je te l'aurais dit.
2. C'est le tour de ceux qui sont arrivés les premiers.
3. Ceux qui sont mal logés sont presque toujours les plus pauvres.
4. J'aurais bien voulu le faire si j'avais pu.

Het valt me niet tegen

1. **Bram** — Nou, het valt me niet tegen: er is zon, het is ruim*
2. en het duurde met de metro maar een kwartier om hier te komen.
3. Durf je het aan om hier te gaan wonen?
4. **Marij** — O, ja. Heb je de keuken gezien? Die is echt groot.
5. Je kunt er zelfs eten!
6. En de slaapkamers! Mijn moeder kan zonder problemen komen logeren*!
7. Ik had liever een bad gehad dan een douche,
8. maar dat zou te mooi geweest zijn.
9. Trouwens, heb jij de WC ergens gezien?
10. **B.** — Ja, die is daar. Je kunt alleen nu niet doortrekken*,
11. omdat het water afgesloten* is.
12. **M.** — Zou die centrale* verwarming* duur zijn?
13. **B.** — Ik zal het tarief* voor gas* en electriciteit
14. voor drie kamers inclusief wasmachine* morgen opvragen*.
15. Misschien is de CV trouwens wel bij de huur inbegrepen*.

Expression idiomatique

3. iets aandurven, oser, prendre le risque de [faire] quelque chose

Remarque

Trouwens (9. 15.) signifie selon la phrase *au fait, à propos* ou *d'ailleurs*.

Je ne suis pas déçu

1. **Bram** — Eh bien, je ne suis pas déçu : il y a du soleil, c'est spacieux
2. et en métro il ne nous a fallu qu'un quart d'heure pour venir ici.
3. Tu te sens de taille à venir habiter ici ?
4. **Marij** — Mais oui. Tu as vu la cuisine ? Elle est vraiment grande.
5. On peut même y manger !
6. Et les chambres ! Ma mère peut rester loger ici sans problème !
7. J'aurais préféré une baignoire à une douche,
8. mais ç'aurait été trop beau.
9. Au fait, tu as vu les toilettes quelque part ?
10. **B.** — Oui, elles sont là. Seulement tu ne peux pas encore tirer la chasse d'eau,
11. parce que l'eau est coupée.
12. **M.** — Je me demande si le chauffage central coûte cher ?
13. **B.** — Je demanderai les tarifs pour le gaz et l'électricité demain
14. pour trois pièces, ainsi que pour la machine à laver.
15. Il se peut d'ailleurs que le chauffage soit inclus dans le loyer.

Vocabulaire complémentaire

de inrichting, l'aménagement
behangen, tapisser
schilderen, peindre
de vloer, le sol
het tapijt, le tapis
het zeil, le lino
het schoorsteen, la cheminée
de open haard, l'âtre, la cheminée (en Belgique : le « feu ouvert »)
het gordijn, la tenture, le double rideau
de kleerkast, la penderie
de keuken, la cuisine
de wastafel, le lavabo

● **Le verbe**

Le conditionnel passé exprime un fait irréel, dépendant d'une condition qui ne s'est pas réalisée.

Le plus-que-parfait peut se substituer au conditionnel passé (*cf.* leçon 67).

C'est le cas pour les auxiliaires tels que **zijn** ou **hebben** :

Ik had liever een bad gehad (7.) = **Ik zou liever een bad hebben gehad.**

● **L'article**

L'emploi de l'article défini en néerlandais ne correspond pas toujours à celui du français.

1. On ne l'emploie pas :
   – devant les noms de pays : **Nederland**, **Frankrijk**, **Amerika**
   – devant les titres suivis d'un nom propre : **Koningin Beatrix**, **Professor X**
   – devant les dates de fêtes religieuses : **Kerstmis valt op 25 december.** *Noël tombe le 25 décembre.*
   – devant les noms de matière : **Koper is rood.** *Le cuivre est rouge.*
   – après **alle** : **alle mensen,** *tous les gens.*
   – dans de nombreuses locutions usuelles : **welkom zijn,** *être le bienvenu* ; **kennis maken,** *faire la connaissance.*
   – ainsi que dans de nombreux proverbes : **Eendracht maakt macht.** *L'union fait la force.*
   – quand deux mots sont coordonnés et qu'ils forment un tout : **Ik zal het tarief voor gas en electriciteit ... opvragen.** (13.)

2. On l'emploie, contrairement au français :
   – pour les saisons : **in de zomer,** *en été.*
   – après la préposition **in** : **in het Frans**, *en français.*
   – devant un ordinal suivant un nom de roi ou de reine : **Willem de Derde**, *Guillaume III.*
   – dans quelques expressions : **in de rouw zijn**, *être en deuil* ; **op de grond**, *à terre, par terre.*

(Oefeningen)

A. Répondez selon le modèle :
Moet ze nog koken? Hoezo? Ze zei, dat ze al
gekookt zou hebben/zou hebben gekookt.
1. Wil hij er nog over nadenken? Hoezo? Hij zei...
2. Gaat hij de tarieven opvragen? Hoezo? ...
3. Misschien wil ze hem een keer ontmoeten? Hoezo? ...
4. Gaan ze het water weer aansluiten? Hoezo? ...
5. Moet hij nog betalen? Hoezo? ...

B. Mettez le verbe entre parenthèses au temps qui
convient et conjuguez :
1. Hoe wist je dat de café's dicht **(zijn)**?
2. Wie zegt dat het fruit niet gewassen **(hoeven)** te
   worden?
3. Als het concert eerder was afgelopen, **(zullen)** ik wel
   zijn langsgekomen.
4. Nadat hij me gezegd had dat hij niet van aardappels
   (houden), **(hebben)** ik maar rijst gekookt.
5. Je mag dit jaar naar Griekenland op vakantie, tenzij je
   voor je examens **(zakken)**.

C. Complétez l'adjectif par -e, si nécessaire :
Brugge werd in de elfde eeuw een **(belangrijk)** haven-
stad, het **(ideaal)** kruispunt van **(Westeuropees)** wegen,
de **(drukst)** handelsplaats, een stad waar men **(al)**
goederen kon zien, die in Europa bekend waren: **(Engels)**
wol, **(Frans)** wijn, **(Portugees)** specerijen en, niet te
vergeten, het **(Vlaams)** laken.
Vlaanderen was in die tijd het **(grootst)** **(Europees)** centrum van de textielindustrie, die naast Brugge steden als
Ieper en Gent **(rijk)** gemaakt heeft. Van de **(Engels)** wol
maakten de Vlamingen hun **(beroemd)** laken, dat via de
(Italiaans) havens zelfs het Midden-Oosten bereikte.

Memento 6 : la transformation passive

1. Phrase à l'ACTIF   Phrase au PASSIF

Annemarie maakt de oefening. → **De oefening wordt gemaakt.**

Annemarie maakte de oefening. → **De oefening werd gemaakt.**

Annemarie heeft de oefening gemaakt. → **De oefening is gemaakt.**

Annemarie had de oefening gemaakt. → **De oefening was gemaakt.**

L'auxiliaire du passif est donc **worden** aux temps simples et **zijn** aux temps composés.

2. Quand le complément d'objet dans la phrase active est absent, la phrase au passif commence par **er** :

Ze dansen de hele dag. → **Er wordt de hele dag gedanst.**

Ze dansten de hele dag. → **Er werd de hele dag gedanst.**

Ze hebben de hele dag gedanst. → **Er is de hele dag gedanst.**

Ze hadden de hele dag gedanst. → **Er was de hele dag gedanst.**

3. Si le complément d'objet est indéfini (c.à.d. s'il est précédé de **een** ou s'il n'a pas de déterminant), la phrase au passif commence également par **er** :

Ze zoeken een receptioniste.
→ **Er wordt een receptioniste gezocht.**

Ze zochten een receptioniste.
→ **Er werd een receptioniste gezocht.**

Ze hebben een receptioniste gezocht.
→ **Er is een receptioniste gezocht.**

Ze hadden een receptioniste gezocht.
→ **Er was een receptioniste gezocht.**

(Oefeningen)

A. Mettez les phrases suivantes au passif selon le modèle :
   De Fransen produceren de beste wijn ter wereld.
   → **De beste wijn ter wereld wordt door de Fransen geproduceerd.**
   1. Maar de Hollanders maken de beste kaas.
   2. De Belgen brouwen het beste bier van Europa.
   3. Europa voert veel auto's naar Zuid-Amerika uit.
   4. De Japanse industrie verovert steeds meer de Europese markt.

B. La tournure passive avec er. Même exercice que A. selon le modèle :
   Ze kloppen aan de deur. → **Er wordt aan de deur geklopt.**
   1. Ze werken hard op dit kantoor.
   2. Men spreekt ook Nederlands in Brussel.
   3. Ze lachten die avond te hard.
   4. Ze doen veel aan sport op deze school.
   5. Wat drinken ze veel in Polen!

C. Mettez les phrases suivantes au passif, et respectant le temps, selon le modèle :
   Men roept een dokter. → **Er wordt een dokter geroepen.**
   1. Ze namen een tent mee naar Spanje.
   2. Men plaatste gemalen op de Hollandse dijken.
   3. Ook in Amerika zaait men het graan vanuit vliegtuigen.

D. Même exercice :
   1. De dokter onderzocht zijn patiënten.
   2. De agent regelde het verkeer.
   3. Heb jij die twee stoelen besteld?
   4. Ik heb de afspraken genoteerd.
   5. Ze hebben de schrijfmachine tenslotte niet gekocht.
   6. Scholten en Zonen hebben het telegram niet gestuurd.

Memento 6 : les « het-woorden »

1. Si un nom est employé avec l'article défini **het**, on emploiera pour ce même nom au singulier les démonstratifs **dit** et **dat**, l'adjectif possessif **ons**. Si ce nom est suivi d'un pronom relatif, ce dernier prendra la forme **dat.**

het-woord	DÉMONSTRATIF	POSSESSIF	RELATIF	ADJECTIF
het kind	dit/dat kind	ons kind	het kind dat	een vrolijk kind

2. C'est bien entendu l'usage qui vous apprendra si un nom est un **het-woord** ou un **de-woord**. Les quelques remarques suivantes vous permettront de mieux mémoriser ces **het-woorden.**

a) Il s'agit souvent de noms de

– métaux : **het ijzer**, *le fer* ; **het goud**, *l'or.*

– Il s'agit aussi des noms de matières : **het water**, *l'eau* ; **het hout**, *le bois* ; **het zand**, *le sable*

– de langues : **het Nederlands**, *le néerlandais* ; **het Russisch**, *le russe*

– des points cardinaux : **het noorden**, *le Nord* ; **het oosten**, *l'Est* ; **het westen**, *l'Ouest* ; **het zuiden**, *le Sud*

– de villes, de provinces belges et néerlandaises et de pays : **het Nederland van de Gouden Eeuw**, *les Pays-Bas du Siècle d'or*

– des collectifs : **het nieuws**, *les nouvelles* ; **het gebergte**, *les montagnes* ; **het fruit**, *les fruits* ; **het speelgoed**, *les jouets.*

b) On repérera aussi les **het-woorden** selon leur forme :

– les noms en **-sel** : **het schepsel**, *la créature* ; **het voedsel**, *la nourriture*

– les noms d'origine étrangère en **-aal, -eel, isme, -ment** et **-um** : **het kanaal**, *le canal* ; **het personeel**, *le personnel* ; **het idealisme**, *l'idéalisme* ; **het testament**, *le testament* ; **het atheneum**, *l'athénée, le lycée*

– les noms bisyllabiques préfixés par **be-, ge-** et **ver-** : **het gedrag**, *le comportement* ; **het begin**, *le commencement* ; **het geheim**, *le secret* ; exception : **de verkoop**, *la vente*.

– les verbes, les participes, les adjectifs ou adverbes substantivés : **het fietsen**, *le fait de faire du vélo* ; **het gelezene**, *ce qui a été lu* ; **het kwaad**, *le mal* ; **het waarom**, *le pourquoi*.

Remarque : Il arrive qu'un **het-woord** désigne des personnes : **het meisje**, *la fille* ; **het kind**, *l'enfant* ; **het hoofd**, *le chef* ; **het lid**, *le membre* ; **het slachtoffer**, *la victime*, etc.

EXERCICES

(Oefeningen)

E. Remplacez le mot entre parenthèses par le diminutif correspondant :
1. Zijn jullie al in ons **(huis)** aan zee geweest?
2. Weet u van wie deze **(hond)** is?
3. De **(tent)** die je van ons hebt geleend is erg oud.
4. We zijn met onze **(auto)** naar Denemarken geweest.

F. Employez les noms de pays ou de villes précédés de l'article het et de l'adjectif entre parenthèses :
1. **(mooi)** Vlaanderen wordt nu ook door de Fransen ontdekt.
2. **(schilderachtig)** Brugge verwacht elk weekend duizenden bezoekers.
3. **(Europees)** Brussel vinden de toeristen ook interessant.
4. **(rijk)** Antwerpen krijgt meer contacten met andere Europese landen.
5. **(zuidelijk)** Limburg probeert zijn industriële sector te vernieuwen.

Memento 6 : les « het-woorden »

Aanvraag voor woonruimte

1. Inleveren* van dit formulier dient* te geschieden* bij het Bureau Huisvesting*.

2. Mocht de invulling van dit formulier vragen of problemen oproepen

3. dan kunt u daarover contact opnemen* met het Bureau Huisvesting.

4. De door u opgegeven* informatie wordt tevens* opgenomen

5. in de centrale registratie* van woningzoekenden*

6. van het Samenwerking*sorgaan* Agglomeratie* Utrecht.

volgnummer:

7. Door woningzoekende S.V.P. duidelijk met blokletters* of schrijfmachine* in te vullen:

8. DATUM VAN INSCHRIJVING: (jaar)   (maand)   (dag)

9. AANVRAGER(STER):   NAAM EN VOORLETTERS*:

ADRES:

POSTCODE EN WOONPLAATS:

TELEFOON:

10. GEBOORTEDATUM: GEBOORTEPLAATS:

GESLACHT*:   NATIONALITEIT:

11. BURGERLIJKE* ongehuwd*   gehuwd*, datum huwelijk*:
STAAT*:   weduwe*/weduwnaar* gescheiden*, datum scheiding*:
duurzaam* samenwonend*, per ... 19...

12. INKOMSTEN* PER MAAND: salaris (netto):
andere inkomsten:

(Origineel formulier van: Bureau Huisvesting, Utrecht)

Demande de logement

1. Ce formulaire est à remettre au Service du logement.
2. Si le remplissage de ce formulaire devait soulever des problèmes ou des questions,
3. vous pouvez prendre contact avec le Service du logement.
4. Les informations que vous fournissez seront également enregistrées
5. au fichier central des demandeurs de logement
6. de l'Organisme d'action commune de l'agglomération d'Utrecht.

numéro d'ordre :

7. À remplir par le demandeur en caractères d'imprimerie ou à la machine à écrire :

8. DATE D'INSCRIPTION :   (année)   (mois)   (jour)

9. DEMANDEUR(EUSE) :   NOM ET INITIALES :
ADRESSE :
CODE POSTAL ET COMMUNE :
TÉLÉPHONE :

10. DATE DE NAISSANCE :   LIEU DE NAISSANCE :
SEXE :   NATIONALITÉ :

11. ÉTAT CIVIL :   célibataire   marié(e), date du mariage :
veuf/veuve   divorcé(e), date du divorce :
Vivant en concubinage durable, depuis ... 19...

12. REVENU MENSUEL :   salaire (net) :
autres revenus :

(Formulaire original du Service du logement d'Utrecht)

● **Le verbe**

1. Le verbe de modalité mocht

Mocht (forme passée du verbe **mogen**) peut être employé en tête de phrase dans le sens de *si, au cas où*. **Mocht** indique alors une supposition : **Mocht de invulling van dit formulier vragen of problemen oproepen** (2.).

Mocht est souvent repris par **dan** *(alors, dans ce cas)* dans la phrase suivante : **dan kunt u daarover contact opnemen met het Bureau Huisvesting** (3.).

Mocht hij te laat komen, dan kunnen we nog wachten.

Dans le cas où il arriverait trop tard, nous pourrions encore l'attendre.

2. Le participe passé
    – Les participes passés des verbes peuvent, comme en français, être employés comme adjectifs épithètes :
      De door u opgegeven informatie (4.).

Le participe passé des verbes forts en **-en** reste **invariable** :
    het gebraden vlees, *la viande rôtie*.

Les participes passés des verbes faibles et ceux des verbes forts en **-aan** (du type **staan** ou **gaan**) prennent un **e** selon les règles de la déclinaison de l'adjectif épithète classique :
    een ongehuwde vrouw, *une femme célibataire* ; **een aangegane verbintenis**, *un engagement pris*.

    – La proposition qualificative
Le participe passé, employé comme adjectif épithète, peut être déterminé par d'autres compléments ; ces derniers se placent alors devant :

    De door u opgegeven informatie (4.) →
    de informatie die door u wordt opgegeven, *l'information [qui est] fournie par vous.*

3. Le participe présent substantivé
Le participe présent peut s'employer aussi comme substantif. Il est alors terminé par **e** et s'il désigne des personnes, il prendra **en** au pluriel : **Door woningzoekenden ... in te vullen** (7.).

(Oefeningen)

A. Questions sur le texte :
1. Waar moet het ingevulde formulier ingeleverd worden?
2. Waarvoor dient dit formulier?
3. Aan welk orgaan wordt de informatie ook gegeven?

B. Changez le verbe entre parenthèses en adjectif :
1. de (**winnen**) wedstrijd
2. het (**invullen**) formulier
3. de (**herhalen**) zin
4. de (**bakken**) eieren
5. de (**verwachten**) bezoeker
6. de (**registreren**) aanvraag
7. de (**spreken**) woorden
8. de (**plaatsen**) advertentie
9. de (**schrijven**) brief
10. het (**bouwen**) huis

C. Même exercice que B :
1. Heb je de (**aanvragen**) brochure ook al ontvangen?
2. Het is een goed (**samenstellen**) programma
3. dat bovendien aan de (**voorschrijven**) eisen beant woordt.
4. Die vorig jaar door jullie (**volgen**) cursus lijkt me ook interessant.
5. Die slecht (**kleden**) man komt zich ook inschrijven.

D. Cherchez le verbe qui convient dans la liste et conjuguez-le :
1. Ik ... contact ... met het arbeidsbureau.
2. Hij gaat van zijn vrouw ...
3. Ik heb een nieuwe woning ...
4. U moet ... hoeveel kinderen u heeft.
5. Hij ... met zijn vriendin ...
6. Ik ben ... bij het ziekenfonds (la caisse d'assurance-maladie).
7. Bijna iedereen wordt ... door het belastingkantoor (centre d'impôts).

(**aanvragen**)
(**inschrijven**)
(**scheiden**)
(**opnemen**)
(**opgeven**)
(**registreren**)
(**samenwonen**)

Marij opent een girorekening

1. Marij heeft een girorekening aangevraagd.
2. Ze heeft altijd een bankrekening* gehad,
3. maar wil nu overschakelen* op de Postbank*.
4. Om een girorekening te openen moet ze een formulier invullen
5. en bij een postkantoor indienen*.
6. Bovendien moet ze een geldig* legitimatiebewijs*
7. kunnen laten zien: een paspoort of een rijbewijs*.
8. Degene die een girorekening heeft kunnen openen,
9. krijgt girobetaalkaarten waarmee hij betalingen* kan verrichten.
10. Hij kan hiermee ook geld opnemen in binnen- en buitenland.
11. Het bericht* van de afschrijving* wordt uiterlijk* zeven dagen later ontvangen*.
12. Als Marij via de Postbank geld naar iemand wil overmaken*,
13. vraagt ze eerst het bank- of gironummer van die persoon
14. en vult daarna een speciale girokaart* in.

Vocabulaire complémentaire

geld halen, retirer de l'argent

een cheque verzilveren, encaisser un chèque

de spaarrekening, le compte d'épargne

sparen, épargner

de machtiging, la procuration

Marij ouvre un compte postal

1. Marij a fait la demande d'un compte postal.
2. Elle a toujours eu un compte bancaire,
3. mais elle veut maintenant changer pour un compte postal.
4. Pour ouvrir un compte postal, elle doit remplir un formulaire
5. et le remettre à un bureau de poste.
6. En outre, elle doit présenter une pièce d'identité en cours de validité :
7. un passeport ou un permis de conduire.
8. Celui qui a pu ouvrir un compte postal
9. obtient des chèques postaux avec lesquels il peut effectuer ses paiements.
10. Il peut aussi, au moyen de ceux-ci, retirer de l'argent dans son pays et à l'étranger.
11. L'avis de débit est reçu au plus tard sept jours après.
12. Si Marij souhaite payer quelqu'un par virement postal,
13. elle demandera d'abord le numéro de compte postal ou bancaire de cette personne
14. et remplira ensuite un chèque de virement spécial.

Expressions idiomatiques

9. **betalingen verrichten**, effectuer des paiements
10. **geld opnemen**, retirer de l'argent
11. **het bericht van afschrijving**, l'avis de débit
12. **geld overmaken**, payer par virement

GRAMMAIRE

• Le verbe

Le double infinitif (rappel, *cf.* leçon 61)

Devant un infinitif, le participe passé de certains verbes est remplacé par un infinitif. C'est le cas pour :

1. les verbes de modalité :

   Degene die een girorekening heeft kunnen openen,
   celui qui a pu ouvrir un compte postal. (8.)

   Hij heeft hen moeten helpen. *Il a dû les aider.*

   Zij heeft haar willen helpen. *Elle a voulu l'aider.*

2. les verbes de position et de mouvement :

   Zij is haar moeder gaan helpen.
   Elle est allée aider sa mère.

   Ze zijn het pakje komen halen.
   Ils sont venus chercher le paquet.

   Hij heeft liggen luisteren.
   Il était allongé à écouter.

3. les verbes de perception **zien** et **horen** :

   Ik heb haar zien komen. *Je l'ai vue venir.*

   Ze hebben ons horen aankomen.
   Ils nous ont entendus arriver.

4. le verbe **laten** :

   Hij heeft een huis laten bouwen.
   Il s'est fait construire une maison.

   Marij had toen haar haar laten verven.
   Marij s'était fait teindre les cheveux à cette époque-là.

• La morphologie

Les radicaux verbaux substantivés (rappel)

On obtient à partir de l'infinitif **berichten** *(communiquer)* le substantif **het bericht**, *la communication* (11.)

Les radicaux verbaux préfixés sont du genre neutre (sauf **de verkoop**) :

zich gedragen *(se comporter)* → **het gedrag**, *le comportement* ; **verwijten** *(reprocher)* → **het verwijt**, *le reproche* ; **vervolgen** *(suivre)* → **het vervolg**, *la suite.*

(Oefeningen)

A. Questions sur le texte :

1. Wat moet je doen om een girorekening te kunnen openen?

2. Wat moet je doen om via de girorekening geld naar iemand over te maken?

B. Insérez les verbes entre parenthèses dans les phrases en adaptant leur forme et en changeant l'auxiliaire si nécessaire, suivant le modèle :
Hij heeft gestemd. (komen) → Hij is komen stemmen.

1. Ik heb een girorekening aangevraagd. **(moeten)**
2. Ik heb het boek goedkoop gekregen. **(kunnen)**
3. Ik heb het geld direct overgemaakt. **(moeten)**
4. Kees is bij de operatie geweest. **(mogen)**
5. Wij hebben naar het debat geluisterd. **(gaan)**

C. Mettez les phrases suivantes au passé composé avec le double infinitif suivant le modèle :
Ik heb gezien dat Marij verhuisde → Ik heb Marij zien verhuizen.

1. Ik heb gehoord dat hij laat uit het café kwam.
2. Marij heeft gezien dat Bram de zwaarste dingen droeg.
3. Annemarie heeft Marij geholpen, toen ze verhuisde.
4. Ik heb geleerd hoe je via de bank geld over kunt maken.
5. Ik heb gezien dat Annemarie haar eerste girokaart heeft ingevuld.

D. Même exercice avec des verbes de position :

1. Zij zaten erover te denken.
2. Hij stond op zijn vrouw te wachten.
3. Zij lagen lekker te dromen.

Ook bij de bank heb je betaalkaarten

1. Veel mensen krijgen hun loon of uitkering*
2. op een giro- of bankrekening gestort*.
3. De postgiro heeft een aantal voordelen*:
4. zo zijn er erg veel postkantoren en kun je op elk postkantoor,
5. ook in het buitenland, geld opnemen.
6. De houders* van een girorekening kunnen kascheques* en girobetaalkaarten* aanvragen.
7. Kascheques dienen om geld op te nemen.
8. Girobetaalkaarten dienen vooral als betaalmiddel,
9. maar u kunt er ook geld mee opnemen.
10. Ook bij de bank heb je betaalkaarten.
11. Er zijn twee soorten: de groene* betaalkaart* en de eurocheque*.
12. Als u met een betaalkaart of eurocheque betaalt,
13. moet u altijd uw speciale pasje* laten zien.
14. Het is het bewijs dat u de eigenaar* bent van die kaarten.

Vocabulaire complémentaire

de lening, l'emprunt /le prêt
aflossen, rembourser

het krediet, le crédit

de schuld, la dette
sparen, économiser
het bedrag, le montant, la somme

het wisselkantoor, le bureau de change
geld wisselen, changer de l'argent
de wisselkoers, le cours du change
het biljet, le billet de banque
het kleingeld, la monnaie
Neemt u eurocheques aan?
Acceptez-vous les eurochèques ?

À la banque aussi, on a des chèques de paiement

1. *Beaucoup de personnes font verser leur salaire ou leur allocation*
2. *sur un compte postal ou bancaire.*
3. *Le compte postal a un certain nombre d'avantages :*
4. *on trouve en effet de très nombreux bureaux de poste et dans chacun d'eux on peut,*
5. *même à l'étranger, retirer de l'argent.*
6. *Les titulaires d'un compte postal peuvent faire la demande de chèques de retrait et de chèques postaux.*
7. *Les chèques de retrait servent à retirer de l'argent d'un compte.*
8. *Les chèques postaux servent surtout de moyen de paiement,*
9. *mais ils permettent également de retirer de l'argent.*
10. *Dans les banques aussi on a des chèques de paiement.*
11. *Il y en a deux sortes : le chèque bancaire et l'eurochèque.*
12. *Si vous réglez avec un chèque ou un eurochèque,*
13. *vous devez toujours montrer votre carte de garantie.*
14. *C'est la preuve que vous êtes bien le propriétaire de ces chèques.*

Remarques

On emploie le nom **girobetaalkaart** pour *chèque postal* parce que le premier service de virement bancaire des PTT néerlandais s'appelait **girodienst** *(service de virement)*. **Betaalkaart** est le mot pour *chèque* employé dans les services postaux néerlandais.

Ook bij de bank heb je betaalkaarten • À la banque aussi, on a des chèques de paiement

● **La morphologie des adjectifs**

En néerlandais, on peut former de nombreux adjectifs et adverbes, en ajoutant un suffixe à un nom, à un verbe, voire à un autre adjectif.

1. Le suffixe **-baar** signifie *qui peut être* : **inwisselen**, *encaisser* → radical **inwissel** → **inwisselbaar** = "**die ingewisseld kan worden**", "**die in te wisselen is**"

   betaalbaar, *qui peut être payé*
   deelbaar, *divisible*

2. De même, le suffixe **-(e)lijk** après un radical verbal signifie *pouvant être* + participe passé :

   begrijpen, *comprendre* → **begrijpelijk**, *compréhensible*
   onverbeterlijk, *incorrigible*

3. On mémorisera les suffixes suivants

   – **-ig** avec lequel de très nombreux adjectifs et adverbes sont formés à partir de noms :

   het geluk, *la chance* → **gelukkig**, *heureux*
   het schandaal, *le scandale* → **schandalig**, *scandaleux*

   – **-loos**, *démuni de*
   werkloos, *sans travail*
   vaderloos, *sans père*
   zinloos, *absurde* — **de zin**, *le sens*

   – **achtig**, *qui ressemble à*, par exemple après un nom ou un adjectif de couleur
   tover, *magie* → **toverachtig**, *magique*
   geel, *jaune* → **geelachtig**, *jaunâtre*
   schilderachtig, *pittoresque*

Ce suffixe est souvent employé quand il s'agit de phénomènes atmosphériques :
   de regen → **regenachtig**, *pluvieux*
   stormachtig, *orageux*

(Oefeningen)

A. Questions sur le texte :
1. Wat kunt u met girobetaalkaarten doen?
2. Waar dienen eurocheques voor?

**B. Employez un adjectif et -baar suivant le modèle :
De tekst is goed te lezen. → De tekst is goed lees-baar.**
1. Zoiets is wel te betalen.
2. Het verschil is te merken.
3. Het getal zeven is niet te delen.
4. Die artikelen kun je niet meer verkopen.
5. Dat water is niet te drinken.

C. Employez un adjectif et -baar, -achtig ou -loos :
1. Zijn gedrag lijkt op dat van een kind. Zijn gedrag is ...
2. De operatie was zonder pijn door de narcose.
3. Het geluid van het vliegveld is hier goed te horen.
4. De kleur van de mist leek op geel door de vervuiling.
5. Voor kleren en meubels heb ik het liefst stof die te wassen is.

D. Cherchez le mot qui convient dans la liste :
1. In alle postkantoren kun je geld ...   (gironummer)
2. als je een ... hebt.   (opnemen)
3. Je kunt ook geld ... naar iemand die een post- of bankrekening heeft.   (giropas)
   (overschrijven)
4. In winkels kun je ... gebruiken,   (girorekening)
5. waarop je je ... moet invullen.   (betaalkaarten)
6. Dit nummer staat ook op de ... die je altijd moet laten zien.   (pinkaart)
7. Steeds meer mensen gebruiken een ... om te betalen, dat is simpeler.

Zaterdagmiddag

1. **Bram** — Hé*, ik heb geen schoon shirt* meer!
2. **Marij** — Al je shirts zitten in de wasmachine
3. en die staat nog wel een half uurtje te draaien*.
4. **B.** — Hè*, wat vervelend!
5. **M.** — We kunnen vanmiddag toch niet weg, joh*.
6. Er is nog zoveel te doen in huis.
7. Ik ben de slaapkamer nog aan het opruimen*.
8. Als jij de afwas nou* even* doet en stofzuigt*,
9. dan zijn we zo klaar.
10. Anders zit je toch maar te lezen.
11. Ik zal ondertussen wel afstoffen* en de was* ophangen.
12. Gelukkig dat de zon op het balkon staat
13. zo heb je vanavond weer een droog shirt;
14. kunnen we tenminste lekker uit...
15. Ramen* zemen* en vloeren dweilen* doen we morgen wel,
16. daar heb ik zo'n hekel aan!

Remarques

Le néerlandais connaît une expression plus nuancée quand il s'agit de traduire *propre* et *nettoyer* :
– *propre* → **schoon/netjes** (propre, comme il faut), **zindelijk** (se dit d'une personne), **zuiver** (propre dans le sens de pur), **rein** (mot littéraire), etc.
– *nettoyer* → **schoonmaken/reinigen** (avec un produit chimique), **schuren** (récurer), **dweilen** (nettoyer avec la serpillière), **zemen** (avec la peau de chamois), **poetsen** (frotter), **schrobben** (laver à grande eau), etc.
En Belgique on dit aussi **kuisen** (nettoyer).

Samedi après-midi

1. **Bram** — Tiens, je n'ai plus un seul T-shirt propre à me mettre.
2. **Marij** — Tous tes T-shirts sont dans la machine à laver
3. et elle en a encore pour une bonne demi-heure à marcher.
4. **B.** — Zut, c'est embêtant !
5. **M.** — De toute façon, nous ne pouvons pas sortir cet après-midi, tu sais.
6. Il y a encore tant de choses à faire dans la maison.
7. Je suis en train de ranger la chambre à coucher.
8. Si tu laves maintenant la vaisselle et que tu passes l'aspirateur,
9. nous en aurons tout de suite fini.
10. Sinon tu vas passer ton temps à lire.
11. Pendant ce temps, je vais épousseter et étendre le linge.
12. Heureusement qu'il y a du soleil sur le balcon,
13. comme ça tu auras un T-shirt sec ce soir ;
14. et au moins nous pourrons sortir...
15. Nous nettoierons les vitres et le sol demain seulement,
16. c'est quelque chose que je déteste !

Vocabulaire complémentaire

het huishouden, le ménage

vegen, balayer

de bezem, le balai

strijken, repasser
de spons, l'éponge

de dweil — de vaatdoek, le torchon, la serpillière
afdrogen, essuyer (sécher) la vaisselle
de afwasmachine, la machine à laver la vaisselle
het strijkijzer, le fer à repasser
de stofzuiger, l'aspirateur

● **Les interjections**

Il ne s'agit pas ici de présenter un « système » des interjections en néerlandais ; on peut dire qu'on les rencontre très souvent dans cette langue et on conseillera d'en apprendre l'usage en situation. Ces interjections servent essentiellement à attirer l'attention de l'interlocuteur ou à donner un tour expressif au discours.

– **hé** exprime souvent l'étonnement, voire la peur :

Hé, wat moet dat nou? *Eh là, qu'est-ce que cela signifie ?*

mais aussi l'admiration ou le plaisir :

Hé, wat mooi! *Comme c'est beau !*

– **hè** *(n'est-ce pas ?)* prend en début de phrase un sens négatif : *Zut* (4.), mais un sens approbateur en fin de phrase :

Bediening hè? *ça, c'est du service !*

– **joh**, *tu sais*, est essentiellement employé pour adresser la parole (ou un reproche) moins brutalement :

We kunnen vanmiddag toch niet weg, joh (5.) (très familier).

– **nou**, intraduisible (c'est souvent le contexte ou l'intonation qui permet de donner un sens précis à ce mot, *cf.* leçon 68), se rencontre souvent dans une conditionnelle :

Als jij de afwas nou even doet (8.)

Il exprime parfois l'étonnement : **nou nou...**

Citons encore dans notre leçon les adverbes : **toch** (5.), **even** (8.).

● **La coordination entre les phrases**

– L'adverbe **anders** (10.) *(sinon, autrement)* entraîne l'inversion du sujet.
– L'adverbe **zo** (13.) *(ainsi)* exprime la conséquence ; il est à rapprocher de **dan** (9.) dans la séquence conditionnelle (8. 9.).

Rappelons d'autres conjonctions ou adverbes qui permettent d'articuler notre discours :
– exprimant la cause : **want**, *car* ; **omdat**, *parce que* ; **daarom** (qui reprend une explication), *c'est pourquoi*
– exprimant la concession : **hoewel**, *bien que* ; **al**, *bien que* (après **al** inversion)
– exprimant la finalité : **zodat**, *de sorte que, afin que.*

A. Questions sur le texte :

1. Wie doet de was meestal in het nieuwe huishouden van Bram en Marij?
2. Denkt u dat Bram zin heeft in al dat huishoudelijk werk?
3. Doen Bram en Marij elke dag het huishouden, denkt u?

B. Conjuguez les verbes entre parenthèses si cela est nécessaire :

1. Als de kleren droog **(zijn)**, moeten ze nog **(strijken)** worden.
2. Bram **(houden)** niet van **(afwassen)**, maar **(koken) (kunnen)** hij als de beste.
3. Hij **(zitten)** met een boek naast de wasmachine te **(wachten)** tot zijn shirt schoon **(zijn)**.
4. Ik **(zullen)** de bioscoop even **(bellen)** om kaartjes te **(reserveren)**.
5. Marij **(zijn) (vergeten)** dat ze ook niets te **(eten)** in huis **(hebben)**.

C. Cherchez le mot qui convient dans la liste : anders, daarom, dan, terwijl, want.

1. Er was geen schoon shirt meer. ... was hij te laat.
2. ... Marij de slaapkamer schoonmaakte, stond de wasmachine te draaien.
3. Bram kan best even helpen. ... zit hij toch maar te lezen.
4. Dweilen doet Marij niet vaak, ... daar heeft ze een hekel aan.
5. Als jij even afwast, ... hang ik de was op.

Richting Leeuwarden

1. **Bram** — Als ik doorrijd* kunnen we over twee uur in Steenwijk zijn.
2. **Marij** — Doe nou maar kalm aan. We hebben toch geen haast.
3. **B.** — Zeg, moeten we eigenlijk over* Amersfoort?
4. **M.** — Ja, maar dat gaat automatisch* nu we op deze snelweg* zitten.
5. Pas* bij Meppel gaan we van de E35 af.
6. Dan nemen we richting Leeuwarden.
7. Bij Steenwijk nemen we dan de eerste afslag* links.
8. Daar moet je uitkijken* want er is een onbewaakte* overweg*.
9. We moeten trouwens wel tanken* in de buurt* van Amersfoort.
10. Zal ik het stuur* dan bij het benzinestation* van je overnemen*?
11. **B.** — Dat hoeft niet, hoor. Ik vind het leuk om te rijden.
12. Is het niet moeilijk om midden* in* Steenwijk een parkeerplaats* te vinden?
13. **M.** — Door de week wel, maar in het weekend valt het wel mee.

Expressions idiomatiques

2. **kalm aandoen**, prendre son temps — **haast hebben**, être pressé
4. **op een weg zitten**, se trouver sur une route
5. **van een weg afgaan**, sortir d'un chemin
13. **door de week**, en semaine — **in het weekend**, le week-end — **het valt wel mee**, c'est mieux que prévu, cela se passe mieux qu'on ne pensait

Direction Leeuwarden

1. **Bram** — *Si je continue à rouler à cette allure, nous serons dans deux heures à Steenwijk.*

2. **Marij** — *Prends donc ton temps. Nous ne sommes pas si pressés.*

3. **B.** — *Dis-moi, est-ce que nous devons passer par Amersfoort ?*

4. **M.** — *Oui, mais cela se fait automatiquement, vu que nous sommes sur cette autoroute.*

5. *C'est seulement à Meppel que nous quittons l'E35.*

6. *À ce moment-là, nous prendrons la direction de Leeuwarden.*

7. *Au niveau de Steenwijk, nous prendrons la première sortie à gauche.*

8. *Tu devras faire attention à cet endroit car il y a un passage à niveau non gardé.*

9. *D'ailleurs, nous devons faire le plein du côté d'Amersfoort.*

10. *Veux-tu que je reprenne le volant à la station-service ?*

11. **B.** — *Non, non, ce n'est pas la peine. J'aime bien conduire.*

12. *Ce n'est pas difficile de se garer en plein centre de Steenwijk ?*

13. **M.** — *En semaine si, mais le week-end, ça ne se passe pas si mal.*

Vocabulaire complémentaire

de rem, le frein

het gaspedaal, l'accélérateur
de versnelling, la vitesse

de koppeling, l'embrayage
het verkeer, la circulation
het verkeersbord, le panneau indicateur

doorgaand verkeer, « toutes directions »
het ongeluk, l'accident
voorsorteren, se mettre sur la bonne file
de oprit, la bretelle d'accès
de afrit, la sortie d'autoroute
de uitrit, la sortie de véhicules

● **Het**

Le mot **het** n'est pas seulement l'article défini du genre neutre. Ce petit mot se rencontre souvent en néerlandais avec des fonctions grammaticales, des emplois et des sens différents.

1. **L'article défini : het stuur**, *le volant* (10.)

2. **Le pronom personnel** représentant un **het-woord** :
   het brood, *le pain* → **het is lekker**, *il est bon* → **ik vind het lekker**, *je le trouve bon*.

3. **Le pronom démonstratif, ce, cela : het is lekker**, *c'est bon*.

   Remarque : **het** est souvent remplacé par **dat** : **dat is lekker!**

4. **Le pronom impersonnel :**
   – ce, cela, ça : **Ik vind het leuk om te rijden** (11.)
   Is het moeilijk (12.)
   Het valt wel mee (13.)

   – **het** se rencontre souvent avec les verbes exprimant un phénomène atmosphérique : **het regent**, *il pleut* ; **het onweert**, *il fait de l'orage* ; **het sneeuwt**, *il neige*.

5. **Le het idiomatique :**

   – Le **het** purement idiomatique :
   Ik heb het druk. *Je suis très occupé.*
   Ze heeft het warm. *Elle a chaud.*
   Ze hebben het over Nederland.
   Ils parlent des Pays-Bas.
   Ik ben het met je eens. *Je suis d'accord avec toi.*

   – On remarque également l'emploi systématique de **het** après certains verbes néerlandais comme **hopen**, **denken**, **weten**, **vrezen** *(craindre)*, **geloven**, etc. :
   O ja, ik hoop het! *Oh oui, je l'espère !* (ou : *j'espère !*)
   Ja, ik weet het. *Oui, je sais.*
   Ik geloof het wel. *Je crois bien.*

   Avec les verbes français correspondants, l'usage d'un pronom complément est rarement requis.

6. **Le het dans la traduction de** *c'est (moi) qui* :
   Zij was het die de weg moest wijzen op de autosnelweg.
   C'était elle qui devait indiquer le chemin sur l'autoroute.

LEÇON 75

(Oefeningen)

A. Questions sur le texte :
1. Kunt u vertellen hoe u van Amsterdam naar Steenwijk moet rijden?
2. Waarom is een onbewaakte overweg gevaarlijk?
3. Waarom moeten Marij en Bram in Amersfoort tanken?

B. Cherchez le mot qui convient dans la liste :
1. Als hij op tijd ... had,	**(voorgesorteerd)**
2. zou hij het ... ook op tijd gezien hebben.	**(ongeluk)**
3. Hij was zo moe dat hij noch ... noch	**(gaspedaal)**
4. andere ... zag.	**(stoplicht)**
5. Zonder nadenken duwde *(poussait)* hij steeds harder met zijn voet op het ...	**(versnelling)**
6. Automatisch bewoog zijn hand om de juiste ... te vinden,	**(verkeersborden)**
7. tot het ... overal een eind aan maakte.	**(auto's)**

C. Cherchez dans la liste la conjonction voulue :
1. Je moet eens naar de nieuwe opera gaan, ... je naar Amsterdam gaat.	**(alsof)**
2. Ze gingen naar de bioscoop, zonder ... hun ouders het wisten.	**(wanneer)** **(dat)**
3. Hij praatte en lachte ... er niets gebeurd was.	**(als)**
4. ... de winkels dichtgaan, moet ik nog snel een paar boodschappen doen.	**(voordat)** **(of)**
5. Ik vraag me af ... Joke nog komt.	
6. Weet jij ... de eerste wereldoorlog was?	

D. Traduisez (attention à het) :
1. N'as-tu pas trop chaud ?
2. Comment allez-vous aujourd'hui ?
3. Je ne suis pas d'accord avec ce que vous dites.
4. Ça fait deux heures qu'il parle de la même chose.

Achter de kerk om

1. Marij — Hier is het centrum. Meestal rijd ik deze straat in

2. en dan achter de kerk om.

3. Als je rechtdoor gaat moet je het plein over,

4. en dan kun je de auto niet achter het huis parkeren.

5. Bram — Ik zet hem wel achter. Dat lijkt me gemakkelijker

6. met het inladen* van die dozen morgen.

7. Wat zal je moeder zeggen als ze hoort dat

8. we alleen maar een weekend naar de Ardennen gaan

9. in plaats van twee weken naar Frankrijk?

10. M. — Misschien wil ze wel mee!

11. B. — Denk je er wel aan dat Annemarie en d'r vriend ook al mee willen!

12. 't Is wel gezellig, maar we moeten wel drie tenten meenemen op die manier!

13. M. — Laten we voor die twee nachten maar een hotelletje nemen.

14. Dat is voor moeder ook leuker.

15. B. — Nou, avontuurlijk is anders, maar vooruit dan maar.

Expression idiomatique

15. vooruit dan maar, va, pour cette fois

Remarques

Le mot **auto** est du genre masculin et néerlandais ; on le reprendra par le pronom **hij** ou **hem** (forme complément) : **Ik zet hem wel achter** (5.).

LEÇON 76

Tourner derrière l'église

1. **Marij** — Voici le centre. D'habitude j'entre dans cette rue,
2. ensuite je tourne derrière l'église.
3. Si tu continues tout droit, tu devras traverser la place,
4. et tu ne pourras plus garer la voiture derrière la maison.
5. **Bram** — Je vais la mettre derrière, cela me paraît plus facile
6. pour le chargement des cartons demain.
7. Que va dire ta mère quand elle apprendra que
8. nous allons seulement un week-end dans les Ardennes,
9. au lieu de deux semaines en France ?
10. **M.** — Peut-être voudra-t-elle nous accompagner !
11. **B.** — N'oublie pas qu'Annemarie et son ami veulent déjà venir avec nous !
12. C'est sympathique, mais nous devrons bientôt emporter trois tentes si cela continue !
13. **M.** — Prenons donc un petit hôtel pour ces deux nuits.
14. Ce sera aussi plus agréable pour maman.
15. **B.** — Eh bien, ce n'est pas la grande aventure, mais allons-y quand même.

Vocabulaire complémentaire

de hoek om gaan, tourner à l'angle de la rue
door de stad heen gaan, traverser toute la ville
een weg in slaan, prendre une rue, un chemin, une route
een brug over gaan, passer sur un pont
achter iemand aan lopen, courir derrière quelqu'un
voor iemand uit lopen, courir devant quelqu'un
de trap op lopen, monter l'escalier

● **Les postpositions**

L'expression d'un changement de lieu

1. Après un verbe de mouvement (**gaan, lopen, rijden,** etc.), la préposition peut parfois suivre le nom auquel elle se rapporte ; il est alors préférable de parler de postposition :

   Meestal rijd ik deze straat in (1.)

   We rijden Limburg door. *Nous traversons le Limbourg.*

2. Les postpositions correspondent pour la forme aux prépositions, sauf **af** qui correspond à la préposition **van** :

   Ik zet de hoed van het hoofd. / Ik zet de hoed af.
   J'enlève mon chapeau (de la tête).
   Hoed af ! *[Enlève ton] chapeau !*

3. Le sens est le plus souvent différent entre préposition et postposition : la postposition indique toujours un mouvement, un changement de lieu ou de direction, alors que la préposition renvoie à une localisation :

   De vader liep de kamer in, *le père entrait dans la chambre.*
   De vader liep in de kamer, *le père marchait dans la chambre.*
   Het plein rond rijden, *faire le tour de la place.*
   Rond het plein, *tout autour de la place.*

4. Les prépositions dites composées sont souvent la combinaison de prépositions avec des postpositions :

   en dan achter de kerk om. (2.)

   De hond loopt voor zijn baas uit.
   Le chien précède son maître.

   Het schip vaart onder de brug door.
   Le bateau passe sous le pont.

Remarques :
Le complément se place entre les deux éléments :

   Hij moet door de stad heen, *il doit traverser la ville.*

S'il est remplacé par **er** (l'adverbe pronominal de lieu), préposition et postposition s'écrivent en un seul mot et suivent le mot **er** : **Hij moet er doorheen**, *il doit la traverser.*

(Oefeningen)

A. Questions sur le texte :

1. Waarom parkeert Bram de auto achter het huis?
2. Is Bram enthousiast over het idee met zoveel mensen op vakantie te gaan?
3. Waarom gaan ze toch maaar naar een hotel?

B. Complétez par la préposition ou la postposition qui convient :

1. **2.** ... de familie Vermeer hangt een echte Rubens ... de muur.
3. **4.** Heb je interesse ... dit artikel ... urbanisatie?
5. **6.** De dame ging de winkel ... en vroeg of ze ... betaalkaarten mocht betalen.
7. **8.** Eerst gaat u de hoek ... en dan loopt u een eindje ... het kanaal.
9. **10.** Als u ... boven wilt, moet u de trap ...
11. **12.** U kunt ook ... de lift *(l'ascenseur)*, maar daar moet u wel lang ... wachten.
13. **14.** U kunt onder de brug ... lopen, maar dan loopt u wel het risico ... het water te vallen.

C. Barrez la postposition qui ne convient pas :

1. Hij rijdt de straat /in/door/op/uit/.
2. Hij loopt de kerk /in/af/uit/door/.
3. Hij gaat de trap /in/af/op/.
4. Hij loopt de brug /over/af/op/door/.
5. Hij rijdt het plein /over/door/rond/op/.
6. Hij gaat het kanaal /langs/over/in/op/.

D. Traduisez les proverbes suivants et cherchez leurs équivalents en français :

1. Er is niets nieuws onder de zon.
2. Een storm in een glas water.
3. Beter één vogel in de hand dan tien in de lucht.
4. Het kind met het badwater weggooien.

Hoe zit het met die vakantie...

1. **Mevrouw Van Leeuwen** — En hoe zit het met die vakantie waar jullie het al zolang* over hebben?
2. **Marij** — Ik kan pas in december vrij krijgen.
3. Dat betekent dat we voorlopig* niet naar Frankrijk gaan.
4. **Mevr. V. L.** — Dat had ik eigenlijk wel verwacht*.
5. Gaan jullie nou helemaal niet meer weg?
6. **Bram** — Jawel, maar op wat minder spectaculaire* wijze*:
7. we gaan een weekend naar de Belgische Ardennen,
8. naar een dorp* dat vrienden van ons goed kennen.
9. **M.** — We wilden je vragen of je meeging.
10. Tenslotte* heb jij ook nog geen vakantie gehad.
11. **B.** — Je moet er dan wel bij zeggen dat Annemarie en Herman
12. waarschijnlijk* ook meegaan.
13. **Mevr. V. L.** — Ik wil jullie niet teleurstellen*, maar ik ga in september
14. al een weekje met een vriendin naar Gent en Brugge.
15. **M.** — Dan kun je mooi* via* de Ardennen naar Nederland terug!

Expressions idiomatiques

1. **hoe zit het met ...?**, *qu'en est-il de ... ?* (« comment cela va-t-il avec ... ? »)
6. **op ... wijze**, *de manière …*
11. **erbij** dans **erbij zeggen** signifie que l'on ajoute quelque chose : **Daar komt nog bij dat ...** *À cela il faut ajouter que …*
15. **mooi** peut aussi fonctionner comme adverbe et signifier : *favorablement, avantageusement, ou facilement.*

Alors, que deviennent ces vacances...

1. **Mme Van Leeuwen** — *Alors, que deviennent ces vacances dont vous parlez depuis si longtemps ?*
2. **Marij** — *Je ne pourrai obtenir de congés que pour le mois de septembre.*
3. *Cela signifie que pour l'instant nous n'irons pas en France.*
4. **Mme V. L.** — *C'est bien ce que j'avais prévu, en fait.*
5. *Et vous ne partez plus du tout, maintenant ?*
6. **Bram** — *Si, mais d'une manière un peu moins spectaculaire :*
7. *nous partons en week-end dans les Ardennes belges,*
8. *dans un village que des amis à nous connaissent bien.*
9. **M.** — *Nous voulions te demander si tu voulais nous accompagner.*
10. *Après tout, toi non plus, tu n'as pas encore eu de vacances.*
11. **B.** — *N'oublie pas d'ajouter qu'Annemarie et Herman viennent*
12. *probablement aussi avec nous.*
13. **Mme V. L.** — *Je ne veux pas vous décevoir, mais je pars déjà en septembre*
14. *pour une petite semaine à Gand et à Bruges avec une amie.*
15. **M.** — *Alors tu pourras sans problèmes revenir aux Pays-Bas en passant par les Ardennes !*

Hoe zit het met die vakantie... • Alors, que deviennent ces vacances...

GRAMMAIRE

• La subordonnée relative

1. Les pronoms relatifs **die** et **dat**

Les adjectifs démonstratifs **die** et **dat** ont également la fonction de pronoms relatifs :

> naar een dorp **dat** vrienden van ons **goed kennen** (8.).

La proposition introduite par un pronom relatif est une proposition subordonnée (ici à l'antécédent **dorp**) ; le groupe verbal se trouvera donc en fin de proposition.

– **die** se rapporte à tous les **de-woorden** : singulier, pluriel et personnes.

> **Hier ziet u een foto die ik zelf heb gemaakt.**
> *Vous voyez ici une photo que j'ai faite moi-même.*
> **Mevrouw Van Leeuwen gaat met een vriendin die ook in Steenwijk woont.**
> *Madame Van Leeuwen part avec une amie qui habite aussi Steenwijk.*

– **dat** s'emploie après un antécédent neutre singulier :

> **Dat is het werk dat ik gemaakt heb.**
> *Voilà le travail que j'ai fait.*
> **Het meisje dat de trein gemist had.**
> *La fille qui avait raté le train.*

Remarque : **die** et **dat** ont les formes du sujet identiques aux formes du complément d'objet (contrairement aux relatifs français : *qui* et *que*) :

> **De man die daar staat.**
> *L'homme qui se tient là-bas.*
> **De man die je daar kunt zien.**
> *L'homme que tu peux voir là-bas.*

2. Le pronom relatif **wie**

Ce pronom relatif s'emploie après une préposition précédée d'un nom de personne :

> **De man/met/wie ik spreek.**
> *L'homme avec qui je parle.*
> **Jan/van/wie je de vriend goed kent.**
> *Jan dont tu connais bien l'ami.*

3. Le pronom relatif **waar** (rappel de la leçon 44)

> **De muziek waar ik het meest van hou, is van Schubert.**
> *La musique que je préfère est [celle] de Schubert.*

EXERCICES

(Oefeningen)

A. Questions sur le texte
1. Had de moeder van Marij verwacht dat ze niet naar Frankrijk zouden gaan?
2. Is het zeker dat Annemarie en Herman meegaan?
3. En is het zeker dat mevrouw Van Leeuwen niet meegaat?

B. Complétez par die, dat, wie ou wat
1. Ken je de man ... daar zit?
2. Dit is het boek ... hij geschreven heeft.
3. Hij heeft het over een onderwerp ... ik niet ken.
4. Hij vertelt me iets ... ik niet wist.
5. Dit is een persoon met ... je rekening moet houden.
6. ... zoiets doet is niet te vertrouwen.

C. Transformez en subordonnées relatives les propositions entre parenthèses (le mot souligné devient un relatif) :
1. Ik weet niet **(hij denkt aan <u>iets</u>)**.
2. Dit is de vriendin **(hij gaat met <u>haar</u> op reis)**.
3. Weet je nu nog niet **(de president heeft <u>het</u> gisteren gezegd)**.
4. Ik luister graag naar Fransen **(<u>ze</u> praten goed Nederlands)**.
5. Op het reisbureau **(ze werkt <u>er</u>)** krijgt ze om tien uur koffie.

D. Traduisez :
1. Ce qu'il dit n'est pas vrai.
2. Je connais bien la ville dont il parle.
3. C'est exactement ce que j'avais pensé.
4. Elle ne voulait pas vendre la chaise sur laquelle il avait toujours été assis.

Hoe zit het met die vakantie… • Alors, que deviennent ces vacances…

's Avonds

1. **Bram** — En? Als je zo terugkijkt* op het afgelopen* halfjaar, ben je dan tevreden*?
2. **Marij** — Wat een vraag! Daar heb ik zo één, twee, drie geen antwoord* op.
3. **B.** — Je moet me alles zeggen! Zelfs als het vervelend voor me is.
4. **M.** — Ik vind het leuk dat we elkaar dagelijks* zien,
5. al* zijn we 's avonds vaak te moe om aandacht* voor elkaar te hebben.
6. Maar ik vind mijn werk niet zo geweldig*.
7. Het houdt iets heel onpersoonlijks*:
8. elke dag andere mensen aan de telefoon die folders willen;
9. steeds wisselende* collega's; nooit tijd om samen te kunnen eten...
10. En ik maak me veel zorgen over mijn moeder: die is nu zo alleen!
11. Ze klaagt* niet, maar ik weet dat dat heel moeilijk voor haar is.
12. Dat is voor de jouwe heel anders, zelfs nu Annemarie het huis uit gaat,
13. omdat ze je vader nog heeft.
14. **B.** — Wat een verhaal*, Marijke. Ga nu maar lekker slapen. Welterusten*!

Expressions idiomatiques

2. **zo één, twee, drie**, d'un coup, à l'instant
10. **zich zorgen maken over**, se faire du souci pour
12. **het huis uitgaan**, (ici) quitter sa famille
14. **welterusten**, dormez bien/bonne nuit

Le soir

1. **Bram** — *Alors dis-moi, si tu fais le bilan de ces six derniers mois, es-tu satisfaite ?*
2. **Marij** — *Quelle question ! Difficile d'y répondre tout de go.*
3. **B.** — *Tu dois tout me dire ! Même si c'est désagréable pour moi.*
4. **M.** — *J'apprécie beaucoup de te voir chaque jour,*
5. *même si souvent, le soir, nous sommes trop fatigués pour faire très attention l'un à l'autre.*
6. *Mais mon travail ne me plaît pas tellement.*
7. *Il a un côté très impersonnel :*
8. *chaque jour des gens qui téléphonent pour avoir des dépliants ;*
9. *et des collègues qui changent tout le temps ; jamais le temps de manger ensemble...*
10. *Et je me fais aussi beaucoup de souci pour ma mère : elle est si seule maintenant !*
11. *Elle ne se plaint pas, mais je sais que c'est très difficile pour elle.*
12. *C'est tout à fait différent pour la tienne, même si Annemarie quitte la famille maintenant,*
13. *parce qu'elle a encore ton père.*
14. **B.** — *Eh bien Marijke, tu en avais des choses à dire ! Maintenant il vaut mieux dormir. Bonne nuit !*

Vocabulaire complémentaire

het verleden, le passé
verleden week/vorige week, la semaine passée
drie dagen geleden, il y a trois jours
toen, à cette époque
vroeger, autrefois

• Le pronom possessif

On obtiendra la forme pronominale du possessif en faisant précéder la forme accentuée de celui-ci de l'article défini ainsi qu'en lui ajoutant un **e** final (**en** pour le pluriel des personnes) :

Het boek is van mij → het is mijn boek → het is het mijne.
Ce livre est à moi → c'est mon livre → c'est le mien.

de/het mijne	de/het onze
de/het jouwe	die/dat van jullie
de/het zijne	de/het hunne
de/het hare	**de/het uwe** (forme de politesse)

– Attention aux modifications orthographiques : **het hare/het hunne.**
– **Jullie** est invariable ; on dira toujours : **die/dat van jullie.**

• La coordination entre les phrases

Le mot **al** employé en tête de phrase et suivi immédiatement du verbe conjugué signifie *bien que, même si* : **al zijn we 's avonds vaak te moe om aandacht voor elkaar te hebben** (5.). Il peut être précédé de **ook.**

Attention : ne confondez pas ce **al** avec l'adverbe signifiant *déjà* et l'indéfini signifiant *tout.*

• La morphologie des adjectifs et des adverbes

1. Le suffixe **-lijks** (parfois **-elijks**) s'adjoint à des mots désignant des séquences temporelles : **dag → dagelijks,** *quotidiennement* ; **week → wekelijks,** *hebdomadaire* ; **jaar → jaarlijks,** *annuel.*

2. Le préfixe **on-** dans un adjectif sert à exprimer le contraire. Ce préfixe n'est jamais accentué en combinaison avec un adjectif : **persoonlijk → onpersoonlijk.**

3. Un participe présent ou passé peut avoir la valeur d'un véritable adjectif : **vervelend** (3.), *ennuyeux.*

   Ces participes employés comme adjectifs peuvent être épithètes. Le participe présent et le participe passé des verbes faibles peuvent prendre un **e** selon les règles de déclinaison ; le participe passé des verbes forts reste lui toujours invariable : **het afgelopen halfjaar** (1.).

A. Questions sur le texte :
1. Is Marij erg positief over het afgelopen halfjaar?
2. Waarom vindt ze haar werk niet zo leuk?
3. Waarom maakt ze zich zorgen over haar moeder?

B. Complétez selon le modèle :
Dat is mijn pen. Hij is van mij. Het is de mijne.
1. Dat is jouw huis.
2. Dat is hun werk.
3. Dat is onze auto.
4. Dat is haar koffie.
5. Dat is jullie bank.
6. Dat zijn zijn boeken.

C. Complétez par waar, wat, wie :
1. Ik weet niet ... jij toen aan dacht.
2. Hij vroeg me weg te gaan, ... ik direct deed.
3. Is dat nou die vakantie ... jullie het zo vaak over gehad hebben?
4. ... we daar hoorden, verbaasde ons erg.
5. Hij vertelt aan ... het maar horen wil dat hij een baby heeft.

D. Traduisez :
1. Hoewel het geen saai werk is, wil ze het toch niet blijven doen.
2. Sinds ze elkaar dagelijks zien, hebben ze elkaar niet veel meer te vertellen.
3. Al maakt ze zich zorgen over haar moeder, ze blijft toch bij haar vriend wonen.
4. Nu mijn auto kapot is, mag ik de jouwe wel lenen, hè?
5. Op het reisbureau wordt veel over de arbeidsomstandigheden geklaagd.

79 Afscheid

1. Nu we bij les 79 aangekomen zijn, is het tijd om
2. afscheid te nemen van Bram en Marij en hun familie en vrienden.
3. We raden u aan* alle memento's en repetities nog eens door* te nemen*
4. en daarna de leesteksten van les 81 tot en met 90
5. met behulp van de woordenlijst* of een woordenboek* te lezen.
6. Kijk alleen als u het echt niet begrijpt naar de Franse vertaling*!
7. Als u dit boek uit hebt, kunt u af* en* toe* een Nederlandse krant kopen
8. en, waarom niet?, eens in Nederland of in Vlaanderen op vakantie gaan
9. om uw kennis* van de Nederlandse taal in praktijk te brengen.
10. Wie weet wordt er bij u in de buurt Nederlandse les gegeven.
11. Informeert u eens bij de universiteit, het consulaat* of
12. de Kamer* van* Koophandel* in uw omgeving.
13. Veel sterkte*!

De schrijvers.

Expressions idiomatiques

2. **afscheid nemen van**, prendre congé de, dire au revoir à
4. **tot en met ...**, jusqu'à ... inclus
5. **met behulp van**, à l'aide de, au moyen de
7. **(een boek) uit hebben**, avoir fini de lire (un livre)
9. **in praktijk brengen**, mettre en pratique
10. **les geven**, enseigner

L'adieu

1. Maintenant que nous sommes arrivés à la leçon 79, il est temps
2. de prendre congé de Bram et de Marij, de leur famille et de leurs amis.
3. Nous vous conseillons de relire attentivement tous les mémentos et les révisions
4. et de lire ensuite les textes des leçons 81 à 90 comprise
5. à l'aide du lexique ou d'un dictionnaire.
6. Ne regardez la traduction française que si vous ne comprenez vraiment pas.
7. Quand vous aurez terminé ce livre, vous pourrez de temps à autre acheter un journal néerlandais
8. et, pourquoi pas, partir en vacances aux Pays-Bas ou en Flandre.
9. pour mettre en pratique votre connaissance de la langue néerlandaise.
10. Peut-être enseigne-t-on le néerlandais près de chez vous.
11. Informez-vous à l'université, au consulat ou
12. auprès de la Chambre de commerce de votre région.
13. Nous vous souhaitons bon courage !

Les auteurs.

Vocabulaire complémentaire

een vreemde taal leren, apprendre une langue étrangère
de gesproken/geschreven taal, la langue parlée/écrite
de taalcursus, le cours de langue
het taalonderwijs, l'enseignement des langues
een fout maken, faire une faute
een fout verbeteren, corriger une faute
vloeiend spreken, parler couramment

Remarques

• **nu** (1.) est employé comme conjonction de subordination ; on le traduit souvent par *maintenant que, vu que, puisque,* etc. : **Nu je zo goed Nederlands spreekt, kun je Nederlandse kranten lezen.**

GRAMMAIRE

• **La morphologie du groupe verbal**

1. Un verbe peut être déterminé en néerlandais par :
   – une particule séparable : **door**nemen (3.), **uit** hebben (7.)
   – un nom : **afscheid** nemen (2.), **les** geven (10.)
   – un groupe prépositionnel : **op vakantie gaan** (8.), **in praktijk brengen** (9.).

2. Dans le fonctionnement de ce groupe verbal complexe, il n'y a aucune différence entre la particule séparable et le nom ou le groupe prépositionnel qui déterminent le verbe de base : tous trois prendront l'accent tonique du groupe verbal et tous trois se placeront à la fin de la proposition :
   Ik **neem** al de memento's nog eens **door** (3.). (doornemen)
   Ik **breng** elk jaar in Nederland mijn kennis van het Nederlands **in praktijk** (9.). (in praktijk brengen)
   Ik **geef** elke woensdagmorgen **les** (10.). (les geven)

   Attention : seule la particule séparable reste attachée aux infinitifs et aux participes : doornemen → **doorgenomen.**

• **La morphologie de l'adjectif**

1. Un adjectif peut être dérivé d'un nom de localité ou de pays, voire d'un nom d'habitant de pays : **Nederland → Nederlands, Brussel → Brussels, Italiaan → Italiaans.**

2. Autres adjectifs dérivés en **s** : **boer → boers**, *rustique,* **hemel → hemels,** *céleste.*

3. Certains adjectifs dérivés de noms de localité prennent le suffixe **er** ; ils sont alors invariables : **Amsterdam → Amsterdammer, Edam → Edammer, Steenwijk → Steenwijker.**

EXERCICES

(Oefeningen)

A. Questions sur le texte :
1. Is het verstandig om direct de Franse vertaling te gebruiken bij het lezen van de lessen 81 tot en met 90?
2. Waar kunt u vragen of er bij u in de buurt Nederlandse les gegeven wordt?

B. Mettez au passé composé :
1. We raden hem aan vaker te gaan zwemmen.
2. Hij neemt de grammatica nog eens door.
3. Die leraar vertaalt wel vaker boeken uit het Frans in het Nederlands.
4. Ze brengen hun kennis zo snel mogelijk in de praktijk.
5. Die vrouw geeft al jaren Nederlandse les aan buiten-landers.

C. Mettez à la forme passive :
1. Men verkoopt niet veel Nederlandse boeken in Frankrijk.
2. Kranten vindt men er gemakkelijker.
3. Die kunt u met behulp van een woordenboek lezen.
4. De studenten kijken te vaak naar de Franse vertaling.
5. In Nederland spreekt men vaak Engels met buitenlanders.

D. Choisissez le mot qui convient :
1. De kaas is ...	(aan)
2. Hij heeft een broek ...	(tegen)
3. Hij heeft het boek ...	(af)
4. De film viel hem ...	(op)
5. Hij gaat van de grote weg ...	(uit)

Memento 7 : la dérivation de l'adjectif

1. La dérivation par suffixe

1. **gelukkig** (geluk), **gelovig** (geloven) — substantif ou radical verbal + **-ig**

2. **dromerig** (droom), **slaperig** (slapen) — substantif ou radical verbal + **-erig**

3. **goddelijk** (god), **ziekelijk** (zieke), **begrijpelijk** (begrijpen) — substantif, adjectif ou radical verbal + **-(e)lijk**

4. **vruchtbaar** (vrucht), **drinkbaar** (drinken), **draagbaar** (dragen) — substantif ou radical verbal + **-baar** *(qui peut être)*

5. **geelachtig** (geel), **regenachtig** (regen), **schilderachtig** (schilderen) — adjectif (couleur) ou substantif *(phénomène atmosphérique)* ou verbe (rare) + **-achtig**

6. **houten** (hout), **koperen** (koper) — nom de matière + **-en**

7. **socialistisch** (socialist), **pessimistisch** (pessimist) — nom d'origine étrangère + **-isch**

8. **vreedzaam** (vrede), **spaarzaam** (sparen) — substantif ou radical verbal + **-zaam** *(qualité)*

9. **kunstmatig** (kunst), **werkloos** (werk), **belangrijk** (belang) — substantif + **-matig** *(à la mesure de)* + **-loos** *(sans)* ou + **-rijk** *(riche)*

10. **wekelijks** (week), **jaarlijks** (jaar) — séquence temporelle + **-(e)lijks**

11. **kunstvaardig** (kunst), **spreekvaardig** (spreken) — substantif, radical verbal ou adjectif + **-vaardig** *(apte)*

12. **hemels** (hemel), **aards** (aarde) — substantif + **-s** (rare)

13. **Brussels** (Brussel), **Gents** (Gent) — nom de ville + **-s**

2. La dérivation par préfixe

1. **ongelukkig** (gelukkig), **onpersoonlijk** (persoonlijk) — préfixe **on-** + adjectif, adverbe ou participe présent (= sens négatif)

2. **wansmakelijk** (smakelijk), — préfixe **wan-** + adjectif ou participe présent (= sens négatif)

3. **doornat** (nat), **overgevoelig** (gevoelig), **almachtig** (machtig), **welbekend** (bekend), **hoognodig** (nodig) — préfixes **door-, over-, al-, wel-** et **hoog-** renforcent le sens de l'adjectif.

4. **allerliefst** (liefst), **allerbest** (best) — préfixe intensif **aller-** + superlatif

5. **superfijn** (fijn), **extrasterk** (sterk) — préfixes gréco-latins + adjectif

6. **aartslui** (lui), **aartsdom** (dom) — préfixe intensif **aarts-** + adjectif

(Oefeningen)

A. Complétez par -(e)lijk ou -isch selon l'origine du mot de base :

de communist — de vriend — de elektronika — de nacht — de kapitalist — de gemeente — de vader — het materiaal — de god

B. Complétez selon le sens par -rijk et/ou -(e)loos :

de hoop *(l'espoir)* — het belang *(l'intérêt)* — het werk *(le travail)* — de vis *(le poisson)* — de hulp *(l'aide)* — de roem *(la gloire)* — de adem *(la respiration)* — de invloed *(l'influence)*

C. Complétez par -achtig (n° 5) ou par -matig (à la mesure de) ou -vaardig (apte à) :

het middel *(le moyen)* — grijs *(gris)* — de slag *(le coup)* — de kunst *(l'art)* — de reis *(le voyage)* — de storm *(l'orage)* — het stelsel *(le système)* — geel *(jaune)*

D. Donnez une réponse négative aux questions en reprenant l'adjectif préfixé de on- :

1. Is deze man **gelukkig**?
2. Leest deze leerling **voldoende**?
3. Vindt u deze bakker **vriendelijk**?
4. Is deze rekening **juist**?

E. Complétez le texte en employant les adjectifs suivants :

doornat — overbekend — hoognodig — algemeen — overgevoelig

1. Deze jongen huilt te vaak; hij zal wel ... zijn.
2. Guus kwam ... thuis omdat hij de hele dag in de regen had gespeeld.
3. Ken jij de Beatles niet? Maar die zijn toch ...
4. Mijn trein vertrekt over 10 minuten. Ik moet ... weg.
5. Het Nederlands dat we nu leren heet het ... beschaafd Nederlands.

Memento 7 : les noms composés

1. nom + nom

1. het stadhuis, het dagboek
2. het krant**e**artikel, de zonneschijn
3. de stad**s**kern, de dorp**s**kerk
4. het boer**en**huis, het vrouw**en**blad
5. het kind**er**boek, het ei**er**dopje

1. nom + nom *sans* liaison
2. nom + e + nom
3. nom + s + nom
4. nom + en + nom
5. nom + er + nom

2. verbe (radical verbal) + nom

het **oefen**boek, de **ren**fiets

radical verbal + nom *sans* liaison

3. adjectif + nom

het kwajongen (kwaad + jongen)
de schoonzuster

adjectif + nom *sans* liaison

4. préposition + nom

de voornaam, de terugreis

préposition + nom *sans* liaison

5. nombre + nom

het vierkant, de driehoek

nombre + nom *sans* liaison

Remarque :

Le son [ə] dans le mot composé : comment l'écrire : **e** ou **en** ?
On écrit **en** quand le premier terme du mot composé éveille nécessairement l'idée du pluriel : **de boekenkast, het woordenboek.**
On écrit également **en** quand le premier terme désigne une personne :

de herenhoed, *le chapeau pour homme* ; **de vriendendienst**, *le service d'ami.*

Dans le reste des cas — même si les exceptions sont hélas nombreuses — on écrira [ə]**e** :

de kurketrekker, *le tire-bouchon* ; **het schapevlees**, *la viande de mouton.*

(Oefeningen)

F. Exprimez d'un seul mot :
een met boter gemaakte koek — de dag op school — een boek om te werken — een kleed om op de tafel te leggen — de dag waarop het markt is — een stad met veel industrie — een arts voor ogen — een pad voor de fiets.

G. Cherchez dans le dictionnaire la différence entre :
boomstam/stamboom — muziekkamer/kamermuziek — melkchocolade/chocolademelk — zuurkool/koolzuur — schooldag/dagschool — werkuur/uurwerk.

H. Exprimez d'un seul mot (avec un s de liaison) :
de zoon van een koning — de school van de staat — de straat die naar het station leidt — iemand die voetbalspeler van beroep is — de assistente van de dokter

I. Exprimez d'un seul mot (avec un -e- ou un -en- de liaison) :
de dag van de koningin — een boom met pruimen — het vlees van een schaap — de moed van een leeuw — het sap van een vrucht — het leven van een hond — het artikel van een krant

J. Mettez en commun le terme de base selon le modèle :
    invoer en uitvoer → in- en uitvoer
1. de voordelen en de nadelen
2. de luchtwegen en de waterwegen
3. de taalpolitiek en de cultuurpolitiek
4. de ingang en de uitgang

De Nederlandse taal (1)

1. Nederlands behoort* tot* de Westgermaanse talen, net als het Engels, het Duits en het Fries.

Het oudste Nederlands werd gesproken door de Franken, het Germaanse volk dat zich rond* het jaar 400 in de lage
5. landen in het Westen vestigde. Het grote Frankenrijk dat zij stichtten, omvatte ook België en Gallië.

De naam *Frankrijk* herinnert nog altijd aan de oorspronkelijk* Frankische bevolking. Het is leuk om te weten dat de Franse koningen* van Clovis (466-
10. 511) tot Hugo Capet (987-996) Frankisch oftewel* Oud-Nederlands spraken. Dit Frankisch verschilde* natuurlijk sterk van* het moderne Nederlands, maar ligt wel aan de basis* daarvan.

Middelnederlands is de term* waarmee men de grote
15. groep dialecten bedoelt die in de Middeleeuwen van Kales (Calais) tot Groningen gesproken werden. Er bestond* geen eenheid* op het gebied van spelling, uitspraak* en woordgebruik*. In de Middeleeuwen was het Latijn de officiële taal en men noemde de verzameling* dialecten
20. *Diets*, hetgeen volkstaal* betekent.

In 1585 vond* de politieke scheiding* tussen Noord- en Zuid-Nederland plaats*, waardoor de Nederlands-taligen over* twee staten werden verdeeld*: het onafhankelijke* protestantse* Nederland en het
25. katholieke Vlaanderen dat in Spaanse handen bleef en later onder Oostenrijks en Frans bestuur* kwam.

La langue néerlandaise (1)

Le néerlandais appartient aux langues germaniques occidentales, comme l'anglais, l'allemand et le frison.

Le néerlandais le plus ancien était parlé par les Francs, le peuple germanique qui s'établit aux Pays-Bas autour de l'an 400. Le grand royaume franc qu'ils y fondèrent comprenait également la Belgique et la Gaule.

Le nom France rappelle encore cette population franque d'origine. Il est plaisant de noter que les rois de France, de Clovis (466-511) à Hugues Capet (987-996), parlaient le francique, autrement dit le vieux-néerlandais. Ce francique était bien entendu sensiblement différent du néerlandais moderne, mais il n'en est pas moins à l'origine de celui-ci.

Le moyen-néerlandais est le terme par lequel on désigne le vaste groupe de dialectes parlés au Moyen Âge de Calais à Groningue. Aucune unité n'existait dans le domaine de l'orthographe, de la prononciation ou du vocabulaire. Au Moyen Âge, c'était le latin qui était la langue officielle et l'ensemble des dialectes était appelé *thiois*, ce qui signifie « langue du peuple ».

En 1585 eut lieu la séparation politique entre les Pays-Bas du Nord et les Pays-Bas du Sud, qui eut pour conséquence de répartir la population néerlandophone entre deux États : les Pays-Bas indépendants, de religion protestante, et la Flandre catholique, qui restait aux mains des Espagnols et plus tard passerait sous la domination autrichienne, puis française.

13. aan de basis van iets liggen, être à la base de quelque chose.

17. op het gebied van, dans le domaine de.

Remarque

De lage landen (5.) : jusqu'au Moyen Âge, la dénomination « Pays-Bas » désignait les terres basses des estuaires et des deltas des grands fleuves de l'Europe du Nord, à savoir les Pays-Bas actuels, la Belgique, le nord de la France, ainsi qu'une partie du nord-ouest de l'Allemagne.

GRAMMAIRE

Retenez bien **les verbes à préposition fixe** comme **behoren tot** (1.), **herinneren aan** (7.) ou **verschillen van** (11.12.).
Ces verbes ont donc un complément introduit par une préposition : **Het Nederlands behoort tot de Westgermaanse talen.** (1.2.)

Si le complément doit être remplacé par une forme pronominale, on utilisera le mot **er** ou sa forme accentuée **daar** ou encore, dans l'interrogation, l'interrogatif **waar**, ou, dans une subordonnée relative, le mot **waar** :

Waar denk je aan? Ik denk aan de vakantie. O ja, daar denk ik ook aan!
We denken er ook aan. De vakantie waar we allemaal aan denken!

(Oefeningen)

A. Complétez les mots :

1. Het Fries **b...** tot de Westgermaanse talen.
2. In de **M...** was het Latijn de officiële taal.
3. Dit **h...** ons eraan dat de eerste Franse koningen Frankisch oftewel Oud-Nederlands **s...**.
4. Het Westvlaams **v...** sterk van het Fries.
5. De **s...** tussen Noord en Zuid had grote **g...** voor de Nederlandse taal.

B. Complétez par une préposition et adaptez la forme du verbe :

1. Belgen en Nederlanders **(behoren)** ... de Germaanse volkeren.
2. De Franken **(vestigen)** zich onder andere ... het Frankrijk van nu.
3. De Frankische naam van de eerste Franse koning Chlodwig *(Clovis)* **(herinneren)** ons daar nog ...
4. De taal die door de eerste Franse koningen **(spreken)** **(worden)**, **(verschillen)** sterk ... het Nederlands dat nu in België en Nederland **(spreken)** **(worden)**.
5. ... Middelnederlands **(bedoelen)** we de dialecten die in de Middeleeuwen in Nederland, België en Noord-Frankrijk **(spreken)** **(worden)**.
6. Het Nederlandse taalgebied **(worden)** ... 1585 ... twee staten **(verdelen)**.
7. In Vlaanderen **(gebruiken)** men de verschillende Nederlandse dialecten, terwijl het Frans de algemene taal **(worden)**.
8. Veel Antwerpse intellectuelen **(gaan)** na 1585 ... het Noorden en **(blijven)** daar hun Brabantse dialect **(spreken)**.
9. Deze verhuizingen **(hebben)** grote gevolgen **(hebben)** ... de ontwikkeling *(le développement)* ... het algemeen Nederlands ... het Noorden.

De Nederlandse taal (2)

1. Voor de Nederlandse taal had de scheiding tussen Noord- en Zuid-Nederland grote gevolgen*: in de Noordnederlandse steden kon een algemene* taal ontstaan*, terwijl de Vlamingen elk hun eigen dialect bleven gebruiken. De
5. algemene taal in het Zuiden werd niet het Nederlands, maar het Frans, waarin de overheersers*, hierin gevolgd door de Vlaamse aristocratie en later de hogere burgerij*, zich* uitdrukten*. Pas vanaf 1830, toen België
10. zelfstandig* werd, kwamen veel Vlamingen openlijk* in verzet* tegen de verplichting* om op school en op het werk Frans te spreken en te schrijven.

Zij eisten* het recht* op* hun moedertaal als officiële taal te gebruiken. De strijd van de "Vlaamse
15. Beweging*" was moeilijk en duurde lang. Pas in 1930 kwamen er Nederlandstalige regimenten* in het leger* en werd het mogelijk een universitaire studie in het Nederlands te volgen.

Een enorm probleem was dat er in België geen
20. algemeen Nederlands ontstaan was. Er waren slechts* Nederlandse dialecten. Uiteindelijk* hebben de Vlamingen dat probleem opgelost* door voor de Nederlandse standaardtaal* te kiezen.

Doordat het Nederlands pas laat als officiële taal in
25. België is ingevoerd*, is het niet verwonderlijk* dat het algemeen Nederlands er vaak toch wat anders klinkt* dan in Nederland. Ook zijn een paar woorden in België tot de algemene taal gaan behoren, die in Nederland onbekend* waren. Bijvoorbeeld: *hesp** voor "ham" en
30. *kuisen** voor "schoonmaken". Maar zo groot zijn de verschillen* niet en dankzij* de media* worden ze snel kleiner.

La langue néerlandaise (2)

La séparation entre Pays-Bas du Nord et du Sud eut d'importantes conséquences pour la langue néerlandaise : dans les villes des Pays-Bas septentrionaux une langue commune put se créer, alors que les communautés flamandes continuaient à utiliser chacune leur dialecte. La langue commune dans le Sud ne fut pas le néerlandais, mais le français, langue dans laquelle les occupants s'exprimaient, imités en cela par l'aristocratie locale, puis par la haute bourgeoisie. C'est seulement à partir de 1830, lorsque la Belgique devint indépendante, que de nombreux Flamands s'opposèrent ouvertement à l'obligation de parler et d'écrire en français à l'école et au travail.

Ils revendiquèrent le droit d'utiliser leur langue maternelle comme langue officielle. La lutte du « Mouvement flamand » fut difficile et de longue durée. C'est seulement en 1930 qu'il y eut des régiments néerlandophones dans l'armée [belge] et qu'il fut possible de faire des études universitaires en néerlandais.

Restait un problème de taille : il ne s'était pas formé de langue néerlandaise commune en Belgique. Il n'y avait que des dialectes néerlandais. Finalement, les Flamands ont résolu ce problème en optant pour la langue néerlandaise standard.

Du fait que le néerlandais n'a été introduit que tardivement comme langue officielle en Belgique, il n'est pas étonnant que le néerlandais de Belgique semble parfois un peu différent de celui des Pays-Bas. De même, quelques mots qui étaient inconnus aux Pays-Bas sont entrés dans la langue commune en Belgique. Par exemple : *hesp* (jambon) pour *ham*, et *kuisen* (nettoyer) pour *schoonmaken*. Mais les différences ne sont pas si grandes et grâce aux médias elles se réduisent rapidement.

Vocabulaire

10. in verzet komen tegen, s'opposer à, protester contre, s'insurger.

26. klinken — het klinkt vreemd, cela semble curieux, (litt.) « cela sonne curieusement ».

Remarque

De **"Vlaamse Beweging"** (14.) : ce mouvement désigne, à partir de 1830, les efforts du peuple flamand pour affirmer ou reconquérir sa personnalité. Le poète flamand Guido Gezelle (1830-1890) est une des grandes figures de ce mouvement.

GRAMMAIRE

1. **Blijven** + infinitif signifie toujours : *continuer à* + infinitif : terwijl de Vlamingen elk hun eigen dialecten **bleven gebruiken** (4.)

2. **La subordonnée infinitive**
   – Un nom peut être complété par une subordonnée infinitive. Cette subordonnée peut être introduite par la préposition **om** qu'on pourrait supprimer dans beaucoup de cas :
   de verplichting om op school en op het werk Frans **te spreken...** (11.)
   het recht [om] hun moedertaal als officiële taal **te gebruiken** (13.).
   – La subordonnée infinitive introduite par **door** répond à la question **hoe?** :
   hebben de Vlamingen dat probleem opgelost **door** voor de Nederlandse standaardtaal **te kiezen** (21.).
   On traduit cette subordonnée infinitive par *en* + participe présent du verbe.

(Oefeningen)

A. Questions sur le texte :

1. Welke gevolgen had de scheiding tussen Noord- en Zuid-Nederland voor de Nederlandse taal?

2. Waar kwamen de Vlamingen na 1830 tegen in verzet?

3. Wanneer werd het mogelijk in België een universitaire studie in het Nederlands te volgen?

B. Choisissez le verbe et adaptez sa forme : behoren, bestaan, gebruiken, houden, invoeren, lezen, schrijven, streven, verplichten, verwonderen, verzetten, vinden.

Over het algemeen (1) de Europese staten de ouders om hun kinderen vanaf zes jaar naar school te sturen.

Er zijn ouders die zich hiertegen (2) omdat ze dat voor langzame kinderen te jong (3).

Als er een nieuwe regel wordt (4) is er vaak verzet.

Het (5) me dat er in Europa nog zoveel analfabeten zijn.

Ook zijn er veel mensen die wel een beetje kunnen (6) maar absoluut geen artikel uit de krant kunnen (7).

De regeringen (8) ernaar om deze groep zo klein mogelijk te (9).

Er (10) een speciale televisiecursus voor deze ongeletterden waar speciale lesboeken bij (11).

Deze cursus bestaat ook op video en kan door de leraren worden (12) bij lessen aan groepen ongeletterden.

De zaak Coucke en Goethals

1. In 1860 werden twee Vlamingen in Wallonië veroordeeld* tot* de doodstraf* wegens* hun aandeel* in een roofmoord*. Vooral in Vlaanderen werd jarenlang getwijfeld* aan* de schuld* van de
5. verdachten. Er werd een ware mythe* rond Coucke en Goethals opgebouwd*. De beide Vlamingen zouden zijn veroordeeld in een volledig in het Frans gehouden rechtszaak*, terwijl ze die taal niet of nauwelijks* zouden kennen. Bovendien zouden ze door slechte
10. tolken* die geen Nederlands verstonden* fout vertaald* zijn. Ze zouden zich dus absoluut niet hebben kunnen verdedigen* en onschuldige* slachtoffers* geweest zijn. Hoewel vrijwel* alle elementen van dit verhaal onjuist zijn – Coucke en Goethals verstonden wel Frans,
15. hun tolken verstonden wel Nederlands en de twee waren waarschijnlijk* ook niet onschuldig – leidde* de agitatie die door dit proces ontstond uiteindelijk toch tot* de invoering van de Nederlandse taal bij de rechtspraak in Vlaanderen en Brussel.

naar: Han Van Bree
in: *Historische gebeurtenissen van de lage landen*.
Uitgave Het spectrum, Utrecht/Antwerpen, 1985.

Remarque

De schuld (4.) signifie *la faute* comme *la culpabilité*. À partir de là, on a formé l'adjectif **schuldig** et son contraire **onschuldig** ; retenez aussi le verbe **beschuldigen van**, *accuser de*.

L'affaire Coucke et Goethals

En 1860, deux Flamands furent condamnés à la peine capitale pour leur participation à un crime crapuleux. On a longtemps douté, surtout en Flandre, de la culpabilité des suspects. Un véritable mythe se créa autour de Coucke et Goethals. Les deux Flamands auraient été condamnés dans un procès tenu d'un bout à l'autre en français, alors qu'ils connaissaient à peine cette langue, voire pas du tout. En outre, ils auraient été mal traduits par des interprètes médiocres qui ne comprenaient pas le néerlandais. Ils n'auraient donc absolument pas pu se défendre et auraient été ainsi des victimes innocentes. Bien que presque tous les éléments de cette histoire soient faux – Coucke et Goethals comprenaient bel et bien le français, tout comme leurs interprètes le néerlandais et les deux hommes n'étaient sans doute pas non plus innocents – l'agitation née de ce procès aboutit tout de même, finalement, à l'introduction de la langue néerlandaise dans la pratique judiciaire en Flandre et à Bruxelles.

d'après : Han Van Bree,
Historische gebeurtenissen van de lage landen.
Het spectrum, Utrecht/Anvers, 1985.

GRAMMAIRE

1. Remarquez l'emploi de **l'auxiliaire zouden** (lignes 6. à 10.) :
Bovendien zouden ze door slechte tolken ... fout **vertaald zijn** (9. 10.).
Zouden exprime ici une hypothèse invraisemblable et donc la distance du locuteur par rapport à l'information qu'il énonce.

2. Retenez les verbes à préposition fixe de cette leçon : **veroordelen tot** (2.), **twijfelen aan** (4.), **leiden tot** (17. 18.).

3. Le groupe qualificatif
in een **volledig in het Frans gehouden** rechtszaak (7.)
Ce groupe nominal correspond à un nom (**rechtszaak**) complété par une relative : **in een rechtszaak die volledig in het Frans gehouden werd**.
Le participe ou l'adjectif de cette relative se place alors devant le substantif auquel il se rapporte. Cette construction est caractéristique du style journalistique et de la langue écrite soignée :
De door mij zorgvuldig gekozen thema's (De thema's die door mij zorgvuldig gekozen zijn), *les thèmes que j'ai choisis avec précaution.*

EXERCICES

(Oefeningen)

A. Prononcez les mots composés suivants :

1. huisarts	**8.** bloemenzaak	**15.** hoofdschuldige
2. kruispunt	**9.** buitenland	**16.** rechtszaak
3. kleerkast	**10.** gaspedaal	**17.** slachtoffer
4. landschap	**11.** rijbewijs	**18.** vrijwel
5. achternaam	**12.** milieubeweging	**19.** rechtspraak
6. boterham	**13.** doodstraf	**20.** standaardtaal
7. boekhandel	**14.** roofmoord	

B. Questions sur le texte :

1. Waarvoor werden Coucke en Goethals tot de doodstraf veroordeeld?
2. Is het waarschijnlijk dat Coucke en Goethals onschuldig waren?
3. Waar heeft de mythe rond deze twee Vlamingen uiteindelijk toe geleid?

C. Complétez par une préposition :

1. Hij wordt ... een zware straf veroordeeld.
2. Hij twijfelt ... de schuld van de verdachte.
3. Steeds meer mensen verzetten zich ... de doodstraf.
4. De advocaat herinnert de verdachte er ... dat hij die nacht thuis zat.
5. Zo verdedigde hij zijn cliënt ... de beschuldiging van moord.
6. Het verhaal over Coucke en Goethals behoort ... de mythes die een politieke functie hebben gehad.
7. Uiteindelijk leidde dit alles ... de invoering van het Nederlands in de Belgische rechtspraak.

D. Choisissez le verbe qui convient et adaptez sa forme : verstaan, ontstaan, bestaan, opstaan, staan

1. Hij ... altijd ... voor oude dames.
2. Er ... wel dertig verschillende Nederlandse dialecten.
3. Er ... een ware mythe rond de twee Vlamingen.
4. In dat boek ... veel mooie foto's.
5. Hij ... het Engels goed, maar hij spreekt het nauwelijks.

Migranten in Brussel

▫▫

1. Er wonen in Brussel Vlamingen en Walen oftewel Nederlands- en Franssprekenden. Ook zijn er sinds lange tijd mensen die niet van Belgische afkomst* zijn. Zo leverde* een aantal Franse ballingen* in 1830
5. een belangrijke bijdrage* aan de Omwenteling*. Later kwamen daar andere categorieën politieke vluchtelingen* bij: Witrussen, Serviërs en Kroaten en Spanjaarden die tegen Franco waren. Deze laatsten openden in de jaren veertig de eerste Spaanse restaurants in de buurt van
10. het Zuidstation. Daar opende een kleine groep Grieken in de jaren vijftig ook restaurants, die door hun lage prijzen en hun gezelligheid vooral bij studenten snel een begrip* werden.

In de gouden jaren zestig steeg* het aantal
15. "vreemdelingen" in die mate*, dat het als een probleem werd ervaren. De eerste dragers* van oosterse kleren werden met open mond nagekeken*. Maar niemand stoorde* zich* echt aan* hun aanwezigheid* tot ook in België de crisis toesloeg* en men plotseling*
20. vaststelde* dat een kwart van de Brusselse bevolking van niet-Belgische afkomst was en dat deze migranten al lang niet meer in hoofdzaak* om politieke, maar om economische redenen* naar Brussel kwamen: namelijk om er te werken.

Expressions idiomatiques

13. **een begrip worden bij**, se faire un nom auprès, être bien connu de
17. **met open mond nakijken**, regarder bouche bée
22. 23. **om politieke redenen**, pour des raisons politiques

Les immigrants à Bruxelles

Bruxelles est habitée par des Flamands et des Wallons, autrement dit par des néerlandophones et des francophones. On y trouve aussi depuis longtemps des personnes qui ne sont pas d'origine belge. Ainsi, en 1830, un bon nombre d'exilés politiques français apportèrent une contribution importante à la Révolution belge. Plus tard, vinrent s'ajouter d'autres catégories de réfugiés politiques : Russes blancs, Serbes et Croates, ainsi que les Espagnols opposés à Franco. Ces derniers ouvrirent dans les années 40 les premiers restaurants espagnols dans le quartier de la gare de Bruxelles-Midi. C'est là également qu'un petit groupe de Grecs ouvrit, dans les années 50, des restaurants qui se firent rapidement un nom, surtout auprès des étudiants, grâce à leurs prix modérés et leur ambiance chaleureuse.

Dans la prospérité des années 60, le nombre d'étrangers augmenta dans une proportion telle qu'il fut ressenti comme un problème. On suivait alors du regard, bouche bée, les premières personnes en tenue orientale. Mais personne n'était choqué véritablement par leur présence jusqu'au jour où la Belgique fut à son tour frappée par la crise et où l'on constata soudain qu'un quart de la population bruxelloise était d'origine étrangère et qu'il y avait longtemps que les immigrants ne venaient plus à Bruxelles pour des raisons avant tout politiques, mais économiques, c'est-à-dire pour y travailler.

Remarques

Les habitants de Bruxelles **(Brussel)** sont appelés **Brusselaars**. L'adjectif est **Brussels** : **de Brusselse bevolking** (20.).

En néerlandais, on peut désigner une révolution politique par le mot d'origine germanique **de omwenteling** ou par le terme d'origine française **de revolutie**. La révolution de 1830 aboutit à la création de l'État belge.

GRAMMAIRE

1. Le **n** final des adjectifs ou participes substantivés, ainsi que celui des indéfinis, désigne un pluriel d'êtres humains : **de Franssprekenden** (2.). Comparez : **dezen**, *ceux-ci* ; **anderen**, *d'autres*, **velen**, *beaucoup*.

2. Remarquez l'emploi de **ook** en tête de phrase : **Ook zijn er sinds lange tijd mensen die niet van Belgische afkomst zijn** (2. 3.). Ici **ook** a un sens fort et pour cette raison se place en tête de phrase et provoque l'inversion ; il signifie alors *en outre, de plus*.

3. Remarquez la traduction française de **Spanjaarden die tegen Franco waren** (8.) :
*des Espagnols **opposés à Franco**. Le texte néerlandais signifie littéralement : *des Espagnols **qui étaient contre Franco***. Souvent, une relative néerlandaise correspond à un participe apposé en français.

EXERCICES

(Oefeningen)

A. L'accent tonique. Prononcez les mots suivants :

1. verzet	**1.** opeisen	**1.** natuurlijk
2. verschil	**2.** invoeren	**2.** toevallig
3. bestaan	**3.** weggaan	**3.** beneden
4. verplichting	**4.** meenemen	**4.** ondrinkbaar
5. gebruiken	**5.** opendoen	**5.** gevaarlijk
6. ontstaan	**6.** rondkijken	**6.** begrijpelijk
7. begrip	**7.** terugbrengen	**7.** verwonderlijk
8. gezellig	**8.** nakijken	**8.** uiteindelijk
9. beweging	**9.** aflopen	**9.** belangrijk
10. ervaren	**10.** doorrijden	**10.** ongelooflijk

B. Complétez par une préposition :

... 1815 ... de val ... Napoleon moest Europa opnieuw ... staten worden verdeeld. ... het congres ... Wenen werd besloten ... Nederland ... België één staat te maken. ... 1815 ontstond zo het nieuwe rijk *(royaume)*, hoewel de katholieken ... het zuiden niet enthousiast waren ... de Hollandse en protestantse koning. Het is deze Willem I ... Oranje dan ook niet gelukt een eenheid ... de twee landen te maken. ... 25 augustus 1830 veranderde het Belgisch verzet ... de Nederlanders ... een revolutie. En ... een korte strijd konden de Belgen zich ... oktober 1830 onafhankelijk noemen. Ze kozen Leopold van Saksen-Coburg ... hun nieuwe koning.

C. Questions sur le texte :

1. Zijn de "vreemdelingen" in Brussel allemaal politieke vluchtelingen?
2. Om welke reden en kwamen niet-Belgen in de jaren zestig naar Brussel?

D. Traduire en néerlandais :

1. Un certain nombre de Bruxellois ne sont pas d'origine belge.
2. Dans les années 40, des Espagnols ont émigré à Bruxelles (*émigrer*, **emigreren**) pour des raisons politiques.
3. Lorsque la crise frappa la Belgique, on constata qu'un quart de la population bruxelloise était d'origine étrangère.

Kom en proef

1. Bier is voor België wat wijn voor Frankrijk is. En als het om bier gaat kent Vlaanderen zijn gelijke* niet. De bierliefhebber* kan honderden verschillende Vlaamse biersoorten proeven.

5. In het begin van de Middeleeuwen hielden de monniken* zich hier al bezig met het bereiden* van bier volgens oud-Keltisch recept. Het bierbrouwen* zou tot de twaalfde eeuw het voorrecht* van abdijen* blijven. Later werd het een gewoon beroep*, ook voor **10.** burgers toegankelijk. Dit leidde twee eeuwen later tot het ontstaan van de machtige* brouwersgilden*.

Elk dorp had in de late Middeleeuwen zijn eigen brouwerij*. Rond 1900 telde België nog meer dan 3000 brouwerijen en nog steeds heeft het een unieke **15.** plaats in de wereld van het bier. Typisch Belgisch zijn de natuurlijke gisting*sbieren, die alleen in het Zennedal gebrouwen kunnen worden omdat daar een bijzondere microflora voorkomt. Deze bieren worden geproduceerd volgens een recept dat rond 1900 uit **20.** Engeland werd overgebracht* en aan de Belgische smaak* aangepast*. Op dit ogenblik* worden een zestigtal bieren van dit type op de markt gebracht: De Koninck, Vieux Temps, etc.

Afgezien van de vele, vaak sterke, streek*bieren is er **25.** natuurlijk de bekende pils. Twee merken beheersen* de Belgische pilsmarkt: Stella Artois en Jupiler.

naar: Kathleen Leleux in: *ActuaPress* n° 303

Venez et goûtez

La bière est à la Belgique ce que le vin est à la France.
Et quand il s'agit de bière, la Flandre ne connaît pas son
pareil. L'amateur de bière peut goûter à des centaines de
bières flamandes différentes.

Au début du Moyen Âge, les moines se chargeaient déjà de
la préparation de la bière d'après une recette des anciens
Celtes. Le brassage de la bière allait rester le privilège des
abbayes jusqu'au XIIᵉ siècle. Ensuite cela devint un métier
comme un autre, accessible aussi aux bourgeois. Ce qui
aboutit deux siècles plus tard à la naissance des puissantes
corporations de brasseurs.

Chaque village avait à la fin du Moyen Âge sa propre
brasserie. Vers 1900 encore, la Belgique comptait plus
de 3000 brasseries et elle occupe toujours une place
unique dans le monde de la bière. Typiquement belges
sont les bières à fermentation naturelle, qui ne peuvent
être brassées que dans la vallée de la Senne parce qu'on
y trouve une microflore particulière. Ces bières sont
fabriquées selon une recette importée d'Angleterre vers
1900 et adaptée au goût des Belges. À l'heure actuelle, une
soixantaine de bières de ce type sont sur le marché : De
Koninck, Vieux Temps, etc.

Outre les très nombreuses bières locales, souvent fortes,
on trouve aussi la fameuse *pils* ou bière blonde. Deux
marques dominent le marché belge de la bière blonde :
Stella Artois et Jupiler.

d'après : Kathleen Leleux,
ActuaPress n° 303
(journal en néerlandais, annoté pour francophones).

85

Expressions idiomatiques

2. **Vlaanderen kent zijn gelijke niet**, La Flandre n'a pas son pareil
5. 6. **zich bezighouden met**, s'occuper de, se charger de
21. **op dit ogenblik**, en ce moment, actuellement
22. **op de markt brengen**, mettre sur le marché, lancer (un produit)
24. **afgezien van**, abstraction faite de

GRAMMAIRE

● L'infinitif substantivé

– Tout infinitif peut être employé comme substantif. Il est alors précédé de l'article **het** ou **een** :

Ik ben moe van het fietsen.
Je suis fatigué de faire du vélo.
het bereiden van bier, *la préparation de la bière* (6.) ;
het bierbrouwen, *le brassage de la bière* (7.)
Ce nouveau **het-woord** n'existe pas au pluriel.

– Certains infinitifs substantivés sont devenus de véritables noms :

het eten, *la nourriture, le manger* ;
het verlangen, *le désir*.

● Les numéraux

1. Les numéraux **honderd, duizend, miljoen** et **miljard** connaissent un pluriel en **en : duizenden**, *plusieurs/des milliers* :

honderden verschillende Vlaamse biersoorten (3. 4.)
Des centaines de bières flamandes différentes.

2. Le suffixe **-tal** correspond au français *aine* dans *soixantaine* : **zestigtal** (22.) ; **een tiental**, *une dizaine*. Pluriel : **tientallen**, *des dizaines*.

(Oefeningen)

A. Questions sur le texte :

1. Wie waren de enige bierproducenten in het Vlaanderen van de vroege Middeleeuwen?
2. Was dat rond 1400 nog zo?
3. Waarom kunnen natuurlijke gistingsbieren alleen in het Zennedal gebrouwen worden?
4. Noem een paar Belgische pilsmerken.

B. Complétez par des conjonctions de subordination ou de coordination :

1. Ik wil wel, … ik kan niet.
2. Het is nog niet zeker … we dit jaar met vakantie naar Spanje gaan.
3. Ik kende mijn les niet goed, … ik er lang op gestudeerd had.
4. Ik kende mijn les heel goed, … ik een goed cijfer kreeg.
5. Je moet hard werken … je succes wil hebben.

C. Mettez en relation les substantifs avec la définition qui convient :

1. stewardess	a. Een weg waarop het verkeer voorrang heeft.
2. voorrangsweg	b. Een vrouw van wie de man dood is.
3. zebra	c. Een fabriek waar bier geproduceerd wordt.
4. piloot	d. Een vrouw die passagiers bedient in een vliegtuig.
5. zelfbediening	e. Een uit witte strepen bestaande oversteekplaats voor voetgangers.
6. brouwerij	f. De bestuurder van een vliegtuig.
7. weduwe	g. Een winkel waarin men zelf neemt wat men nodig heeft.

Heineken op oorlogspad

1. Het pilsje in Nederland is niet meer wat het ooit voor de gemiddelde* Nederlander geweest is. De laatste jaren kreeg het Amsterdamse massaproduct van Heineken en van dochter Amstel concurrentie* uit
5. het zuiden van Nederland en uit België.

In de jaren tachtig is het in de studentencafé's "bon ton" geworden om Belgisch of Limburgs bier of het Twentse Grolsch te drinken. Heineken werd een alternatief* in geval van geldnood*. Het marktaandeel* van Heineken
10. in Nederland daalde* van 58% naar 50%. Hiervan is smaakverandering zeker niet de enige oorzaak*: ook de anti-alcoholcampagnes* hadden een negatief effect* op de winstcijfers van de grote brouwer. De bierconsumptie* per hoofd van de bevolking liet
15. trouwens al jaren een daling* zien.

Begin oktober 1989 kreeg het personeel* een brief met de mededeling* dat er kritisch* gekeken zou worden naar het rendement van alle activiteiten van het bedrijf*. Gedwongen* ontslagen* niet uitgesloten*,
20. vertelde een woordvoerder*. Enerzijds probeerde Heineken dus door kostenreductie* de winsten* te doen stijgen. Anderzijds probeerde het bedrijf de kleine brouwers op* te kopen. Brand Bier uit Limburg werd bijvoorbeeld een onderdeel* van Heineken en
25. Grolsch in Enschede heeft extra aandelen* uitgeven om zich te beschermen*.

naar: Walter Devenijns
in *De Tijd* van 13 okt. 1989.

Heineken sur le sentier de la guerre

La bière blonde, aux Pays-Bas, n'est plus ce qu'elle était autrefois pour le Néerlandais moyen. Ces dernières années, la production de masse amstellodamoise de Heineken et de sa filiale, Amstel, a été concurrencée par le sud des Pays-Bas et par la Belgique.

Dans les années 80, il est devenu de bon ton, dans les cafés estudiantins, de boire une bière belge ou limbourgeoise ou la Grolsch, originaire de Twente. Heineken devenait l'alternative en cas de manque d'argent. La part de Heineken sur le marché néerlandais baissa de 58 % à 50 %. La modification du goût du consommateur n'en est certainement pas l'unique raison : les campagnes contre l'alcoolisme ont eu aussi un effet négatif sur le chiffre des bénéfices du grand brasseur. Par ailleurs, la consommation de bière par tête d'habitant présente depuis plusieurs années une tendance à la baisse.

Début octobre 1989, le personnel a reçu une lettre dans laquelle on annonçait que le rendement de toutes les activités de l'entreprise serait soumis à un jugement critique. Des licenciements n'étaient pas exclus, au dire d'un porte-parole. D'un côté donc, Heineken essayait de faire monter les bénéfices en réduisant ses coûts de production. De l'autre, l'entreprise essayait de racheter les petits brasseurs. Brand Bier du Limbourg, par exemple, fait maintenant partie de Heineken et Grolsch à Enschede a émis des actions supplémentaires afin de se protéger.

d'après : Walter Devenijns
De Tijd du 13 octobre 1989.

9. **in geval van**, en cas de

9. **in geldnood zitten**, manquer d'argent, être dans la dèche

20. 22. **enerzijds ... anderzijds**, d'un côté ... de l'autre

25. **aandelen uitgeven**, émettre des actions

GRAMMAIRE

• Ooit

1. Le petit mot **ooit** (1.) signifie *jamais* (positif), *en un temps quelconque* :

> **Heb je ooit zo iets gezien?**
> *Avez-vous jamais vu ça ?*

2. Il peut être aussi employé dans un contexte futur :

> **Hoe kan ik dat ooit vergeten?**
> *Comment puis-je oublier jamais cela ?*

3. Ooit peut renvoyer à un moment précis du passé :

> **Hij is ooit medewerker van dit blad geweest.**
> *Il a collaboré autrefois à ce journal.*

• Déclinaison de l'adjectif/du participe épithète (rappel)

L'épithète prend toujours **e** : **gemiddelde** (2.), **de grote brouwer** (14.) :

1. sauf s'il s'agit d'un **het-woord** précédé de **(g)een** ou sans article : **een negatief effect** (13.), **Belgisch of Limburgs bier** (7.) ;

2. sauf si l'adjectif ou le participe se termine en **en** : **gedwongen** ; **ontslagen** (19.).

(Oefeningen)

A. Questions sur le texte :

1. Is Heineken in Nederland duurder of goedkoper dan Grolsch?

2. Noem minstens twee oorzaken voor het dalen van de winst van Heineken.

3. Hoe reageerde Heineken op de concurrentie?

B. Complétez les mots :

1. Een bedrijf moet na zekere tijd w... gaan maken.

2. Er wordt minder verkocht als het product niet goed meer is, of als de s... van het publiek verandert.

3. De c... van bier per hoofd van de b... is gedaald.

4. Helaas wordt er vaak personeel o..., als een bedrijf zijn k... wil reduceren.

5. Steeds meer gewone burgers hebben tegenwoordig a... in bedrijven.

C. Mettez les verbes entre parenthèses à la forme exigée (imparfait) :

Het einde van Anna, de eendagsvlieg

Plotseling **(voelen)** Anna zich moe, heel moe. Snel **(dalen)** zij. **(Zullen)** dit het einde zijn ? De tranen *(les larmes)* **(staan)** haar in de ogen; zij **(drinken)** wat water uit een koolblad en **(slapen)** even in. Toen zij wakker **(worden)**, **(zijn)** de zon rood. En alle dingen in de tuin **(zijn)** stil en oud geworden. Ook Anna **(zijn)** een oude vrouw. Zij **(lopen)** langzaam over het koolblad en **(gaan)** toen aan de rand zitten. Van hier af **(kunnen)** zij de zon zien onder-gaan. Anna **(kijken)** over de bladrand naar beneden, op het leven onder haar. Er **(bewegen)** allerlei diertjes. Alleen Anna **(bewegen)** niet. Zij **(zijn)** dood.

Naar: *Anna, de eendagsvlieg*
door: Godfried Bomans.

De Anne Frank Stichting

1. Het huis aan de Prinsengracht in Amsterdam waar Anne Frank en haar familie van 1942 tot 1944 ondergedoken* zaten, is nu een museum. Het wordt beheerd* door de in mei 1957 opgerichte* Anne Frank Stichting, die in

5. de eerste plaats tot doel* heeft om het Achterhuis*, dat door het dagboek* van Anne wereldwijd bekend is geworden, in* stand* te houden*.

Er zijn veel dingen in het Achterhuis die aan het verleden herinneren, maar de Stichting wil niet

10. alleen naar het verleden kijken. Zij wil Annes strijd voor een betere wereld voortzetten*. Discriminatie* van mensen met een andere huidskleur* bestaat nog steeds. Grote groepen mensen worden vanwege* hun "ras"* nog steeds als minderwaardig* beschouwd*.

15. Anti-semitisme duikt* telkens* weer op*. Fascistische ideeën zijn zeer levend. De Anne Frank Stichting ziet haar werkterrein* nog niet kleiner worden. Naast het openstellen* van het Achterhuis en het informeren van bezoekers over de ontwikkelingen en gebeurtenissen

20. rond de tweede wereldoorlog, organiseert de Anne Frank Stichting regelmatig actuele tentoonstellingen* over onderwerpen* als "Gastarbeid" of "Neo-nazistische groepen in West-Europa".

Daarnaast is de Stichting actief op educatief* gebied*: zij

25. ontwikkelt* lesmateriaal* en houdt een documentatie in stand over de tweede wereldoorlog en andere onderwerpen die verband* houden met de doelstelling om het ideaal* van Anne Frank levend te houden.

Naar een tekst uit een brochure
30. van De Anne Frank Stichting,
Prinsengracht 263, 1016 GV Amsterdam.

*Het Achterhuis is het deel van het huis waar Anne en haar familie ondergedoken zaten.

La Fondation Anne Frank

La maison sur le Prinsengracht à Amsterdam dans laquelle Anne Frank et sa famille vécurent dans la clandestinité de 1942 à 1944 est devenue aujourd'hui un musée. Celui-ci est géré par la Fondation Anne Frank, créée en mai 1957, association qui a pour but premier de sauvegarder l'« Arrière-maison »* que le journal d'Anne a rendue célèbre dans le monde entier.

Beaucoup d'objets, dans l'« Arrière-maison », rappellent le passé, mais la Fondation ne veut pas seulement regarder vers le passé. Elle veut poursuivre le combat d'Anne pour un monde meilleur. La discrimination des êtres humains qui ont une autre couleur de peau, existe toujours. D'importantes communautés humaines sont encore considérées comme inférieures du fait de leur « race ». L'antisémitisme réapparaît régulièrement. Et les idées fascistes sont très vivantes. La Fondation Anne Frank ne voit pas encore diminuer son champ d'action. À côté de l'ouverture au public de l'« Arrière-maison » et de l'information des visiteurs sur les évolutions et les événements en rapport avec la Seconde Guerre mondiale, la Fondation Anne Frank organise régulièrement des expositions d'actualité portant sur des sujets comme « les travailleurs immigrés » ou « les groupes néo-nazis dans l'Europe de l'Ouest ».

Par ailleurs, la Fondation est très active dans le domaine éducatif : elle élabore des documents didactiques et conserve une documentation sur la Seconde Guerre mondiale et d'autres sujets, liés à l'objectif de maintenir en vie l'idéal d'Anne Frank.

> *D'après un texte tiré d'une brochure*
> *de la Fondation Anne Frank,*
> *Prinsengracht 263, 1016 GV Amsterdam.*

* *L'Achterhuis est en fait la partie arrière de la maison où Anne et sa famille vécurent longtemps cachés. Dans les traductions françaises du Journal d'Anne Frank, elle est appelée « l'Annexe ».*

2. ondergedoken zitten, vivre dans la clandestinité
5. tot doel hebben, avoir pour but
27. verband houden met, être en rapport avec, lié à

GRAMMAIRE

● **La proposition qualificative (rappel)**

de **in mei 1957 opgerichte** Anne Frank Stichting (3. 4.) →
de Anne Frank Stichting **die in mei 1957 opgericht werd.**

● **La subordonnée relative (rappel)**

– de Anne Frank Stichting, **die** in de eerste plaats tot doel
heeft... (4. 5.)
het Achterhuis, **dat** door het dagboek van Anne wereldwijd bekend is geworden... (5. 6.)

– Il arrive souvent qu'une subordonnée relative ne suive pas
immédiatement le nom auquel elle se rapporte :

**Het huis aan de Prinsengracht in Amsterdam waar
Anne Frank en haar familie van 1942 to 1944 ondergedoken zaten...** (1. 3.)
veel **dingen** in het Achterhuis **die** aan het verleden
herinneren... (8. 9.)

**Anne heeft met haar familie in een Achterhuis
gewoond dat aan de Prinsengracht lag.**
*Anne a vécu avec sa famille dans une « arrière-maison »
qui se trouvait sur le Prinsengracht.*

(Oefeningen)

A. Questions sur le texte :
1. Noem enkele activiteiten van de Anne Frank Stichting.
2. Wat is het ideaal van deze stichting?

B. Donnez la définition des noms suivants selon l'exemple :
Het massaproduct: Een massaproduct is een product dat door de massa gekocht/geconsumeerd wordt.
(2 possibilités)
1. De woordvoerder
2. De anti-alcoholcampagne
3. De brouwerij
4. Het kinderboek
5. De slaapkamer

C. Complétez par des pronoms relatifs :
In de eerste maanden van 1942 werden in het niet gebruikte Achterhuis, **(1)** achter het bedrijf van vader Frank lag, een paar kamers ingericht voor zijn gezin en dat van de heer Van Daan, **(2)** ook in het bedrijf gewerkt had. Het leven van de onderduikers, **(3)** erg moeilijk was, is door Anne Frank in haar dagboek beschreven, **(4)** in meer dan vijftig talen vertaald is.

D. Même exercice :
1. Ken je die jongen ... gisteren aangekomen is?
2. Wie zijn die dames ... daar staan?
3. Waar wonen de mensen over ... ze spreken?
4. Dat is een begrip ... ik niet ken.
5. Waar is de tentoonstelling ... zoveel over geschreven is?
6. Wat zijn de onderwerpen ... te maken hebben met het doel van deze stichting?

De IJsbreker

1. Muziekcentrum "De IJsbreker" is een stichting die in 1979 werd opgericht. In de eigen concertzaal, waar jaarlijks* zo'n 200 concerten gegeven worden, wordt uitsluitend* hedendaagse* kamermuziek*
5. uitgevoerd*. "Kamermuziek" wilde in de 16de eeuw zeggen: de muziek die de vorst* uit eigen middelen* betaalde en bij zich thuis uit liet voeren. De muzikale prestaties* van de betrokken* componisten* werden door het publiek nauwlettend* gevolgd en
10. besproken.

Tegenwoordig* is er een grote kloof tussen enerzijds de componisten en musici* van nieuwe muziek en anderzijds het publiek. Belangrijke subsidies* van gemeente en ministerie maken* het "De IJsbreker"
15. mogelijk* deze kloof kleiner te maken.

"De IJsbreker" bestaat in feite* al sinds de 17de eeuw. Voor de herberg van die naam lagen ooit de trekschuiten die de rivieren de Amstel en de Vecht afvoeren* om schoon en vers water te halen dat de
20. Amsterdamse brouwers nodig hadden voor het maken van bier. Om ook 's winters te kunnen varen lieten de gezamenlijke* brouwers een ijsbreker bouwen waaraan* de herberg haar naam ontleende*. De herberg werd echter* in 1880 door brand* verwoest*,
25. waarna de architect van o.a. het Concertgebouw, een nieuw café met een goede akoestiek* ontwierp*. In 1979 toen muziekcentrum "De IJsbreker" van start ging*, is dit café weer in z'n oude staat hersteld*.

Naar een brochure van "De IJsbreker",
Weesperzijde 23, Amsterdam.

Le Brise-glace

Le centre musical « De IJsbreker » (le « Brise-glace ») est une fondation créée en 1979. Dans la salle de concert qu'elle possède, où quelque 200 concerts sont donnés chaque année, ne sont interprétées que des œuvres de musique de chambre contemporaine. La « musique de chambre » signifiait au XVIᵉ siècle : la musique que le prince payait de ses deniers et qu'il faisait exécuter chez lui. Les prestations musicales des compositeurs concernés étaient suivies et commentées attentivement par le public.

Aujourd'hui, un grand fossé existe entre, d'une part, les compositeurs et les musiciens de musique contemporaine, et de l'autre, le public. D'importantes subventions municipales et ministérielles permettent au « IJsbreker » de réduire ce fossé.

Le « IJsbreker » existe en fait depuis le XVIIᵉ siècle. Autrefois se trouvaient devant l'auberge du même nom les coches d'eau qui descendaient les rivières Amstel et Vecht pour aller chercher l'eau propre et fraîche dont les brasseurs amstellodamois avaient besoin pour la fabrication de la bière. Afin de pouvoir naviguer aussi en hiver, les brasseurs s'unirent et firent construire un brise-glace, auquel l'auberge emprunta son nom. L'auberge fut cependant détruite par un incendie en 1880, à la suite de quoi l'architecte qui construisit, entre autres, le Concertgebouw d'Amsterdam, conçut un nouveau café avec une bonne acoustique. Lorsqu'en 1979 le centre musical « De IJsbreker » commença ses activités, le café fut restauré dans son état ancien.

D'après une brochure du « IJsbreker »,
Weesperzijde 23, Amsterdam.

Vocabulaire

- Expressions idiomatiques
    - **3. zo'n 200 concerten**, environ 200 concerts
    - **6. uit eigen middelen**, par ses propres moyens
    - **18. afvaren**, descendre (une rivière) en bateau
        - → **op-varen**, remonter (un cours d'eau)
    - **25. onder andere (o.a.)**, entre autres
    - **27. van start gaan**, démarrer

GRAMMAIRE

Retenez bien l'emploi du pronom relatif **waar** en composition avec la préposition fixe des verbes (ici : **ontlenen aan**) :

Om ook 's winters te kunnen varen lieten de gezamenlijke brouwers een ijsbreker bouwen waaraan de herberg haar naam ontleende (21.-23.).

Waar peut être également employé pour des êtres humains :

De man **met wie** je net stond te praten = De man **waar-mee** je net stond te praten

L'homme avec qui tu étais en train de parler.

Cette dernière construction n'est cependant pas considérée comme correcte par tous les grammairiens.

(Oefeningen)

A. Questions sur le texte :
   1. Wat is het doel van muziekcentrum "De IJsbreker"?
   2. Waaraan ontleent "De IJsbreker" zijn naam?

B. Complétez les mots :
   1. De Rijn is een grote r...
   2. Er v... veel Nederlandse en Duitse boten op.
   3. Vroeger was het moeilijk om aan v... water te komen.
   4. Nu heeft iedereen in het Westen een kraan *(robinet)*,
      maar in de Derde Wereld b... het waterprobleem nog
      steeds.
   5. De man die het nieuwe café de IJsbreker o... had al een
      g... reputatie.
   6. Als je een stichting met een cultureel doel wilt o...,
      moet je altijd informeren of je s... kunt krijgen.
   7. "De IJsbreker" krijgt subsidie van de g... Amsterdam en
      van het M... van Cultuur.
   8. De Amsterdamse brouwers hadden elke dag s... en vers
      water n... om bier te kunnen b...
   9. Na de lange r... per trekschuit was het prettig in de
      warme h... aan te komen.

**C. Complétez par le relatif qui convient : wiens, dat,
waarover, waarin, waarmee, met wie :**
   1. We moeten het artikel nog afschrijven, ... morgen
      gedrukt wordt.
   2. De violist, ... viool kapot was, kon niet naar het concert
      komen.
   3. Het huis op de Prinsengracht ... ze veertig jaar
      gewoond hadden, stond er niet meer.
   4. Men heeft het centrum helemaal veranderd, ... de
      bevolking erg kwaad is.
   5. Ken je die vrouw ... je vader praat?

De TGV rijdt vanaf 1998 in Nerderland en België

1. Den Haag, 22 nov. 1989

Vanaf 1998 rijdt er een hoge-snelheids* trein (TGV) van Parijs via België naar Rotterdam en vandaar* via de bestaande spoorlijn* naar Amsterdam.

5. De nieuwe lijn is onderdeel van een TGV-net tussen Parijs, Londen, Brussel, Amsterdam, Keulen en Frankfurt. De ministers van verkeer van de verschillende landen hebben in 1989 in Den Haag eindelijk overeenstemming* bereikt over het TGV-net.

10. Frankrijk en West-Duitsland verklaarden zich namelijk bereid* de exploitatie* van het minder rendabele deel van de lijn (Brussel-Amsterdam) mede te financieren*. De financiering van de aanleg* van de nieuwe spoorlijn is pas sinds kort rond. Nederland

15. moet ongeveer 1,5 miljard gulden investeren* in het nieuwe tracé* van de Belgisch-Nederlandse grens* naar Rotterdam en de verbetering* van het tracé Rotterdam-Amsterdam. De solidariteitsbijdrage* van West-Duitsland en Frankrijk zal jaarlijks enkele

20. tientallen miljoenen guldens bedragen*.

Het tracé Antwerpen - Amsterdam zal pas in 2007 af zijn. De TGV rijdt voorlopig nog langzaam door het dicht bewoonde Nederland.

Naar een artikel uit de *NRC-Handelsblad*, van 22 november 1989.

Le TGV roule depuis 1998 aux Pays-Bas et en Belgique

La Haye, le 22 novembre 1989

À partir de 1998, un train à grande vitesse (TGV) devrait rouler entre Paris et Rotterdam via la Belgique et de là, par la voie ferrée déjà existante, vers Amsterdam.

La nouvelle ligne fait partie du réseau TGV reliant Paris, Londres, Bruxelles, Amsterdam, Cologne et Francfort. Les ministres des Transports des différents pays ont abouti en 1989 à La Haye à un accord concernant le réseau TGV.

La France et l'Allemagne de l'Ouest se sont en effet déclarées prêtes à cofinancer l'exploitation de la partie la moins rentable de la ligne (Bruxelles-Amsterdam). Le financement de l'aménagement de la nouvelle voie ferrée est loin d'être terminé. Les Pays-Bas doivent investir environ 1,5 milliard de florins dans le nouveau tracé de la frontière belgo-néerlandaise à Rotterdam, ainsi que l'amélioration du tracé Rotterdam-Amsterdam. La contribution-solidarité de l'Allemagne de l'Ouest et de la France s'élèvera annuellement à quelques dizaines de millions de florins.

Le trajet Anvers-Amsterdam sera terminé en 2007. Pour l'instant, le TGV traverse encore lentement les Pays-Bas, pays hautement urbanisé.

D'après un article du *NRC-Handelsblad* du 22 novembre 1989.

LES 89 — Expressions idiomatiques

8. overeenstemming bereiken over, aboutir à un accord sur

9. zich bereid verklaren om, se déclarer prêt à

11. medefinancieren, cofinancer — **medewerken**, collaborer — **mede** se rencontre sous la forme contractée **mee**

13. rond zijn, être terminé, achevé

GRAMMAIRE

● La phrase

Place du groupe verbal en fin de phrase.

Nous avons appris que l'infinitif ou le participe d'un verbe se place toujours en fin de proposition :

> **De solidariteitsbijdrage van West-Duitsland en Frankrijk zal jaarlijks elke tientallen miljoenen guldens bedragen** (17.).

On remarquera cependant la souplesse de la construction de la phrase en néerlandais dans certains cas :

> **De ministers van verkeer hebben gisteren in Den Haag eindelijk overeenstemming bereikt over het TGV-net** (6. 8.).

C'est souvent le cas pour les verbes qui se construisent avec un complément prépositionnel, ou encore lorsque le complément est trop long, afin d'éviter que l'infinitif ou le participe soit rejeté trop loin dans la phrase :

> **Nederland moet ongeveer 1,5 miljard gulden investeren in het nieuwe tracé van de Belgisch-Nederlandse grens naar Rotterdam en...** (13. 16).

(Oefeningen)

A. Questions sur le texte :
1. Denkt men veel winst te gaan maken op de TGV-lijn van Brussel naar Amsterdam?

2. Waarom is het traject Brussel-Amsterdam minder rendabel?

B. Complétez par le verbe qui convient :
1. De subsidie b... twintig duizend gulden.

2. De ministers zullen wel nooit overeenstemming b...

3. Het café i... slechts een onderdeel van "De IJsbreker".

4. Het is o... door een bekende architect.

5. De rijkste landen verklaren zich bereid om de armste landen financieel te h...

6. Het g... ook om de vraag of de TGV in Nederland en Noord-België wel zo hard kan r...

7. Heineken b... de Nederlandse pilsmarkt al lang niet meer.

8. De consumenten v... Belgisch bier steeds lekkerder.

9. Helaas moeten we constateren dat discriminatie om religie of huidskleur in 1990 nog steeds v...

C. Complétez par le mot juste : ermee, erover, erop, erin, eraan, erom.
1. Hij slaagt ... de auto duur te verkopen.

2. Ik denk ... naar Amerika te emigreren.

3. Denk ... dat je het gas uitdoet!

4. Hij rekende ... de subsidie te zullen krijgen.

5. Iedereen was het ... eens om een feest te geven.

1. Devant un nom **neutre singulier** quand il est précédé d'un article indéfini ou d'aucun article : **(g)een, zo'n, elk, veel, Ø**

    een negatief effect
    elk nieuw boek
    op educatief gebied
    veel Belgisch bier

2. Adjectifs terminés en **-en** (y compris les adjectifs de **matière**)

    met open mond
    de Gouden Eeuw, een koperen doos

3. **Les participes passés des verbes forts en -en**

    gedwongen ontslagen
    de betrokken componisten

4. Dans **les expressions figées ou consacrées** (le nom et l'adjectif forment un tout)

    het Algemeen Nederlands
    het dagelijks leven

5. Les adjectifs en **-er** des **noms géographiques**

    Rotterdammer schippers
    Meppeler muggen

6. **Les premiers éléments de groupes tels que :**

    de Nederlands-Belgische grens
    de Frans-Nederlandse samenwerking

7. Les adjectifs **linker** et **rechter** (ils forment souvent un seul mot avec le substantif)

    het rechter been
    mijn linker buurman
    aan uw linkerhand

8. Les adjectifs devant **un nom masculin ayant un sens moral ou abstrait** (on qualifie ces noms masculins par rapport à leur état ou profession)

    een dapper
    een eerlijk man
    een groot man

    N.B. : Il convient de distinguer :

    een **groot** man, *un grand homme*
    een **grote** man, *un homme grand*

(Oefeningen)

A. Déclinez l'adjectif comme suit : Dit glas is leeg →
Het is een leeg glas.
1. Dit mes is scherp.
2. Die man is dronken.
3. Dit nieuws is goed.
4. Dat bier is bruin.
5. Dat meisje is lief.
6. De vrienden zijn tevreden.
7. Dit ziekenhuis is vrij modern.
8. Dit nieuws is niet slecht.

B. Complétez si nécessaire par e :
1. Een **oud** vrouwtje vroeg me naar de **grot** weg.
2. De **verzonden** stukken kwamen niet tijdig aan.
3. Zijn **wekelijks** salaris bedraagt niet veel.
4. Deze man beschikt over een vrij **uitgebreid** woorden-schat.
5. Van Gogh, een **Nederlands** schilder, is een **beroemd** kunstenaar.
6. Dit **onverwacht** nieuws heeft een **negatief** effect gehad.

C. Répondez à la question comme suit : Is dat de taart die je wou bakken? Ja, het is de gebakken taart!
1. Is dat het boek dat je moest lezen?
2. Is dat het werk dat je zou beginnen?
3. Is dit het nummer dat je kon kiezen?
4. Is dit de tekst die je in de klas moest bespreken?

D. Transformez les phrases selon le modèle : Als docent is Jan erg goed → Ja, het is een goed docent!
1. Als vakman is dokter Bijlsma erg knap.
2. Als staatsman was hij groot.
3. Die collega van jou is erg verstandig.
4. Als schilder was Rembrandt erg bekwaam.
5. Als gids doet Bram het heel goed.

Memento 8 : le féminin du substantif

1. La terminaison en -e s'ajoute aux noms masculins

– en **-aat, -eet, -uut, -oot, -aut, -eut**	de advocate, de echtgenote
	de recrute, de therapeute
– en **-ant** et **-ent**	de goevernante, de studente
– en **-aal, -aaf** et **-aam**	de rivale, de erfgename
– en **-iest**	de artieste

2. La terminaison en -in s'ajoute aux radicaux des noms masculins

– d'origine purement néerlandaise	de boerin, de koningin, de heldin
– et à certains noms d'animaux	de wolvin, de apin, de leeuwin

3. La terminaison en -es s'ajoute

– aux radicaux des noms masculins en **-er** (exception : **de bakkerin**)	de danseres, de lezeres
– aux radicaux de nombreux mots masculins en **-aar**	de kunstenares, de lerares
– retenez ces cas particuliers :	**de barones, de prinses**

4. La terminaison en -ster s'ajoute aux radicaux des noms masculins

– en **-er** dérivés de verbes	de werkster, de kapster, de helpster, de speelster
– en **-ier**	de kassierster

5. La terminaison en -esse s'ajoute aux radicaux des noms masculins

– en **-is**	de secretaresse, de bibliothecaresse

6. La terminaison en -a

– noms latins : **-us** pour le masculin, **-a** pour le féminin, **-i** au pluriel	de politicus, de politica de neerlandicus, de neerlandica

7. Les noms de nationalité féminin = adjectif + **e** :

	de Nederlandse, de Belgische, de Franse (ou **Française**)

(Oefeningen)

E. Transformez les masculins en féminins :
1. de klasgenoot
2. de pianist
3. de agent
4. de artiest
5. de muzikant
6. de kosmonaut
7. de idealist
8. de typist
9. de athleet.

F. Choisissez entre les suffixes -in et -es :
1. de hertog
2. de winnaar
3. de prins
4. de held
5. de vriend
6. de kunstenaar
7. de leraar
8. de aap
9. de baron
10. de boer.

G. Mettez les noms d'habitants suivants au féminin :
1. de Portugees
2. de Waal
3. de Duitser
4. de Griek
5. de Fransman
6. de Japanner
7. de Spanjaard
8. de Amerikaan
9. de Belg
10. de Vlaming.

H. Retrouvez le nom masculin à partir du féminin :
1. de voorbijgangster
2. de huurster
3. de handelaarster
4. de helpster
5. de rookster
6. de verpleegster
7. de medewerkster
8. de speelster.

I. Donnez la forme féminine des noms soulignés :
1. De <u>dokter</u> heeft <u>zijn</u> <u>patiënt</u> geholpen.
2. De <u>chef</u> en <u>zijn</u> <u>zoon</u> bezoeken hun oude <u>oom</u>.
3. Kijk, daar loopt de <u>leraar</u> van mijn <u>vriend</u>.
4. Deze <u>typist</u> werkt met een <u>Fransman</u> op kantoor.
5. Deze bekende Nederlandse <u>politicus</u> heeft <u>zijn</u> <u>medewerker</u> veroordeeld.

ANNEXES

Index des expressions idiomatiques

aandurven : hij durft het aan, *il prend le risque.*
actie : actie voeren, *militer.*

begrip : het is een begrip, *c'est très connu.*
beter : beter één vogel in de hand, dan tien in de lucht, *un tiens vaut mieux que deux tu l'auras.*
beterschap : beterschap!, *bon rétablissement.*
betreffen : wat mij betreft, *en ce qui me concerne.*

dank : geen dank!, *de rien.*
doen aan : aan sport doen, *faire du sport.*
druk : ik heb het druk, *je suis occupé (j'ai beaucoup de travail).*
druk : het is druk, *il y a du monde.*

eens : het eens zijn met, *être d'accord avec.*
eindje : een eindje lopen, *faire un tour (à pied).*
even : even kijken, *voyons voir.*

gaan : hoe gaat het met je?, *comment vas-tu ?*
gek : gek zijn op iets, *adorer (être fou de) quelque chose.*
geldnood : in geldnood zitten, *manquer d'argent.*
geleden : een week geleden, *il y a une semaine.*
gelijk : hij heeft gelijk, *il a raison.*
gelijke : zijn gelijke niet kennen, *ne pas avoir son pareil.*
geven : het geeft niet, *cela ne fait rien.*
gezellig : het is gezellig, *il y a une bonne ambiance.*
goed : goed voor de dag komen, *se montrer à son avantage.*
graag : graag gedaan, *je vous en prie.*

halen : een examen halen, *réussir un examen.*
hebben over : het hebben over, *parler de.*
hekel : een hekel hebben aan, *détester quelqu'un.*
hoogachtend : (à la fin d'une lettre) *veuillez agréer...*

jarig : jarig zijn, *avoir son anniversaire.*

zacht : zachter zetten, *baisser le son.*
zakken : voor een examen zakken, *rater un examen.*
zitten : hoe zit het met ..., *qu'en est-il de ...*
zon : er is niets nieuws onder de zon, *rien de nouveau sous le soleil.*
zover : het is zover, *on en est là, ça y est !*
zullen : hij zal wel ziek zijn, *il est probablement malade.*

Index thématique

Les chiffres renvoient aux leçons.

INDEX THÉMATIQUE

ANNEXES

Index grammatical

INDEX GRAMMATICAL

ANNEXES

Substantifs au pluriel irrégulier ou complexe

de afslag	de afslagen	het lam	de lammeren
de binnenstad	de binnensteden	het lid	de leden
de catalogus	de catalogi	het medium	de media
de categorie	de categorieën	de middag	de middagen
het centrum	de centra	de monnik	de monniken
de dag	de dagen	het ontslag	de ontslagen
de datum	de data	de oorlog	de oorlogen
de doctorandus	de doctorandi	de opslag	de opslagen
de eenheid	de eenheden	de overweg	de overwegen
het ei	de eieren	het pad	de paden
het fietspad	de fietspaden	de perzik	de perziken
de gans	de ganzen	de reden	de redenen
de gelegenheid	de gelegenheden	de snipperdag	de snipperdagen
het glas	de glazen	de stad	de steden
de hertog	de hertogen	het t-shirt	de t-shirts
de hoofdstad	de hoofdsteden	de toeslag	de toeslagen
het idee	de ideeën	het weekend	de weekends
het kind	de kinderen	de weg	de wegen
de koe	de koeien		

Conjugaison des verbes rencontrés dans cette méthode

La particule séparable de certains verbes est mise en évidence dans le Lexique, *p. 417.*

Tableau 1

Infinitif	Présent 3ᵉ pers. sing./plur.	Passé 3ᵉ pers. sing./plur.	Participe passé	Auxiliaire
aandoen (mettre)	doet aan/doen aan	deed aan/deden aan	aangedaan	hebben
aandurven (oser)	durft aan/durven aan	durfde aan/durfden aan	aangedurfd	hebben
aanhebben (porter)	heeft aan/hebben aan	had aan/hadden aan	aangehad	hebben
aankleden (habiller)	kleedt aan/kleden aan	kleedde aan/kleedden aan	aangekleed	hebben
aankomen (arriver)	komt aan/komen aan	kwam aan/kwamen aan	aangekomen	zijn
aannemen (embaucher, accepter)	neemt aan/nemen aan	nam aan/namen aan	aangenomen	hebben
aanpassen (adapter)	past aan/passen aan	paste aan/pasten aan	aangepast	hebben
aanraden (conseiller)	raadt aan/raden aan	raadde aan/raadden aan	aangeraden	hebben
aansluiten (brancher)	sluit aan/sluiten aan	sloot aan/sloten aan	aangesloten	hebben
aanvragen (demander)	vraagt aan/vragen aan	vroeg aan/vroegen aan	aangevraagd	hebben
aanzetten (allumer)	zet aan/zetten aan	zette aan/zetten aan	aangezet	hebben
achten (estimer)	acht/achten	achtte/achtten	geacht	hebben
afdammen (fermer par un barrage)	damt af/dammen af	damde af/damden af	afgedamd	hebben
afdrogen (sécher)	droogt af/drogen af	droogde af/droogden af	afgedroogd	hebben
afgaan (descendre)	gaat af/gaan af	ging af/gingen af	afgegaan	zijn
afgeven (délivrer)	geeft af/geven af	gaf af/gaven af	afgegeven	hebben
afleggen (passer, parcourir)	legt af/leggen af	legde af/legden af	afgelegd	hebben

Tableau 2

Infinitif	Présent 3e pers. sing./plur.	Passé 3e pers. sing./plur.	Participe passé	Auxiliaire
aflopen (s'écouler, se terminer)	loopt af/lopen af	liep af/liepen af	afgelopen	zijn
aflossen (rembourser, remplacer)	lost af/lossen af	loste af/losten af	afgelost	hebben
afmaken (finir)	maakt af/maken af	maakte af/maakten af	afgemaakt	hebben
afschrijven (débiter, finir d'écrire)	schrijft af/schrijven af	schreef af/schreven af	afgeschreven	hebben
afsluiten (couper, fermer)	sluit af/sluiten af	sloot af/sloten af	afgesloten	hebben
afspreken (prendre rendez-vous)	spreekt af/spreken af	sprak af/spraken af	afgesproken	hebben
afstappen (descendre de vélo)	stapt af/stappen af	stapte af/stapten af	afgestapt	zijn
afstoffen (épousseter)	stoft af/stoffen af	stofte af/stoffen af	afgestoft	hebben
afstuderen (finir ses études)	studeert af/studeren af	studeerde af/studeerden af	afgestudeerd	zijn
afvragen (zich) (se demander)	vraagt af/vragen af	vroeg af/vroegen af	afgevraagd	hebben
afwachten (attendre)	wacht af/wachten af	wachtte af/wachtten af	afgewacht	hebben
afwassen (laver la vaisselle)	wast af/wassen af	waste af/wassen af	afgewassen	hebben

Tableau 3

Infinitif	Présent 3ᵉ pers. sing./plur.	Passé 3ᵉ pers. sing./plur.	Participe passé	Auxiliaire
afzien (van) (mettre à part, renoncer)	ziet af/zien af	zag af/zagen af	afgezien	hebben
antwoorden (répondre)	antwoordt/antwoorden	antwoordde/antwoordden	geantwoord	hebben
bebouwen (mettre en culture)	bebouwt/bebouwen	bebouwde/bebouwden	bebouwd	hebben
bedoelen (vouloir dire)	bedoelt/bedoelen	bedoelde/bedoelden	bedoeld	hebben
bedragen (s'élever à)	bedraagt/bedragen	bedroeg/bedroegen	bedragen	hebben
beginnen (commencer)	begint/beginnen	begon/begonnen	begonnen	zijn
begrijpen (comprendre)	begrijpt/begrijpen	begreep/begrepen	begrepen	hebben
behangen (tapisser)	behangt/behangen	behing/behangen	behangen	hebben
beheersen (contrôler)	beheerst/beheersen	beheerste/beheersten	beheerst	hebben
beheren (gérer)	beheert/beheren	beheerde/beheerden	beheerd	hebben
behoren (tot) (appartenir à)	behoort/behoren	behoorde/behoorden	behoord	hebben
beleven (vivre qqch.)	beleeft/beleven	beleefde/beleefden	beleefd	hebben
bellen (sonner)	belt/bellen	belde/belden	gebeld	hebben
beloven (promettre)	belooft/beloven	beloofde/beloofden	beloofd	hebben
beoefenen (pratiquer)	beoefent/beoefenen	beoefende/beoefenden	beoefend	hebben
bepalen (déterminer)	bepaalt/bepalen	bepaalde/bepaalden	bepaald	hebben
bereiden (préparer)	bereidt/bereide	bereidde/bereidden	bereid	hebben

Tableau 4

Infinitif	Présent 3ᵉ pers. sing./plur.	Passé 3ᵉ pers. sing./plur.	Participe passé	Auxiliaire
berekenen *(calculer)*	berekent/berekenen	berekende/berekenden	berekend	hebben
beschadigen *(endommager)*	beschadigt/beschadigen	beschadigde/beschadigden	beschadigd	hebben
beschermen *(protéger)*	beschermt/beschermen	beschermde/beschermden	beschermd	hebben
beschouwen *(considérer)*	beschouwt/beschouwen	beschouwde/beschouwden	beschouwd	hebben
beschuldigen *(accuser)*	beschuldigt/beschuldigen	beschuldigde/beschuldigden	beschuldigd	hebben
beslissen *(décider)*	beslist/beslissen	besliste/beslisten	beslist	hebben
besluiten *(décider)*	besluit/besluiten	besloot/besloten	besloten	hebben
bestaan *(exister)*	bestaat/bestaan	bestond/bestonden	bestaan	hebben
besturen *(gouverner)*	bestuurt/besturen	bestuurde/bestuurden	bestuurd	hebben
betalen *(payer)*	betaalt/betalen	betaalde/betaa den	betaald	hebben
betekenen *(signifier)*	betekent/betekenen	betekende/betekenden	betekend	hebben
betogen *(manifester)*	betoogt/betogen	betoogde/betoogden	betoogd	hebben
betreffen *(concerner)*	betreft/betreffen	betrof/betroffen	betroffen	hebben
betrekken (bij) *(mêler à, concerner)*	betrekt/betrekken	betrok/betrokken	betrokken	hebben
bevallen *(plaire)*	bevalt/bevallen	beviel/bevielen	bevallen	hebben
bevelen *(ordonner)*	beveelt/bevelen	beval/beval	bevolen	hebben

Tableau 5

Infinitif	Présent 3e pers. sing./plur.	Passé 3e pers. sing./plur.	Participe passé	Auxiliaire
bevorderen (favoriser, promouvoir)	bevordert/bevorderen	bevorderde/bevorderden	bevorderd	hebben
bewaken (garder)	bewaakt/bewaken	bewaakte/bewaakten	bewaakt	hebben
bewegen (bouger)	beweegt/bewegen	bewoog/bewogen	bewogen	hebben
beweren (déclarer)	beweert/beweren	beweerde/beweerden	beweerd	hebben
bewonderen (admirer)	bewondert/bewonderen	bewonderde/bewonderden	bewonderd	hebben
bezitten (posséder)	bezit/bezitten	bezat/bezaten	bezeten	hebben
bezoeken (visiter)	bezoekt/bezoeken	bezocht/bezochten	bezocht	hebben
bijdragen (contribuer)	draagt bij/dragen bij	droeg bij/droegen bij	bijgedragen	hebben
binnenkomen (entrer)	komt binnen/komen binnen	kwam binnen/kwamen binnen	binnengekomen	zijn
blijken (se révéler)	blijkt/blijken	bleek/bleken	gebleken	zijn
blijven (rester)	blijft/blijven	bleef/bleven	gebleven	zijn
bouwen (bâtir)	bouwt/bouwen	bouwde/bouwden	gebouwd	hebben
breien (tricoter)	breit/breien	breide/breiden	gebreid	hebben
breken (casser)	breekt/breken	brak/braken	gebroken	hebben
brengen (apporter)	brengt/brengen	bracht/brachten	gebracht	hebben
brouwen (brasser)	brouwt/brouwen	brouwde/brouwden	gebrouwen	hebben
dalen (baisser)	daalt/dalen	daalde/daalden	gedaald	zijn
dansen (danser)	danst/dansen	danste/dansten	gedanst	hebben

Tableau 6

Infinitif	Présent 3ᵉ pers. sing./plur.	Passé 3ᵉ pers. sing./plur.	Participe passé	Auxiliaire
demonstreren (manifester)	demonstreert/demonstreren	demonstreerde/demonstreerden	gedemonstreerd	hebben
denken (penser)	denkt/denken	dacht/dachten	gedacht	hebben
dienen (servir)	dient/dienen	diende/dienden	gediend	hebben
doen (faire)	doet/doen	deed/deden	gedaan	hebben
doorbreken (casser, rompre)	breekt door/breken door	brak door/braken door	doorgebroken	hebben
doorbrengen (passer)	brengt door/brengen door	bracht door/brachten door	doorgebracht	hebben
doorgaan (avoir lieu)	gaat door/gaan door	ging door/gingen door	doorgegaan	zijn
doornemen (parcourir [un texte])	neemt door/nemen door	nam door/namen door	doorgenomen	hebben
doorrijden (rouler sans stopper, rouler vite)	rijdt door/rijden door	reed door/reden door	doorgereden	zijn
doortrekken (tirer la chasse d'eau)	trekt door/trekken door	trok door/trokken door	doorgetrokken	hebben
doorverbinden (passer au téléphone)	verbindt door/verbinden door	verbond door/verbonden door	doorverbonden	hebben
draaien (tourner)	draait/draaien	draaide/draaiden	gedraaid	hebben
dragen (porter)	draagt/dragen	droeg/droegen	gedragen	hebben
dreigen (menacer)	dreigt/dreigen	dreigde/dreigden	gedreigd	hebben
drogen (sécher)	droogt/drogen	droogde/droogden	gedroogd	hebben

Tableau 7

Infinitif	Présent 3ᵉ pers. sing./plur.	Passé 3ᵉ pers. sing./plur.	Participe passé	Auxiliaire
dromen (rêver)	droomt/dromen	droomde/ droomden	gedroomd	hebben
droogleggen (assécher)	legt droog/leggen droog	legde droog/legden droog	drooggelegd	hebben
droogmalen (assécher par pompage)	maalt droog/malen droog	maalde droog/maalden droog	drooggemalen	hebben
droogvallen (être à sec)	valt droog/vallen droog	viel droog/vielen droog	drooggevallen	hebben
durven (oser)	durft/durven	durfde/durfden	gedurfd	hebben
dweilen (laver le sol)	dweilt/dweilen	dweilde/dweilden	gedweild	hebben
dwingen (forcer)	dwingt/dwingen	dwong/dwongen	gedwongen	hebben
eisen (exiger)	eist/eisen	eiste/eisten	geëist	hebben
fietsen (faire du vélo)	fietst/fietsen	fietste/fietsten	gefietst	hebben
fluiten (siffler)	fluit/fluiten	floot/gefloten	gefloten	hebben
gaan (aller)	gaat/gaan	ging/gingen	gegaan	zijn
galmen (retentir)	galmt/galmen	galmde/galmden	gegalmd	hebben
gebeuren (se passer)	gebeurt/gebeuren	gebeurde/gebeurden	gebeurd	zijn
gebruiken (utiliser)	gebruikt/gebruiken	gebruikte/gebruikten	gebruikt	hebben
gedragen (zich) (se comporter)	gedraagt/gedragen	gedroeg/gedroegen	gedragen	hebben
geloven (croire)	gelooft/geloven	geloofde/geloofden	geloofd	hebben
geschieden (survenir)	geschiedt/geschieden	geschiedde/geschiedden	geschied	zijn
geven (donner)	geeft/geven	gaf/gaven	gegeven	hebben

Tableau 8

Infinitif	Présent 3ᵉ pers. sing./plur.	Passé 3ᵉ pers. sing./plur.	Participe passé	Auxiliaire
groeten (saluer)	groet/groeten	groette/groetten	gegroet	hebben
halen (aller chercher, réussir)	haalt/halen	haalde/haalden	gehaald	hebben
hangen (être suspendu, accroché)	hangt/hangen	hing/hingen	gehangen	hebben
hebben (avoir)	heeft/hebben	had/hadden	gehad	hebben
helpen (aider)	helpt/helpen	hielp/hielpen	geholpen	hebben
herhalen (répéter)	herhaalt/herhalen	herhaalde/herhaalden	gehaald	hebben
herinneren (zich) (se souvenir)	herinnert/herinneren	herinnerde/herinnerden	herinnerd	hebben
herstellen (réparer)	herstelt/herstellen	herstelde/herstelden	hersteld	hebben
heten (s'appeler)	heet/heten	heette/heetten	geheten	hebben
hoeven (niet) (Ine pas) falloir)	hoeft/hoeven	hoefde/hoefden	gehoeven	hebben
hopen (espérer)	hoopt/hopen	hoopte/hoopten	gehoopt	hebben
horen (entendre)	hoort/horen	hoorde/hoorden	gehoord	hebben
houden (tenir)	houdt/houden	hield/hielden	gehouden	hebben
huilen (pleurer)	huilt/huilen	huilde/huilden	gehuild	hebben
huren (louer)	huurt/huren	huurde/huurden	gehuurd	hebben
indienen (déposer)	dient in/dienen in	diende in/dienden in	ingediend	hebben
informeren (zich) (se renseigner)	informeert/informeren	informeerde/informeerden	geïnformeerd	hebben

Tableau 9

Infinitif	Présent 3ᵉ pers. sing./plur.	Passé 3ᵉ pers. sing./plur.	Participe passé	Auxiliaire
inladen *(charger)*	laadt in/laden in	laadde in/laadden in	ingeladen	hebben
inleveren *(remettre)*	levert in/leveren in	leverde in/leverden in	ingeleverd	hebben
inrichten *(installer)*	richt in/richten in	richtte in/richtten in	ingericht	hebben
inschrijven (zich) *(s'inscrire)*	schrijft in/schrijven in	schreef in/schreven in	ingeschreven	hebben
instappen *(monter [transport])*	stapt in/stappen in	stapte in/stapten in	ingestapt	zijn
interesseren (zich, voor) *(s'intéresser à)*	interesseert/interesseren	interesseerde/interesseerden	geïnteresseerd	hebben
investeren *(investir)*	investeert/investeren	investeerde/investeerden	geïnvesteerd	hebben
invoeren *(introduire, importer)*	voert in/voeren in	voerde in/voerden in	ingevoerd	hebben
kamperen *(faire du camping)*	kampeert/kamperen	kampeerde/kampeerden	gekampeerd	hebben
kennen *(connaître)*	kent/kennen	kende/kenden	gekend	hebben
kiezen *(choisir, élire)*	kiest/kiezen	koos/kozen	gekozen	hebben
kijken (naar) *(regarder)*	kijkt/kijken	keek/keken	gekeken	hebben
klagen *(se plaindre)*	klaagt/klagen	klaagde/klaagden	geklaagd	hebben
klinken *(sonner)*	klinkt/klinken	klonk/klonken	geklonken	hebben
koken *(faire la cuisine)*	kookt/koken	kookte/kookten	gekookt	hebben
komen *(venir)*	komt/komen	kwam/kwamen	gekomen	zijn

Tableau 10

Infinitif	Présent 3e pers. sing./plur.	Passé 3e pers. sing./plur.	Participe passé	Auxiliaire
kopen *(acheter)*	koopt/kopen	kocht/kochten	gekocht	hebben
kosten *(coûter)*	kost/kosten	kostte/kostten	gekost	hebben
krijgen *(recevoir)*	krijgt/krijgen	kreeg/kregen	gekregen	hebben
kunnen *(pouvoir)*	kan/kunnen	kon/konden	gekund	hebben
lachen *(rire)*	lacht/lachen	lachte/lachten	gelachen	hebben
laten *(laisser)*	laat/laten	liet/lieten	gelaten	hebben
leggen *(poser)*	legt/leggen	legde/legden	gelegd	hebben
leiden *(mener)*	leidt/leiden	leidde/leidden	geleid	hebben
lenen *(prêter, emprunter)*	leent/lenen	leende/leenden	geleend	hebben
leren *(apprendre)*	leert/leren	leerde/leerden	geleerd	hebben
leven *(vivre)*	leeft/leven	leefde/leefden	geleefd	hebben
liften *(faire du stop)*	lift/liften	liftte/liftten	gelift	hebben
liggen *(se trouver)*	ligt/liggen	lag/lagen	gelegen	hebben
lijken *(sembler)*	lijkt/lijken	leek/leken	geleken	hebben
logeren *(rester chez qqn)*	logeert/logeren	logeerde/logeerden	gelogeerd	hebben
lopen *(marcher)*	loopt/lopen	liep/liepen	gelopen	hebben
losmaken *(détacher)*	maakt los/maken los	maakte los/maakten los	losgemaakt	hebben
luisteren (naar) *(écouter)*	luistert/luisteren	luisterde/luisterden	geluisterd	hebben
lunchen *(déjeuner)*	luncht/lunchen	lunchte/lunchten	geluncht	hebben
maken *(faire)*	maakt/maken	maakte/maakten	gemaakt	hebben
malen *(pomper, moudre)*	maalt/malen	maalde/maalden	gemaald	hebben

403

Tableau 11

Infinitif	Présent 3ᵉ pers. sing./plur.	Passé 3ᵉ pers. sing./plur.	Participe passé	Auxiliaire
meebrengen *(apporter)*	brengt mee/brengen mee	bracht mee/brachten mee	meegebracht	hebben
menen *(penser)*	meent/menen	meende/meenden	gemeend	hebben
merken *(remarquer)*	merkt/merken	merkte/merkten	gemerkt	hebben
moeten *(devoir)*	moet/moeten	moest/moesten	gemoeten	hebben
mopperen (op) *(gronder)*	moppert/mopperen	mopperde/mopperden	gemopperd	hebben
nakijken *(corriger)*	kijkt na/kijken na	keek na/keken na	nagekeken	hebben
neerleggen *(poser)*	legt neer/leggen neer	legde neer/legden neer	neergelegd	hebben
neerzetten *(poser)*	zet neer/zetten neer	zette neer/zetten neer	neergezet	hebben
nemen *(prendre)*	neemt/nemen	nam/namen	genomen	hebben
noemen *(nommer)*	noemt/noemen	noemde/noemden	genoemd	hebben
omvatten *(comprendre, inclure)*	omvat/omvatten	omvatte/omvatten	omvat	hebben
onderduiken *(plonger)*	duikt onder/duiken onder	dook onder/doken onder	ondergedoken	zijn
ontbijten *(prendre son petit déjeuner)*	ontbijt/ontbijten	ontbeet/ontbeten	ontbeten	hebben
onthouden *(mémoriser)*	onthoudt/onthouden	onthield/onthielden	onthouden	hebben
ontlenen (aan) *(emprunter à)*	ontleent/ontlenen	ontleende/ontleenden	ontleend	hebben
ontmoeten *(rencontrer)*	ontmoet/ontmoeten	ontmoette/ontmoetten	ontmoet	hebben

Tableau 12

Infinitif	Présent 3ᵉ pers. sing./plur.	Passé 3ᵉ pers. sing./plur.	Participe passé	Auxiliaire
ontslaan (licencier)	ontslaat/ontslaan	ontsloeg/ontsloegen	ontslaan	hebben
ontstaan (naître)	ontstaat/ontstaan	ontstond/ontstonden	ontstaan	zijn
ontvangen (recevoir)	ontvangt/ontvangen	ontving/ontvingen	ontvangen	hebben
ontwateren (drainer)	ontwatert/ontwateren	ontwaterde/ontwaterden	ontwaterd	hebben
ontwerpen (dessiner, concevoir)	ontwerpt/ontwerpen	ontwierp/ontwierpen	ontworpen	hebben
ontwikkelen (développer)	ontwikkelt/ontwikkelen	ontwikkelde/ontwikkelden	ontwikkeld	hebben
opblazen (faire sauter)	blaast op/blazen op	blies op/bliezen op	opgeblazen	hebben
opbouwen (construire, monter)	bouwt op/bouwen op	bouwde op/bouwden op	opgebouwd	hebben
opduiken (surgir)	duikt op/duiken op	dook op/doken op	opgedoken	zijn
opeisen (exiger)	eist op/eisen op	eiste op/eisten op	opgeëist	hebben
openmaken (ouvrir)	maakt open/maken open	maakte open/maakten open	opengemaakt	hebben
openstellen (ouvrir au public)	stelt open/stellen open	stelde open/stelden open	opengesteld	hebben
opfrissen (zich) (se rafraîchir)	frist op/frissen op	friste op/fristen op	opgefrist	hebben
opgaan (monter, se lever)	gaat op/gaan op	ging op/gingen op	opgegaan	zijn

Tableau 13

Infinitif	Présent 3ᵉ pers. sing./plur.	Passé 3ᵉ pers. sing./plur.	Participe passé	Auxiliaire
opgeven (déclarer, renoncer)	geeft op/geven op	gaf op/gaven op	opgegeven	hebben
ophalen (chercher)	haalt op/halen op	haalde op/haalden op	opgehaald	hebben
ophangen (accrocher, raccrocher)	hangt op/hangen op	hing op/hingen op	opgehangen	hebben
ophouden (s'arrêter)	houdt op/houden op	hield op/hielden op	opgehouden	zijn
opkopen (racheter)	koopt op/kopen op	kocht op/kochten op	opgekocht	hebben
oplossen (résoudre, dissoudre)	lost op/lossen op	loste op/losten op	opgelost	hebben
opnemen (décrocher, enregistrer)	neemt op/nemen op	nam op/namen op	opgenomen	hebben
oprichten (fonder)	richt op/richten op	richtte op/richtten op	opgericht	hebben
oproepen (appeler)	roept op/roepen op	riep op/riepen op	opgeroepen	hebben
opruimen (ranger)	ruimt op/ruimen op	ruimde op/ruimden op	opgeruimd	hebben
opstappen (monter, partir)	stapt op/stappen op	stapte op/stapten op	opgestapt	zijn
optreden (se produire sur scène)	treedt op/treden op	trad op/traden op	opgetreden	zijn
opvallen (se faire remarquer)	valt op/vallen op	viel op/vielen op	opgevallen	zijn
opvragen (demander)	vraagt op/vragen op	vroeg op/vroegen op	opgevraagd	hebben
opwerpen (élever)	werpt op/werpen op	wierp op/wierpen op	opgeworpen	hebben

Tableau 14

Infinitif	Présent 3e pers. sing./plur.	Passé 3e pers. sing./plur.	Participe passé	Auxiliaire
organiseren (organiser)	organiseert/organiseren	georganiseerde/organiseerden	georganiseerd	hebben
overbrengen (transmettre)	brengt over/brengen over	bracht over/brachten over	overgebracht	hebben
overmaken (virer)	maakt over/maken over	maakte over/maakten over	overgemaakt	hebben
overnemen (reprendre)	neemt over/nemen over	nam over/namen over	overgenomen	hebben
overschakelen (changer)	schakelt over/schakelen over	schakelde over/schakelden over	overgeschakeld	hebben
overstappen (changer (transport))	stapt over/stappen over	stapte over/stapten over	overgestapt	zijn
pakken (prendre, saisir)	pakt/pakken	pakte/pakten	gepakt	hebben
parkeren (garer)	parkeert/parkeren	parkeerde/parkeerden	geparkeerd	hebben
passen (essayer, être juste)	past/passen	paste/pasten	gepast	hebben
plaatsvinden (avoir lieu)	vindt plaats/vinden plaats	vond plaats/vonden plaats	plaatsgevonden	hebben
praten (parler)	praat/praten	praatte/praatten	gepraat	hebben
proberen (essayer)	probeert/proberen	probeerde/probeerden	geprobeerd	hebben
produceren (produire)	produceert/produceren	produceerde/produceerden	geproduceerd	hebben

Tableau 15

Infinitif	Présent 3ᵉ pers. sing./plur.	Passé 3ᵉ pers. sing./plur.	Participe passé	Auxiliaire
proeven (goûter)	proeft/proeven	proefde/proefden	geproefd	hebben
protesteren (protester, manifester)	protesteert/protesteren	protesteerde/ protesteerden	geprotesteerd	hebben
redeneren (raisonner)	redeneert/redeneren	redeneerde/redeneerden	geredeneerd	hebben
regenen (pleuvoir)	regent/regenen	regende	geregend	hebben
reizen (voyager)	reist/reizen	reisde/reisden	gereisd	hebben
rijden (conduire, rouler)	rijdt/rijden	reed/reden	gereden	hebben
roeien (ramer)	roeit/roeien	roeide/roeiden	geroeid	hebben
ruiken (sentir [une odeur])	ruikt/ruiken	rook/roken	geroken	hebben
samenvoegen (réunir)	voegt samen/ voegen samen	voegde samen/ voegden samen	samengevoegd	hebben
samenwerken (coopérer)	werkt samen/ werken samen	werkte samen/ werkten samen	samengewerkt	hebben
samenwonen (cohabiter)	woont samen/ wonen samen	woonde samen/ woonden samen	samengewoond	hebben
schaatsen (faire du patin à glace)	schaatst/schaatsen	schaatste/schaatsten	geschaatst	hebben
schamen (zich) (avoir honte)	schaamt/schamen	schaamde/schaamden	geschaamd	hebben

Tableau 16

Infinitif	Présent 3ᵉ pers. sing./plur.	Passé 3ᵉ pers. sing./plur.	Participe passé	Auxiliaire
scheiden *(se séparer)*	scheidt/scheiden	scheidde/scheidden	gescheiden	zijn
schijnen *(sembler)*	schijnt/schijnen	scheen/schenen	geschenen	hebben
schilderen *(peindre)*	schildert/schilderen	schilderde/schilderden	geschilderd	hebben
schreeuwen *(crier)*	schreeuwt/schreeuwen	schreeuwde/schreeuwden	geschreeuwd	hebben
schrijven *(écrire)*	schrijft/schrijven	schreef/schreven	geschreven	hebben
sneeuwen *(neiger)*	sneeuwt	sneeuwde	gesneeuwd	hebben
sparen *(épargner)*	spaart/sparen	spaarde/spaarden	gespaard	hebben
specialiseren (zich) *(se spécialiser)*	specialiseert/specialiseren	specialiseerde/specialiseerden	gespecialiseerd	hebben
spelen *(jouer)*	speelt/spelen	speelde/speelden	gespeeld	hebben
spijten *(regretter)*	spijt/spijten	speet/speten	gespeten	hebben
spreken *(parler)*	spreekt/spreken	sprak/spraken	gesproken	hebben
staan *(se trouver)*	staat/staan	stond/stonden	gestaan	hebben
stemmen *(voter)*	stemt/stemmen	stemde/stemden	gestemd	hebben
stichten *(fonder)*	sticht/stichten	stichtte/stichtten	gesticht	hebben
stijgen *(monter)*	stijgt/stijgen	steeg/stegen	gestegen	zijn
stilstaan *(être immobilisé)*	staat stil/staan stil	stond stil/stonden stil	stilgestaan	hebben
stofzuigen *(passer l'aspirateur)*	stofzuigt/stofzuigen	stofzuigde/stofzuigden	gestofzuigd	hebben
storen *(déranger)*	stoort/storen	stoorde/stoorden	gestoord	hebben
storten *(virer, déposer)*	stort/storten	stortte/stortten	gestort	hebben

Tableau 17

Infinitif	Présent 3ᵉ pers. sing./plur.	Passé 3ᵉ pers. sing./plur.	Participe passé	Auxiliaire
strijken (repasser)	strijkt/strijken	streek/streken	gestreken	hebben
stromen (couler)	stroomt/stromen	stroomde/stroomden	gestroomd	hebben
studeren (faire des études)	studeert/studeren	studeerde/studeerden	gestudeerd	hebben
sturen (envoyer)	stuurt/sturen	stuurde/stuurden	gestuurd	hebben
tanken (prendre de l'essence)	tankt/tanken	tankte/tankten	getankt	hebben
tegenkomen (rencontrer)	komt tegen/ komen tegen	kwam tegen/ kwamen tegen	tegengekomen	zijn
tegenvallen (se passer mal)	valt tegen/vallen tegen	viel tegen/vielen tegen	tegengevallen	zijn
teleurstellen (décevoir)	stelt teleur/ stellen teleur	stelde teleur/ stelden teleur	teleurgesteld	hebben
tellen (compter)	telt/tellen	telde/telden	geteld	hebben
tennisen (jouer au tennis)	tennist/tennisen	tenniste/tennisten	getennist	hebben
teruggaan (retourner)	gaat terug/gaan terug	ging terug/gingen terug	teruggegaan	zijn
terugkijken (revoir)	kijkt terug/kijken terug	keek terug/keken terug	teruggekeken	hebben
toeslaan (frapper)	slaat toe/slaan toe	sloeg toe/sloegen toe	toegeslagen	hebben
trachten (tenter)	tracht/trachten	trachtte/trachtten	getracht	hebben
twijfelen (douter)	twijfelt/twijfelen	twijfelde/twijfelden	getwijfeld	hebben

Tableau 18

Infinitif	Présent 3e pers. sing./plur.	Passé 3e pers. sing./plur.	Participe passé	Auxiliaire
twisten (se disputer)	twist/twisten	twistte/twistten	getwist	hebben
typen (taper à la machine)	typt/typen	typte/typten	getypt	hebben
uitdoen (se défaire, éteindre)	doet uit/doen uit	deed uit/deden uit	uitgedaan	hebben
uitdrogen (dessécher)	droogt uit/drogen uit	droogde uit/ droogden uit	uitgedroogd	hebben
uitdrukken (zich) (s'exprimer)	drukt uit/drukken uit	drukte uit/drukten uit	uitgedrukt	hebben
uitgeven (éditer, dépenser)	geeft uit/geven uit	gaf uit/gaven uit	uitgegeven	hebben
uitkijken (faire attention)	kijkt uit/kijken uit	keek uit/keken uit	uitgekeken	hebben
uitleggen (expliquer)	legt uit/leggen uit	legde uit/legden uit	uitgelegd	hebben
uitschelden (injurier)	scheld uit/schelden uit	schold uit/scholden uit	uitgescholden	hebben
uitstappen (descendre (transport))	stapt uit/stappen uit	stapte uit/stapten uit	uitgestapt	zijn
uitvoeren (représenter, exporter)	voert uit/voeren uit	voerde uit/voerden uit	uitgevoerd	hebben
uitzetten (éteindre (appareil))	zet uit/zetten uit	zette uit/zetten uit	uitgezet	hebben
uitzien (er) (avoir l'air)	ziet uit/zien uit	zag uit/zagen uit	uitgezien	hebben

Tableau 19

Infinitif	Présent 3ᵉ pers. sing./plur.	Passé 3ᵉ pers. sing./plur.	Participe passé	Auxiliaire
uitzoeken (sélectionner)	zoekt uit/zoeken uit	zocht uit/zochten uit	uitgezocht	hebben
vallen (tomber)	valt/vallen	viel/vielen	gevallen	zijn
varen (naviguer)	vaart/varen	voer/voeren	gevaren	hebben
vastmaken (fixer)	maakt vast/maken vast	maakte vast/maakten vast	vastgemaakt	hebben
vaststellen (constater)	stelt vast/stellen vast	stelde vast/stelden vast	vastgesteld	hebben
vechten (lutter)	vecht/vechten	vocht/vochten	gevochten	hebben
vegen (balayer)	veegt/vegen	veegde/veegden	geveegd	hebben
veranderen (changer)	verandert/veranderen	veranderde/veranderden	veranderd	zijn
verbeteren (corriger, améliorer)	verbetert/verbeteren	verbeterde/verbeterden	verbeterd	hebben
verbieden (interdire)	verbiedt/verbieden	verbood/verboden	verboden	hebben
verblijven (séjourner)	verblijft/verblijven	verbleef/verbleven	verbleven	zijn
verdedigen (défendre)	verdedigt/verdedigen	verdedigde/verdedigden	verdedigd	hebben
verdelen (répartir)	verdeelt/verdelen	verdeelde/verdeelden	verdeeld	hebben
verdergaan (continuer)	gaat verder/gaan verder	ging verder/gingen verder	verdergegaan	zijn
verdienen (gagner)	verdient/verdienen	verdiende/verdienden	verdiend	hebben
verdringen (repousser)	verdringt/verdringen	verdrong/verdrongen	verdrongen	hebben
verdrinken (se noyer)	verdrinkt/verdrinken	verdronk/verdronken	verdronken	zijn

Tableau 20

Infinitif	Présent 3ᵉ pers. sing./plur.	Passé 3ᵉ pers. sing./plur.	Participe passé	Auxiliaire
vergaderen *(se réunir)*	vergadert/vergaderen	vergaderde/vergaderden	vergaderd	hebben
vergeten *(oublier)*	vergeet/vergeten	vergat/vergaten	vergeten	hebben/zijn
vergissen (zich) *(se tromper)*	vergist/vergissen	vergiste/vergisten	vergist	hebben
verhuizen *(déménager)*	verhuist/verhuizen	verhuisde/verhuisden	verhuisd	zijn
verklaren *(déclarer)*	verklaart/verklaren	verklaarde/verklaarden	verklaard	hebben
verkopen *(vendre)*	verkoopt/verkopen	verkocht/verkochten	verkocht	hebben
verkorten *(raccourcir)*	verkort/verkorten	verkortte/verkortten	verkort	hebben
verliezen *(perdre)*	verliest/verliezen	verloor/verloren	verloren	hebben/zijn
veroordelen *(condamner)*	veroordeelt/veroordelen	veroordeelde/veroordeelden	veroordeeld	hebben
verrijken *(enrichir)*	verrijkt/verrijken	verrijkte/verrijkten	verrijkt	hebben
verschillen (van) *(être différent de)*	verschilt/verschillen	verschilde/verschilden	verschild	hebben
versnellen *(accélérer)*	versnelt/versnellen	versnelde/versnelden	versneld	hebben
verstaan *(comprendre)*	verstaat/verstaan	verstond/verstonden	verstaan	hebben
vertalen *(traduire)*	vertaalt/vertalen	vertaalde/vertaalden	vertaald	hebben
vertellen *(raconter)*	vertelt/vertellen	vertelde/vertelden	verteld	hebben
vertrekken *(partir)*	vertrekt/vertrekken	vertrok/vertrokken	vertrokken	zijn
vervelen (zich) *(s'ennuyer)*	verveelt/vervelen	verveelde/verveelden	verveeld	hebben

Tableau 21

Infinitif	Présent 3ᵉ pers. sing./plur.	Passé 3ᵉ pers. sing./plur.	Participe passé	Auxiliaire
vervuilen *(polluer)*	vervuilt/vervuilen	vervuilde/vervuilden	vervuild	hebben
verwachten *(s'attendre)*	verwacht/verwachten	verwachtte/verwachtten	verwacht	hebben
verwerken *(traiter)*	verwerkt/verwerken	verwerkte/verwerkten	verwerkt	zijn
verwoesten *(détruire)*	verwoest/verwoesten	verwoestte/verwoestten	verwoest	hebben
verzamelen *(collectionner)*	verzamelt/verzamelen	verzamelde/verzamelden	verzameld	hebben
verzetten (zich) (tegen) *(résister à, s'opposer à)*	verzet/verzetten	verzette/verzetten	verzet	hebben
verzilveren *(encaisser)*	verzilvert/verzilveren	verzilverde/verzilverden	verzilverd	hebben
vinden *(trouver)*	vindt/vinden	vond/vonden	gevonden	hebben
vluchten *(se réfugier)*	vlucht/vluchten	vluchtte/vluchtten	gevlucht	zijn
voelen *(sentir)*	voelt/voelen	voelde/voelden	gevoeld	hebben
voeren *(mener, nourrir)*	voert/voeren	voerde/voerden	gevoerd	hebben
voetballen *(jouer au football)*	voetbalt/voetballen	voetbalde/voetbalden	gevoetbald	hebben
volraken *(se remplir)*	raakt vol/raken vol	raakt vol/raakten vol	volgeraakt	zijn
voltooien *(achever)*	voltooit/voltooien	voltooide/voltooiden	voltooid	hebben

Tableau 22

Infinitif	Présent 3ᵉ pers. sing./plur.	Passé 3ᵉ pers. sing./plur.	Participe passé	Auxiliaire
voorbereiden *(préparer)*	bereidt voor/bereiden voor	bereidde voor/bereidden voor	voorbereid	hebben
voorkomen *(éviter)*	voorkomt/voorkomen	voorkwam/voorkwamen	voorkomen	hebben
voorkomen *(arriver, figurer)*	komt voor/komen voor	kwam voor/kwamen voor	voorgekomen	zijn
voorstellen *(présenter, proposer)*	stelt voor/stellen voor	stelde voor/stelden voor	voorgesteld	hebben
voortzetten *(continuer)*	zet voort/zetten voort	zette voort/zetten voort	voortgezet	hebben
vragen *(demander)*	vraagt/vragen	vroeg/vroegen	gevraagd	hebben
wachten (op) *(attendre)*	wacht/wachten	wachtte/wachtten	gewacht	hebben
wagen *(oser)*	waagt/wagen	waagde/waagden	gewaagd	hebben
wandelen *(se promener)*	wandelt/wandelen	wandelde/wandelden	gewandeld	hebben
wassen *(laver)*	wast/wassen	waste/wasten	gewassen	hebben
weggeven *(offrir, se défaire de)*	geeft weg/geven weg	gaf weg/gaven weg	weggegeven	hebben
wensen *(souhaiter)*	wenst/wensen	wenste/wensten	gewenst	hebben
werken *(travailler)*	werkt/werken	werkte/werkten	gewerkt	hebben
weten *(savoir)*	weet/weten	wist/wisten	geweten	hebben
wijzen *(indiquer)*	wijst/wijzen	wees/wezen	gewezen	hebben
willen *(vouloir)*	wil/willen	wilde/wilden	gewild	hebben
winnen *(gagner)*	wint/winnen	won/wonnen	gewonnen	hebben

Tableau 23

Infinitif	Présent 3ᵉ pers. sing./plur.	Passé 3ᵉ pers. sing./plur.	Participe passé	Auxiliaire
wisselen (*(é)changer*)	wisselt/wisselen	wisselde/wisselden	gewisseld	hebben
wonen (*habiter*)	woont/wonen	woonde/woonden	gewoond	hebben
worden (*devenir*), auxiliaire du passif	wordt/worden	werd/werden	geworden	zijn
zaaien (*semer*)	zaait/zaaien	zaaide/zaaiden	gezaaid	hebben
zagen (*scier*)	zaagt/zagen	zaagde/zaagden	gezaagd	hebben
zeggen (*dire*)	zegt/zeggen	zei/zeiden	gezegd	hebben
zemen (*nettoyer avec une peau de chamois*)	zeemt/zemen	zeemde/zeemden	gezeemd	hebben
zetten (*poser*)	zet/zetten	zette/zetten	gezet	hebben
zien (*voir*)	ziet/zien	zag/zagen	gezien	hebben
zijn (*être*)	is/zijn	was/waren	geweest	zijn
zitten (*être assis*)	zit/zitten	zat/zaten	gezeten	hebben
zoeken (*chercher*)	zoekt/zoeken	zocht/zochten	gezocht	hebben
zorgen (voor) (*s'occuper de*)	zorgt/zorgen	zorgde/zorgden	gezorgd	hebben
zullen (*auxiliaire*)	zal/zullen	zou/zouden		hebben
zwemmen (*nager*)	zwemt/zwemmen	zwom/zwommen	gezwommen	hebben

Lexique

Les chiffres renvoient aux leçons. Les verbes dont la première partie est soulignée sont des verbes à particule séparable.

aan : *à, contre, avec (contact)*, 22

aan het ... zijn : *être en train de*, 41

aandacht (de) : *attention*, 78

aandeel (het) : *action, participation*, 83, 86

<u>aan</u>doen : *allumer, mettre la lumière*, 43

<u>aan</u>durven (iets) : *oser quelque chose*, 69

<u>aan</u>hebben : *porter (vêtements)*, 17

<u>aan</u>kleden (zich) : *s'habiller*, 31

<u>aan</u>komen : *arriver*, 32

aanleg (de) : *construction, installation*, 89

<u>aan</u>nemen (iemand) : *embaucher (quelqu'un), accepter*, 37

<u>aan</u>passen : *adapter*, 85

<u>aan</u>raden : *conseiller*, 79

<u>aan</u>sluiten (op) : *brancher (sur), raccorder (à)*, 89

aantrekkelijk : *attirant*, 62

<u>aan</u>vragen : *demander (pour obtenir quelque chose)*, 51

<u>aan</u>wezigheid (de) : *présence*, 84

<u>aan</u>zetten : *allumer, mettre (un appareil)*, 43

aardappel (de) : *pomme de terre*, 9

aardbei (de) : *fraise*, 36

aardig : *assez*, 49

aardig : *sympathique, gentil*, 40

abdij (de) : *abbaye*, 85

abonneenummer (het) : *numéro d'abonné*, 58

achten : *estimer*, 60

achter : *derrière*, 11

achteraan : *en arrière*, 11

achternaam (de) : *nom de famille*, 3

achterop : *derrière (transport)*, 31

achteruitgang (de) : *la régression, le recul*, 67

acteur (de) : *acteur*, 27

actiegroep (de) : *groupe de militants*, 66

actievoeren : *militer*, 66

adres (het) : *adresse*, 4

advertentie (de) : *annonce*, 37

af : *terminé*, 25

af en toe : *de temps en temps*, 79

<u>af</u>breien : *finir de tricoter*, 25

<u>af</u>dammen : *fermer par un barrage*, 65

<u>af</u>drogen : *sécher*, 74

<u>af</u>gaan : *descendre (des escaliers)*, 33

<u>af</u>gaan : *sortir (de la route)*, 75

<u>af</u>geven : *délivrer*, 57

afkomst (de) : *origine*, 84

<u>af</u>lopen : *passer, se terminer*, 78

<u>af</u>lossen : *rembourser*, 73

<u>af</u>maken : *finir*, 25

afscheid nemen van : *prendre congé de*, 79

<u>af</u>schrijven : *finir d'écrire, débiter*, 25

afschrijving (de) : *débit*, 72

afslag (de) : *sortie (d'autoroute)*, 75

<u>af</u>sluiten : *couper (eau, gaz), fermer*, 69

afsluiting (de) : *fermeture*, 63

afspraak (de) : *rendez-vous*, 18

<u>af</u>spreken (met) : *prendre rendez-vous*, 40

afstand (de) : *distance*, 24

<u>af</u>stappen : *descendre (d'un vélo, moto, etc.)*, 32

<u>af</u>stoffen : *épousseter*, 74

<u>af</u>varen : *naviguer, descendre une rivière*, 88

<u>af</u>vragen (zich) : *se demander*, 41

<u>af</u>wachten : *attendre*, 43

afwas (de) : *vaisselle*, 34

afwasmachine (de) : *machine à laver la vaisselle*, 74

afzien : *mettre à part, renoncer*, 85

agenda (de) : *agenda*, 20

agglomeratie (de) : *agglomération*, 71

akoestiek (de) : *l'acoustique*, 88

al : *déjà*, 11, *depuis*, 14

al : *même si*, 78

alcohol (de) : *alcool*, 86

algemeen : *général*, 81

allebei : *tous les deux*, 56

alleen : *seul(ement)*, 24

allemaal : *tous* (adverbe), 16

allerlei : *de toutes sortes*, 46

als : *quand, si*, 25

alsjeblieft : *s'il te plaît*, 21

alstublieft : *s'il vous plaît*, 16

alternatief (het) : *alternative*, 86

altijd : *toujours*, 7

alweer : *déjà*, 51

anderen (de) : *les autres*, 14

anderhalf : *un et demi*, 30

anders : *autre(ment), sinon*, 9

anderzijds : *d'un autre côté*, 86

ansichtkaart (de) : *carte postale*, 41

antwoord (het) : *réponse*, 28

apart : *spécial*, 49

apotheek (de) : *pharmacie*, 19

apotheker (de) : *pharmacien*, 19

appel (de) : *pomme*, 9

appelsap (het) : *jus de pomme*, 36

aquarium (het) : *aquarium*, 22

arbeidscontract (het) : *contrat de travail*, 37

arbeidsovereenkomst (de) : *contrat de travail*, 37

arm (de) : *bras*, 45

arts (de) : *médecin*, 19

asfalt (het) : *asphalte*, 61

aspirine (de) : *aspirine*, 19

auto (de) : *voiture*, 75

automatisch : *automatiquement*, 75

automatisering (de) : *mécanisation*, 62

autopech (de) : *panne de voiture*, 75

avond (de) : *soir*, 18

avondeten (het) : *dîner*, 34

baan (de) : *emploi*, 5

badkamer (de) : *salle de bain*, 22

balling (de) : *l'exilé*, 84

balkon (het) : *balcon*, 22

banaan (de) : *banane*, 20

bang : *apeuré, angoissé*, 37

bang zijn voor : *avoir peur de*, 37

bank (de) : *canapé*, 18

bankrekening (de) : *compte en banque*, 72

bankstel (het) : *salon (canapé + fauteuils)*, 22

basis (de) : *base*, 81

bebouwen : *mettre en culture*, 64

bedoelen : *vouloir dire*, 27

bedragen : *s'élever à*, 89

bedrijf (het) : *entreprise*, 37

beeld (het) : *sculpture*, 53, *image*, 62

beeldhouwer (de) : *sculpteur*, 53

been (het) : *jambe*, 45

beer (de) : *ours*, 39

beetje (het) : *(un) peu (de)*, 19

begin (het) : *début*, 13

beginnen : *commencer*, 15

begrijpen : *comprendre* (intellectuel-lement), 42

begrip (het) : *concept, idée*, 84

behangen : *tapisser (un mur)*, 69

beheersen : *contrôler*, 55, *déterminer, maîtriser*, 85

beheren : *gérer*, 87

behoren tot : *appartenir à*, 39

behuisd zijn : *être logé*, 68

behulp (met ... van) : *à l'aide de*, 79

beige : *beige*, 17

bejaarde (de) : *personne âgée*, 68
bekend : *connu*, 39
belangrijk : *important*, 29
belangrijkheid (de) : *importance*, 49
belasting (de) : *impôt*, 71
beleven : *vivre (quelque chose)*, 46
Belgisch(e) : *belge* (adjectif), 13
bellen : *appeler (au téléphone)*, 7
bellen : *sonner*, 48
beloven : *promettre*, 60
beneden : *en bas*, 22
benzine (de) : *essence*, 75
benzinestation (het) : *station-service*, 75
beoefenen : *pratiquer*, 54
bepaald : *précis, déterminé*, 46
bepalen : *déterminer*, 62
bereid : *prêt*, 89
bereiden : *préparer*, 85
berekenen : *calculer*, 62
bericht (het) : *nouvelle, avis*, 72
beroemd : *célèbre*, 53
beroep (het) : *métier*, 37
bes (de) : *baie*, 36
beschadigen (de) : *endommager*, 65
beschermen (zich) : *(se) protéger*, 86
beschouwen : *considérer*, 8
beschuldigen (van) : *accuser (de)*, 83
beslissen : *décider*, 68
besluit (het) : *décision*, 50
besluiten : *décider*, 60
bestaan : *exister*, 82
bestaan uit : *être composé de*, 34
bestuur (het) : *direction*, 52, *gouvernement*, 81
betaalkaart (de) : *carte de paiement/ de crédit*, 20
betaling (de) : *paiement*, 72
betekenen : *signifier*, 49
beterschap (de) : *rétablissement*, 19
betreffen : *concerner*, 38
betrekken : *concerner*, 88

beurt (de) : *tour*, 68
bevallen : *plaire*, 56
bevelen : *ordonner*, 60
bevolking (de) : *population*, 39
bevolkt : *peuplé*, 39
bevorderen : *favoriser*, 64
bewaken : *garder*, 75
bewegen : *bouger*, 64
beweging (de) : *mouvement*, 82
beweren : *déclarer*, 60
bewerken : *travailler (quelque chose)*, 61
bewijs (het) : *preuve*, 57, *permis*, 72
bewonderen : *admirer*, 53
bezem (de) : *balai*, 74
bezig houden (zich) : *s'occuper de*, 85
bezitting (de) : *propriété*, 61
bezoeker (de) : *visiteur*, 52
biefstuk (de) : *bifteck*, 30
bier (het) : *bière*, 15
bij elkaar : *ensemble*, 39
bij zich hebben : *avoir sur soi*, 31
bijdrage (de) : *contribution, apport* 84
bijna : *presque*, 35
bijvoorbeeld : *par exemple*, 25
biljet (het) : *billet*, 73
binnen : *intérieur*, 22
binnen komen : *entrer*, 18
binnenkort : *bientôt*, 15
binnenland : *intérieur*, 58
binnenstad (de) : *centre-ville*, 68
bioscoop (de) : *cinéma*, 24
blauw : *bleu*, 17
blijken : *se révéler (comme évident)*, 60
blijven : *rester*, 11
blik (het) : *boîte de conserve*, 9
bloem (de) : *fleur*, 61
bloemenzaak (de) : *boutique de fleurs*, 35
bloemkool (de) : *chou-fleur*, 36
bloes (de) : *chemisier*, 36

couchette (de) : *couchette*, 32
coupé (de) : *compartiment*, 32
crisis (de) : *crise*, 84
cultuur (de) : *culture*, 28
cultuurtaal (de) : *langue de culture*, 28
cursus (de) : *cours*, 79

daar : *là-bas*, 9
daardoor : *c'est pourquoi*, 27
daarna : *après cela*, 27
daarnaartoe : *là-bas*, 28
daarom : *pour cela*, 13
dag : *au revoir, salut*, 18
dag (de) : *jour*, 12
dagboek (het) : *journal*, 87
dagelijks : *quotidien(nement)*, 78
dalen : *baisser*, 86
daling (de) : *baisse*, 86
dam (de) : *barrage*, 63
dan : *alors*, 9
dank u (wel) : *merci (bien)*, 9
dankzij : *grâce à*, 29
dansen : *danser*, 43
dat : *ce, cette, celui/celle-là* (pronom démonstratif), 11, *qui, que* (relatif), 29
dat : *que* (conjonction), 59
datum (de) : *date*, 57
degelijk : *solide*, 49
degene(n) die : *celui (ceux) qui*, 68
deken (de) : *couverture*, 47
delta (de) : *delta*, 65
demonstratie (de) : *manifestation*, 56
denken : *penser*, 28
denken aan : *penser à*, 46
deur (de) : *porte*, 74
deze : *ce, cette, celui/celle-là* adj. + (pronom démonstratif), 12
dicht : *fermé*, 15, *dense*, 39
dichtbij : *près*, 10
dichtgaan : *fermer*, 15

die : *ce, cette, celui/celle-là* (adj. + pronom démonstratif), 11, *qui, que* (relatif), 29
dienen : *servir*, 60, *devoir, falloir*, 71
dienst (de) : *le service*, 33
diep : *profond*, 40
dierenwereld (de) : *la faune*, 66
diesel (de) : *diesel*, 63
dijk (de) : *digue*, 39
dik : *épais*, 40
dikwijls : *souvent*, 15
ding (het) : *chose*, 45
dinsdag : *mardi*, 12
direct : *tout de suite*, 32
discriminatie : *discrimination*, 87
discussie (de) : *discussion*, 66
dit : *ce, cette, celui/celle-là* (adj. + pronom démonstratif), 11
dochter (de) : *fille*, 6
documentatie (de) : *documentation*, 87
doel (het) : *but*, 87
doelpunt (het) : *but*, 55
doelstelling (de) : *but*, 87
doen : *faire*, 12
doen in : *mettre dans*, 23
donderdag : *jeudi*, 12
dood (de) : *mort*, 65
doodstraf (de) : *peine de mort*, 83
doorbreken : *casser*, 65
doorbrengen : *passer*, 53
doorgaan : *avoir lieu*, 42
doorgaand verkeer : *toutes directions*, 75
doornemen : *parcourir* (ici : *lire attentivement*), 79
doorrijden : *rouler vite*, 75
doortrekken : *tirer la chasse d'eau*, 69
doorverbinden : *passer (au téléphone)*, 58
doos (de) : *boîte*, 21
dorp (het) : *village*, 26

draaien : *tourner, marcher*, 74
dragen : *porter*, 17
drager : *porteur*, 84
dreigen : *menacer*, 53
droevig : *triste*, 43
drogen : *sécher*, 60
dromen : *rêver*, 42
<u>droogleggen</u> : *assécher*, 63
<u>droogmaken</u> : *assécher*, 63
<u>droogmalen</u> : *assécher par pompage*, 64
<u>droogvallen</u> : *être à sec*, 65
droom (de) : *rêve*, 27
dropje (het) : *bonbon à la réglisse*, 21
druif (de) : *raisin*, 36
druk : *occupé, agité*, 6, *animé*, 37
drukte (de) : *agitation*, 58
dubbel : *double*, 48
duif (de) : *pigeon*, 62
Duits : *allemand*, 49
Duitsland : *Allemagne*, 59
duizend : *mille, millier*, 30
durven : *oser*, 51
duur : *cher*, 10
duur (op den) : *à la longue*, 37
duurzaam : *durable*, 71
dweil (de) : *serpillière*, 74
dweilen : *laver (le sol)*, 74
dwingen : *forcer*, 62

eb (de) : *marée basse*, 65
echt : *vraiment*, 36
echter : *cependant*, 88
echtgenoot (de) : *l'époux*, 57
educatief : *éducatif*, 87
een ... of ... : *environ ...*, 19
eend (de) : *canard*, 62
eenheid (de) : *unité*, 81
eenmaal : *une fois*, 43
eens : *une fois*, 25
eenzaam : *solitaire, seul*, 37

eerst : *d'abord*, 23
eettafel (de) : *table à manger*, 22
eeuw (de) : *siècle*, 29
effect (het) : *effet*, 86
efficiënt : *efficace*, 61
ei (het) : *l'œuf*, 34
eieren (de) : *les œufs*, 35
eigen : *propre à soi*, 14
eigenaar (de) : *propriétaire*, 73
eigenlijk : *en fait*, 12
eiland (het) : *île*, 63
eind (het) : *fin*, 29
eindelijk : *enfin*, 14
eindje (het) : *bout*, 51
eisen : *exiger*, 60
electriciteitsmast (de) : *poteau électrique*, 62
element (het) : *élément*, 83
elkaar : *l'un l'autre*, 27
elk(e) : *chaque*, 12
elleboog (de) : *coude*, 45
en dergelijke : *et cetera*, 62
enerzijds : *d'un côté*, 86
enige (het) : *la seule chose*, 44
enkele reis : *aller simple*, 32
enthousiast : *enthousiaste*, 55
envelop (de) : *enveloppe*, 41
er : *y*, 10, *en*, 31
erg : *très*, 13
ergens : *quelque part*, 15
ergens tegen kunnen : *supporter quelque chose*, 46
eruitzen : *avoir l'air*, 22
ervaren : *vivre quelque chose*, 84
erwt (de) : *petit pois*, 36
eten : *manger*, 4
euro (de) : *euro*, 78
eurocheque (de) : *eurochèque*, 73
even : *un moment*, 11
eventueel : *éventuel(lement)*, 58
evenveel : *autant*, 43
examen (het) : *examen*, 12

exploitatie (de) : *exploitation*, 89
extra : *en plus*, 86

fabriek (de) : *usine*, 39
familie (de) : *famille*, 18
feestdag (de) : *jour férié*, 42
feite (in) : *en fait*, 88
fiets (de) : *vélo*, 13
fietsen : *faire du vélo*, 40
fietspad (het) : *piste cyclable*, 26
fietstocht (de) : *excursion en vélo*, 33
fijn : *chouette*, 42
financieren : *financer*, 89
flat (de) : *appartement*, 68
flatgebouw (het) : *immeuble moderne*, 68
fluiten : *siffler*, 55
folder (de) : *dépliant*, 58
formule (de) : *formule*, 44
formulier (het) : *formulaire*, 57
fotoalbum (het) : *album de photos*, 47
fout (de) : *faute*, 79
Fries : *frison*, 27
Friese (de) : *Frisonne*, 27
frisdrank (de) : *boisson non alcoolisée*, 34
fruit (het) : *les fruits*, 36

gaan : *aller*, 6
gaan om : *s'agir de*, 89
gaan over : *traiter de*, 27
gaan zitten : *s'asseoir*, 18
galerij (de) : *galerie*, 68
galmen : *retentir*, 55
gang (de) : *couloir*, 22
gans (de) : *oie*, 52
garage (de) : *garage*, 22
gas (het) : *gaz*, 69
gaspedaal (het) : *accélérateur*, 75
gast (de) : *hôte*, 87

gastarbeid (de) : *travail des immigrés, immigration*, 87
gebeurtenis : *événement*, 87
gebied (het) : *région*, 61, *domaine*, 87
geboren worden : *naître*, 64
geboorte (de) : *naissance*, 57
gebouw (het) : *bâtiment*, 52
gebruik (het) : *emploi*, 62
gebruik (in ... nemen) : *mettre en service*, 63
gebruiken : *utiliser*, 28
gedrag (het) : *comportement*, 55
gedragen (zich) : *se comporter*, 55
geel : *jaune*, 17
geen : *ne ... pas*, 10
geen dank : *non merci*, 19
gehakt (het) : *viande hachée*, 30
geheel (het) : *l'ensemble*, 29
gehuwd : *marié*, 57
gek : *fou, imbécile*, 24
geld (het) : *argent*, 12
geldig : *valable*, 57
geldnood (de) : *manque, pénurie d'argent*, 86
geleden : *il y a* (temps), 24
gelegen : *situé*, 30
gelegenheid (de) : *occasion*, 34
gelijk hebben : *avoir raison*, 24
gelijke : *égal*, 85
geloven : *croire*, 25
geluid (het) : *son*, 11
gelukkig : *heureusement*, 10, *heureux*, 43
gemaal (het) : *station de pompage*, 63
gemak (het) : *aise*, 68
gemeente (de) : *commune*, 57, *municipalité*, 59
gemeentehuis (het) : *mairie*, 57
gemeenteraad (de) : *conseil municipal*, 59
gemiddeld : *moyen*, 86
generatie (de) : *génération*, 65

genoeg : *suffisant*, 13

gereserveerd : *réservé*, 32

gescheiden : *divorcé*, 71

geschieden : *faire, se passer*, 71

geschiedenis (de) : *histoire*, 44

geschikt : *qui convient*, 58, *apte, utilisable*, 64

geslacht (het) : *genre*, 71

getal (het) : *nombre*, 24

gevaarlijk : *dangereux*, 56

geval (het) : *cas*, 68

geven : *donner*, 21

gevolg (het) : *conséquence*, 61

gewas (het) : *plante*, 64

geweldig : *magnifique, formidable*, 41

gewicht (het) : *poids*, 30

gewoon : *ordinaire*, 17, *simple, simplement*, 44

gezaghebber (de) : *commandeur*, 53

gezamenlijk(e) : *uni*, 88

gezellig : *agréable*, 15

gezicht (het) : *visage*, 45

gezin (het) : *famille (père, mère, enfants)*, 18

gezond : *en bonne santé*, 39

gids (de) : *guide*, 12

girobetaalkaart (de) : *chèque postal*, 73

girokaart (de) : *chèque postal de virement*, 72

girorekening (de) : *compte chèque postal*, 72

gisteren : *hier*, 14

glas (het) : *verre*, 16

god (de) : *dieu*, 63

goed : *bon, bien*, 17

goedemiddag : *bonjour (l'après-midi)*, 18

goedemorgen : *bonjour (le matin)*, 18

goedenacht : *bonne nuit*, 18

goedenavond : *bonsoir*, 18

goedkoop : *bon marché*, 10

golf (de) : *vague*, 65

gordijn (het) : *rideau*, 69

graaf (de) : *comte*, 49

graag : *volontiers*, 7

graan (het) : *les céréales*, 61

gracht (de) : *canal (dans une ville)*, 33

gram (de) : *gramme*, 9

gras (het) : *herbe*, 61

gravin (de) : *comtesse*, 49

grens (de) : *frontière*, 89

griep (de) : *la grippe*, 19

grijs : *gris*, 17

groen : *vert*, 17

groene betaalkaart (de) : *chèque bancaire*, 73

groenen (de) : *verts*, 66

groente (de) : *légumes*, 34

groenteboer (de) : *maraîcher*, 35

groentehal (de) : *magasin de fruits et légumes*, 35

groep (de) : *groupe*, 11

grond (de) : *sol*, 22

groot : *grand*, 13

grootschalig : *sur une grande échelle, macroscopique*, 61

gymnastiek (de) : *gymnastique*, 54

H

haan (de) : *coq*, 62

haar : *son, sa (à elle)*, 6

haar (het) : *cheveux*, 17

haast : *presque*, 55

haast hebben : *être pressé*, 75

hal (de) : *l'entrée*, 47

halen : *(aller) chercher*, 16

halen : *réussir (un examen)*, 44

half : *demi*, 14

hallo : *salut*, 18

hals (de) : *cou*, 45

ham (de) : *jambon*, 30

handrem (de) : *frein à main*, 75

handtekening (de) : *signature*, 41

hangen : *être suspendu, suspendre*, 22
hard : *fort*, 11
hartelijk bedankt : *merci beaucoup*, 19
haven (de) : *port*, 39
haver (de) : *avoine*, 61
hè : *hein*, 11, *zut, n'est-ce pas*, 74
hé : *tiens*, 74
hebben : *avoir*, 5
hedendaags : *d'aujourd'hui*, 88
heeft : *a (avoir)*, 5
heel : *très*, 10, *entier*, 14
heer (de) : *monsieur*, 41
heerlijk : *délicieux*, 36
held (de) : *héros*, 53
helft (de) : *moitié*, 55
helpen : *aider, servir*, 9
hemd (het) : *maillot de corps*, 17
herberg (de) : *auberge*, 88
herfst (de) : *automne*, 12
herhaling (de) : *répétition*, 65
herinneren (zich) : *se souvenir*, 48
herstellen : *réparer*, 88
hertog (de) : *duc*, 49
hertogin (de) : *duchesse*, 49
hesp (de) : *jambon*, 82
het : *le (article défini neutre)*, 3
het geeft niet : *ça ne fait rien*, 31
het hebben over : *parler de*, 29
heten : *s'appeler*, 3
hier : *ici*, 10
hij : *il*, 4
hoe : *comment*, 13
hoeveel : *combien*, 16
hoeveelheid (de) : *quantité*, 62
hoeven, (niet) : *(ne pas) avoir besoin*, 24
hoewel : *quoique*, 26
hoezo : *comment cela*, 27
Hollander (de) : *Hollandais*, 27
hond (de) : *chien*, 62
honderd : *cent*, 30
honger (de) : *faim*, 36
hoofd (het) : *tête*, 19

hoofdstad (de) : *capitale*, 5
hoofdzaak (de) : *l'essentiel*, 84
hoog : *haut*, 30
hoogseizoen (het) : *saison touristique*, 58
hoop (de) : *espoir*, 44
hopen : *espérer*, 41
horen : *entendre*, 11
houden van : *aimer*, 12
houder (de) : *titulaire*, 73
hout (het) : *bois*, 40
houtwal (de) : *talus*, 61
hoy : *salut*, 8
huid (de) : *peau*, 87
huidig : *actuel*, 57
huidskleur (de) : *couleur de la peau*, 87
huilen : *pleurer*, 48
huis (het) : *maison*, 4
huisarts (de) : *généraliste*, 19
huishouden (de) : *ménage*, 41
huiskamer (de) : *séjour*, 22
huisvesting (de) : *logement*, 71
huren : *louer*, 34
huurcontract (het) : *bail*, 57
huwelijk (het) : *mariage*, 71

ideaal (het) : *idéal*, 87
idee (het) : *idée*, 12
iedereen : *tout le monde*, 31
iets : *quelque chose*, 9
ijs (het) : *glace*, 36
ijsbreker (de) : *brise-glace*, 88
ijsje (het) : *glace*, 41
in : *dans*, 3
inbegrepen : *inclus*, 69
inderdaad : *en effet*, 54
indienen : *déposer, remettre*, 72
industrie (de) : *industrie*, 39
industrieterrein (het) : *zone industrielle*, 39
ingang (de) : *l'entrée*, 52

klas (de) : *classe*, 32
klassiek : *classique*, 43
kledingzaak (de) : *boutique de prêt-à-porter*, 35
kleerkast (de) : *penderie*, 69
klein : *petit*, 13
kleingeld (het) : *monnaie*, 73
kleren (de) : *les vêtements*, 17
kleur (de) : *couleur*, 17
klinken : *sonner*, 82
kloof (de) : *fossé*, 88
koe (de) : *vache*, 62
koffie (de) : *café*, 9
koffie zetten : *faire du café*, 18
koken : *cuisiner*, 35
komen : *arriver, venir*, 48
komen door : *s'expliquer par*, 32
komen tot : *aboutir à*, 66
koning (de) : *roi*, 49
koningin (de) : *reine*, 49
kool (de) : *chou*, 36
koolvis (de) : *colin*, 36
koop (te) : *(à) vendre*, 30
koorts (de) : *fièvre*, 19
kop (de) : *tasse*, 20
kopen : *acheter*, 30
koppeling (de) : *embrayage*, 75
kort : *court*, 17
kosten : *coûter*, 20
kosten (de) : *coûts, frais*, 86
kostenreduktie (de) : *réduction du coût*, 86
koud : *froid*, 13
kraag (de) : *col*, 45
kraan (de) : *robinet*, 88
krediet (het) : *crédit*, 73
krentenbol (de) : *petit pain aux raisins*, 31
krijgen : *recevoir*, 16
krijt (het) : *craie*, 67
kritiek (de) : *critique*, 66
kritisch : *critique*, 86
kronkel (de) : *méandre*, 61

kroon (de) : *couronne*, 59
kroonprins (de) : *dauphin*, 49
kruispunt (het) : *carrefour*, 33
kudde (de) : *troupeau*, 52
kuiken (het) : *poussin*, 62
kuisen : *nettoyer*, 82
kunnen : *pouvoir*, 8
kunst (de) : *art*, 52
kunstenaar (de) : *artiste*, 53
kunstwerk (het) : *œuvre d'art*, 53
kussen (het) : *oreiller*, 47
kust (de) : *côte*, 53
kwaad : *fâché*, 55
kwalijk : *mal*, 33
kwart : *le quart*, 14
kwijt zijn : *avoir perdu*, 25

laat : *tard*, 14
lachen : *rire*, 40
lam (het) : *agneau*, 36
lamsbout (de) : *gigot*, 36
lamsvlees (het) : *viande d'agneau*, 36
land (het) : *pays*, 5
landbouw (de) : *agriculture*, 61
landschap (het) : *paysage*, 61
lang : *long*, 36
langs : *le long de*, 33
langzamerhand : *graduellement*, 67
laten : auxiliaire de l'impératif, 28
laten : *laisser*, 24
later : *plus tard*, 38
leden (de) : *membres*, 59
leeg : *vide*, 36
leeuw (de) : *lion*, 80
leger (het) : *armée*, 82
leggen : *poser (horizontalement)*, 23
legitimatiebewijs (het) : *pièce d'identité*, 72
leiden (tot) : *mener (à)*, 83
lek : *crevé*, 75
lekker : *bon, « chouette »*, 16

lelijk : *mauvais, « moche »*, 13

lenen : *emprunter, prêter*, 13

lening (de) : *emprunt, prêt*, 73

lente (de) : *printemps*, 12

leraar (de) : *professeur*, 44

leren : *apprendre*, 28

lesmateriaal (het) : *documentation pédagogique*, 87

letterlijk : *littéralement*, 85

leuk : *agréable, « chouette »*, 7

leven (het) : *vie*, 37

levensmiddelen : *vivres/alimentation*, 35

leveren (een bijdrage) : *apporter (une contribution)*, 84

leverworst (de) : *pâté de foie*, 48

lichaam (het) : *corps*, 45

licht : *clair*, 17

licht (het) : *lumière*, 45

lid (het) : *membre*, 59

liefhebber (de) : *amateur*, 85

lieve ... : *cher ...* (correspondance), 41

liever : *plus volontiers*, 10

liever hebben : *préférer*, 10

lift (de) : *ascenseur*, 68

liften : *faire du stop*, 12

liggen : *se trouver*, 5

lijken : *sembler*, 23

lijn (de) : *ligne*, 65

lijst (de) : *liste*, 39

linkerhand : *main gauche*, 33

links : *à gauche*, 22

linksaf : *à gauche*, 33

liter (de) : *litre*, 30

logeren : *rester chez quelqu'un*, 69

loket (het) : *guichet*, 32

loon (het) : *salaire*, 37

loopbaan (de) : *carrière*, 46

lopen : *aller à pied*, 13, *marcher*, 51, *couler, courir*, 63

losmaken : *détacher*, 23

luisteren : *écouter*, 43

lunch (de) : *le déjeuner*, 34

lunchen : *déjeuner*, 20

maag (de) : *estomac*, 45

maaltijd (de) : *repas*, 34

maan (de) : *lune*, 40

maandag : *lundi*, 12

maar : *mais* (conjonction), 6

maar : *dans l'impératif, pour atténuer*, 11

maar : *ne ... que*, 34

Maas (de) : *la Meuse*, 65

maat (de) : *mesure, taille*, 30

macht (de) : *puissance*, 29

machtig : *puissant*, 85

machtiging (de) : *autorisation/mandat*, 72

maïs (de) : *maïs*, 61

makkelijk : *facile*, 23

malen : *moudre*, 66

man (de) : *homme*, 3, *mari*, 6

markt (de) : *marché*, 35

marktaandeel (het) : *part de marché*, 86

mars (de) : *marche*, 56

mate (de) : *mesure*, 84

materiaal (het) : *documentation*, 58

matras (de, het) : *matelas*, 47

me : *me, moi*, 24, 31

mededeling (de) : *annonce*, 86

media (de) : *les médias*, 82

medicijn (de, het) : *médicament*, 19

medium (het) : *médium*, 82

meebrengen : *apporter*, 49

meenemen : *amener*, 13

meer (het) : *lac*, 63

meer : *plus*, 9

meestal : *généralement*, 15

meevallen : *se passer mieux que prévu*, 51

meisje (het) : *fille*, 6

melk (de) : *lait*, 18
meneer (de) : *monsieur*, 7
menen : *penser*, 60
mens (de) : *homme (être humain)*, 7
merk (het) : *marque*, 21
merken : *remarquer*, 55
meteen : *tout de suite*, 47
meter (de) : *mètre*, 30
metro (de) : *métro*, 13
mevrouw (de) : *madame*, 7
middag (de) : *après-midi*, 18
middageten (het) : *repas chaud à midi, déjeuner*, 34
middel (het) : *moyen*, 35
middelen (de) : *moyens*, 88
middels : *par*, 59
midden in : *au centre*, 75
migrant (de) : *migrant*, 84
mijn : *mon, ma*, 12
milieu (het) : *environnement*, 66
milieubehoud (het) : *sauvegarde de la nature*, 66
milieubeleid (het) : *politique de l'environnement*, 66
milieubeweging (de) : *mouvement écologiste*, 66
milieugroep (de) : *le groupe écologiste*, 66
miljard (het) : *milliard*, 30
miljoen (het) : *million*, 30
minder : *moins*, 39
minderwaardig : *inférieur*, 87
mits : *à condition que*, 59
modder (de) : *boue*, 64
moe : *fatigué*, 10
moeder (de) : *mère*, 6
moedertaal (de) : *langue maternelle*, 28
moeilijk : *difficile*, 23
moeten : *devoir*, 11
mogelijk : *possible*, 47
mogelijk maken : *rendre possible*, 88

mogen : *pouvoir, avoir la permission*, 21
molen (de) : *moulin*, 63
mond (de) : *bouche*, 45
monnik (de) : *moine*, 85
mooi : *beau, joli*, 10
moord (de) : *meurtre*, 83
mopperen op : *protester*, 55
morgen : *demain*, 7
morgen (de) : *matin*, 18
motivatie (de) : *motivation*, 38
mug (de) : *moustique*, 90
muis (de) : *souris*, 40
mus (de) : *moineau*, 62
museum (het) : *musée*, 3
musicus (de) : *musicien*, 88
muur (de) : *le mur*, 22
mythe (de) : *mythe*, 83

naam (de) : *nom*, 3
naar : *à, vers*, 6
naartoe : *à (direction)*, 27
naast : *à côté*, 11
nacht (de) : *nuit*, 18
nagel (de) : *ongle*, 45
najaar (het) : *automne*, 12
nakijken : *suivre des yeux*, 84
namelijk : *à savoir*, 34
namens : *de la part de*, 23
nationaliteit (de) : *nationalité*, 59
natuurgebied (het) : *parc naturel*, 65
natuurlijk : *naturellement*, 13
nauwelijks : *à peine*, 83
nauwlettend : *attentivement*, 88
Nederland : *Pays-Bas*, 5
Nederlander (de) : *néerlandais*, 5
neem me niet kwalijk : *excusez-moi*, 16
neerleggen : *poser (horizontalement)*, 23
neerzetten : *poser (verticalement)*, 23

nek (de) : *nuque*, 45
nemen : *prendre*, 9
nergens : *nulle part*, 14
net : *juste*, 31
net (het) : *réseau*, 89
net zo ... als : *aussi ... que*, 39
netnummer (het) : *indicatif*, 58
neus (de) : *nez*, 45
niet : *ne pas*, 4
niet ... meer : *ne ... plus*, 14
niets : *rien*, 21
nieuws (het) : *les nouvelles*, 45
nodig : *nécessaire*, 26
nodig hebben : *avoir besoin*, 13
nodig zijn : *être nécessaire*, 82
noemen : *appeler, nommer*, 28
nog : *encore*, 28
nog maar : *seulement, ne plus que*, 16
nog steeds : *encore*, 26
nogal : *assez*, 34
nogmaals : *encore une fois*, 41
nood (de) : *pénurie*, 86
nooit : *(ne) jamais*, 15
noorden (het) : *Nord*, 26
Noordzee (de) : *la mer du Nord*, 65
nou : *interjection*, 10
nu : *maintenant*, 7

of : *ou bien*, 15
of : *si*, 33
of ... of ... : *ou bien ... ou bien ...*, 29
oftewel : *ou bien*, 81
of zo : *quelque chose du même genre*, 50
ogenblik (het) : *le moment*, 58
ojee : *oh zut !*, 16
olie (de) : *huile*, 30
olifant (de) : *éléphant*, 40
om : *à (heure)*, 10, *autour*, 22
omgeving : *environnement*, 68
omstreeks : *environ*, 63

omvatten : *comprendre*, 81
omwenteling (de) : *révolution*, 84
onafhankelijk : *indépendant*, 81
onbegrijpelijk : *incompréhensible*, 43
onbekend : *inconnu*, 82
onbewaakt : *non gardé*, 75
onderbroek (de) : *slip*, 17
onderdeel (het) : *élément, partie*, 86
onderduiken : *se cacher*, 87
onderduiker (de) : *clandestin*, 87
ondergedoken : *caché, clandestin*, 87
ondersteunen : *soutenir*, 56
ondertitel (de) : *sous-titre*, 27
onderwerp (het) : *sujet*, 87
onderwijs (het) : *enseignement*, 50
onduidelijk : *indistinct*, 29
ongehuwd : *célibataire*, 71
ongeluk (het) : *accident*, 41
onkruid (het) : *les mauvaises herbes*, 61
onpersoonlijk : *impersonnel*, 78
ons (het) : *once*, 30
ons/onze : *notre*, 13
onschuldig : *innocent*, 83
ontbijt (het) : *petit déjeuner*, 34
ontginning (de) : *défrichement*, 64
onthouden : *mémoriser*, 44
ontlenen (aan) : *emprunter à*, 88
ontmoeten (elkaar) : *(se) rencontrer*, 27
ontslag (het) : *licenciement*, 86
ontstaan : *naître*, 81
ontvangen : *recevoir*, 72
ontwateren : *drainer*, 61
ontwerpen : *dessiner, concevoir*, 88
ontwikkelen : *développer*, 87
ontwikkeling (de) : *développement*, 29
onvoldoende (de) : *note insuffisante*, 44
oog (het) : *œil*, 44
oogst (de) : *récolte*, 61
ooit : *jamais, une fois*, 15
ook : *aussi*, 4

oor (het) : *oreille*, 45
oorbel (de) : *boucle d'oreille*, 17
oorlog (de) : *guerre*, 53
oorspronkelijk : *d'origine*, 81
oorzaak (de) : *cause*, 86
Oosterschelde (de) : *l'Escaut oriental*, 66
op : *sur*, 18
op vakantie gaan : *partir en vacances*, 12
op zijn : *ne plus y en avoir*, 35
opblazen : *faire sauter*, 53
opbouwen : *monter*, 83
opduiken : *surgir, faire surface*, 87
opeens : *tout d'un coup*, 46
opeisen : *exiger*, 82
open : *ouvert*, 15
openmaken : *ouvrir*, 34
openstellen : *ouvrir au public*, 87
opeten : *finir de manger, avaler*
opfrissen : *rafraîchir*, 79
opgaan : *monter (les escaliers)*, 33
opgeven : *déclarer*, 71
ophalen : *chercher*, 13
ophangen : *raccrocher (le téléphone), suspendre*, 58
ophouden : *(s')arrêter*, 18
opkopen : *racheter*, 86
opleiding (de) : *formation*, 38
oplossen : *résoudre*, 82
opnemen : *enregistrer*, 57, *décrocher (le téléphone)*, 58, *prendre (des jours de congé)*, 58, *intégrer*, 71
opnemen (contact) : *prendre (contact)*, 71
opnemen (geld) : *retirer (de l'argent)*, 72
opnieuw : *de nouveau*, 44
oppositie (de) : *opposition*, 66
oprichten : *fonder*, 87
oprit (de) : *bretelle d'accès*, 75
oproepen : *causer, appeler*, 71

opruimen : *ranger*, 74
opslag (de) : *augmentation*, 38
opslag krijgen : *être augmenté*, 38
opstand (de) : *rébellion, insurrection*, 53
opstappen : *monter (à bicyclette, à moto), partir*, 32
optreden : *être en scène*, 15
opvallen : *se faire remarquer*, 67
opvragen : *demander quelque chose*, 69
opwerpen : *élever*, 63
opzicht (het) : *point de vue*, 29
oranje : *orange*, 17
orgaan (het) : *organe, organisme*, 71
organiseren : *organiser*, 56
oud : *âgé, vieux, ancien*, 6
ouders (de) : *parents*, 6
over : *après* (heure), 14
over : *(par-) dessus*, 22
overal : *partout*, 14
overbrengen : *transmettre*, 85
overeenstemming (de) : *accord*, 89
overheerser (de) : *oppresseur*, 81
overhemd (het) : *chemise*, 17
overkant (de) : *l'autre côté*, 33
overmaken : *virer*, 72
overnemen : *reprendre*, 75
overschakelen : *changer*, 72
overstappen : *changer* (transport), 32
overstroming (de) : *inondation*, 65
overweg (de) : *passage à niveau*, 75
overwinning (de) : *victoire*, 64

paadje (pad) (het) : *sentier*, 61
paar (een) : *quelques*, 21
paard (het) : *cheval*, 62
paars : *mauve*, 17
pad (het) : *sentier, chemin, voie*, 86
pakken : *saisir, prendre*, 9
paling (de) : *anguille*, 36

pan (de) : *marmite*, 36

parkeerplaats (de) : *place (auto)*, 75

parkeren : *se garer*, 75

parlement (het) : *parlement*, 59

particulier : *privé*, 64

pas : *seulement, ne ... que*, 6

pasje (het) : *carte d'identité*, 73

paspoort (het) : *passeport*, 20

passen in : *entrer*, 42

patiënt (de) : *patient*, 18

pech (de) : *panne*, 75

peer (de) : *poire*, 36

per : *à partir*, 38

permanent : *en permanence*, 62

perron (het) : *quai*, 32

personeel (het) : *personnel*, 86

persoonlijk : *personnellement*, 46

perzik (de) : *pêche*, 36

pijn (de) : *douleur*, 19

pilsje (het) : *bière blonde*, 16

pinkaart (de) : *carte de crédit*

plaats (de) : *place*, 47

plaatsvinden : *avoir lieu*, 81

plakken : *coller*, 49

plan (het) : *projet*, 15

plant (de) : *plante*, 47

plantenwereld (de) : *flore*, 65

plas (de) : *étang*, 63

platteland (het) : *campagne*, 61

plek (de) : *endroit*, 58

ploeg (de) : *équipe*, 54

plotseling : *tout d'un coup*, 84

polder (de) : *polder*, 63

pond (het) : *la livre*, 30

portiek (het) : *porche, palier*, 48

post (de) : *courrier*, 41

postbank (de) : *banque de la poste*, 72

postkantoor (het) : *bureau de poste*, 41

postzegel (de) : *timbre*, 49

praktijk (de) : *cabinet*, 22

praten : *parler, discuter*, 8

prestatie (de) : *prestation*, 88

prettig : *agréable*, 14

prima : *très bien, impeccable*, 8

prins (de) : *prince*, 49

prinses (de) : *princesse*, 49

proberen : *essayer*, 24

procent : *pour cent*, 30

proces (het) : *procès*, 27

produceren : *produire*, 62

proeven : *goûter, déguster*, 85

programma (het) : *programme*, 25

promotie maken : *faire une promotion*, 38

proost : *santé*, 16

protestant : *protestant*, 81

provincie : *province*, 29

pruim (de) : *prune*, 36

raam (het) : *vitre*, 74

radio (de) : *radio*, 43

radiogids (de) : *programme radio*, 25

ramp (de) : *désastre*, 65

Randstad (de) : *agglomération de l'ouest des Pays-Bas*, 65

ras (het) : *race*, 87

receptioniste (de) : *réceptionniste*, 37

recht (het) : *le droit*, 40

rechtdoor : *tout droit*, 33

rechterhand (de) : *main droite*, 33

rechtlijnig : *rectiligne*, 61

rechts : *à droite*, 33

rechtsaf : *à droite*, 33

rechtszaak (de) : *procès*, 83

reden (de) : *raison*, 84

redeneren : *raisonner*, 56

regelmatig : *régulier(èrement)*, 5

regenen : *pleuvoir*, 13

regering (de) : *gouvernement*, 65

regiment (het) : *régiment*, 82

register (het) : *registre*, 57

registratie (de) : *enregistrement, registre*, 71
reis (de) : *voyage*, 10
reisburo (het) : *agence de voyages*, 37
rem (de) : *frein*, 75
rendement (het) : *rentabilité*, 86
restaurant (het) : *restaurant*, 4
restaureren : *rénover*, 52
retour(tje) (het) : *aller-retour*, 32
richting (de) : *direction*, 75
riet (het) : *roseaux*, 64
rij (de) : *rangée, liste, file*, 63
rijbewijs (het) : *permis de conduire*, 72
rijden : *rouler, conduire*, 32
Rijn (de) : *le Rhin*, 65
rijst (de) : *riz*, 34
ritme (het) : *rythme*, 46
rivier (de) : *fleuve, rivière*, 63
rode wijn (de) : *vin rouge*, 16
roeien : *faire de l'aviron, ramer*, 54
roepen : *appeler*, 40
rogge (de) : *seigle*, 61
rok (de) : *jupe*, 17
romantiek (de) : *romantique*, 53
romantisch : *romantique*, 61
rond : *autour de*, 81
rond : *achevé, bouclé*, 89
rondleiding (de) : *visite guidée*, 52
rondom : *autour*, 83
rood : *rouge*, 17
roofmoord (de) : *assassinat crapuleux*, 83
room (de) : *crème*, 36
roze : *rose*, 17
ruiken : *sentir*, 36
ruim : *spacieux*, 69
ruimte (de) : *espace*, 30
rundvlees (het) : *(viande de) bœuf*, 36
rustig : *calme, tranquille*, 24

saai : *monotone*, 37
salaris (het) : *salaire*, 26

samen : *ensemble*, 32
samenvoegen : *regrouper, réunir*, 61
samenwerken : *coopérer*, 71
samenwonen : *cohabiter*, 71
sandaal (de) : *sandale*, 17
saus (de) : *sauce*, 36
schaatsen : *faire du patin à glace*, 54
schamen (zich) : *avoir honte*, 48
scheiding (de) : *divorce*, 71, *séparation*, 81
scheidsrechter (de) : *arbitre*, 55
Schelde (de) : *l'Escaut*, 65
schelvis (de) : *aiglefin*, 36
schijnen : *sembler*, 60
schilder (de) : *peintre*, 53
schilderen : *peindre*, 68
schilderij (het) : *peinture (toile), tableau*, 22
schol (de) : *carrelet*, 36
school (de) : *école*, 6
schoorsteen (de) : *cheminée*, 69
schouder (de) : *épaule*, 45
schreeuwen : *crier*, 54
schrift (het) : *cahier*, 40
schrijfmachine (de) : *machine à écrire*, 71
schrijfster (de) : *écrivain (féminin)*, 19
schriftelijk : *par écrit*, 28
schrijven : *écrire*, 7
schrijver (de) : *écrivain (homme)*, 19
schuif (de) : *vanne*, 66
schuld (de) : *dette*, 73
schuldig : *coupable*, 83
secretaresse (de) : *secrétaire*, 38
sinaasappel (de) : *orange*, 36
sinds : *depuis*, 29
Skandinavisch : *scandinave*, 39
slaapkamer (de) : *chambre à coucher*, 22
slaapwagen (de) : *wagon-lits*, 32
slachtoffer (het) : *victime*, 65
slager (de) : *boucher*, 35

slagroom (de) : *crème fouettée*, 30
slecht : *mal, mauvais*, 17
slechts : *seulement*, 82
slim : *rusé*, 39
sloot (de) : *fossé*, 63
sluis (de) : *écluse*, 63
smaak (de) : *goût*, 36
smakelijk eten : *bon appétit*, 36
's nachts : *(dans) la nuit*, 15
snee (de) (brood) : *tranche (de pain)*, 48
sneeuw (de) : *neige*, 41
sneeuwen : *neiger*, 13
snel : *vite*, 39
snelheid : *vitesse*, 75
snelweg (de) : *autoroute*, 75
snipperdag (de) : *jour de congé isolé*, 43
solidariteit (de) : *solidarité*, 89
sommige(n) : *certain(s)*, 39
soms : *parfois*, 15
sorry : *pardon, excusez-moi*, 9
spaarrekening (de) : *compte d'épargne*, 72
sparen : *épargner*, 72
speciaal : *particulier*, 46
specialiseren (zich) in : *se spécialiser en*, 38
spectaculair : *spectaculaire*, 77
spelen : *jouer*, 54
spelling (de) : *orthographe*, 81
sperzieboon : *haricot (mange-tout)*, 9
spier (de) : *muscle*, 19
spijker (de) : *clou*, 17
spijkerbroek : *blue-jeans*, 17
spijten : *regretter*, 31
spons (de) : *éponge*, 74
spoorlijn (de) : *chemin de fer*, 89
spoorwegen : *chemins de fer*, 32
spreekuur (het) : *consultation*, 19
spreken : *parler*, 8
springvloed (de) : *marée d'équinoxe*, 65

spruitjes (de) : *choux de Bruxelles*, 36
spullen (de) : *les affaires*, 41
staan (verbe de position) : *être debout*, 11
staat (de) : *l'État*, 59
stad (de) : *ville*, 5
stadion (het) : *stade*, 55
stage lopen : *faire un stage*, 38
stal (de) : *étable*, 62
stand (de) : *situation*, 55
standaardtaal (de) : *langue standard*, 82
standbeeld (het) : *statue*, 53
start (van ... gaan) : *commencer*, 88
station (het) : *gare*, 14
steden (de) : *villes*, 32
steeds (+ comparatif) : *de plus en plus*, 39
steeds (nog) : *encore*, 26
steen (de) : *pierre*, 40
stem (de) : *voix*, 38
stemmen : *voter*, 57
stemrecht (het) : *droit de vote*, 59
sterk : *fort(ement)*, 62
sterkte (de) : *courage*, 41
steunpilaar (de) : *support*, 67
stichten : *fonder*, 81
stichting (de) : *fondation*, 87
stier (de) : *taureau*, 62
stijgen : *monter*, 84
stilstaan : *être immobilisé* (voiture), 32
stoel (de) : *chaise*, 22
stofzuigen : *passer l'aspirateur*, 74
stofzuiger (de) : *aspirateur*, 74
stok (de) : *piquet, bâton*, 23
stoom (de) : *vapeur*, 63
stoplicht (het) : *feu de circulation*, 33
storen (zich ... aan) : *être dérangé par*, 84
storten : *virer, déposer*, 73
straat (de) : *rue*, 4
straf (de) : *punition*, 83

streek (de) : *région*, 85
strijd (de) : *lutte*, 65
strijken : *repasser*, 74
strijkijzer (het) : *fer à repasser*, 74
stromen : *couler*, 65
struik (de) : *arbuste*, 61
student (de) : *étudiant*, 5
studeren : *faire des études*, 5
studie (de) : *les études*, 24
stuk (het) : *parcelle, morceau*, 61
sturen : *envoyer*, 41
stuur (het) : *volant, guidon*, 75
subsidie (de) : *subside, subvention*, 88
suiker (de) : *sucre*, 18
supermarkt (de) : *supermarché*, 7
symbool (het) : *symbole*, 66

t-shirt (het) : *t-shirt*, 17
taart (de) : *gâteau*, 34
tandpasta (de) : *dentifrice*, 40
tanken : *prendre de l'essence*, 75
tapijt (het) : *tapis*, 22
tarief (het) : *tarif*, 69
tarwe (de) : *froment*, 61
tas (de) : *sac*, 23
te : *trop*, 11
te : *à, de* (devant infinitif), 51, 53
techniek (de) : *technique*, 63
tegelijk : *en même temps*, 51
tegen : *contre*, 22
tegenkomen : *rencontrer*, 26
tegenvallen : *se passer plus mal que prévu*, 51
tegenwoordig : *actuel*, 88
telefoniste (de) : *standardiste*, 37
teleurstellen : *décevoir*, 77
televisie (de) : *télévision*, 22
telkens : *tout le temps, régulièrement*, 87
tellen : *compter*, 22
tenminste : *au moins*, 25

tennissen : *jouer au tennis*, 54
tenslotte : *après tout*, 77
tent (de) : *tente*, 12
tentoonstelling (de) : *exposition*, 52
ter wereld : *au monde*, 39
term (de) : *terme*, 81
terp (de) : *tertre*, 63
terrein (het) : *terrain*, 87
terug : *de retour*, 16
teruggaan : *retourner*, 51
terugkijken : *revoir*, 78
terwijl : *pendant que, alors que*, 34
tevens : *également*, 71
tevreden : *content*, 46
thee (de) : *thé*, 9
theedoek (de) : *torchon*, 74
thuis : *chez soi*, 4
tiental (het) : *dizaine*, 89
tijd (de) : *heure*, 14
tijd hebben : *avoir le temps*, 35
tijdens : *pendant*, 58
toch (adverbe) : *je pensais que, n'est-ce pas*, 27, *je suppose que*, 42
toegangsprijs (de) : *prix d'entrée*, 52
toerist (de) : *touriste*, 15
toeslaan : *frapper*, 84
toeslag (de) : *supplément*, 32
toestand (de) : *situation*, 46
toilet (het) : *toilettes*, 22
tolk (de) : *interprète*, 83
tomaat (de) : *tomate*, 9
ton (de) : *tonne*, 30
tonen : *montrer*, 57
torensilo (de) : *silo (tour)*, 62
tot : *jusqu'à*, 15
tot en met : *jusqu'à ... inclus*, 79
tot ziens : *au revoir*, 18
traan (de) : *larme*, 86
tracé (het) : *tracé*, 89
trachten : *essayer, tenter*, 60
traditie (de) : *tradition*, 28
trein (de) : *train*, 13

verbieden : *interdire*, 60

verblijfsvergunning (de) : *carte de séjour*, 57

verblijven : *séjourner*, 59

verdachte (de) : *suspect*, 83

verdedigen (zich) : *(se) défendre*, 63

verdelen over : *répartir sur*, 81

verder : *du reste*, 31

verdergaan : *continuer*, 63

verdienen : *gagner*, 10

verdieping (de) : *étage*, 22

verdringen : *éliminer, repousser*, 67

verdrinken : *se noyer*, 65

vergaderen : *se réunir*, 52

vergeten : *oublier*, 25

vergissen (zich) : *se tromper*, 31

verhaal (het) : *histoire*, 78

verhuizen : *déménager*, 36

verhuizing (de) : *déménagement*, 36

verjaardag (de) : *anniversaire*, 34

verkeer (het) : *circulation*, 75

verkeerd : *faux*, 58

verkeersbord (het) : *panneau de signalisation*, 75

verkiezing (de) : *élection*, 59

verklaren : *déclarer*, 89

verklaring (de) : *attestation*, 57

verkoopster (de) : *vendeuse*, 37

verkopen : *vendre*, 35

verkorten : *raccourcir*, 65

verkouden : *enrhumé*, 19

verleden : *passé*, 61

verleden tijd (de) : *passé*, 61

verlies (het) : *perte*, 86

verliezen : *perdre*, 48

vermoeiend : *fatigant*, 26

veroordelen : *condamner*, 83

verplichting (de) : *obligation*, 82

vers : *frais*, 9, 35

verschillend : *différent*, 29

verschillen van : *être différent de*, 28

versnelling (de) : *vitesse*, 75

verstaan : *comprendre* (ce qui est prononcé), 27

verstandig : *de bon sens*, 34

vertaling (de) : *traduction*, 79

vertellen : *raconter*, 8

vertrekken : *partir*, 13

vervelen (zich) : *(s')ennuyer*, 31

vervelend : *ennuyeux*, 11

vervolgens : *par la suite*, 33

vervuiling (de) : *pollution*, 66

verwachten : *s'attendre à*, 77

verwarming (de) : *chauffage*, 69

verwerken : *traiter*, 67

verwoesten : *détruire*, 88

verwonderlijk : *étonnant*, 82

verzamelen : *collectionner*, 49

verzameling (de) : *collection*, 81

verzet (het) : *résistance*, 66

verzetten tegen (zich) : *(s')opposer à*, 55

verzilveren : *encaisser*, 72

vestiging (de) : *établissement*, 57

veulen (het) : *poulain*, 62

via : *via*, 77

vierkant (het) : *carré*, 30

villapark (het) : *quartier (parc) résidentiel*, 89

vinden : *trouver*, 6

vinger (de) : *doigt*, 45

vis (de) : *poisson*, 22

vishandel (de) : *poissonnerie*, 35

visser (de) : *pêcheur*, 66

vla (de) : *crème*, 36

Vlaams (het) : *flamand*, 29

vlakbij : *tout près*, 51

vlakte (de) : *plaine*, 64

Vlaming (de) : *Flamand* (personne), 83

vlees (het) : *viande*, 34

vleeswaar (de) : *charcuterie*, 34

vliegtuig (het) : *avion*, 64

vloed (de) : *marée haute*, 65

vloeiend : *courant, couramment*, 79

vloer (de) : *sol*, 69

vluchteling (de) : *réfugié*, 84

vlug : *rapide*, 39

voedsel (het) : *nourriture*, 62

voedselvoorziening (de) : *distribution alimentaire*, 67

voelen (zich) : *(se) sentir*, 31

voeren : *nourrir*, 62

voeren : *mener*, 66

voertaal (de) : *langue véhiculaire*, 28

voet (de) : *pied*, 45

voetbal (de) : *football*, 53

voetballen : *jouer au football*, 54

voetganger (de) : *piéton*, 33

vogel (de) : *oiseau*, 62

vol : *plein*, 36

voldoende (de) : *note suffisante*, 44

volgen : *suivre*, 38

volgend(e) : *prochain*, 24

volgens : *selon*, 48

volkoren brood (het) : *pain complet*, 31

volkstaal (de) : *langue parlée du peuple*, 81

volledig : *complètement*, 57

volraken : *se remplir*, 49

voltooien : *achever, terminer*, 65

voor : *devant*, 3, *avant*, 14, *pour*, 27

vooraan : *au-devant*, 11

vooral : *surtout*, 29

voorbij : *passé*, 58

voordat : *avant que*, 35

voordeel (het) : *avantage*, 73

voorhoofd (het) : *front*, 45

voorjaar (het) : *printemps*, 12

voorkomen : *éviter*, 65

voorkomen : *figurer, apparaître*, 44, *exister*, 85

voorletter (de) : *initiale*, 71

voorlopig : *pour le moment*, 77

voornaam (de) : *prénom*, 3

voorrecht (het) : *privilège*, 85

voorstad (de) : *banlieue*, 68

voorstellen : *présenter*, 11, *proposer*, 53

voortzetten : *continuer un travail*, 87

vooruit (dan maar) : *allons-y*, 76

vorige : *dernière*, 24

vorst (de) : *prince (roi)*, 88

vos (de) : *renard*, 39

vraag (de) : *question*, 28

vragen : *demander*, 48

vragen om iets : *demander quelque chose*, 42

vrede (de) : *paix*, 56

vreemd(e) : *étrange(ment)*, 79

vreemdeling (de) : *étranger*, 79

vreselijk : *horrible*, 43

vriend (de) : *ami*, 7

vriendelijk : *amical*, 41

vriendin (de) : *amie*, 7

vrij : *assez*, 27

vrij : *libre*, 42

vrij krijgen : *obtenir un congé*, 42

vrijdag : *vendredi*, 12

vrijdags : *le vendredi*, 15

vrijwel : *presque*, 83

vroeg : *tôt*, 14

vroeger : *autrefois*, 41

vrouw (de) : *femme*, 6

W.-C. (de) : *W.-C.*, 58

waar : *où*, 9

waar : *vrai*, 12

waarnaartoe : *où*, 27

waarom : *pourquoi*, 13

waarschijnlijk : *probablement*, 77

wachten op : *attendre*, 14

wagen : *oser*, 60

wagon (de) : *wagon*, 32

wandelen : *se promener*, 68

wanneer : *quand*, 13

want : *car*, 15

waren : *étaient*, 29

warm : *chaud*, 10
was : *était* (de : *être* = zijn), 29
was (de) : *linge* (sale ou lavé), 74
wasmachine (de) : *machine à laver*, 69
wassen (zich) : *(se) laver*, 31
wastafel (de) : *lavabo*, 69
wat : *comme*, 11
wat : *que*, 10
wat : *un peu de...*, 21
wat voor : *quelle sorte de, quel*, 21
water (het) : *eau*, 33
watermolen (de) : *moulin à eau*, 63
we : *nous*, 11
wedstrijd (de) : *match, compétition*, 54
weduwe (de) : *veuve*, 71
weduwnaar (de) : *veuf*, 71
week (de) : *semaine*, 12
weekend (het) : *week-end*, 15
weer : *de nouveau*, 8
weer (het) : *temps*, 13
wees (de) : *orphelin*, 52
wegens : *à cause de*, 83
weggeven : *offrir*, 49
weide (de) : *pré*, 62
weinig : *peu*, 10
wel : *bien*, 7
welk : *quel*, 13
welterusten : *bonne nuit*, 78
wensen : *souhaiter*, 60
wereld (de) : *monde*, 66
werk (het) : *travail*, 7
werk zoeken : *chercher du travail*, 37
werkelijk : *vraiment*, 55
werkelijkheid (de) : *réalité*, 63
werken : *travailler*, 3
werkloos zijn : *être au chômage*, 37
werkstudent (de) : *étudiant salarié*, 5
werkterrein (het) : *champ d'action*, 87
weten : *savoir*, 21
wettig : *légal*, 59
wie : *qui*, 8
wij : *nous* (forme accentuée), 11

wijn (de) : *vin*, 16
wijze (de) : *façon*, 77
wijzen : *indiquer*, 33
willen : *vouloir*, 9
wind (de) : *vent*, 63
windmolen (de) : *moulin à vent*, 63
winkel (de) : *magasin*, 7
winnen : *gagner*, 55
winst (de) : *bénéfice*, 86
winstcijfer (het) : *bénéfice* (chiffre), 86
winter (de) : *hiver*, 12
wisselen : *changer*, 73
wisselend : *changeant*, 78
wisseling (de) : *changement*, 85
wisselkantoor (het) : *bureau de change*, 73
wisselkoers (de) : *cours du change*, 73
wit : *blanc*, 17
witlof (het) : *endive*, 36
woensdag : *mercredi*, 12
wonen : *habiter*, 5
woningzoekende (de) : *candidat à un logement*, 71
woonachtig : *domicilié(e)*, 57
woonruimte (de) : *habitation*, 71
woord (het) : *mot*, 40
woordenboek (het) : *dictionnaire*, 79
woordenlijst (de) : *liste de mots*, 79
woordgebruik (het) : *emploi des mots*, 81
woordvoerder (de) : *porte-parole*, 86
worden : *devenir*, 25, auxiliaire du passif, 62
wortel (de) : *carotte*, 36
wou : *voudrais/t*, 44

yoghurt (de) : *yaourt*, 36

zaaien : *semer*, 64
zaak (de) : *affaire*, 83

zaal (de) : *salle*, 11

zacht : *doux, doucement*, 11

zachter zetten : *baisser le son*, 43

zagen : *scier*, 67

zand (het) : *sable*, 61

zang (de) : *chant*, 45

zaterdag : *samedi*, 12

ze : *il, ils, elle, elles*, 6

zebra (de) : *le passage piétons* (littéralement « zèbre »), 33

zee (de) : *mer*, 40

zeearm (de) : *bras de mer*, 65

zeespiegel (de) : *niveau de la mer*, 64

zeggen : *dire*, 18

zeil (het) : *lino*, 69

zeker zijn van iets : *être sûr de quelque chose*, 46

zelden : *rarement*, 15

ik(zelf) : *(moi-)même*, 25

zelfstandig : *indépendant*, 82

zemen : *laver avec une peau de chamois*, 74

zetten (koffie) : *faire (du café)*, 18

zetten (littéralement) : *poser*, 18

zich : *se*, 31

ziekenfonds (het) : *caisse d'assurances maladie*, 57

ziekte (de) : *maladie*, 21

zien : *voir*, 9

zij : *il, ils, elle, elles* (forme accentuée), 7

zijn : *son, sa*, 3

zijn : *être*, 3

zin (de) : *phrase*, 53

zin hebben in : *avoir envie de*, 36

zitten : *être assis*, 15

zitten (in) : *se trouver (dans)*, 22

zo : *tellement*, 10

zo : *tout de suite*, 16, 68

zoals : *comme*, 39

zoeken : *chercher*, 7

zoet : *sucré*, 66

zoet water : *eau douce*, 66

zoiets : *une pareille chose*, 46

zolang : *pour l'instant*, 47, *si longtemps*, 77

zolder (de) : *grenier*, 22

zomer (de) : *été*, 12

zomers : *en été*, 15

zon (de) : *soleil*, 23

zondag : *dimanche*, 12

zonnig : *ensoleillé*, 39

zorgen voor : *s'occuper de*, 24

zorgvuldig : *avec soin*, 49

zout : *salé*, 66

zoveel : *tant*, 51

zover komen : *en arriver là*, 48

zuivel (de) : *les produits laitiers*, 35

zuivelwinkel : *crémerie*, 35

zulk : *tel*, 56

zullen : *auxiliaire du futur*, 16

zure regen (de) : *pluie acide*, 66

zus (de) : *sœur*, 6

zuurkool (de) : *choucroute*, 36

zwaan (de) : *cygne*, 62

zwaar : *lourd*, 61

zwart : *noir*, 17

zwemmen : *nager*, 65

Corrigés des exercices

muren – straten – kaarten – scholen – mannen – klassen – wolken – mensen – kasten – bossen – boekenrekken – banken – lampen – schriften – leraressen – huizen – reizen – rozen – druiven – brieven.

A. 1. Hermans; **2.** Abraham; **3.** Guus; **4.** een museum.

B. 1. heet; **2.** werkt; **3.** is.

C. 1. Zijn voornaam is Abraham. **2.** Hij werkt in een museum. **3.** De achternaam van Bram en zijn vader is Hermans.

D. 1. van; **2.** van; **3.** in.

A. 1. straat; **2.** niet; **3.** adres.

B. 1. de; **2.** het; **3.** De; **4.** Het.

C. 1. Guus werkt niet in het restaurant. **2.** Het restaurant is niet van de vader van Guus. **3.** Antwerpen is niet in Nederland. **4.** Bram eet niet in een café.

D. 1. De man eet thuis. **2.** Het museum van Bram is in de Kalverstraat. **3.** De vader eet ook in het centrum van Amsterdam. **4.** Bram werkt niet in het restaurant.

A. 1. is; **2.** in; **3.** de, van; **4.** en; **5.** een.

B. 1. is; **2.** is; **3.** woont; **4.** werkt; **5.** heeft; **6.** studeert.

C. 1. de; **2.** De; **3.** het; **4.** De.

D. 1. Bram werkt in Amsterdam. **2.** Het is een man van twintig. **3.** Hij woont in Amsterdam. **4.** Hij heeft een baan in een museum. **5.** Hij is werkstudent.

A. 1. Annemarie studeert niet. **2.** Bram woont niet in Hoorn. **3.** De vader van Annemarie en Bram is niet jong. **4.** Ze gaat niet naar de universiteit. **5.** Annemarie vindt haar vader niet oud.

B. 1. zijn; **2.** haar; **3.** haar; **4.** zijn; **5.** haar.

C. 1. Annemarie woont in Hoorn bij haar ouders. **2.** Monique is de vrouw van Guus Hermans. **3.** De zus van Bram is nog jong. **4.** Bram gaat al naar de universiteit.

A. 1. zijn; **2.** haar; **3.** zijn; **4.** haar; **5.** haar.

B. 1. maar/en; **2.** en; **3.** bij; **4.** ook; **5.** graag.

C. a) 1 + **b)** 3 / **a)** 2 + **b)** 1 / **a)** 3 + **b)** 4 / **a)** 4 + **b)** 2.

A. 1. Marij spreekt met Bram. **2.** Het gaat goed met Bram. **3.** Ja, Marij heeft vandaag veel werk. **4.** Bram kan Marij morgen om twaalf uur bellen.

B. 1. Spreek je met mijn vader? **2.** Vindt u haar werk leuk? **3.** Ben je Nederlander? **4.** Kun je om negen uur bellen?

C. 1. gaat; **2.** belt; **3.** kan; **4.** Spreek.

D. 1. werkstudent; **2.** telefoongesprek; **3.** hoofdstad; **4.** supermarkt.

A. 1. helpen; **2.** wil; **3.** wil; **4.** heb; **5.** neem; **6.** is; **7.** heeft.

B. 1. Nee, ik wil geen bonen. **2.** Nee, ik heb geen winkel. **3.** Nee, ik eet geen chocolade. **4.** Nee, Marij zoekt geen baan in Steenwijk. **5.** Nee, ik neem geen koffie. **6.** Nee, ik ben geen Nederlander.

C. 1. Nee, Bram schrijft Marij niet vaak. **2.** Nee, Marij vindt haar werk in de winkel niet leuk. **3.** Nee, Bram woont niet in Steenwijk. **4.** Nee, ik zie de studenten niet. **5.** Nee, ik help de moeder van Marij niet. **6.** Nee, de winkel is niet van Marij.

D. 1. de mannen; **2.** de broers; **3.** de banen; **4.** de jongens; **5.** de winkels; **6.** de jaren; **7.** de meisjes; **8.** de markten; **9.** de vrienden; **10.** de vrouwen; **11.** de vriendinnen; **12.** de dochters.

A. 1. niet; **2.** geen; **3.** niet; **4.** geen; **5.** geen.

B. 1. Marij verdient daar weinig/Daar verdient Marij weinig. **2.** De autosnelweg is er gratis. **3.** Marij werkt daar/Daar werkt Marij. **4.** Het is hier mooi. **5.** Hij vindt het daar leuk/Daar vindt hij het leuk.

C. 1. Morgen heeft Roel vakantie. **2.** In augustus gaat mijn zus naar Frankrijk. **3.** Dan gaat hij naar Spanje. **4.** Vandaag heeft Els het niet zo druk. **5.** Precies om twaalf uur gaat de telefoon.

D. 1. slecht; **2.** dichtbij; **3.** lelijk; **4.** koud; **5.** veel.

A. 1. Marij en Bram zijn in een concertzaal. **2.** Daar zien ze Ruud en Inge. **3.** Nee, Marij kent Ruud nog niet. **4.** Nee, Bram kent Inge nog niet. **5.** De muziek staat heel hard.

B. 1. die, zacht; **2.** die mensen staan achteraan; **3.** dat kind ken ik nog niet; **4.** die man is oud; **5.** dat huis is lelijk.

C. 1. die; **2.** die; **3.** dat; **4.** dat; **5.** die; **6.** die.

D. 1. die; **2.** deze, die; **3.** die; **4.** die; **5.** dat.

A. 1. De vriend van Bram heet Ruud. **2.** Nee, Marij wil niet naar Zuid-Frankrijk liften. **3.** Nee, Marij heeft niet veel geld. **4.** Nee, Ruud en zijn vriendin gaan kamperen.

B. 1. het; **2.** naar; **3.** in, op; **4.** in, daar; **5.** van.

C. 1. elke **2., 3., 4., 5., 6., 7., 8.** elke.

D. 1. Ik ga drie weken naar Duitsland. **2.** In augustus gaan we op vakantie./We gaan in augustus op vakantie. **3.** Ik studeer nu Nederlands aan de universiteit./Nu studeer ik... **4.** Hebben jullie niet veel geld? **5.** Marij houdt niet van haar werk.

E. 1. We gaan elk jaar op vakantie. **2.** Hij houdt niet van het Historisch Museum. **3.** We hebben niet veel geld. **4.** Deze zomer hebben de studenten veel examens.

A. 1. Ruud en Inge gaan met de trein naar België. **2.** Nee, Bram en Marij hebben geen auto. **3.** Ruud en Inge nemen de tent van de ouders van Inge mee omdat die erg groot is. **4.** Bram en Marij gaan begin juli op vakantie. **5.** Nee, ze gaan naar Zuid-Frankrijk.

B. 1. Welke; **2.** Hoe; **3.** Waar; **4.** Wat; **5.** Wanneer; **6.** wie.

C. 1., **2.**, **3.** die/onze/welke; **4.** dat/ons/welk; **5.** die/onze/welke; **6.**, **7.** dat/ons/welk; **8.**, **9.** die/onze/welke; **10.** dat/ons/welk.

D. tenten – ouders – metro's – programma's – universiteiten – musea – werken – weken – vrienden – nummers.

A. 1. Bram belt Marij niet elke week. **2.** Het gaat niet goed met haar moeder. **3.** Ze heeft het niet heel druk. **4.** Hij praat niet goed Nederlands. **5.** Marij verdient niet veel in de winkel. **6.** Je kunt hier niets eten. **7.** Ze gaan niet elke maandag naar de film. **8.** Het is nog geen zes uur. **9.** Het is geen Nederlander. **10.** Het concert begint niet om acht uur.

B. 1. Bram ziet zijn ouders niet vaak. **2.** Ruud werkt niet in het Historisch Museum. **3.** Het is geen cadeau voor de moeder van Ruud. **4.** Ruud is niet moe. **5.** De vader en moeder van Inge hebben de tent niet nodig. **6.** Dat is de vriendin van Jan niet. **7.** Ruud komt nergens op tijd. **8.** Marij heeft geen eigen huis. **9.** Hij staat niet meer voor het station.

C. 1. wacht; **2.** staat; **3.** ziet; **4.** heet.

D. 1. kwart over zeven; **2.** half negen ('s avonds); **3.** kwart voor tien; **4.** tien over half twaalf; **5.** vijf over half tien; **6.** tien voor één.

A. 1. Ze vertrekken in juli met hun vrienden. **2.** Ze gaan met hun vriendinnen kamperen. **3.** Ze zitten in het café en praten over hun vakantie. **4.** Begin juli hebben ze examens.

B. 1. Waar zitten de studenten altijd? **2.** Wat kun je er drinken? **3.** Wanneer is er muziek? **4.** Hoe laat begint de muziek meestal? **5.** Met wie gaat Bram op vakantie?

C. 1. met; **2.** naar; **3.** over; **4.** op; **5.** van; **6.** op.

D. 1. De "IJsbreker" gaat zomers nooit dicht. **2.** Tijdens de vakantie gaan de studenten altijd naar huis. **3.** Je drinkt er vaak bier. **4.** Het is meestal gezellig in de "IJsbreker". **5.** 's Maandags gaat hij naar het café. **6.** Donderdags is hij in Brussel.

A. 1. De vier vrienden zitten in het café./... in café "De IJsbreker". **2.** Bram, Ruud en Inge drinken pils; alleen Marij drinkt rode wijn. **3.** Inge kan niet direct betalen omdat ze maar tien euro heeft; ze mist (= *il lui manque*) vijftig cent. **4.** Van Ruud krijgt ze vijftig cent. **5.** Als ze het geld geeft zegt Inge: "Alstublieft meneer!"

B. 1. vindt; **2.** krijgen; **3.** gaat; **4.** komt, komen; **5.** heeft; **6.** hebben; **7.** zal.

C. 1. hoe, het; **2.** met; **3.** naar; **4.** gaat; **5.** je; **6.** hoe; **7.** om; **8.** kan.

D. 1. Ik neem altijd wijn. **2.** Hij neemt een pilsje. **3.** Ze houdt van koffie. **4.** Ik heb nog maar tien cent. **5.** Kan ik betalen, alstublieft?

A. 1. Hij draagt een spijkerbroek met een blauw katoenen jasje en een beige overhemd. **2.** Zij heeft een lange witte rok aan, met een groene bloes. **3.** Dat staat goed bij haar rode haar. **4.** Het is zomer. **5.** Nee, de jongens hebben sportschoenen aan.

B. 1. lelijke; **2.** leuke; **3.** goede; **4.** rode; **5.** blond; **6.** zwarte; **7.** beige; **8.** groene; **9.** lekker; **10.** gele.

C. 1. groene, witte; **2.** zwarte, bruine; **3.** katoenen, nylon; **4.** rood, blond; **5.** gewone, blauw; **6.** warme, lekker; **7.** bruine, groen; **8.** leuke, korte, lila.

D. 1. spijkerbroek; **2.** overhemd; **3.** oorbel; **4.** sportschoenen; **5.** vakantieplannen; **6.** telefoongesprek.

A. 1. Ze gaan bij mevrouw Bijlsma langs. **2.** Ze gaan op de bank zitten. **3.** Ja, Wim praat veel. **4.** Nee, ze wil graag suiker en melk in haar koffie. **5.** Zwarte koffie is slecht, vindt hij / Dokter Bijlsma vindt zwarte koffie slecht.

B. 1. je, uit; **2.** wel; **3.** maar; **4.** even; **5.** het.

C. 1. Bram en Marij komen binnen. **2.** Inge doet haar jas uit. **3.** Waarom houdt Wim niet op? **4.** Ruud gaat elke week bij de familie Bijlsma langs.

D. 1. Doe je jas uit! **2.** Ga zitten! **3.** Nee dank u, ik neem geen suiker. **4.** Ik ga koffie zetten.

E. 1. Ze; **2.** Hij; **3.** We; **4.** Ze; **5.** Hij.

A. 1. Ze wil een afspraak met de dokter maken. **2.** Nee, ze is een
beetje ziek. **3.** Ze heeft hoofdpijn, spierpijn en een beetje koorts.
4. Ze neemt een aspirientje. **5.** De dokter komt om een uur of vijf.

B. 1. het buikje, de buikjes; **2.** het vrouwtje, de vrouwtjes; **3.** het
vriendje, de vriendjes; **4.** het weekje, de weekjes; **5.** het hoofdje,
de hoofdjes; **6.** het maandje, de maandjes; **7.** het vriendinnetje, de
vriendinnetjes; **8.** het dochtertje, de dochtertjes; **9.** het adresje, de
adresjes; **10.** het zoontje, de zoontjes.

C. 1. zal (supposition); **2.** Zal (proposition); **3.** zal (intention);
4. zullen (supposition); **5.** zal (supposition).

D. 1. gaat het; **2.** ik ben; **3.** Wat; **4.** Ik heb; **5.** zal wel; **6.** ga, naar;
7. zal; **8.** dag.

A. Twee plus drie is vijf. Negen plus drie is twaalf. Negentien plus
acht is zevenentwintig. Zestig plus vijftien is vijfenzeventig. Vijfen-
tachtig min veertien is eenenzeventig. Negentig min acht is twee-
entachtig. Zestien min zeven is negen. Zevenenvijftig min vijfen-
veertig is twaalf.

Twee maal tien is twintig. Zes maal zeven is tweeënveertig. Twee
maal vijfentwintig is vijftig. Drie maal elf is drieëndertig.

C. 1. Een glas wijn plus een kop koffie kosten € 4,25. **2.** Een glas
bier plus een glas jenever kosten € 4,60. **3.** Twee kilo bananen kosten € 4,60.

D. 2. Het is kwart voor twee. **3.** Het is half vier. **4.** Het is vijf voor
half vier. **5.** Het is vijf over half vier. **6.** Het is tien voor negen. **7.** Het
is kwart voor een.

E. 1. ... 10 uur sociologie-examen. **2.** ... moet Bram om 12 uur Marij
bellen. **3.** ... moet Bram om half tien werken. **4.** ... moet hij ook om

half tien werken. **5.** ... gaat hij om tien uur naar de familie Bijlsma en om een uur moet hij werken.

F. 1. Om kwart voor zeven. **2.** Op donderdag 21 juni. **3.** Op maandag, dinsdag en woensdag. **4.** Op dinsdag 19 juni om tien uur. **5.** 's morgens.

G. 1. rood; **2.** geel; **3.** wit; **4.** bruin; **5.** geel; **6.** groen; **7.** groen; **8.** bruin, groen; **9.** rode, witte, gele; **10.** rode, witte.

21

A. 1. Ze koopt aspirientjes en drop. **2.** Dat weet ze niet. **3.** Ja, het is een soort snoep. Nederlanders vinden het lekker. **4.** De aspirientjes kosten € 2,50. **5.** Ze is een beetje ziek.

B. 1. kan; **2.** Ken; **3.** Weet; **4.** moet; **5.** mag.

C. 1. Hij weet niet alles van sociologie. **2.** Niet alle citroenen zijn geel. **3.** Hij drinkt geen groene thee. **4.** Zijn jas is niet bruin. **5.** Er loopt geen oude vrouw op straat.

D. A. Wat, ik. **B.** wil, een, een. Wat, die. **A.** per, maar. **B.** greft doet, maar. **A.** en. nog. **B.** u. is. krijgt, van. **A.** alstublieft. **A.** met. **B.** Dag, meneer.

22

A. 1. De televisie staat op één van de boekenkasten. **2.** Er ligt een wit tapijt op de grond. **3.** Er hangen moderne schilderijen aan de muur. **4.** De eettafel staat rechts in de huiskamer. **5.** De slaapkamers zijn op de derde verdieping.

B. 1. staan; **2.** hangt; **3.** zitten; **4.** zijn; **5.** staat; **6.** ligt; **7.** zit; **8.** hangt; **9.** staat; **10.** ligt; **11.** staan.

C. 1. aan; **2.** achter, voor, naast; **3.** op; **4.** aan; **5.** bij.

D. 1. groot; **2.** mooie; **3.** gezellige; **4.** modern; **5.** zwarte, witte.

23

A. 1. doe; **2.** hang; **3.** zet; **4.** legt; **5.** doen.

B. 1. Hij wil de tent niet meer meenemen. **2.** De koffie is niet lekker meer. **3.** De tent ligt niet meer klaar. **4.** Mevrouw Jansen is niet blond meer. **5.** De tentstokken zitten niet meer in de tas.

C. 1. Pourquoi le bibliothécaire sort-il les livres des rayons ? **2.** Il prépare les livres pour un client. **3.** Bram pose son vélo tous les jours contre le mur du magasin. **4.** Il met la carte de visite dans la poche de son manteau.

A. 1. Hij heeft het zo druk met zijn studie en om het weekend komt Marij bij hem. **2.** Zaterdagavond gaan ze met vrienden naar de bioscoop. **3.** Zondag eten ze bij de ouders van Bram.

B. 1. het; **2.** me; **3.** ons; **4.** jullie.

C. 1. Mag hij hier blijven slapen? **2.** Ze willen ons niet naar de film laten gaan. **3.** Marij kan elke week bij ons komen eten. **4.** Na iedere consumptie moet ik betalen. **5.** Bram hoeft niet elke dag naar college (te gaan).

D. 1. Nee, ik hoef niet elke maand naar de dokter. **2.** Nee, ik hoef vanmorgen geen brood te kopen. **3.** Nee, ik hoef niet veel oefeningen te maken. **4.** Nee, ik hoef niet voor mijn zoon te zorgen.

A. 1. Hij zoekt de radiogids. **2.** Hij ligt altijd onder de televisie. **3.** Nee, dat ligt in de keuken. **4.** Als ze haar bril kan vinden, breit ze de trui voor Bram af.

B. 1. het; **2.** Hij; **3.** hem; **4.** Hij, hem, haar; **5.** Hij, hem, haar.

C. 1. Hij zal zijn vriend het geld morgen geven. **2.** Waarom geeft zij mij het salaris vandaag? **3.** Laten we dat aan de leraar vragen. **4.** Ik kan u mijn examencijfers in de zomer geven. **5.** Marij komt mij voor de film ophalen.

D. 1. Als het mooi weer is, ga ik fietsen. **2.** Als hij niet veel werk heeft, gaat hij met haar mee. **3.** Als het restaurant dicht is, kookt hij zelf.

A. 1. Nee, ze fietst samen met een paar vrienden naar school. **2.** Omdat ze op het fietspad al hun vrienden tegenkomen. **3.** Omdat elke dag twintig kilometer fietsen ook vermoeiend is.

B. 1. ... omdat het nog vroeg is. **2.** ... omdat het regent. **3.** ... omdat ik geen geld heb. **4.** ... omdat ze die goed vindt.

C. 1. Ik ben hier om te werken. **2.** Ik ga naar de bakker om brood te kopen. **3.** Hij gaat naar het station om treinkaartjes te kopen. **4.** Ik ga naar de zomercursus in Brugge om Nederlands te leren.

D. 1. hij, haar; **2.** hem; **3.** Ze, hem; **4.** hen, ze; **5.** het, haar; **6.** ze; **7.** hen, ze.

A. 1. Ze wil *De Dream* van Verhoeff zien. **2.** De film lijkt hem interessant. **3.** Ze komt uit Sneek. **4.** Steenwijk ligt in Overijssel. **5.** Ja, ze kan het vrij goed verstaan.

B. 1. Hoelang; **2.** Waar ... vandaan; **3.** Waar ... naartoe; **4.** Hoeveel; **5.** Waar; **6.** Wanneer.

C. 1. hem, hem; **2.** het; **3.** Dat, ik, je, het; **4.** je, hem, het, hij, het; **5.** hem, hem; **6.** je, hun (ze).

D. 1. Ze kennen elkaar al twee jaar. **2.** Luc komt uit Parijs. **3.** Deze film gaat over het Fries in Nederland. **4.** Ik versta geen Nederlands.

A. 1. Friesland ligt in Nederland. **2.** Omdat het een schriftelijke traditie heeft en een eigen literatuur. **3.** Nee, hij verstaat het niet. **4.** Nee, het verschilt erg van andere Nederlandse dialecten.

B. 1. Ø; **2.** heen; **3.** uit; **4.** vandaan; **5.** Ø; **6.** Ø.

C. 1. Als het mooi weer is, ga ik zwemmen. **2.** Als ik niet moe ben, ga ik op de fiets. **3.** Als Harrie zestien wordt, krijgt hij een brommer. **4.** Als er een oom of tante jarig is, gaan ze naar Friesland. **5.** Als ik geen brood meer heb, ga ik naar de bakker.

D. 1. Deze jongeman en zijn zuster lijken veel op elkaar. **2.** Ik woon in Utrecht, maar ik kom er niet vandaan. **3.** Het boek gaat over de Friese taal. **4.** Het Nederlands verschilt van het Fries. **5.** Dat woord moet je niet gebruiken in het Nederlands.

A. 1. Daar spreekt men Nederlands. **2.** Sinds eind zestiende eeuw. **3.** De taal is het Nederlands. **4.** Omdat de provincies Zuid-Holland en Noord-Holland in economisch en sociaal opzicht dominant zijn.

B. 1. ongewone; **2.** onnatuurlijk; **3.** moeilijk; **4.** onprettig; **5.** altijd, onrustig.

C. 1. De brommer die ze kopen, moet wel goed zijn. **2.** De invloed die de Engelse taal heeft, is groot. **3.** De boeken die ze op school hebben, zijn in het Nederlands. **4.** Het stadsdialect dat men in Utrecht spreekt, is goed te verstaan.

D. 1. die; **2.** waar; **3.** die; **4.** dat.

A. 1. tweehonderdéén; **2.** achthonderdééntwintig; **3.** tweeduizend; **4.** ééntwintighonderd; **5.** zestienhonderdéénenvijftig; **6.** veertienhonderdvierenvijftig; **7.** honderdzesentwintigduizend achthonderd negenennegentig; **8.** twee miljoen driehonderdvijftigduizend; **9.** vier miljoen vierduizend vijfhonderddertig.

B. 1. twee en een halve liter slagroom; **2.** anderhalf brood; **3.** vijf vierkante meter; **4.** drie kwart liter melk; **5.** een halve liter wijn; **6.** een kwart liter olie.

E. 1. Ik ga minstens drie keer per week naar de bioscoop. **2.** De film duurt maar drie kwartier. **3.** Wij gaan elke morgen met z'n drieën naar school. **4.** Ik ben voor vier uur bij jou. **5.** Bram werkt al drie jaar in het Historisch Museum van Amsterdam.

A. 1. zich; **2.** zich, ons; **3.** me; **4.** me; **5.** je; **6.** zich.

B. A) Kan, u, **B).** Ik, een, voor; **A)** Welke, hebt; **A).** Hoe, u; **B)** is, hebt, **A).** heb, een, zal, zijn, heb, het, in; **B)** wil, **B).** deze, is; **A)** u, **B).** u, maar, Hoeveel, u; **B)** Alstublieft, **A).** dank, mevrouw.

A. 1. Marij wil in Amsterdam wonen, waar haar vriend ook woont. **2.** Hij houdt op met werken, als hij genoeg geld heeft. **3.** Jullie moeten eerst naar de van Baerlestraat, waar het Concertgebouw is. **4.** We gaan naar het Vondelpark, waar Harrie altijd gaat hard lopen. **5.** Ze stapt uit, als de trein stilstaat.

B. 1. stapt... in; **2.** overstappen; **3.** stapt... uit; **4.** stapt... op; **5.** stappen... af.

C. 1. Het is Dora d'r huis. Het is Dora's huis. **2.** Het is Ruud z'n jas. Het is Ruuds jas. **3.** Het is Inge d'r tent. Het is Inges tent. **4.** Het zijn moeder d'r kopjes. Het zijn moeders kopjes. **5.** Het zijn opa z'n boeken. Het zijn opa's boeken.

D. 1. Ze staan in het station te wachten. **2.** Ze zit aan tafel te schrijven. **3.** Hij staat zich altijd uren te wassen. **4.** Hij ligt elke zaterdag tot elf uur te slapen. **5.** Jullie zitten je elk weekend te vervelen.

A. 1. Neemt u me niet kwalijk. Ik zoek het station. **2.** Kunt u me de weg wijzen? **3.** Ja mevrouw, u neemt de eerste straat rechts. **4.** Daarna gaat u rechtdoor tot het stoplicht. **5.** Op het kruispunt gaat u linksaf **6.** en dan ziet u het station voor u.

B. 1. op, naar; **2.** met; **3.** op, naar; **4.** binnen; **5.** weg; **6.** naar; **7.** over; **8.** naar, voor.

C. 1. of; **2.** dat; **3.** of; **4.** of; **5.** dat.

D. 1. Om vier uur gaat hij naar huis toe. **2.** Ze rijden midden in de nacht naar Amsterdam terug. **3.** We zullen hier wel nooit meer terugkomen. **4.** Hoewel Marij nog wil blijven, loopt Bram het café uit. **5.** Waar komt Ruud zo laat vandaan?

A. 1. b; **2.** b; **3.** a; **4.** b; **5.** b.

B. 1. dat; **2.** of; **3.** terwijl; **4.** als; **5.** om; **6.** omdat.

C. Een verjaardag in Nederland. **1.** Familie en vrienden gaan zitten en drinken een kopje koffie. **2.** De meesten nemen taartjes bij de koffie. **3.** Ze praten over hun kinderen, sport, de televisie, enzovoort. **4.** Om een uur of half tien, maakt men de flessen wijn en bier open. **5.** Sommigen nemen jenever, anderen een frisdrank, omdat ze rijden.

A. 1. niet waar; **2.** niet waar; **3.** waar; **4.** waar; **5.** niet waar.

B. 1. de bakker; **2.** de sportwinkel; **3.** de boekwinkel; **4.** de slager; **5.** supermarkt.

C. 1. Nee, er is geen brood meer in huis. **2.** Nee, hij gaat niet elke dag naar de supermarkt. **3.** Nee, hij brengt niet alles naar huis. **4.** Nee, in een bloemenzaak kun je geen boeken krijgen.

D. 1. Hij gaat naar de slager, omdat hij geen vlees meer heeft. **2.** De bakker is in de buurt. **3.** Hij gaat naar de supermarkt, voor het te laat is. **4.** In een kantoorboekhandel kun je alles voor het kantoor kopen. **5.** Er is geen vis meer in de supermarkt.

A. 1. Nee, alleen als Marij in Amsterdam is. **2.** Bij de karbonade hoort rode wijn. **3.** Omdat ze vindt dat twee weken altijd lang duren. **4.** Ja, er is yoghurt of fruit toe. Marij heeft zin in een sinaasappel.

B. 1. boon; **2.** boter; **3.** karbonade; **4.** wijn; **5.** koolvis.

C. 1. b; **2.** a; **3.** c; **4.** b.

A. 1. waar; **2.** waar; **3.** niet waar; **4.** niet waar; **5.** waar.

B. 1. dan; **2.** zo ... als; **3.** dan; **4.** dan.

C. 1. warmer; **2.** groter; **3.** beter; **4.** dichter.

D. 1. iets kleiners; **2.** iets mooiers; **3.** iets beters; **4.** iets interessanters; **5.** iets goedkopers.

A. 1. Marij wil nu in Amsterdam wonen omdat haar vriend daar ook woont. **2.** Later wil ze graag secretaresse worden. **3.** Voor een telefoniste is een prettige stem erg belangrijk. **4.** Ja, Marij is het eens met de arbeidsvoorwaarden; ze neemt namelijk de baan aan. **5.** Ze kan per 1 september beginnen.

B. 1. verder; **2.** duurder; **3.** donkerder; **4.** onzekerder; **5.** kouder.

C. 1. liever; **2.** betere; **3.** minder; **4.** meer.

D. 1. Ik werk veel liever in de hoofdstad. **2.** Hij begrijpt mijn voorwaarden veel beter. **3.** Bent u het eens met onze ideeën? **4.** Wat mij betreft kunt u uw opleiding in Den Haag volgen. **5.** U hebt namelÿk goede motivatien.

A. 1. Nederland heeft bijna zestien miljoen inwoners. **2.** Multinationals zoals Philips of Royal Dutch-Shell worden steeds bekender.

3. Rotterdam is de grootste haven van Europa. **4.** De Nederlanders zijn succesvol op het gebied van kaasexport en waterbouwkunde.

B. 1. Lies is net zo groot als Anneke. **2.** Brugge is net zo mooi als Venetië. **3.** Het weer in Friesland is net zo zonnig als in Skandinavië. **4.** Jan eet net zo veel als Henk.

C. 1. de modernste; **2.** het snelst; **3.** het drukst; **4.** de lekkerste; **5.** het lekkerst; **6.** het hoogst.

D. 1. niet zo groot als; **2.** niet zo hoog als; **3.** niet zo duur als; **4.** niet zo breed als.

A. 1. blonder/het blondst; **2.** mooier/het mooist; **3.** ouder/het oudst; **4.** sneller/het snelst; **5.** groter/het grootst; **6.** verder/het verst; **7.** zekerder/het zekerst; **8.** lekkerder/het lekkerst; **9.** vlugger/het vlugst; **10.** nieuwer/het nieuwst; **11.** vaker/het vaakst; **12.** beter/het best; **13.** minder/het minst; **14.** meer/het meest; **15.** drukker/het drukst.

B. 1. Dit kind is zieker./Dat is het ziekste kind. **2.** Dit is leuker werk./ Dat is het leukste werk. **3.** Deze groenten zijn gezonder./Dat zijn de gezondste groenten. **4.** Deze mevrouw is aardiger./Dat is de aardigste mevrouw.

C. 1. Het zonlicht is sterker dan het maanlicht. **2.** De zee is dieper dan de rivier. **3.** Steen is harder dan hout. **4.** Het boek is dikker dan het schrift.

D. 1. Haar haar wordt hoe langer hoe mooier. **2.** Hoe ouder hoe gekker. **3.** Het regent hoe langer hoe meer. **4.** Hij lacht hoe langer hoe harder.

E. 1. Ze; **2.** ze; **3.** hem, haar; **4.** ze (hen); **5.** ze/zij; **6.** Hij.

F. 1. we; **3.** we, ik; **4.** Ik; **5.** je ze; **6.** ze; **7.** ze, we, ze/hen.

G. 1. niet waar; **2.** waar; **3.** niet waar; **4.** niet waar; **5.** niet waar; **6.** niet waar; **7.** waar; **8.** niet waar; **9.** niet waar; **10.** niet waar.

H. 1. dan; **2.** dan; **3.** dan; **4.** net zo (even)... als; **5.** dan; **6.** dan.

I. 1. me, u; **2.** Waar, u; **3.** Ik, naar, het; **4.** u, met, gaan; **5.** Het; **6.** neem, Welke, ik; **7.** Die/hij; **8.** u; **9.** dank, uw.

J. 1. Mag, van; **2.** Wilt; **3.** klas; **4.** u, moet; **5.** zijn; **6.** Dat; **7.** Alstublieft meneer; **8.** De, staat, op; **10.** uw.

A. 1. Marjan heeft het zo druk, omdat ze naast haar baan het hele huishouden doet. **2.** Het nieuws dat Marij voor Marjan heeft is dat ze gaat verhuizen en dat ze een baan heeft. **3.** De verhuizing van Marij is niet leuk voor haar moeder, omdat ze vaker alleen zal zijn en een andere verkoopster moet zoeken. **4.** Ze is spullen van vroeger aan het uitzoeken.

B. 1. Mevrouw van Leeuwen is de kleren van haar dochter aan het uitzoeken. **2.** Marjans moeder is de nieuwe fiets aan het proberen. **3.** Marijs moeder is een nieuwe verkoopster aan het zoeken. **4.** Marij is ook een trui voor Bram aan het breien.

C. 1. schrijft; **2.** sturen; **3.** verhuizen; **4.** doet; **5.** hoeft; **6.** is; **7.** kan; **8.** kopen; **9.** moet; **10.** zetten.

A. 1. Ze krijgt er vrij voor. **2.** Ze wil er op haar werk zelfs niet over praten. **3.** Ze gaan ernaartoe. **4.** Alle spullen passen erin.

B. 1. Ja, ik kijk er graag naar. **2.** Ja, ik heb er zin in. **3.** Ja, die trui hoort erbij. **4.** Ja, onze auto lijkt erop.

C. 1. Nee, ik kijk er niet graag naar. **2.** Nee, ik heb er geen zin in. **3.** Nee, die trui hoort er niet bij. **4.** Nee, onze auto lijkt er niet op.

D. 1. Ik sta ernaast. **2.** De boeken staan erin. **3.** De vissen zitten erin. **4.** De schoenen staan eronder. **5.** De pen ligt erop. **6.** Ik kijk ernaar. **7.** Ik schrijf ermee. **8.** Hij droomt erover. **9.** Ik help de oude man ermee.

A. 1. Annemarie luistert naar de radio. **2.** Nee, Monique houdt er niet van. **3.** Bram houdt veel van dancemuziek. **4.** Nee, ze vindt dat geen trieste muziek. **5.** Monique houdt 't meest van klassieke muziek.

B. 1. Ja, daar praten ze over. **2.** Ja, daar ben ik net zo gek op. **3.** Ja, daar houdt het hele gezin van. **4.** Ja, daar draagt ze een witte bloes bij.

C. 1. Het huis waar de tuin bij is. **2.** De vakantie waar ik van droom. **3.** De envelop waar de facture in zit. **4.** De tekst van een lied waar de muziek bij staat.

D. 1. Een jasje waar een rok bij hoort. **2.** Een bed waar dekens op liggen. **3.** Een trein waar mensen in zitten. **4.** Een gang waar moderne schilderijen in hangen.

A. 1. waar; **2.** niet waar; **3.** waar; **4.** waar; **5.** niet waar.

B. 1. Waar heeft hij een goed cijfer voor? **2.** Met wie heeft hij problemen? **3.** Waar interesseert ze zich voor? **4.** Waar kan ze geen vrij voor krijgen? **5.** Waar houdt ze niet van?

C. 1. Hij wacht vandaag ergens op. **2.** Hij denkt even nergens aan. **3.** Ze praten ergens over, maar ik weet niet waarover. **4.** Hij heeft overal problemen mee.

D. 1. voor; **2.** van; **3.** voor; **4.** aan; **5.** op; **6.** in; **7.** op.

A. arm, vinger, schouder, elleboog, mond, knie, haar, maag, oor, buik, been, voet, tand, hals.

B. 1. Hij staat erop. **2.** Ze zitten eraan. **3.** Ze zitten erin. **4.** Het hangt ervoor. **5.** Het zit eraan.

A. 1. de laatste te zijn. **2.** hij het examen goed zal maken. **3.** in het weekend naar de film te gaan. **4.** te gaan kamperen. **5.** de leraar ook komt?

B. 1. dat hij het niet kan geloven. **2.** dat zij het niet verstandig vindt. **3.** dat het niet logisch is. **4.** dat hij niet gelukkig is. **5.** dat ze het niet gezellig vinden.

C. 1. Ik zou iets nieuws willen zien. **2.** Ze dromen van iets heel anders. **3.** Vanavond doe ik niets speciaals. **4.** Ik zie zelden iets goeds in deze stad. **5.** Dat betekent niets positiefs.

D. 1. We zijn het met elkaar oneens. **2.** Ik vind het onbegrijpelijk dat hij niet komt. **3.** Wat je zegt is heel onverstandig. **4.** Het was zo'n ongezellige avond, gisteren. **5.** Ik ben heel ontevreden met mijn loopbaan.

A. 1. Ze zet er drie op zolder. **2.** Ze komen ze halen als ze groter wonen. **3.** Er zitten daar fotoalbums in.

B. 1. Is er nog wijn? Ja, er is nog een beetje. **2.** Wie staat er naast je? Dat is mijn vader. **3.** Ik kom uit Groningen maar ik woon er niet meer. **4.** Je kunt geen fiets van me lenen, want ik heb er geen. **5.** Heb je zin in een fietstocht? Nee, het spijt me, ik heb er absoluut geen zin in. **6.** Is (er) hier ergens een postkantoor? Ja, er is er één in de volgende straat rechts. **7.** Hoeveel stoelen heb jij? Ik heb er drie.

C. 1. Kijk jij ergens naar? / Nee, ik kijk nergens naar. **2.** Help jij ergens mee? / Nee, ik help nergens mee. **3.** Zoek jij ergens naar? / Nee, ik zoek nergens naar. **4.** Gaan jullie ergens naartoe? / Nee, wij gaan nergens naartoe. **5.** Luistert haar moeder ergens naar? / Nee, ze luistert nergens naar.

A. 1. Ze belde bij iedereen aan, omdat ze haar portemonnee verloor. **2.** In 1937 kon ze met zeven gulden koken, wassen en de huur betalen. **3.** Hij schaamde zich ervoor, omdat de hele stad er van wist.

B. 1. belde; **2.** waste; **3.** kookte; **4.** wilde, herhaalde; **5.** wachtten, stopte; **6.** schaamden, huilde.

C. 1. wist, gaf; **2.** kon; **3.** vroeg; **4.** kwam; **5.** wisten, zochten.

D. 1. Haalde(n); **2.** legde(n); **3.** heette(n); **4.** werkte(n); **5.** woonde(n); **6.** antwoordde(n); **7.** pakte(n); **8.** leende(n); **9.** noemde(n); **10.** praatte(n).

A. 1. Nee, hij verzamelt ze nu niet meer. **2.** Zijn oom, die op een reisbureau werkte, bracht soms mooie exemplaren mee. **3.** Suriname, de Nederlandse Antillen, Nederlands Nieuw-Guinea en Nederlands Oost-Indië. **4.** Hij gaf het weg omdat hij geen zin meer in postzegels verzamelen had.

B. 1. mogen; **2.** mag; **3.** Mag; **4.** Wilt; **5.** Moet; kan; **6.** Kun; moet.

C. 1. Hij mocht elke dag met vader naar de stad gaan. **2.** Hij wilde 's avonds niet naar huis gaan. **3.** Kwam hij naar de boeken kijken? **4.** Veel mensen wilden rijk worden. **5.** Ik kon gisteren niet naar school gaan. **6.** Wilde u even die kip zien? **7.** Dit jaar konden we niet naar Frankrijk gaan. **8.** Welk land zou u volgende zomer willen bezoeken? **9.** In juli hoefden we niet naar school gaan. **10.** Elke zondag mocht hij bij ons eten.

A. 1. hebben; **2.** dragen; **3.** houden; **4.** komen; **5.** zoeken; **6.** rijden; **7.** wijzen; **8.** vertrekken; **9.** doen; **10.** beginnen; **11.** brengen; **12.** weten.

B. 1. was; **2.** was; **3.** was; **4.** kon; **5.** moest; **6.** keken; **7.** kocht; **8.** at; **9.** nam; **10.** ging; **11.** stuurde; **12.** hielpen; **13.** eet; **14.** draag; **15.** krijg.

C. 1. op; **2.** van; **3.** voor; **4.** met; **5.** over; **6.** op/met; **7.** voor; **8.** met; **9.** van; **10.** in.

D. 1. aan, op; **2.** van, van, met; **3.** Bij, aan; **4.** voor, over; **5.** over; **6.** bij; **7.** naar; **8.** naar; **9.** van; **10.** naar; **11.** van; **12.** tot.

E. 1. Ja, ik neem hem mee. **2.** Ja, ik schrijf het op. **3.** Ja, ik neem er een mee. **4.** Ja, ik vul er wat in. **5.** Ja, ik nodig er een uit. **6.** Ja, ik schrijf er een voor school.

F. 1. Nee, maar een vriend van hem heeft er wel een. **2.** Nee, maar een vriend van haar heeft er wel een. **3.** Nee, maar een vriend van mij heeft er wel een. **4.** Nee, maar een vriend van hen heeft er wel een. **5.** Nee, maar een vriend van mij heeft er wel een. **6.** Nee, maar een vriend van mij heeft er wel drie. **7.** Nee, maar een vriend van ons heeft er wel een.

G. 1. Nee, ze kijken er niet naar. **2.** Nee, ze gaan er niet naartoe. **3.** Nee, ik wacht niet op hem. **4.** Nee, ik heb er geen moeilijkheden mee. **5.** Nee, ik houd er niet van. **6.** Nee, wij hebben het er niet over. **7.** Nee, ze spelen er niet vaak mee. **8.** Nee, ik luister er niet graag naar. **9.** Nee, ik ben er niet zeker van.

A. 1. Toen de kinderen weg waren, deed moeder boodschappen. **2.** Toen Pieter beter was, ging hij werken. **3.** Toen het mooi weer was, gingen we naar de stad. **4.** Toen hij ziek was, at hij niet veel. **5.** Toen ik tussen de middag wilde eten, ging ik naar een coffeeshop.

B. 1. betaalden. Wij hebben de nieuwe auto betaald. **2.** telden. Zij hebben het Nederlandse geld geteld. **3.** plakte. Marij heeft de hele dag postzegels geplakt. **4.** leefden. Zij hebben nog lang en gelukkig geleefd. **5.** belde. Je hebt gisteren twee keer de dokter gebeld.

C. 1. Heeft hij dikwijls gereisd? **2.** Hebben jullie altijd naar je werk gefietst? **3.** Heeft u uw oefeningen alleen gemaakt? **4.** Heeft u de brief getypt? **5.** Heeft u een eindje gelopen?

D. 1. Ik heb een eindje gelopen in de buurt van de Dam. **2.** Marij vertelde net dat ze het niet durfde te vragen. **3.** Marij vond haar eerste dag op het bureau tegenvallen. **4.** Toen hij bij het museum aankwam, was het alweer tijd om terug te gaan. **5.** De mensen vragen mij inlichtingen over het Fries. **6.** Ik heb hun uitgelegd dat Fries geen dialect is.

A. 1. Marij heeft een afspraak met Bram in de Regentenzaal van het Historisch Museum. **2.** Ze vindt de Regentenzaal mooi, omdat hij mooi gerestaureerd is. **3.** Het was vroeger het weeshuis van Amsterdam. **4.** Het zijn de bestuursleden van het weeshuis. **5.** Ze heetten toen regenten.

B. 1. vertelde, was. Moeder heeft ons verteld hoe het leven vroeger geweest is. **2.** stapte. Hij is in zijn auto gestapt. **3.** antwoordde. Waarom heb jij niet op mijn vragen geantwoord? **4.** liftten. Mijn broers zijn naar Zuid-Frankrijk gelift. **5.** kostten. De nieuwe schoenen hebben nog meer geld gekost.

C. 1. heb; **2.** ben; **3.** heeft; **4.** zijn; **5.** heb; **6.** is.

D. 1. De Regentenzaal is mooi gerestaureerd. **2.** Je weet toch dat het museum vroeger een weeshuis was. **3.** In de zeventiende eeuw heetten de bestuurders van de stad regenten. **4.** De man die je bij de ingang ziet is mijn jongere broer. **5.** De rondleiding van de tentoonstelling is over een uur.

A. 1. Er is een schilderij van Speyck te zien. **2.** Van Speyck was een Nederlandse gezaghebber in de negentiende eeuw. **3.** Hij noemt hem de held van het zaaltje.

B. 1. Hij is na het vervelende feest weggegaan. **2.** Van Speyck heeft voor de haven van Antwerpen zijn schip opgeblazen. **3.** Hij heeft zijn vakantie altijd in Oostenrijk doorgebracht. **4.** De toerist heeft een folder over Den Haag gevraagd. **5.** Het feest is erg meegevallen. **6.** Marij d'r moeder heeft haar spullen van vroeger uitgezocht. **7.** De vakantie in Noorwegen is niet doorgegaan. **8.** Annemarie heeft de televisie niet uitgezet. **9.** Ze zijn pas om 11 uur in Parijs aangekomen. **10.** Jullie zijn met het vliegtuig teruggekomen.

C. 1. heb; **2.** heeft; **3.** heeft; **4.** hebben; **5.** hebt/heeft.

D. 1. In het Historisch Museum van Amsterdam is veel te zien. **2.** Herinner je je die beroemde man? **3.** Hij heeft zijn hele jeugd in Vlaanderen doorgebracht. **4.** De vergadering dreigde heel laat te eindigen.

A. 1. Hij is vorige week met zijn oude klasgenoot Henk naar 't café geweest. **2.** Hij stelde het hem voor, omdat hij zich herinnerde dat Henk van voetbal hield. **3.** De volgende dag speelt Ajax tegen Schalke 04. **4.** Hij merkt dat aan zijn vriend, omdat deze de hele wedstrijd lang gilde.

B. 1. is; **2.** zijn; **3.** zijn; **4.** Ben; **5.** zijn; **6.** ben; **7.** Bent; **8.** is.

C. 1. zijn; **2.** is; **3.** zijn; **4.** is; **5.** is; **6.** hebben; **7.** ben; **8.** hebben.

A. 1. Hij wond zich op. **2.** Ze maakten pas in de laatste tien minuten een doelpunt. **3.** Hij merkte dat Ajax werkelijk gewonnen had, toen de scheidsrechter het einde van de wedstrijd floot en iedereen 'oranje boven' galmde. **4.** Het zijn de supporters van Ajax. **5.** Het is de kleur van het Koninklijk Huis en het is het symbool van het vaderland.

B. 1. Ik denk vanmiddag met de kinderen naar de dierentuin te gaan. **2.** Wij denken over een week naar Joegoslavië te vertrekken. **3.** Hij denkt met zijn studie in België te beginnen. **4.** Hij denkt daar goed Nederlands te leren. **5.** Hij denkt een mooie kamer in het centrum van Gent te vinden.

C. 1. had; **2.** had; **3.** hadden; **4.** had.

D. 1. Ik durfde haast niet te geloven dat ik gewonnen had. **2.** De Duitsers maakten in de laatste vijf minuten een doelpunt. **3.** Ze begint het gedrag van de scheidsrechter vreemd te vinden. **4.** Tijdens de tweede helft hebben de supporters zich opgewonden. **5.** Alleen de scheidsrechter bleef kalm.

A. 1. Nee, zonder Bram zou ze het niet leuk gevonden hebben in Amsterdam. **2.** Nee, dat zou ze niet zo vaak doen als ze alleen was. **3.** Ze was het niet met de vredesdemonstratie eens. **4.** Ze was het er niet mee eens, omdat ze het veel te gevaarlijk vond.

B. 1. Als ik jou was zou ik meer slapen. **2.** Als ik jou was zou ik niet naar de demonstratie gaan. **3.** Als ik jou was zou ik het raam dichtdoen. **4.** Als ik jou was zou ik minder roken.

C. 1. Hij ziet er moe uit. Zou hij te veel werken? **2.** Je zou naar de receptie moeten gaan. **3.** Ik dacht dat je op me zou wachten. **4.** Als ik veel geld had, zou ik een schilderij van Van Gogh kopen.

D. 1. zou; **2.** zou; **3.** was; **4.** kan.

B. 1. Omdat Bram binnenkort examen heeft, moet hij nog hard werken. **2.** Omdat Marij verhuisd is, moet ze zich in Amsterdam laten inschrijven. **3.** Omdat Marij Steenwijk verlaat, voelt haar moeder zich eenzaam. **4.** Nu Annemarie een brommer heeft, gaat ze met haar vriendinnen naar school. **5.** Als het mooi weer is, hoeft ze niet met de bus te gaan.

A. 1. Ze mag geen vakantie opnemen voor september, omdat niemand tijdens het hoogseizoen vakantie op mag nemen. **2.** Bram kan in september niet weg, omdat hij dan colleges heeft. **3.** Als ze geen vakantie kunnen opnemen, gaan ze gewoon een lang weekend kamperen.

B. 1. Zou u vanavond willen langskomen? **2.** Zou jij folders over Duitsland willen aanvragen? **3.** Zou u mij met de heer Jansen kunnen doorverbinden? **4.** Dan zou de ergste vakantiedrukte wel voorbij zijn. **5.** U moet dat formulier bij mijn collega indienen. **6.** Je zou in juli vakantie mogen opnemen.

C. met; spreekt met; me; met; van; het; me; u; welk; u; u; zich; is; u; me; voor; niets.

A. 1. als; **2.** mits; **3.** of; **4.** want; **5.** dat; **6.** nadat/toen/als; **7.** hoewel; **8.** wanneer/als; **9.** nu; **10.** toen.

B. 1. toen; **2.** omdat; **3.** want; **4.** als; **5.** of.

C. 1. alsof; **2.** Als; **3.** Zoals; **4.** alsof; **5.** of.

A. 1. Nee, hij vertrekt zonder iets te zeggen. **2.** Nee, hij vertrekt zonder de deur dicht te doen. **3.** Nee, hij vertrekt zonder veel lawaai te maken.

B. 1. Mevrouw Bijlsma zit een warme trui te breien. **2.** Henk zit zijn oefeningen af te maken. **3.** Bram z'n broek hangt in de badkamer te drogen. **4.** Inge en Marij staan al een half uur met elkaar te praten. **5.** Mevrouw Jansen ligt in haar bed te lezen.

C. 1. De zee schijnt vandaag gevaarlijk te zijn. **2.** Ze leren Engels spreken. **3.** Wim hoopt een mooi schoolrapport te krijgen. **4.** Ruud en Bram blijven de hele dag voor hun tentamen werken. **5.** Marij durft vanavond niet voor Bram te koken. **6.** Marij herinnert zich toen haar moeder in de winkel te hebben geholpen.

D. 1. vertrekken; vertrok/vertrokken; vertrokken. **2.** staan; stond/stonden; gestaan. **3.** brengen; bracht/brachten; gebracht. **4.** blijven; bleef/bleven; gebleven. **5.** hebben; had/hadden; gehad. **6.** herinneren; herinnerde/herinnerden; herinnerd. **7.** interesseren; interesseerde/interesseerden; geïnteresseerd. **8.** gaan; ging/gingen; gegaan. **9.** zijn; was/waren; geweest. **10.** kunnen; kon/konden; gekund.

E. 1. geduurd; **2.** herinnerd; **3.** geacht; **4.** geantwoord; **5.** belast.

F. Vorige week <u>ben</u> ik om zeven uur <u>opgestaan</u>. Ik <u>heb me gewassen</u> en <u>me aangekleed</u>. Met mijn vriendin Inge <u>ben</u> ik naar het stadion <u>gegaan</u>, want daar <u>speelde</u> Ajax tegen Schalke 04. We <u>hebben</u> veel pret <u>gehad</u>, want de spelers <u>waren</u> topfit. Na de wedstrijd <u>hebben</u> we Bram met Marij <u>ontmoet</u>. We <u>zijn</u> alle vier naar het café <u>gegaan</u> en we <u>hebben</u> een gezellige avond <u>doorgebracht</u>.

A. 1. niet waar; **2.** niet waar; **3.** waar.

B. 1. dat; **2.** Die/Deze; **3.** Dezen; **4.** Die.

C. 1. Hij heeft het hem moeten beloven. **2.** Ik heb iemand horen lopen. **3.** Ik heb hem laten binnenkomen. **4.** Jullie hebben ze helpen verhuizen. **5.** Ik heb je broer zien optreden. **6.** Ze hebben hun bezittingen moeten samenvoegen.

A. 1. Ze doen dat om meer te kunnen produceren. **2.** Bij het berekenen van de hoeveelheid voedsel die koeien per dag krijgen. **3.** Er zijn enorme weiden zonder bloemen en met grote kuddes koeien. Bovendien worden er grote moderne veestallen, torensilo's en electriciteitsmasten gebouwd.

B. 1. Door wie worden de boodschappen gedaan? **2.** Door wie worden de kippen gevoerd? **3.** Door wie worden de koeien gemolken? **4.** Door wie wordt Bram voor een etentje uitgenodigd? **5.** Waardoor worden de boeren tot rationalisering gedwongen? **6.** Waardoor wordt berekend hoeveel de koe mag eten? **7.** Door wie wordt de fiets schoongemaakt? **8.** Door wie worden steeds vaker loopstallen gebruikt? **9.** Door wie worden de flessen op het trottoir neergezet? **10.** Door wie wordt hij er goed voor betaald?

C. 1. Ik heb het hart van het kuiken voelen kloppen. **2.** Ik heb vroeger goed uit het hoofd kunnen rekenen. **3.** Ik heb het verschil goed kunnen merken. **4.** Ik heb hem de koeien helpen melken. **5.** We hebben ze een nieuwe veestal zien bouwen.

A. 1. De meren en plassen moesten drooggemaakt worden. **2.** Dankzij de moderne techniek kon de Zuiderzee gedeeltelijk ingepolderd worden. **3.** De molens konden vervangen worden door stoomgemalen. **4.** De Afsluitdijk moest eerst gebouwd worden. **5.** In de jaren tachtig konden vier IJsselmeerpolders in gebruik genomen worden.

B. 1. werden; **2.** werden; **3.** werden; **4.** werd; **5.** werd.

C. 1. In Nederland zijn veel huizen gebouwd. **2.** De cassettes zijn de vijftiende teruggebracht. **3.** De flessen zijn op de stoep gezet.

4. Het boek is in twee jaar geschreven. **5.** De computer is veel gebruikt.

D. 1. veeteelt; **2.** platteland; **3.** electriciteitsmast; **4.** landbouw; **5.** vakantiedrukte; **6.** reisbureau; **7.** zandweg; **8.** hoogseizoen; **9.** windmolen; **10.** droogmaking.

A. 1. De gemalen dienen voor het droogmalen. **2.** Nee, na negen maanden is de polder nog een grote moddervlakte. **3.** De boeren mogen dat niet, omdat de grond van de polder door de staat geschikt gemaakt wordt. **4.** De polders worden gebruikt voor particuliere landbouw en voor bos-, recreatie-, en stedebouw.

B. 1. Er worden op het moment geen nieuwe polders meer drooggemaakt. **2.** Er werd vanuit vliegtuigen riet gezaaid. **3.** Er wordt gezegd dat het ongezellig is in een nieuwe polder. **4.** In Lelystad worden boekjes over de Flevopolders verkocht. **5.** Er kan documentatie worden aangevraagd.

C. 1. Er wordt daar niet veel gegeten. **2.** Er wordt om dat verhaal gelachen. **3.** Er worden hier veel schilderijen verkocht. **4.** Er mag hier niet gerookt worden. **5.** Er moet hier zachtjes gepraat worden. **6.** Er wordt gebeld. **7.** Er wordt hier Nederlands gesproken. **8.** Er worden hier veel kranten gelezen.

A. 1. waar; **2.** niet waar; **3.** waar.

B. 1. heeft; **2.** worden; **3.** is; **4.** worden; **5.** worden; **6.** worden; **7.** is.

C. 1. Er zal in de toekomst minder tijd aan arbeid besteed worden. **2.** Er moet hier eens een nieuwe bioscoop gebouwd worden. **3.** Er zou meer aan sport gedaan moeten worden. **4.** Die Amerikaanse serie op de televisie wordt door vader gevolgd. **5.** Hun vrije tijd wordt niet goed gebruikt. **6.** De springvloed werd te laat bemerkt.

A. 1. waar; **2.** niet waar; **3.** niet waar.

B. 1. Het Deltaplan werd niet volgens plan uitgevoerd. **2.** Er moesten nieuwe wegen aangelegd worden over de nieuwe dammen. **3.** Er moest door de regering rekening gehouden worden met milieugroepen. **4.** Het Oosterscheldegebied wordt gezien als een rijk en uniek natuurgebied. **5.** De schuiven zullen één keer per jaar dichtgedaan moeten worden.

C. 1. De schuiven zijn dichtgedaan. **2.** In heel Nederland zijn de dijken vaak gecontroleerd. **3.** De kustlijn is met zevenhonderd kilometer verkort. **4.** In de Flevopolders is een nieuwe stad gebouwd. **5.** Er is...

A. 1. Molens vielen op doordat het land vlak was, door hun grote aantal en de opvallende plaats dieze innamen. **2.** De molens dienden vroeger voor het malen van graan, het verwerken van cacao en krijt, het zagen van hout en het maken van papier en niet te vergeten het droogmalen van de polders. **3.** Ze werken op stoom, diesel en electriciteit.

B. 1. Ik <u>heb</u> mijn huis aan een vriend <u>verkocht</u>. **2.** Het examen <u>is</u> hem erg <u>tegengevallen</u>. **3.** Hij <u>heeft</u> de zin nog één keer <u>herhaald</u>. **4.** Het aantal molens <u>is</u> sterk <u>achteruitgegaan</u>. **5.** Ze <u>heeft</u> het formulier nog niet <u>ingevuld</u>. **6.** Er <u>zijn</u> in de jaren zestig en zeventig veel wegen <u>aangelegd</u>.

C. 1. Als men zich niet tegen het water verdedigd had, was Nederland nu veel kleiner geweest. **2.** We moesten meer kranten lezen. **3.** Als je wat minder in de auto zat, was je nu niet zo dik. **4.** Zonder het contact met de zee, was het water zoet geworden.

A. 1. woning; **2.** ingeschreven; **3.** behuisd.

B. 1. Alle; velen; **2.** meesten; **3.** Enkele; **4.** allen; **5.** Sommigen.

C. a) 1. → b) 4. a) 2.→ b) 2. a) 3. → b) 3. a) 4. → b) 5. a) 5. → b) 1.

D. 1. Als ik je gezien had, had ik het je gezegd. **2.** Degenen die het eerst zijn aangekomen zijn aan de beurt. **3.** Degenen die het slechtst behuisd zijn, zijn bijna altijd de armsten. **4.** Ik zou het graag gedaan hebben als ik gekund had.

A. 1. Hij zei dat hij er al over nagedacht zou hebben. **2.** Hij zei dat hij ze al opgevraagd zou hebben. **3.** Ze zei dat ze hem al zou heb-

ben ontmoet. **4.** Ze zeiden dat ze het al zouden hebben aangeslo-
ten. **5.** Hij zei dat hij al betaald zou hebben.

B. 1. waren; **2.** hoeft; **3.** zou; **4.** hield, heb; **5.** zakt.

C. belangrijke; ideale; Westeuropese; drukste; alle; Engelse; Franse;
Portugese; Vlaamse; grootste; Europese; rijk; Engelse; beroemde;
Italiaanse.

Memento 6.

A. 1. Maar de beste kaas wordt door de Hollanders gemaakt. **2.** Het
beste bier van Europa wordt door de Belgen gebrouwen. **3.** Er worden
door Europa veel auto's naar Zuid-Amerika uitgevoerd. **4.** De Europese
markt wordt steeds meer door de Japanse industrie veroverd.

B. 1. Er wordt hard gewerkt op dit kantoor. **2.** In Brussel wordt ook
Nederlands gesproken. **3.** Er werd die avond te hard gelachen. **4.** Er
wordt op deze school veel aan sport gedaan. **5.** Wat wordt er in Polen veel gedronken!

C. 1. Er werd een tent meegenomen naar Spanje. **2.** Op de Hollandse dijken werden gemalen geplaatst. **3.** Ook in Amerika wordt
het graan vanuit vliegtuigen gezaaid.

D. 1. De patiënten werden door de dokter onderzocht. **2.** Het verkeer werd door de agent geregeld. **3.** Zijn die twee stoelen door
jou besteld? **4.** De afspraken zijn door mij genoteerd. **5.** De schrijfmachine is tenslotte niet door hen gekocht. **6.** Het telegram is niet
door Scholten en Zonen gestuurd.

E. 1. ons huisje; **2.** dit hondje; **3.** het tentje dat; **4.** ons autootje.

F. 1. Het mooie Vlaanderen. **2.** Het schilderachtige Brugge. **3.** Het
Europese Brussel. **4.** Het rijke Antwerpen. **5.** Het zuidelijke Limburg.

A. 1. Het ingevulde formulier moet bij het Bureau Huisvesting ingeleverd worden. **2.** Dit formulier dient om woonruimte aan te vragen. **3.** De informatie wordt ook gegeven aan het Samenwerkings-
orgaan Agglomeratie Utrecht.

B. 1. de gewonnen wedstrijd; **2.** het ingevulde formulier; **3.** de herhaalde zin; **4.** de gebakken eieren; **5.** de verwachte bezoeker; **6.** de geregistreerde aanvraag; **7.** de gesproken woorden; **8.** de geplaatste advertentie; **9.** de geschreven brief; **10.** het gebouwde huis.

C. 1. de aangevraagde brochure; **2.** een goed samengesteld programma; **3.** de voorgeschreven eisen; **4.** Die... gevolgde cursus; **5.** Die slecht geklede man.

D. 1. Ik neem contact op... **2.** scheiden; **3.** aangevraagd; **4.** opgeven; **5.** Hij woont met zijn vriendin samen./Hij woont samen met zijn vriendin. **6.** Ik ben ingeschreven... **7.** geregistreerd.

A. 1. Om een girorekening te kunnen openen moet je een formulier invullen en bij een postkantoor indienen. **2.** Om geld naar iemand over te maken moet je eerst het bank- of gironummer van die persoon vragen en daarna een speciale girokaart invullen.

B. 1. Ik heb een girorekening moeten aanvragen. **2.** Ik heb het boek goedkoop kunnen krijgen. **3.** Ik heb het geld direct moeten overmaken. **4.** Kees heeft bij de operatie mogen zijn. **5.** Wij zijn naar her debat gaan luisteren.

C. 1. Ik heb hem laat uit het café horen komen. **2.** Marij heeft Bram de zwaarste dingen zien dragen. **3.** Annemarie heeft Marij helpen verhuizen. **4.** Ik heb geld via de bank leren overmaken. **5.** Ik heb Annemarie haar eerste girokaart zien invullen.

D. 1. Zij hebben erover zitten denken. **2.** Hij heeft op zijn vrouw staan wachten. **3.** Zij hebben lekker liggen dromen.

A. 1. Met girobetaalkaarten kunnen we betalen of geld opnemen. **2.** Eurocheques dienen ervoor om in het buitenland geld op te nemen of te betalen.

B. 1. Zoiets is wel betaalbaar. **2.** ... is merkbaar. **3.** ... is niet deelbaar. **4.** Die artikelen zijn niet meer verkoopbaar. **5.** ... is niet drinkbaar.

C. 1. kinderachtig; **2.** pijnloos; **3.** hoorbaar; **4.** De kleur van de mist was geelachtig. **5.** ... heb ik het liefst wasbare stof.

D. 1. opnemen; **2.** girorekening; **3.** overschrijven; **4.** betaalkaarten; **5.** gironummer; **6.** giropas; **7.** pinkaart.

A. 1. Meestal doet Marij dat. **2.** Ik denk niet dat hij daar zin in heeft. **3.** Dat denk ik niet.

B. 1. zijn, gestreken. **2.** houdt, afwassen, koken kan. **3.** zit, wachten, is. **4.** zal, bellen, reserveren. **5.** is, vergeten, eten, hebben.

C. 1. Daarom; **2.** Terwijl; **3.** anders; **4.** want; **5.** dan.

A. 1. Je volgt de E35 over Amersfoort tot Meppel en daar neem je de snelweg richting Leeuwarden, tot de afslag Steenwijk. **2.** Het is gevaarlijk omdat zo'n spoorlijn niet beveiligd is. **3.** Omdat ze niet veel benzine meer hebben.

B. 1. voorgesorteerd; **2.** stoplicht; **3.** verkeersborden; **4.** auto's; **5.** gaspedaal; **6.** versnelling; **7.** ongeluk.

C. 1. als; **2.** dat; **3.** alsof; **4.** Voordat; **5.** of; **6.** wanneer.

D. 1. Heb je het niet te warm? **2.** Hoe gaat het vandaag met u? **3.** Ik ben het niet eens met wat u zegt. **4.** Hij heeft het al twee uur over hetzelfde.

A. 1. Dat lijkt hem gemakkelijker met het inladen van de dozen. **2.** Nee, hij is daar niet zo enthousiast over. **3.** Anders moeten ze wel drie tenten meenemen.

B. 1. Bij; **2.** aan; **3.** voor; **4.** over; **5.** in; **6.** met; **7.** om; **8.** langs; **9.** naar; **10.** op; **11.** met; **12.** op; **13.** door; **14.** in.

C. 1. op; **2.** af; **3.** in; **4.** door; **5.** door; **6.** op.

D. 1. Rien de nouveau sous le soleil. **2.** Une tempête dans un verre d'eau. **3.** Un bon « tiens » vaut mieux que deux « tu l'auras ». **4.** Jeter le bébé avec l'eau du bain.

A. 1. Ja, de moeder van Marij had wel verwacht dat ze niet naar Frankrijk zouden gaan. **2.** Nee, dat is niet zeker: Annemarie en Herman gaan waarschijnlijk mee. **3.** Nee, dat is ook niet zeker: ze gaat misschien wel mee.

B. 1. die; **2.** dat; **3.** dat; **4.** wat; **5.** wie; **6.** Wie.

C. 1. Ik weet niet waar hij aan denkt. **2.** Dit is de vriendin met wie hij op reis gaat. **3.** Weet je nu nog niet wat de president gisteren heeft gezegd? **4.** Ik luister graag naar Fransen die goed Nederlands praten. **5.** Op het reisbureau waar ze werkt krijgt ze om tien uur koffie.

D. 1. Wat hij zegt is niet waar. **2.** De stad waar hij het over heeft ken ik goed. **3.** Dat is precies wat ik had gedacht. **4.** Ze wilde de stoel waar op hij altijd had gezeten, niet verkopen.

A. 1. Nee, Marij is niet erg positief over het afgelopen halfjaar. **2.** Haar werk vindt ze niet zo leuk omdat het iets heel onpersoon- lijks houdt. **3.** Ze maakt zich zorgen over haar moeder omdat die nu zo alleen is.

B. 1. Het is van jou. Het is het jouwe. **2.** Het is van hen. Het is het hunne. **3.** Hij is van ons. Het is de onze. **4.** Hij is van haar. Het is de hare. **5.** Hij is van jullie. Het is die van jullie. **6.** Die zijn van hem. Het zijn de zijne.

C. 1. waar; **2.** wat; **3.** waar; **4.** wat; **5.** wie.

D. 1. Bien que ce ne soit pas un travail ennuyeux, elle ne veut pas continuer à le faire. **2.** Depuis qu'ils se voient chaque jour, ils n'ont plus grand-chose à se dire. **3.** Même si elle se fait du souci pour sa mère, elle continue à habiter chez son ami. **4.** Puisque ma voiture est en panne, je peux emprunter la tienne, n'est-ce pas ? **5.** À l'agence de voyage, on se plaint beaucoup des conditions de travail.

A. 1. Nee, het is niet zo verstandig; het is beter om de teksten eerst met behulp van een woordenboek te lezen. **2.** Dat kunnen we vra- gen bij een universiteit, een Nederlands of Belgisch consulaat of de plaatselijke kamer van koophandel.

B. 1. We hebben hem aangeraden vaker te gaan zwemmen. **2.** Hij heeft de grammatica nog eens doorgenomen. **3.** Die leraar heeft wel vaker boeken uit het Frans in het Nederlands vertaald. **4.** Ze hebben hun kennis zo snel mogelijk in de praktijk gebracht. **5.** Die vrouw heeft al jaren (*ou :* jaren lang) Nederlandse les aan buitenlanders gegeven.

C. 1. Er worden niet veel Nederlandse boeken in Frankrijk verkocht. **2.** Kranten worden er gemakkelijker gevonden. **3.** Die kunnen met behulp van een woordenboek gelezen worden. **4.** Er wordt door de studenten te vaak naar de Franse vertaling gekeken. **5.** In Nederland wordt vaak Engels met buitenlanders gesproken.

D. 1. op; **2.** aan; **3.** uit; **4.** tegen; **5.** af.

A. communistisch; vriendelijk; elektronisch; nachtelijk; kapitalistisch; gemeentelijk; vaderlijk; materialistisch; goddelijk.

B. hopeloos; belangrijk; belangeloos; werk(e)loos; visrijk; hulpeloos; roemrijk; roemloos; ademloos; invloedrijk.

C. middelmatig; grijsachtig; slagvaardig; kunstmatig; reisvaardig; stormachtig; stelselmatig; geelachtig.

D. 1. Nee, deze man is ongelukkig. **2.** Nee, deze leerling leest onvoldoende. **3.** Nee, ik vind hem onvriendelijk. **4.** Nee, deze rekening is onjuist.

E. 1. overgevoelig; **2.** doornat; **3.** overbekend; **4.** hoognodig; **5.** algemeen.

F. boterkoek; schooldag; werkboek; tafelkleed; marktdag; industriestad; oogarts; fietspad.

G. tronc d'arbre/arbre généalogique ; salle de musique/musique de chambre ; chocolat au lait/boisson au chocolat ; choucroute/gaz carbonique ; jour de classe/école de jour (par opposition aux « cours du soir », avondschool) ; heure de travail/horloge, mouvement d'horlogerie.

H. koningszoon; staatsschool; stationsstraat; beroepsvoetballer; doktersassistente.

I. koninginnedag; pruimeboom; schapevlees; leeuwemoed; vruchtesap; hondeleven; kranteartikel.

J. 1. voor- en nadelen; **2.** lucht- en waterwegen; **3.** taal- en cultuurpolitiek; **4.** in- en uitgang.

A. 1. behoort; **2.** Middeleeuwen; **3.** herinnert; spraken; **4.** verschilt; **5.** scheiding; gevolgen.

B. 1. behoren tot; **2.** vestigden zich ... in; **3.** herinnert ... aan; **4.** gesproken werd; verschilde ... van; gesproken wordt; **5.** Met ... bedoelen; gesproken werden; **6.** ... werd in 1585 over twee staten verdeeld; **7.** gebruikte; werd; **8.** gingen ... naar; bleven; spreken. **9.** hebben ... gehad; voor; van; in.

A. 1. Als gevolg van de scheiding tussen Noord- en Zuid-Nederland kon in het Noorden een algemene taal ontstaan, terwijl de Vlamingen elk hun dialect bleven spreken. **2.** Na 1830 kwamen de Vlamingen in verzet tegen de verplichting om op school en op het werk Frans te spreken en te schrijven. **3.** Pas in 1930 werd het mogelijk een universitaire studie in het Nederlands te volgen.

B. 1. verplichten; **2.** verzetten; **3.** vinden; **4.** ingevoerd; **5.** verwondert; **6.** schrijven; **7.** lezen; **8.** streven; **9.** houden; **10.** bestaat; **11.** behoren; **12.** gebruikt.

B. 1. Coucke en Goethals werden tot de doodstraf veroordeeld wegens hun aandeel in een roofmoord. **2.** Nee, dat is niet waarschijnlijk, maar het staat ook niet vast, dat ze schuldig waren. **3.** De mythe rond de twee Vlamingen heeft uiteindelijk geleid tot de invoering van het Nederlands bij de rechtspraak in Vlaanderen en Brussel.

C. 1. tot; **2.** aan; **3.** tegen; **4.** aan; **5.** tegen; **6.** tot; **7.** tot.

D. 1. staat ... op; **2.** bestaan; **3.** ontstond; **4.** staan; **5.** verstaat.

B. In; na; van; in. Op; van; van; met. In; uit; over. Van; van. Op; tegen; in. Na; in. Tot.

C. 1. Nee, de vreemdelingen in Brussel zijn niet allemaal politieke vluchtelingen. **2.** In de jaren zestig kwamen de meeste niet-Belgen om economische redenen naar Brussel, namelijk om er te werken.

D. 1. Een aantal Brusselaars is niet van Belgische afkomst. **2.** In de jaren veertig emigreerden Spanjaarden om politieke redenen naar Brussel. **3.** Toen de crisis in België toesloeg stelde men vast dat een kwart van de Brusselse bevolking van niet-Belgische afkomst was.

A. 1. In het Vlaanderen van de vroege Middeleeuwen waren monniken de enige bierproducenten. **2.** Nee, toen was bierbrouwen al een gewoon beroep en had je machtige brouwersgilden. **3.** Natuurlijke gistingsbieren kunnen alleen in het Zennedal gebrouwen worden omdat daar een bijzondere microflora voorkomt. **4.** Belgische pilsmerken zijn bijvoorbeeld *Stella Artois* en *Jupiler*.

B. 1. maar; **2.** dat; **3.** hoewel/ofschoon; **4.** zodat; **5.** als.

C. 1. -d ; **2. -a** ; **3. -e** ; **4. -f** ; **5. -g** ; **6. -c** ; **7. -b**.

A. 1. Heineken is in Nederland goedkoper dan Grolsch. **2.** De winst van Heineken daalde als gevolg van smaakverandering en anti-alcoholcampagnes. **3.** Heineken reageerde op de concurrentie door de kosten te reduceren en kleinere brouwers op te kopen.

B. 1. winst; **2.** smaak; **3.** consumptie; bevolking; **4.** ontslagen; kosten; **5.** aandelen.

C. voelde; daalde; zou; stonden; dronk; sliep; werd; was; waren; was; liep; ging; kon; keek; bewogen; bewoog; was.

A. 1. De activiteiten van de Anne Frank Stichting zijn onder andere het openstellen van het Achterhuis, het informeren van de bezoekers over de Tweede Wereldoorlog en het organiseren van tentoonstellingen over actuele onderwerpen. **2.** Het ideaal van de Anne Frank Stichting is het voortzetten van de strijd voor een betere wereld, tegen racisme en discriminatie.

B. 1. Een woordvoerder is iemand die namens een ander het woord voert. **2.** Een anti-alcoholcampagne is een campagne die tegen alcoholconsumptie gevoerd wordt. **3.** Een brouwerij is een bedrijf waar bier gebrouwen wordt. **4.** Een kinderboek is een boek

ANNEXES

CORRIGÉS DES EXERCICES

dat voor kinderen bestemd is. **5.** Een slaapkamer is een kamer waar mensen in slapen.

C. dat; die; dat; dat.

D. 1. die; **2.** die; **3.** wie; **4.** dat; **5.** waar; **6.** die.

A. 1. Het doel van Muziekcentrum "De IJsbreker" is het organiseren van concerten van hedendaagse kamermuziek. **2.** Dit muziekcentrum ontleent zijn naam aan de ijsbreker die de Amsterdamse brouwers in de zeventiende eeuw lieten bouwen.

B. 1. rivier; **2.** varen; **3.** vers; **4.** bestaat; **5.** ontwierp; grote; **6.** oprichten; subsidie; **7.** gemeente; Ministerie; **8.** schoon; nodig; brouwen; **9.** reis; herberg.

C. 1. dat; **2.** wiens; **3.** waarin; **4.** waarover; **5.** met wie/waarmee.

A. 1. Nee, op de TGV-lijn Brussel-Amsterdam denkt men niet veel winst te gaan maken. **2.** Op het traject Antwerpen-Rotterdam kan niet hard gereden worden.

B. 1. bedraagt; **2.** bereiken; **3.** is; **4.** ontworpen; **5.** helpen; **6.** gaat; rijden; **7.** beheerst; **8.** vinden; **9.** voorkomt.

C. 1. erin; **2.** eraan; **3.** erom; **4.** erop; **5.** erover.

A. 1. Het is een scherp mes. **2.** Het is een dronken man. **3.** Het is goed nieuws. **4.** Het is bruin bier. **5.** Het is een lief meisje. **6.** Het zijn tevreden vrienden. **7.** Het is een vrij modern ziekenhuis. **8.** Het is geen slecht nieuws.

B. 1. grote; **2.** -; **3.** wekelijkse; **4.** uitgebreide; **5.** Nederlandse; **6.** onverwachte.

C. 1. Ja, het is het gelezen boek. **2.** Ja, het is het begonnen werk. **3.** Ja, dit is het gekozen nummer. **4.** Ja, dit is de in de klas besproken tekst.

D. 1. Ja, het is een erg knap vakman. **2.** Ja, het was een groot staatsman. **3.** Ja, het is een erg verstandig collega. **4.** Ja, het was een erg bekwaam schilder. **5.** Ja, het is een heel goed gids.

E. 1. de klasgenote; **2.** de pianiste; **3.** de agente; **4.** de artieste; **5.** de muzikante; **6.** de kosmonaute; **7.** de idealiste; **8.** de typiste; **9.** de athlete.

F. 1. de hertogin; **2.** de winnares; **3.** de prinses; **4.** de heldin; **5.** de vriendin; **6.** de kunstenares; **7.** lerares; **8.** de apin; **9.** de barones; **10.** de boerin.

G. 1. de Portugese; **2.** de Waalse; **3.** de Duitse; **4.** de Griekse; **5.** de Française/Franse; **6.** de Japanse; **7.** de Spaanse; **8.** de Amerikaanse; **9.** de Belgische; **10.** de Vlaamse.

H. 1. de voorbijganger; **2.** de huurder; **3.** de handelaar; **4.** de helper; **5.** de roker; **6.** de verpleger; **7.** de medewerker; **8.** de speler.

I. 1. de vrouwelijke dokter; haar patiënte; **2.** cheffin; haar dochter; tante; **3.** de lerares; vriendin; **4.** typiste; Franse/Française; **5.** politica; haar medewerkster.

Conception graphique :
Anne-Danielle Naname

PAPIER À BASE DE
FIBRES CERTIFIÉES

Le Livre de Poche s'engage pour
l'environnement en réduisant
l'empreinte carbone de ses livres.
Celle de cet exemplaire est de :

650 g éq. CO_2
Rendez-vous sur
www.livredepoche-durable.fr

Composition réalisée par Nord Compo

Achevé d'imprimer en septembre 2016 en Espagne par
UNIGRAF
Dépôt légal 1re publication : janvier 2008
Édition 07 – septembre 2016
LIBRAIRE GÉNERALE FRANÇAISE
21, rue du Montparnasse - 75298 Paris Cedex 06